北京地区普通高等学校本科教育教学改革案例

（第九辑）

一流课程

主　编　柳长安
副主编　刘　霄　文　君

对外经济贸易大学出版社
中国·北京

内容简介

本书旨在对北京地区普通高等学校国家级一流课程建设案例进行总结，展示各校在推进课程建设工作中取得的成绩，提炼各校在专业发展建设和实践创新教育改革方面的成功经验，以期发挥示范引领作用，增进高校间相互学习与交流，不断提升北京高等教育人才培养质量，紧密服务北京城市功能定位和产业结构升级，为首都经济社会发展提供助力。

本书内容全面，案例覆盖面广，对教育行政部门及普通本科高等学校和广大教师具有重要参考价值。

图书在版编目（CIP）数据

北京地区普通高等学校本科教育教学改革案例. 第九辑，一流课程 / 柳长安主编. --北京：对外经济贸易大学出版社，2024.2

ISBN 978-7-5663-2573-0

Ⅰ. ①北… Ⅱ. ①柳… Ⅲ. ①高等教育-教学改革-案例-北京 Ⅳ. ①G649.21

中国国家版本馆 CIP 数据核字（2024）第 018722 号

北京地区普通高等学校本科教育教学改革案例（第九辑）——一流课程

Beijing Diqu Gaodeng Xuexiao Benke Jiaoyu Jiaoxue Gaige Anli (Dijiuji)——Yiliu Kecheng

柳长安　主编

责任编辑　邸蓓蓓　　助理编辑　代凤洁　吴中杰
责任印制　沈德军　　封面设计　春天·书装工作室

出版发行：对外经济贸易大学出版社
社　　址：北京市朝阳区惠新东街 10 号
网　　址：www.uibep.com
资源网址：www.uibepresources.com
邮政编码：100029
邮购电话：010－64492338
发行部电话：010－64492342
E-mail：uibep@126.com

成品尺寸：185mm×260mm
印　　张：25.75
插　　页：1 页
字　　数：595 千字
ISBN 978-7-5663-2573-0
印　　刷：北京市泰锐印刷有限责任公司
版　　次：2024 年 2 月北京第 1 版
印　　次：2024 年 2 月第 1 次印刷
定　　价：59.00 元

序 言

百年大计，教育为本。党的十八大以来，以习近平同志为核心的党中央高度重视教育事业，对教育现代化和教育强国作出重大战略部署，教育面貌正在发生格局性变化。高等教育担负着为党育人、为国育才重要使命，高校要以立德树人为根本、以创新发展为动力、以服务社会为己任，持续推动改革创新，不断完善高等教育人才培养体系，努力培养德智体美劳全面发展的社会主义建设者和接班人，为建设世界重要人才中心和创新高地提供有力支撑，为实现中华民族伟大复兴作出重要贡献。

北京高等教育是为党和国家培养优秀人才的重要阵地，始终坚持高举中国特色社会主义伟大旗帜，贯彻党和国家重大路线方针政策，积极落实国家战略部署，全面深化高等教育综合改革。2021 年北京市教育委员会印发《北京高等教育本科人才培养质量提升行动计划（2022—2024 年）》（简称“三年行动计划”），旨在进一步深化本科教育教学改革，创新人才培养机制，提升北京高等教育本科人才培养质量，培养一流人才方阵，实现北京高等教育内涵发展、特色发展、差异化发展。为深入落实“三年行动计划”，北京市教育委员会组织编写了北京地区普通高等学校本科教育教学改革案例集。这套案例集从构建铸魂育人体系、人才培养模式改革、专业课程教材体系建设、实践创新教育改革、教师教学水平提升、教学条件保障、教学质量监控体系建设等方面全景式回顾了北京高等教育教学改革发展的历程，系统地总结了过往成果和经验。

北京高校人才培养正处于提高质量的升级期、内涵发展的机遇期、改革创新的攻坚期，这套案例集的出版在当前阶段显得尤其重要。希望这套案例集在传播北京高等教育声音的同时，更能为全面提高北京高等教育本科人才培养质量提供有益借鉴。

刘宇辉

2022 年 7 月

前　言

课程是人才培养的核心要素，课程质量直接决定人才培养质量。课程学习在学生成长成才中具有全面、综合和基础作用，是提高人才培养质量的着眼点和落脚点，加强课程建设，提高课程质量，是当前深化教育改革的重要和紧迫任务，只有把教学改革成果落实到课程建设上，才能切实提高人才培养的质量和效果。

党的十八大以来，教育部持续部署推动课程建设工作，为高校把握课程建设规律、做好新时代课程建设工作提供了根本遵循。2012 年起，教育部先后组织了“国家级精品资源共享课”“国家精品在线开放课程”“国家级一流本科课程”的评选。2020 年起，教育部先后印发《高等学校课程思政建设指导纲要》和《关于开展课程思政示范项目建设工作的通知》，全面推进高校课程思政建设。

北京市教委高度重视课程建设在促进人才培养质量提升中的重要作用。多年来，通过支持精品课程、一校一课、精品视频公开课、精品资源共享课、优质本科课程、一流本科课程建设等工作推动各高校加大课程建设投入，树立课程建设新理念，深化课程结构、课程内容和教学方式方法改革，促进信息技术与教育教学深度融合，完善以质量为导向的课程建设激励机制，取得了很好的效果。一是强化课程建设顶层设计。始终把课程建设作为教育教学体系的重要组成部分，坚持统筹规划、顶层设计，将课程建设列为北京高校人才培养规划的重要建设任务。通过加大政策和资金引导力度，推进课程建设体制机制创新，激发课程建设活力。设立一批课程建设教学改革创新项目和一流课程建设项目，支持教师积极探索课程教学改革，培育一批具有北京特色的高质量本科课程。二是深化课程思政体系建设。2021 年印发《全面推进北京高等学校课程思政建设工作方案》，在全市高校、全部专业中全面推进课程思政建设。课程思政的理念形成广泛共识，协同推进课程思政建设的体制机制基本健全，课程思政工作体系、教学体系和内容体系不断完善，广大教师开展课程思政建设能力全面提升。2022 年，召开北京高校课程思政现场交流会和课程思政专项工作推进会，大力推广课程思政建设的先进经验和做法，全面形成广泛开展课程思政建设的良好氛围。三是构建北京特色的高等教育课程体系。以项目为牵引，重点打造一批通识教育课、公共基础课、专业核心课及实习实践课，大力推动在线课程建设，构建具有北京特色的本科优质课程体系。通过打造“一校一课”平台，支持高校建设最能体现本校学科特色和专业优势的人文素质类课程、通识教育类课程，并进行校际共享。2011 年启动专业群建设项目，推进校际相同专业合作，探讨本专业核心课程及建设标准，使北京的资源优势进一步提升，形成区域协同的集群作用。2016 年起，支持高校自主开展在线开放课程建设，建设了一批优质在线课程。2019 年，启动“北京高校优质本科课程”建设工作，通过立项评选打造了一批体现北京高等教育优势特色、教学成效显著、适用范围广、深受学生欢迎的精品课程。2020 年和 2023 年，在教育部公布的两批国家级一流本科课程名单中，北京高校共有 1 112 门课程入选，标志着北京高校在本科课程建设方面取得了阶段性突破。

2021 年，北京市教育委员会印发了《北京高等教育本科人才培养质量提升行动计划（2022—2024 年）》（简称“三年行动计划”），强调要不断提高课程设置的科学性、规范性、系统性，及时将新理念、新科技、新案例纳入课程教学之中，实现课程的动态优化调整，完善以质量为导向的课程建设激励机制，建设一批优质本科课程，丰富课程模块元素，强化成果推广应用。为落实好“三年行动计划”的要求，总结各校在课程建设中的成功经验，展示取得的成绩，发挥示范引领作用，我们从已经获评国家级一流本科课程的案例中选取了 100 个案例凝练形成了这本案例集，以期增进高校间相互学习与交流，全面提高北京高校课程建设水平。

在本书付梓之际，对提供案例的高校及所有案例撰写人、审核人表示感谢。

编　者

2024 年 1 月

目　录

中国人民大学国家级一流课程建设案例

毛泽东思想和中国特色社会主义理论体系概论

一、课程基本信息

课程名称	毛泽东思想和中国特色社会主义理论体系概论
课程负责人	秦宣
开课单位	中国人民大学马克思主义学院
课程类别	线下一流课程
课程性质	必修
开课年级	本科二年级
面向专业	所有专业
学　　时	51
学　　分	3
主要教材	《毛泽东思想和中国特色社会主义理论体系概论》

二、课程团队

近5年来，课程负责人和团队成员开设的课程有“毛泽东思想和中国特色社会主义理论体系概论”（以下简称“概论”）“中国现代化史”“习近平新时代中国特色社会主义思想概论”“科学社会主义理论与实践”等。课程负责人作为中央马克思主义理论研究与建设工程首席专家，组织编写了《毛泽东思想和中国特色社会主义理论体系概论》（2018版、2021版、2023版），主持编写了高中思想政治理论课“中国特色社会主义”全国统编教材；主持编写了《习近平新时代中国特色社会主义思想读本》（大学本、高中本）；参与了中央马克思主义理论研究与建设工程重点教材《习近平新时代中国特色社会主义思想概论》、“概论”课专题教学大纲的编写等工作。作为“概论”课教学指导委员会副主任委员，参与了教学方面的研究。获得奖励有：教育部第六届高等学校科学研究优秀成果奖（人文社会科学）一等奖、北京市优秀教学团队、北京市教学成果奖一等奖、北京市教学名师等。

三、课程目标

中国人民大学是中国共产党创办的第一所新型正规大学，是马克思主义教学与研究的高地，具有光荣的革命传统和鲜明的红色基因。开设“毛泽东思想和中国特色社会主义理论体系概论”，是为了使大学生对马克思主义中国化时代化进程中形成的理论成果有更加准确的把握，对中国共产党领导人民进行革命、建设、改革的历史进程、历史变革、历史成就有更加深刻的认识，对中国共产党在新时代坚持的基本理论、基本路线、基本方略有更加透彻的理解，对运用马克思主义立场、观点和方法认识问题、分析问题和解决问题能力的提升有更加切实的帮助。

四、课程建设及应用情况

“毛泽东思想和中国特色社会主义理论体系概论”（以下简称“概论”）课程建设有着悠久的历史。依据教育部关于高校本科生思想政治理论课设置精神，“概论”课经由“毛泽东思想”“邓小平理论”“邓小平理论和‘三个代表’重要思想概论”“毛泽东思想、邓小平理论和‘三个代表’重要思想概论”发展而来。长期的教学和研究，为“概论”课程建设奠定了坚实基础。

“概论”课既具有较强的思想性、政治性、理论性，又具有鲜明的时代性、前沿性、实践性。既要注重系统的学理性阐释，又要紧密联系实际，讲深、讲透、讲活马克思主义中国化时代化理论成果，成为“概论”课课程建设与教学改革要解决的重点问题，也是难点问题。尤其是在世界格局深刻变动，中国特色社会主义建设实践加速推进的背景下，如何跟上党中央理论创新的步伐，准确理解、讲授马克思主义中国化最新理论成果，对“概论”课提出了更高要求。同时，作为一门公共基础课，如何针对“00后”年龄阶段的学生，如何针对不同专业背景的学生，更好地开展教学活动，提升教学有效性，也始终是“概论”课建设难以回避的重点问题。

自2008年“概论”课程正式设立以来，为了更好地将教材体系转化为教学体系，实现马克思主义中国化时代化理论成果进教材、进课堂、进头脑的目标，在学校、学院有关课程建设精神指导下，依据“概论”特点，围绕课程大纲编写、教学资源库建设、教学方法创新、教学模式改革、考核制度完善等一系列活动也在始终坚持不懈地推进。

基于“概论”课教师学术背景各异的现实，建立和完善集体备课制度，有力促进了任课教师的交流，加强了对教材内容的理解和把握。尤其是秦宣教授、陶文昭教授等作为马克思主义理论研究和建设工程专家，作为“概论”课教材编写首席专家、主要成员在集体备课时的讲授，以及相关领域专家的报告，进一步加深了对课程知识点的把握，为课堂教学的顺利进行奠定了基础。

为了深化对教材把握，为课堂教学提供更加坚实的基础，“概论”课资源库建设也在不断推进和完善。依据“概论”课教学内容的变化，结合国际国内形势，组织所有任课教师编写“概论”课“疑难解析”，是资源库建设中重要工作之一。与中国人民大学北京高校思想政治理论课高精尖创新中心密切合作的另一项工作，就是所有任课教师参与经典文献库、教学内容库、教学素材库的建设。经过几年推进，与教材相配套、与教学紧密联系的资源库建设已经建立，与教材章节相对应的精讲视频录制、以专题教授、重点难点教授形式呈现的视频录制，处于不断完善之中。

教学模式、教学方法的改革创新也在不断推进。“一体两翼”的教学模式（“一体”即系统讲授、专题教学、实践教学的“三位一体”，“两翼”即“研究型+互动型”的教学“两翼”），以及参与式教学、探究式教学、翻转课堂等教学方法都在“概论”课教学中得到了良好运用和实践。在对如何将“概论”课的理论和实践更好结合起来的探索中，把思政小课堂同社会大课堂结合起来，加强了与校团委合作，双方携手共同推进，让大学生在社会实践中深化对党的理论创新成果的认识。

在课程成绩的评定上，经历了一个从开卷考试到闭卷考试的转变过程，同时加大了平时成绩，包括作业、课堂提问、期中考试成绩等在期末成绩中的比重，以提升学生平时学习的积极性。

经过不懈努力，“概论”课建设取得了良好效果，得到了学生充分认可，对本课程教学给予了较高的评价。

五、课程特色与创新

“概论”课的教学对象是不同年龄阶段、不同专业背景的所有高校本科学生。始终坚持既注重课程的政治性、理论性、时代性等特点，又关注教学对象的共同性、差异性等特征，在突出“内容为王”的同时，注重教学方式的灵活性，努力实现高度、深度、温度的统一，是“概论”课的突出特色。具体来看，创新主要体现于以下方面：

首先是制度机制创新。集体备课制度的建立和完善、理论讲授和实践教学的成绩评定机制、学院师资力量的协调整合机制等，为课程建设提供了制度保障。

其次是教学模式的创新。将系统讲授、专题教学有机结合在一起，注重本课程与其他几门思想政治理论课程之间的有机整合与相互促进。

再次是教学方式方法的创新。广泛采用新媒体教学，依课堂、依内容的不同采用辩论式教学、探究式教学等教学方式。

（撰稿人：秦宣；审核人：张虪）

清华大学国家级一流课程建设案例

材料力学

一、课程基本信息

课程名称	材料力学
课程负责人	殷雅俊，李晓雁
开课单位	清华大学航天航空学院
课程类别	线下一流课程
课程性质	必修
开课年级	本科二年级
面向专业	力学，航天航空，机械，土木，水利
学　　时	64
学　　分	4
主要教材	《材料力学（第 3 版）》

二、课程团队

近 5 年来，课程负责人与团队成员承担了清华大学工程力学、航天航空工程、土木工程、水利工程以及机械工程等专业本科生的“材料力学”课程教学。“材料力学”教学团队成员勤勤恳恳、兢兢业业，圆满地完成了全校“材料力学”课程的各项教学任务，获得了学生们的一致好评，该课程多次被应届毕业生评为“大学期间收益最大的课程”之一。近年来，殷雅俊对于如何培养学生的价值判断力进行了深入研究，从而发展了以提升学生科学价值判断力和创造力为 Outcome 的“材料力学”教学模式。2020 年，殷雅俊主讲的“材料力学”课程被评为清华大学标杆课程。2021 年，“材料力学”课程团队被评为清华大学首批基础课团队。2022 年，“材料力学”课程被评为北京市优质本科生课程。2023 年，“材料力学”课程入选第二批国家一流课程。

三、课程目标

引导学生理解并掌握变形体力学分析中最基本的概念、原理和方法，主要涉及杆件的强度、刚度和稳定性问题。

培养学生综合运用数学知识、力学概念和力学原理分析解决杆件变形问题的能力。

在学习理论知识的同时，结合课程实验，并联系工程实际和力学前沿，培养学生逻辑思维、实验分析、理论联系实际以及初步的创新实践能力。

四、课程建设及应用情况

（一）建设发展历程

“材料力学”课程是清华大学工程力学系最早设立的一门力学基础课程，是清华大学全校工科专业的基础力学课程之一。清华大学的“材料力学”课程是校级一类课、首批校级精品课、首批国家级精品课、首批国家级视频公开课和精品在线开放课程、第二批国家一流课程和清华大学标杆课程。2021 年，“材料力学”课程团队被评为清华大学首批基础课团队。从 2001 年起，教学团队获得国家教学成果一等奖（1 次）、二等奖（2 次）、北京市教学成果奖一等奖（4 次）、清华大学教学成果特等奖（1 次）。

（二）课程与教学改革要解决的重点问题

教学团队注重教学改革，着重解决学生在“材料力学”学习过程中的角色和地位。在教学内容和课程体系改革的实践中，更新教学内容和课程体系，将其与工程实践和力学前沿相结合，并实行启发式教学，采用多媒体技术、雨课堂、在线课程等手段，改革陈旧的教学手段，力求使“材料力学”课程做到：内容新、体系新、方法新、手段新，激发学生学习兴趣，调动学生学习的积极性，确立学生在学习过程中的主体地位，让学生能够自主学习、自发探索。在“材料力学”教学改革中，通过对难点问题的课堂讨论、启发式提问、互动交流等方式，重塑基本原理的经典思想脉络，同时力求引导学生学会追问，养成明辨性思维和辩证性思维的思维模式。

（三）课程内容与资源建设及应用情况

教学团队从 1995 年起先后编写 6 部《材料力学》教材，其中 3 部由高等教育出版社出版发行的教材被教育部列为“面向二十一世纪课程教材”，是清华大学“材料力学”教学的核心教材，同时总计发行超过 20 万册，被全国 60 多所高校所采用。教学团队从 1990 年起开发了“材料力学”教学软件以及解题指南，并在网上建立教学资源库（包括慕课、课题教学软件、解题指南等），从 2000 年开始推广使用，每年有数万学生受益。近年来，在原来“材料力学资源库”的基础上，建成与主教材配套的、可以在线上和线下稳定运行的“自主学习”资源系统，包括学习指南、教材的电子文档，电子教案，讲课视频，能力训练题，自检自测题，学习研究问题集。

（四）课程教学内容及组织实施情况

“材料力学”课程教学包括课堂教学和课程实验两部分。课堂教学主要在教室讲授材料力学的基本理论知识，主要围绕杆件的强度、刚度和稳定性问题，强调变形体力学的基本概念、基本原理和基本方法。课程实验则要求学生完成 4 个必选实验和 1 个观摩演示实验（从 8 个综合性、探索性实验中任选 1 个），同时鼓励学生积极参与创新实验（包括应力集中测试实验、X 射线残余应力测试实验以及机翼和叶片的结构设计及测试分析）。

（五）课程成绩评定方式

课程成绩评定方式多元化。课程成绩由平时考核（占 10%）、期中/期末考试（期中占 30%，期末占 50%）和材料力学课程实验（占 10%）4 部分组成。平时考核主要由助教打分，主讲教师负责审定，助教打分的依据是每周作业完成情况、课后的答疑或交流情况，通过平时考核及时了解学生的学习成效，发现学习中的问题，会及时交流、督促。对于期中/期末考试，均采用闭卷考试，期中考试安排在第 8 周，期末考试由教务处统一安排在考试周进行，考试内容覆盖课程介绍的所有知识点。对于材料力学课程实验，学生需要完成 4 个必选实验和 1 个观摩演示实验，主讲教师和实验员根据学生完成情况打分。除了以上 4 部分考核之外，在课程评定中还引入了课程结构设计竞赛和研究小论文。举办结构设计竞赛，让学生利用课外时间根据竞赛要求，利用所学的理论知识设计结构，对表现优秀的学生给予课程加分和证书奖励。

（六）课程评价及改革成效情况

历年来，“材料力学”教学团队的授课得到了学生和专家的一致好评，教学改革也得到了学生的一致认可。教学团队成员的课堂教学评价多次位于全校前 5%，团队成员也多次获得北京市和清华大学的多项教学奖励。

五、课程特色与创新

在课堂教学中，强调启发式、互动式教学，授课时营造平等交流的课堂氛围，鼓励学生追问、质疑；通过课堂互动（启发式提问、小组讨论、集体讨论），调动学生参与课程教学的积极性，鼓励学生积极思考、自主探索——创造性地学习知识，创造性地应用知识，创造性地实现知识的再创造；同时通过启发、互动，引导学生的明辨性思维和辩证性思维，激发学生思维的飞跃。

在授课时，更新教学内容和课程体系，引入大量工程实例以及与课程理论知识相关的科学前沿发现，同时结合创新实验，拓展学生的视野和知识面，激发学生的求知欲，同时将基础理论进行延伸和拓展，培养学生的科学创新能力。

教学团队强调“研究型教学”，团队成员都具有很高的学术水准，每位成员都有意识地将自己独特的学术思想融入了教学，以自己独特的教学和学术风格影响学生，以促成学生学术志趣的养成。

（撰稿人：李晓雁，殷雅俊；审核人：刘毅）

北京科技大学国家级一流课程建设案例

钢铁冶金学

一、课程基本信息

课程名称	钢铁冶金学
课程负责人	吴胜利
开课单位	北京科技大学冶金与生态工程学院
课程类别	线下一流课程
课程性质	必修
开课年级	本科三年级
面向专业	冶金工程
学　　时	96
学　　分	6
主要教材	《钢铁冶金学（炼铁部分）（第 4 版）》《钢铁冶金学—炼钢学（第 2 版）》

二、课程团队

课程教学团队现有主讲教师 15 人，包括“全国高校黄大年式教师团队”成员 4 人，教育部“课程思政教学名师及教学团队成员”3 人，北京市教学名师 1 人，北京市和北京科技大学师德先锋 2 人，“寿昆教学名师”2 人。

课程团队近 5 年来完成了 14 项教改项目，涵盖教育部第二批新工科研究与实践项目、北京市本科教学改革创新项目等，发表教改论文 10 篇，出版教材/专著 8 部。其中钢铁冶金学（炼铁部分）教材，被评为中国冶金教育协会优秀教材一等奖。

近 5 年来，课程团队成员获得高等教育国家级教学成果二等奖 2 项；北京市高等教育教学成果奖一等奖 1 项、二等奖 1 项，全国高校教师教学创新大赛一等奖 1 项；课程教学团队入选 2022 年北京高校优秀本科育人团队。

三、课程目标

北京科技大学始终坚持以冶金、材料为特色办学，其中冶金工程学科为国家一级重点学科，入选双一流学科建设名单，学科评估获评 A+，近 5 年“软科世界一流学科排名”全球第一，学术水平蜚声中外，为国家建设培养了大批栋梁和骨干人才，被誉为“钢铁摇篮”。

我校冶金工程专业作为国家级一流本科专业，肩负培养中国冶金的领军型人才和高级工程技术人才重任。“钢铁冶金学”是冶金工程专业本科大三下半学期的必修课，其目标是培养学生掌握从事冶金科学研究、工程技术所必需的钢铁冶金基本理论及工艺知识，并注重理论知识、实践能力、综合素质的有机融合，引导学生深度分析、大胆质疑、勇于创新、善于决策，培育学生解决复杂钢铁冶金工程问题的综合能力。

四、课程建设及应用情况

（一）本课程的建设发展历程

本课程开设于建校伊始，已有 71 年历史。原名为“炼铁学”和“炼钢学”，1997 年，专业合并后改为“钢铁冶金学”，分炼铁部分和炼钢部分。经过数代冶金学者的传承，积淀深厚，课程水平始终处于全国前列。本课程的老一辈教师有陈大受、林宗彩、杨永宜、周荣章、周取定、曲英、王筱留、徐匡迪等教授，他们治学严谨，求真务实，为课程的建设发展奠定了重要基础；从李士琦、杨天钧到王新华、吴胜利、朱荣、张建良、唐海燕等教授，他们以独特的工程背景，夯实了课程理论与工艺实践有机融合的教学基础；从张家泉、徐安军等中年教授到张新房、刘征建、寇明银、周恒等青年教师，他们拓展了课程的智能化、绿色化冶金新内涵。新时代，本课程旨在服务于国家“一带一路”等重大战略决策需求，推动“冶金+”新工科建设发展。

（二）课程与教学改革要解决的重点问题

1. 工艺理论知识掌握不够深入

首先，工艺理论与基础学科知识的结合较为薄弱；其次，对工艺理论知识的理解缺乏实际生产案例的支撑；最后，教学手段缺乏直观性。这影响了学生对钢铁冶金工艺理论的理解和掌握。

2. 缺乏工程实践能力的育成

一方面，教师工程实践经验不足以及教材工程实践内容缺乏，使得课堂教学与生产实践有“脱节”问题；另一方面，单纯课堂讲授的教学形式，亦影响学生工程实践与应用能力的提升。

3. 难以激发科技创新的意识

一方面，以专业课教材为主的课堂教学，导致学生缺失对国内外技术前沿的了解；另一方面，缺乏引导学生主动学习、自我探索的课堂教学，亦难以培养学生的创新能力。

4. 对综合素质培育的关注少

一方面，教师“一言堂”的授课方式，抑制了学生的求知欲、思维广度和深度；另一方面，以往考核方式不仅有失评价的全面性，更重要的是缺乏学习过程的引导性以及自我提升的能动性。

（三）课程内容与资源建设及应用情况

1. 基于夯实理论基础和强化生产实践的《钢铁冶金学》教材建设

通过教材建设，夯实以钢铁冶金工艺为轴心，深度融合物理化学、传输原理等知识点的理论基础，同时补充大量生产实践、工程设计等内容。

2. 基于提升工程实践能力和科技创新能力的钢铁冶金案例库建设

结合钢铁冶金工艺技术以及团队科研成果等，建设“炼铁—炼钢—连铸全流程典型案例库”，实施案例教学，引导和协助学生开展科技创新活动。

3. 基于课堂专题研讨、网络资源开放的教学互动平台建设

设置课堂专题研讨环节，运用信息化技术创建课程教学网络平台，实现课程学习资源开放、在线讨论与答疑、在线知识测试等。

（四）课程教学内容及组织实施情况

针对课程与教学改革要解决的重点问题，深入进行了教学研究，提出了涵盖“夯实工艺理论基础、培养工程实践能力、强化科技创新意识、提升高阶思维能力”的“四翼一体”课程教学设计思路，并分别进行了教学方法的改革和实施。

1. 夯实工艺理论基础

首先是在工艺原理的讲授中注重融合热力学、动力学、三传、凝固等基础知识；其次是深入解析与工艺原理相关的生产案例；再者是在授课中引入便于理解的实物动画、仿真模拟、VR 视频等可视化教学手段。

2. 培养工程实践能力

首先是重视课程团队的工程背景，选择生产实践和科研能力较强的教师任教；其次是在教材中新增工程实践内容近 20%；最后是强化工程实训，增设相关工艺计算大作业，以及指导钢铁模拟冶炼大赛等。

3. 强化科技创新意识

一方面，依托“钢铁冶金新技术国家重点实验室”科研成果，以及定期的国内外专家授课制度，将前沿技术引入课堂教学；另一方面，在课堂上有针对性地引领学生聚焦科技热点，协助学生确定科技创新内容，并全程指导科技创新项目。

4. 提升高阶思维能力

一方面，增设专题研讨课，实施翻转课堂教学，强化师生互动、生生互动，拓展思维广度和深度；另一方面，确立兼顾“促进高阶思维、引导过程学习、推进全面评价”的综合考核方式，践行“高比例、多形式、重开放”的口试环节。

（五）课程成绩评定方式

以往的课程成绩评定主要采取结课后的闭卷笔试结果。本课程针对成绩评定方式，进行了三个层面的改革。

首先，对学生的课程成绩评定“变一点为多点”，引入分散在课程学习全程的多节点考核环节，这不仅有利于评价的全面性，更重要的是，这种“过程评价”方式强化了学习过程的引导作用。

其次，在课程考试方式上，大幅度引入口试，占比逐步提升至 40%，而结课笔试占比则降至 50%，这种分散于课程教学过程的口试环节，不仅加强了学生全程学习的意识和应急应变能力，而且更因课堂互动性强而有利于教学相长。

最后，不断优化课程口试形式，从习题的抽签口试拓展到随堂的知识点质疑、新工艺文献调研、新技术专题研讨，这种多元形式的口试考察，既有助于提升学生自主学习和解决开放问题的能力，又能够培育创新思维、沟通表达等综合素质。

（六）课程评价及改革成效情况

1. 课程评价

本课程先后被评为校优秀课程、免检课程、精品课程、全英文教学示范课，以及北京市精品课程。

“四翼一体”课程教学新方法，经过 7 年的实践已得到固化，教学效果优良，近 5 年学生对本课程全体教师的课堂评价平均分达到 97.25，充分践行了“以学生发展为中心”的教育理念，有效支撑了课程目标的达成。

2. 课程改革成效

（1）本课程的教改项目：基于卓越计划冶金工程型精英育成的专业课程教学模式研究与实践，基于学科前沿的钢铁冶金课程群建设，分别获北京市高等教育教学成果一等奖、二等奖。

（2）近 5 年本课程指导了百余位本科生参与科技创新项目，其中国家级项目 8 项、市级项目 15 项，获得一等奖 5 项、二等奖 7 项，发表论文 8 篇，申报专利 4 项。

（3）以本课程为依托的文化素质类视频公开课“钢铁是怎样炼成的”，2014 年入选教育部第七批“精品视频公开课”。

（4）本课程建设的两部教材，分别被评为“中国冶金教育协会优秀教材一等奖”“北京市高等教育精品教材”，已被 20 余所冶金院校所使用，在钢铁冶金类教材发行量中名列首位。

五、课程特色与创新

（一）构建了“四翼一体”的课程教学新方法

提出并践行了“夯实工艺理论基础、培养工程实践能力、强化科技创新意识、提升高阶思维能力”的“四翼一体”课程教学新方法，拓展和完善了教材、案例库、互动平台等课程资源建设，为课程目标的达成奠定了重要基础。

（二）确立了夯实学生专业理论基础的教学模式

以冶金工艺理论为轴心，一方面注重与物理化学、传输原理等基础学科知识的融合再现，另一方面凝练和解析与其相关的生产案例，并融会贯通。这一教学方法，强化了学生在“理论—实践—理论”的认知循环渐进过程中对冶金工艺理论的理解和掌握。

（三）强化了培养工程实践能力和创新意识的教学手段

建立了“案例教学—虚拟训练—工程实习”三层递进式工程实践能力育成方法，有效地提升了学生的工程实践与应用能力。同时，践行了“前沿讲座、专题研讨、SRTP”三位一体的科技创新意识培养模式，学生的创新意识得以萌发和强化。

（四）实践了兼顾评价、引导及高阶思维的课程综合考核方式

提升口试占比至 40%，注重多角度引导和评价，涉及知识点质疑、科技文献阅读能力考查、相关工艺理论和技术的专题研讨，不仅提升了学习广度，而且培育了学生深度分析、批判性思维以及问题求解的能力。

（撰稿人：吴胜利；审核人：罗熊）

中央戏剧学院国家级一流课程建设案例

毕业创作（多幕剧排演）

一、课程基本信息

课程名称	毕业创作（多幕剧排演）
课程负责人	丁如如
开课单位	中央戏剧学院导演系
课程类别	线下一流课程
课程性质	必修
开课年级	本科五年级
面向专业	戏剧影视导演
学　　时	360
学　　分	10
主要教材	《导演学基础教程》

二、课程团队

2018 年至今，课程团队成员先后在 2014—2022 级戏剧导演班、2019—2020 丝绸之路班教授专业课，包括导演表演基础课、导演表演创作课和导演表演艺术课，并完成“多幕剧排演（一）”和“多幕剧排演（二）”的教学以及毕业论文的教学。

近 5 年来，课程团队成员丁如如（课程负责人）、姜涛、王良波、杨硕均进行过导演系研究生系级课的授课工作，完成了研究生同等学力班的招生考试、授课工作；课程团队成员均按照学院统筹安排，完成本科、硕士、博士的招生、答辩工作；完成了多项国家社科基金艺术学重大项目、北京高校项目、学院重大项目、教改项目的申报工作；获得北京市高等教育教学成果奖；完成多部专著、教材和多篇论文的撰写；完成校内外剧目、活动的排演及对外交流工作。

三、课程目标

培养导演专业五年级第一学期的学生在大剧场的舞台演出（即在不同的演出空间）中独立创造完整舞台演出形象和完整人物形象的能力。

通过第二次多幕剧的排演，继续加强剧本分析、导演构思的能力，了解和掌握在大剧场演出中体现构思的方法和规律。

具体体现在：

（一）能系统、准确、深刻地分析剧作的思想内容和艺术特色。

（二）能在深刻分析剧本、人物的基础上，作出导演构思和人物形象构思。

（三）在排演中提升体现导演构思和人物形象构思的能力。

（四）完成教师指定的舞台各职能部门的创作与操作。

（五）学习掌握导演策划、组织、经营舞台演出的工作方法与相关技能。

四、课程建设及应用情况

（一）本课程的建设发展历程

“多幕剧排演（二）”课程是中央戏剧学院导演专业本科学生必修的课程，是导演系的专业核心课程之一，也是导演课的高年级专业课程。“多幕剧排演”课程是“导演艺术课”中最重要的实践课。同时，也是一门理论与实践结合高度紧密结合的课程。

“多幕剧排演（二）”课程是自导演系 1953 年成立以来就开设的课程。它已经走过了 60 多年的风雨历程，集几代教师的共同努力，通过半个多世纪教学经验的积累，形成了具有鲜明艺术特色的、效果显著、有较为完善的科研辅助的专业课程。并形成了完整的教学体系，同时也培养了一支为此而献身的专业教师队伍，为培养优秀戏剧导演艺术人才做出了贡献。

“多幕剧排演（二）”课程伴随着导演课的发展历程经历了初创时期的全盘模仿苏联，以及新时期以来的探索、发展、成熟几个阶段。

今天，“多幕剧排演（二）”课程的教学不论是在课程的设置与教材的选择和撰写、教学手段的丰富性与实效性等方面，还是在艺术教育、基础理论研究与教员的培养方面，都形成了它独有的系统和特色。该课程曾多次被学院评为“优秀示范课程”。

本课程使用的理论教材《导演学基础教程》，由中央戏剧学院导演系几位教授集几代人的教学经验撰写而成，由文化艺术出版社出版，已几经再版，被其他艺术专业院校和综合型大学的导演专业所采用。

（二）课程与教学改革要解决的重点问题

由于戏剧的发展，在教授这门课程时，教师要对这种发展有足够的了解，而且教师不可以仅满足于自己已有的知识和经验，要有创造性和开拓性的思维。

在教学中，学生是最重要的，学生在经过 4 年的专业学习后，对戏剧的理解和创造力都有所增加。在教学过程中学生们会涌现出来宝贵的想象力和创造性，这些想象力和创造性不仅为这一次排演提供了富有建设性的设想，更为他们在今后的创作实践中积累了专业上的体会。所以教师在授课的过程中一定要看到这些，要重视这些。唯有这样，教师本人才会在教学过程中有所进步。

教学是有规律的，虽然这些规律也会随着时间的推移而有所改变，但这种改变不是一朝一夕就可以完成的，更不是随意的。所以为了能够尊重这些规律，就需要在行课过程中有教学规范，保证教学在正常的轨道上进行。这也是区别在教学上的排演创作与在社会上的排戏的主要不同之处。

重视剧作的开发，这是跟上戏剧发展重要的一步。这里所说的开发，一是对经典剧作的新的解读和阐释，二是发现和改编文学作品或其他门类的作品。这种开发要求教师掌握编剧技巧，具有相应的编剧的能力。而且在教学的过程中将这些能力传授给学生。这样做无疑会增加学生创作的技巧，提高学生创作的能力。

（三）课程内容与资源建设及应用情况

课程内容包括剧本分析、导演构思、与各部门设计师确定方案、全剧排练、合成、演出等不同阶段性的教学工作。在课程资源建设上，第一部分为教学指导文件，针对这一阶段的学习，导演系有完整的教学大纲，其中包括了课程介绍、课程标准、授课计划、课程整体设计等。同时有完整的教学参考教材，总结了具体的学习方法。第二部分是具体的教学实施文件，其中包括了所排演剧目的剧本、剧作家及剧目相关资料、舞台设计等部门的设计方案和具体成果、排演资金以及舞台演出中所需的所有文件。第三部分为学生课下自主学习的相关资料，包括排演导演的作品视频资料、排演作品的相关材料等。第四部分为教学手段，在本阶段的教学中，提供排演教室、相关道具服装、音乐音响设备，以及进入剧场工作后提供的舞台、舞台灯光、舞台机械等相关资源。

在该阶段的教学中，导演将根据教学大纲的指导进行排演教学工作，参考教材中涉及的工作方法制定具体方案。根据不同剧目的实际所需，提供排演所需的剧本及相关材料，指定其他部门的设计师共同完成相关创作，并提供不同类型的演出场所进行合成、演出。教学资源丰富，教师可以根据所提供的教学资源，合理进行教学设计。学生在教师的指导下，有明确的学习计划和内容，能够在引导下自主学习、创作，教学成果显著。

（四）课程教学内容及组织实施情况

“多幕剧排演（二）”课程以之前“多幕剧排演（一）”课程的教学为基础，继续加强学生剧本分析、导演构思的能力，让学生了解和掌握在大剧场演出中体现构思的方法和规律。在课程的组织安排上，采取教师课堂讲解理论，安排学生课上与课下的实践作业，通过课堂上对学生的实践作业进行具体分析、讲解、讨论、实践的互动方式来提高学生的认识水平和操作能力；以教师直接排练创作为示范手段；最后由学生进行文字总结来完成整个教学。“多幕剧排演（二）”课程在教学过程中的具体进程为：

第一单元（第一周至第三周）：导演的剧本分析；

第二单元（第四周至第六周）：导演构思；

第三单元（第五周至第十周）：教师指导学生排练；

第四单元（第十一周至第十六周）：教师排练；

第五单元（第十七周、第十八周）：剧场合成、演出。

在课时分配上坚持以理论为指导、实践为重点的原则，将具体理论讲授和讨论渗透在具体的实践当中。

导演系各个班级的学生都会在四年级的第二学期完成多幕剧排演（二）的学习，近 5 年来，导演系 2013 级本科班在丁如如教授和教师霍樱的指导下，完成了多幕剧《坠落之前》的教学、排演工作，并于 2018 年在中央戏剧学院实验剧场演出；2014 级本科班在姜涛教授的指导下，完成了多幕剧《海鸥》的教学、排演工作，并于 2018 年在中央戏剧学院实验剧场演出；2015 级本科班在杨硕教授的指导下，完成了《严峻的考验》的教学、排演工作，并于 2019 年在中央戏剧学院实验剧场演出。2018 级本科班在教师霍樱的指导下，完成了多幕剧《钢的琴》的教学、排演工作，并于 2023 年 3 月在中央戏剧学院实验剧场演出。

除课程团队成员外，近 5 年来，在系领导、教研室领导的组织安排下，2016 级本科班在教师李珊的指导下，完成了多幕剧《三姊妹》的学习、排演工作，并于 2021 年在中央戏剧学院实验剧场演出；2017 级本科班在中国国家话剧院导演王剑男的指导下，完成了多幕剧《四川好人》的学习、排演工作，并于 2022 年在中央戏剧学院实验剧场演出；2023 年年底，苏宇教授将指导 2019 级本科班完成多幕剧教学、排演工作。

（五）课程成绩评定方式

“多幕剧排演（二）”课程的考试以学生的第一、第二单元的课堂讨论、文字作业，以及第三、第四、第五单元的排练、演出的过程和结果为依据。具体形式以评判学生的“剧本分析”“导演构思”文字作业、期中考试（在第三单元结束的课堂打点）和期末考试（剧场演出）的呈现来进行。

（六）课程评价及改革成效

经过实践证明，“多幕剧排演（二）”课程对于提高学生对导演艺术的认识、尽快掌握导演艺术的基本创作规律、增强导演创作技巧的能力、树立观念、掌握方法是行之有效的，亦是符合导演艺术的学习规律的，对戏剧影视导演艺术优秀人才的培养起到了积极的促进作用，对全国的导演专业的教学起到了积极的示范作用。

近些年来，我们根据戏剧发展和导演教学的需要对教学内容做了调整，其重点是剧作的选择和演剧样式的探索上，以此带动教学思路的变化和创作理念的更新，结果证明这样的做法起到了明显的效果，其标志就是学生在掌握创作规律的同时，创作思维更加活跃，排演出来的作品更富有现代精神。

五、课程特色与创新

本课程的教学是以讲授、练习与演出实践相结合的方式开展的，内容丰富，教学手段多样。是一门理论与实践高度结合的课程，学生主要是通过创作实践理解理论，掌握规律。

因为这是一门与创作关系密切的课程，所以在教学改革上，最重要的是“与时俱进”。戏剧专业院校教学中的创作应该在该领域具有探索精神，应该有学术前沿的意识，要达到这样的目的无疑对任课教师提出了更高的要求，但它也肯定对学生未来的创作有引领的作用。所以，在这样的意识指导下，我们在行课时要求在尊重教学规律的前提下，在创作上勇于尝试，敢于突破惯性模式。这样做的结果就是让教学不再是沉闷的重复，而是富有活力和进取精神的学习和创作的过程。

（撰稿人：丁如如；审核人：蒋瑛）

华北电力大学国家级一流课程建设案例

工程热力学

一、课程基本信息

课程名称	工程热力学
课程负责人	李季
开课单位	华北电力大学
课程类别	线下一流课程
课程性质	必修
开课年级	本科二年级
面向专业	能动、建环、储能等
学　　时	64
学　　分	4
主要教材	《工程热力学（第二版）》

二、课程团队

“工程热力学”课程团队教师长期工作在教学一线，承担了大量本科教学任务，每年为学校能动、建环、储能等 9 个专业近千名本科生授课。近年来，课程团队积极开展课程建设、教学创新和教学研究，内容涵盖中文课程、英文课程、在线课程、实验建设、教材建设、教改项目、教研论文、教学比赛等。近 5 年获得两项国家级课程称号，即 2020 年首批国家级一流本科课程、2021 年首批教育部课程思政示范课程。团队两位教师获评北京市教学名师，近 5 年承担教育部和北京市教学改革项目 8 项，获北京市教学成果二等奖 2 项，获北京市青年教师讲课比赛一等奖、学校教学成果特等奖、学校教学优秀特等奖、教师教学创新大赛一等奖等奖励，发表教研论文 10 篇，出版本科规划教材 3 部。

三、课程目标

课程建设的总体目标：培养学生具有“新能源、大电力”视野、具有较强创新意识和自主探究的能力，培养学生具有工程视野、具有较强工程实践和解决复杂工程问题的能力。具体目标可分解为知识、能力、素质 3 个层次：

知识（初阶目标）：使学生了解本专业前沿发展现状与趋势，掌握能源转换与利用的基础理论与基础知识，为后续专业课程做好扎实的专业知识储备。

能力（中阶目标）：具备对复杂工程问题进行系统建模的能力，对系统参数和实验数据进行分析的能力，以及对热工设备实验设计和操作的能力。

素质（高阶目标）：培养学生科研视野和自主探究创新素质，培养工程视野和解决复杂工程问题工程素养，树立节能环保及可持续发展的工程伦理。

四、课程建设及应用情况

华北电力大学“工程热力学”课程开设于 1958 年建校初期，经历了 60 多年的历史沉淀和发展，课程团队在继承老一辈教师优良传统的基础上不断开拓和创新，近年来在课程建设、团队建设、课程思政、教学成果等方面取得了较为丰硕的成绩。

（一）解决重点问题

1. 面向电力行业对创新型、工程型人才迫切需求，对课程“理念—目标—内容—模式—方法—机制”进行顶层设计，形成“创新实践”和“工程实践”为主线的教学体系，解决以往教学理念和教学目标不明晰，教学体系缺乏总体设计的问题。

2. 围绕人才培养“知识—能力—素质”阶段目标，遵循创新型和工程型人才的培养规律，实施“渐进式创新实践”和“贯通式工程实践”教学模式，解决传统课内实验教学环节效果不明显，实践教学与理论教学脱节的矛盾。

3. 针对新时期对课程创新发展的要求，通过课程思政引领、教学团队保障、教学研究驱动的课程建设新机制，解决以往课程建设机制相对单一，课程创新和发展机制不完善的问题。

（二）课程内容改革

“主线式”教学体系设计：形成以“创新实践”和“工程实践”为主线，覆盖“理念—目标—内容—模式—方法—机制”的一体化教学体系，将“创新实践”和“工程实践”贯穿于整个教学体系之中。

对传统火电为主的内容体系进行重构，构建课程新型知识体系。创新知识体系，引入 6 个“新能源、大电力”模块、6 个课内创新实验内容、8 个本学科最新科研热点；工程知识体系增加电力行业复杂工程问题的工程研究方法、50 个电力行业工程应用案例、2 个课程实践教学、3 个虚拟仿真教学的课外实践教学内容。

（三）教学组织创新

“实践型”教学模式创新：实施以“创新实践”和“工程实践”为主导的实践型教学模式。从传统理论教学模式转变为融入“渐进式创新实践”和“贯通式工程实践”的教学模式，将实践教学与理论教学紧密结合。

创新实践教学模式：针对新能源和大电力等热点内容、课内实验内容、学科最新科研成果，分别采用研讨式教学、创新式实验、研究式教学方法。创新实践教学模式体现了“创新引导—创新参与—创新探究”过程，以创新式实验为例，教师通过案例引入、理论讲解、实验讲解、组织研讨、实验拓展、知识拓展等环节开展创新引导，学生通过课前预习、实验设计、研讨汇报、自主实验、创新拓展等环节开展创新实践和创新探究。

工程实践教学模式：针对电厂复杂工程问题采用“认知、简化、分析、建模”的工程研究方法，针对电厂工程案例采用理论与应用结合的工程应用方法，同时增加课程实践基地教学、参与产学研项目、参加学科竞赛等课外实践，形成工程与研究贯通、理论与应用贯通、课内实践与课外实践贯通的教学模式。

（四）课程评价情况

课程的创新实践和工程实践教学为后续课程做好专业知识铺垫的同时，还锻炼了学生的创新能力和工程素质。① 通过课程“创新实践”教学培养了学生对科研的兴趣，学生考研率从10年前不足25%提高到目前的65%左右，本科生考研选择本门课程的比例高达85%。② 通过课程“工程实践”教学培养了学生的专业自信，近5年一次就业率超过97%，为电力行业输送了大量专业技术人才。③ 团队教师的教学评教优秀率都在90%以上，在全校排名前列，课程教学效果获得了学生们的认可。

（五）课程建设成效

近年来，在课程建设方面取得较丰硕的成果。“工程热力学”2020年获评首批国家级一流本科课程，2021年获评教育部课程思政示范课程，是全国能源动力学科唯一同时获得此两项国家级称号的课程。本课程团队成员获教育部和北京市教学改革项目8项、学校教学改革项目15项；获北京市教学成果奖2项，学校教学成果奖5项；出版国家级规划教材、北京市精品教材5部，在《高等工程教育研究》《中国电力教育》《大学教育》、全国能源动力类专业教学改革研讨会等学术期刊和会议上发表教学研究论文15篇。

五、课程特色与创新

（一）课程特色

提出将电力行业的“创新实践”和“工程实践”融合于课程教学，以培养创新能力和工程素质为课程的高阶目标，培养学生具有“新能源、大电力”视野、具有较强创新意识和自主探究的能力，培养学生具有工程视野、具有较强工程实践和解决复杂工程问题的能力。

（二）课程创新点

1. 提出了以“创新实践”和“工程实践”为主线的一体化教学体系

提出了覆盖“理念—目标—内容—模式—方法—机制”的一体化教学体系，将“创新实践”和“工程实践”贯穿整个教学体系。主线式教学体系强化了课程的实践内容体系，拓展了学生的创新思维和工程视野，将学生创新能力和工程素质的培养体现在整个教学体系和教学环节中。

2. 构建了融合“创新实践”和“工程实践”的实践型教学模式

遵循创新型和工程型人才的培养规律，实施“渐进式创新实践”和“贯通式工程实践”教学模式，通过“理论学习—创新实践—工程实践”的深度融合，将实践型教学贯穿整个教学过程，实现“课前引导学生学习、课中学生参与学习、课后学生探究学习”的教学过程。

3. 形成了“课程建设—团队建设—教学研究”全方位课程建设新机制

依托国家级一流本科课程、国家级一流本科专业，聚合多方优势，全方位进行课程建设。通过课程思政引领、教学团队保障、教学研究驱动的举措，将教学成果反哺教学，在教学中积极实践教学创新成果，形成了持续创新和发展的课程建设新机制。

（撰稿人：李季；审核人：刘崇茹）

中国地质大学（北京）国家级一流课程建设案例

综合地质学

一、课程基本信息

课程名称	综合地质学
课程负责人	李亚林
开课单位	中国地质大学（北京）地球科学与资源学院
课程类别	线下一流课程
课程性质	必修
开课年级	本科二年级
面向专业	地质工程、勘查技术工程、石油工程、土木工程
学　　时	64
学　　分	4
主要教材	《综合地质学》

二、课程团队

课程负责人为北京市教学名师、北京市课程思政教学名师和优秀专业课主讲教师，课程团队为北京市课程思政教学团队，团队以中青年教师为主组成，年龄结构和学科结合科学合理。负责人和团队教师承担了本科生“综合地质学”“构造地质学”“地球科学概论”和“区域地质调查学”等课程。近年来，本课程先后获评北京市优质本科课程（2020）、首批国家一流本科课程（2020）、北京市课程思政示范课程（2022），课程设计获北京市教学创新设计二等奖（2023），以本课程教学模式为重要支撑的教学成果获北京市教学成果一等奖、校级教学成果一等奖，课程团队主要成员为全国高校黄大年式教师团队和北京市高校优秀本科育人团队成员。

三、课程目标

根据我校“世界地球科学领域一流大学”的建设目标，以及“品德优良、基础厚实、知识广博、专业精深”的人才培养目标，本课程以学生全面发展和创新能力培养为核心、以课堂教学模式改革和多元化教学手段构建为重点，通过本课程的学习，实现以下目标：（1）扎实掌握地球物质组成、地层系统和构造地质等方面理论知识，了解国内外地质学学科发展前沿；（2）掌握地质学基本工作方法，培养对区域地质演化的综合分析能力，建立“时空”四维地质学思维；（3）提升基础理论知识解决实际地质与工程问题的应用能力，培养学生发现问题、分析问题和解决问题的素养，塑造学生自主学习能力和创新能力，为创新人才培养奠定坚实的地质学基础。

四、课程建设及应用情况

（一）课程建设历程

本课程为我校地质工程、勘查技术工程、土木工程、石油工程等专业的学科基础课，在专业课程体系中具有“基石”的地位，每年有 300 多名学生学习该课程。课程自 2003 年开始实施以来，始终以立德树人为宗旨，以学科发展和国家地质类人才需求为导向，不断丰富教学内容、创新教学模式，先后获评北京市精品课程（2008）、国家精品课程（2009）北京市高等教育精品教材（2011）和国家级精品资源共享课（2013）。

（二）教学难点与痛点

学生“时—空”地质学科学思维难以建立、教学设计未能充分突出“知识—能力—素质”的培养，学生自主学习能力和创新能力不足是本课程教学长期面临的难题。课程与教学改革要解决的重点问题包括：课程“时—空”跨度大，概念和理论抽象，学生四维地质学科学思维难建立，地质理论知识难吸收；课程理论与实践教学相脱节，实践教学环节薄弱，学生实践和创新能力难以提升；成绩评定方式单一，不符合地质学特点，缺乏对实践和创新能力考核。

（三）课程内容与资源建设

以创新能力培养为重点，开展了以下方面的建设：（1）突出课程教学内容的前沿性、先进性。将基本知识与生物大爆发、大灭绝、气候变化等前沿问题相结合，使学生及时了解国际前沿动态，激发学生学习动力。（2）不断优化和丰富课程教学内容，打造一流的教材。为使学科前沿及时进课堂、进教材，先后 3 次对教材进行了更新、再版。（3）优化教师资源，打造了一流的课程团队。形成教学名师、学术带头人、“优青”等 8 位核心成员组成的高水平课程团队。（4）不断拓展教学资源，实现了多元化现代教学方法的有机融合。通过精品资源共享课、MOOC、“实验辅助教学系统”建设，实现了“在线预习—课堂讲授”与“讨论—课后在线复习”等多种教学方式的有机融合，促进了师生交流、提升了学生自主学习能力。

（四）课程教学内容及组织实施

针对本课程教学理论和实践性强的特点，在教学内容和组织与实施上，采取以下措施：（1）按“知识—能力—素质”3个层次组织教学内容。将地质现象、理论知识、实际运用、学科前沿问题相结合，组织每节课教学内容。（2）实施课堂启发式和探究式教学。要求每节课不低于20%时间，开展学生之间或学生与老师间的交流讨论。（3）以实践教学环节为抓手，组织教学内容。将实习实践比例由20%提高到50%，突出学生发现问题、解决问题能力培养。

（五）课程成绩评定方式

充分体现课程目标，以“知识—能力—素质”考查为重点。（1）总成绩由平时成绩（课堂测验与“讨论—实践实习—综合报告”，50%）和期末考试（50%）构成；（2）突出日常学习中对知识掌握与积累、避免考前突击，将平时成绩比重提高到50%；（3）突出知识运用能力和创新能力考查，将实习实验、综合地质报告等体现学生能力的部分作为考查重点（占平时成绩的40%）。

上述教学改革取得良好成效，受到学生一致认可和好评，历年学生评教均为“优秀”，5环相扣的创新教学模式得到高度评价，被教育部教学指导委员会专家评价为“充分体现了地质学特色和人才培养特点、具有示范引领作用”，并受邀参加全国和专业性教学会议20余次介绍教学模式，学生在各类地质技能大赛中获得奖项30余项。不断修订完善的教材被国内地质类等高校广泛使用，建设完成的MOOC课程得到广泛使用，课程具有显著的示范和引领作用。

五、课程特色与创新

本课程针对地质学理论丰富、实践性强的特点，在课程建设过程中，教学团队始终以“一流团队、一流教材、一流教学方法、一流培养模式”为理念，不断改革和创新教学模式、丰富和完善课程教学内容，形成了以下特色：（1）以实际问题为引领、以创新思维和创新能力培养为核心，构建了“现象—理论—应用—问题—创新能力”5环相扣教学模式，激发了学生学习动力和对新知识的渴望，使学生在课程学习的同时，向“发掘问题”与“自主创新”两个方向发展。（2）形成以一流教学团队建设为重点、以学生创新能力培养为核心的教学理念。以课堂探究式教学和“科教融合”为抓手，形成了以教学名师、学术带头人等为主体的一流教学团队，实现了学科前沿成果进课堂、进教材，有效提升了学生创新意识和创新能力。（3）形成了以学生自主学习为主体、多种现代教学方式与手段相结合的教学方法。

（撰稿人：李亚林；审核人：高志前）

北京航空航天大学国家级一流课程建设案例

机械原理

一、课程基本信息

课程名称	机械原理
课程负责人	于靖军
开课单位	北京航空航天大学机械工程及自动化学院
课程类别	线下一流课程
课程性质	必修
开课年级	本科二年级
面向专业	机械工程、机器人工程、飞行器工程（航天）
学　　时	48
学　　分	3
主要教材	《机械原理》《机械原理（云教材）》

二、课程团队

（一）教学任务

近5年来，于靖军主讲“机械原理”8轮次，共336学时；郭卫东主讲“机械原理”4轮次；王玉亮主讲“机械原理”8轮次，赵宏哲和刘冠阳主讲“机械原理”各5轮次。

（二）教学研究

深入开展教育教学研究，探索并实施混合式、项目化等多种研究型教学模式。近5年，承担包括国家级新工科研究与实践项目等在内的省部级及以上教改项目5项、校级教改项目10项，发表各类教学研究论文20余篇；获北京市教学成果一等奖、二等奖3项。

（三）教学奖励

“机械原理”获评国家级一流本科课程（2020）、北京高校优质本科课程（2019）和北京市课程思政示范课程（2021）等。课程团队主编的《机械原理》教材获评北京高校优质本科教材（2019、2022）并获得中国机械工业科学技术二等奖（2016）。课程学生获 IFToMM“机械原理大学生国际奥林匹克竞赛”团体及个人亚军（2018）；课程团队获评工信部研究型教学创新团队（2017）和北京高校优秀本科育人团队（2020）；于靖军获评北京市青年教学名师和宝钢优秀教师奖。郭卫东获评北京市教学名师和宝钢优秀教师奖。

三、课程目标

“机械原理”是面向机械类专业二下开设的一门主干技术基础课，在培养学生工程思维和创新设计能力等方面占有重要地位。围绕北航建设扎根中国大地世界一流大学的办学定位，结合专业“复合型高级工程技术人才和拔尖创新人才”的培养目标要求，确定本课程的 4 个具体教学目标：

目标 1：掌握常用机构的基本特性、设计原理、设计方法，注重工程思维与创新思维的培养。（知识为主，能力为辅）

目标 2：具有利用 ADAMS 等现代工具对机构或机械系统进行辅助分析与评价的能力，并能撰写报告、清晰表达等。（能力目标）

目标 3：掌握机构及机械系统模型建立、分析求解和设计方案论证的理论及方法，培养学生机械系统分析并解决复杂工程问题的能力。（能力目标）

目标 4：了解机构与机器的发展历程与最新研究进展，培养家国情怀、科学精神和哲学思想。（素质目标）

四、课程建设及应用情况

（一）建设发展历程

北航“机械原理”课程起步于 1952 年建校时期的机械原理教研室，经历了几代人的努力，形成了“求真务实、敢为人先”的团队文化。

第一阶段——筑基（1952—1982）：张启先院士担任教研室主任。“机械原理”课程教学与机构学理论研究协同共进；翻译国外经典教材，通晓本课程国际发展动态。

第二阶段——固本（1983—2003）：践行“讲一练二考三”的课程学习模式；将“机械原理与工程图学”“机械设计”有机衔接，协同构建了机械设计基础系列课程与教材，成果获国家级教学成果二等奖。

第三阶段——提升（2004 年至今）：构建并不断完善“以思维、能力、素质融合人才培养为教学目标，设计为主线”的知识体系与课程教学模式，全面开展研究型教学，先进与经典融合、混合式教学，先后获北京市教学成果二等奖。强力支撑了机械工程专业认证，有效保障了机械工程国家级一流本科专业建设。

（二）课程与教学改革要解决的重点问题

1. 教学目标从以理论知识学习为主，向综合能力培养转变。
2. 教学内容解决长期存在的“重分析、轻设计；重理论、轻实践”的状况。
3. 教学手段有效支撑学生高阶思维、自主学习意识和解决复杂工程问题能力的培养。

（三）课程内容与资源建设及应用情况

1. **将机构发明史、大国重器等有机融入课程教学，夯实课程思政。**从家国情怀、科学精神以及哲学思想 3 个层面，凝练中国古代的机构发明、当代的大国重器、自由度研究史等课程思政元素 22 个，将其融入教学内容或项目训练中，激发学生的民族自豪感和爱国精神，培养其科学素养与辩证思维。

2. **科教融合，丰富课程资源，促进课程内容与时俱进。**将航天机构与机器人等方面的最新科研成果向教学转化，增补柔性机构、折展机构等 28 个反映学科前沿的知识点，激发学生学习的兴趣；编制项目资源库，内含 118 个 ADAMS 虚拟仿真和 16 个工程设计题目，提升工程项目的真实性与挑战度。上述资源配合研究型教学，已使用近 10 个轮次，不断更新。以上述内容为基础主编的新形态教材《机械原理》，被电子科技大学、河海大学等 40 余所高校选作主讲或参考教材；主编的《虚拟样机技术与 ADAMS 应用实例教程》，发行近 2 万册，有效支撑了课程的虚拟样机仿真环节的教学。

3. **借助现代信息技术，加强优质网络教育资源建设，开展混合式教学实践。**“机械原理”与“机械原理学习指导与习题解析”分别在 2015 年和 2017 年在中国大学 MOOC 上线开课，选课人数超 10 万人次；出版了国内首部《机械原理》云教材，创建了首个机械原理“云班课”。基于以上资源，开展了多种形式的翻转课堂实践。

（四）课程教学内容及组织实施情况

1. **积极开展研究型教学探索与实践，将思维、能力、素质的培养贯穿于整个课程。**基于上述教学资源，立足“三个结合（经典与前沿结合、科学与工程结合、理论与实践结合）”，开展研究型教学，提高了学生探究知识的积极性，提升了学生发现问题、探究问题和解决问题的能力。

2. **课内外结合，开展基于项目的工程实践。**突出课内、课外相结合的学习方式：课内偏重基础理论，课外强化工程实践。学生投入本课程的课内外时间比大约为 1:2。在课外，基于学生个体的虚拟仿真项目实践强调现代工具、技术的使用；基于小组的创新设计项目实践重在培养学生解决复杂工程问题、团队协作等实践创新能力。主讲教师与研究生助教全程指导，保证了项目实践的质量。

（五）课程成绩评定方式

加强了过程考核和评价，期末闭卷考试、项目实践及平时成绩相结合。

1. 平时成绩占 10%：含 1 次文献综述、7 次课后作业；

2. 期末考试占 60%：闭卷考试（侧重考核分析与设计能力的大题）；

3. 项目实践占 30%：（1）虚拟仿真大作业占 10%：每名学生自选 1 题（不重复），提交技术报告和仿真源文件；（2）项目实践大作业占 20%：4～5 人 1 组，结合全国大学生机械创新设计大赛主题或自选题目（如仿生机构等），完成开题、中期、结题答辩 3 个教学与实践环节，提交 3 份报告（开题、中期和结题）和 1 套（件）实物样机。

（六）课程评价及改革成效情况

1. 学生的学习效果达到预期教学目标。学生反馈表明：解决复杂工程问题、工程思维、团队协作、组织表达、创新实践等 5 项能力指标有显著提升。每人分析解决一个仿真案例，每小组创新设计开题/中期/结题报告 50 页，激发了学生学习的主动性。

2. 课程及教材的影响力及受益面表现突出。在“爱课程（中国大学 MOOC）”上线开设的 3 门 MOOC（2 门中文课程 +1 门英文课程）的选课人数超过 10 万人次，北京理工大学等 40 多所学校基于“机械原理”MOOC 创建了本校的专属定制课程（SPOC）。“先进工具与经典理论”相结合的模式被国内几十所学校所借鉴。在最近 3 届全国机械基础课程骨干教师研修班和机械原理教学会上，团队 10 人次作主讲教师或大会报告。申报人主编的新形态教材《机械原理》发行 1.8 万册，获省部级奖 2 项，被电子科技大学、河海大学等 40 余所高校选作主讲或参考教材。

五、课程特色与创新

主要特色之一：注重团队建设，构建团队文化与优良传承

构建了“求真务实、敢为人先”的团队文化，实施导师轮换、专题教学研讨等一系列有组织的团队运行机制；形成了一支双名师领衔、师资结构合理、教研并重且协同并进的研究型教学创新和优秀本科育人团队。

主要特色之二：全方位构建优质资源，全面实施研究型教学

创建的教学资源，包括 3 门 MOOC（主、辅课程）、10 余部教材（含 2 本主教材、虚拟仿真教材，学习指导等）以及 1 个研究型项目资源库，对开展研究型教学提供了有力支撑。基于上述资源，对全部学生开展研究型教学。

创新点之一：提出了对工程教育具有普适性的 STEP 教学模式

STEP 教学模式是指将仿真工具（Simulation）、理论学习（Theory）、工程案例（Engineering）和项目实践（Project）等作为课程学习及考核过程中必要环节的教学模式。该模式在机械原理课程实践表明，可有效培养学生的创新设计能力，提升课程的挑战度。

创新点之二：形成了多种教学手段相融合的研究型教学模式

立足“三个结合（经典与前沿结合、科学与工程结合、理论与实践结合）”和“两个融通（科研与教学融通、课内与课外融通）”，实施研讨式、项目化、混合式等多种研究型教学模式，全方位培养学生的综合能力（高阶思维、自主学习、创新实践等）。

（撰稿人：于靖军；审核人：钱政）

北京电子科技学院国家级一流课程建设案例

保密管理概论

一、课程基本信息

课程名称	保密管理概论
课程负责人	孙宝云
开课单位	北京电子科技学院管理系
课程类别	线下一流课程
课程性质	必修课
开课年级	本科二年级
面向专业	信息安全、密码科学与技术、电子信息工程、计算机科学与技术、通信工程、网络空间安全、保密管理、行政管理
学　　时	32
学　　分	2
主要教材	《保密管理概论》

二、课程团队

本课程是学校的通识教育课程，在全校所有专业大二下学期同时开设。课程团队由 7 人组成，负责人是孙宝云教授，成员包括漆大鹏、张臻、齐巍、王玎、刘崇瑞、刘晓豫，其中 3 人为副高级以上职称，6 人有博士学位。5 年来，团队教师累计为 1 549 名学生讲授本课程 1 728 学时，人均 246 学时。团队教师教改成果丰硕，主持 3 个国家级项目，分别是一流本科专业、一流本科课程和课程思政示范课程。主持包括优质本科课程重点项目、优质本科育人团队在内的 7 个省部级项目。团队教师科研实力雄厚，主持国家级科研项目 4 项、省部级项目 11 项，出版教材 2 部、专著 5 部。团队教师 17 次获得省部级及以上奖励、5 次在学院教学竞赛中获得一等奖，30 次获评学院优秀业绩年度考核奖。

三、课程目标

北京电子科技学院隶属于中共中央办公厅，是一所为全国各级党政机关培养密码保密和信息安全专门人才的普通高等学校。成立 76 年来，始终坚持政治立院、特色强院、人才兴院、依规治院，秉持“忠诚、笃学、严谨、守纪”的校训，着力培养政治忠诚、学业扎实、作风严谨、纪律严明的合格人才。结合学校约 90%的毕业生进入公务员岗位的校情，本课程从 3 个方面明确本课程的培养目标。其中，知识传授方面要求学生了解保密形势，掌握国家秘密管理、保密管理体制与职能等内容。在能力培养方面，聚焦培养学生的保密思维、保密意识、保密品格、保密习惯和保密能力。在价值塑造方面，凝练出政治认同、国家安全、家国情怀、保密文化等 9 条课程思政主线。

四、课程建设及应用情况

（一）发展历程

从学校 2008 年首批招收“保密管理方向”本科生开始，到 2013 年以“保密管理专业”招生，“保密管理概论”课程一直是保密管理专业核心课。2018 年培养方案将本课程确立为校本课程，大二下学期在全校所有专业同时开设。

（二）课程内容与资源建设及应用

紧紧围绕立德树人根本任务，设计了十讲教学内容，覆盖保密形势、中美国家秘密管理、保密法律体系、保密管理体制、保密管理职能、政府信息公开与保密审查、机关单位保密管理、涉密人员管理和保密监督管理等方面。结合课程内容与教学目标，课程团队凝练了 9 条课程思政主线，在每一讲内容中至少融入两条课程思政主线。

为提高学生的听课兴趣，课程团队引入了小视频案例教学法。搜集与知识点高度契合的视频进行剪辑，每个约 2 分钟，用于知识点的阐释。如在讲授“保密法律体系”时，通过间谍网络策反年轻人的小案例，解读“公民保守国家秘密的义务”。目前，课程团队已精心剪辑小视频案例 300 余个，建立覆盖全部知识点的小视频库，能满足课堂教学需要。

（三）教学改革解决的重点问题及组织实施情况

本课程与教学改革要解决的重点问题是提高课程思政效果、增强学生学习兴趣和主动性、提升学生的保密意识和保密能力。解决方法是开展“课上＋课下＋线上”的混合式教学改革。

1. 在课堂上持续改进教学方法，提高学生的听课兴趣

一是采用小视频案例教学法，每节课至少使用 3 个小视频，并结合视频进行讨论。二

是引入“雨课堂”，每个重要知识点后均有单选或多选题，既考查学生对知识点的掌握情况，也提高学生的学习兴趣。三是充分利用特色科研成果反哺教学，将团队教师有关保密前沿问题的研究引入课堂教学中，激发学生对保密知识的兴趣。四是在思政教学方法上，增加学生主体的教改活动。如举办红色主题演讲比赛，学生任选 1 个红色保密故事演讲，时长 2～3 分钟。同时举行年级演讲竞赛，设立奖项及师生互动环节，这些活动受到学生欢迎。

2. 课下持续推进教学改革，建立多元一体的教学改革模式

一是探索建立“读书引领式”育人模式，结合课程内容向学生推荐“两弹一星”元勋系列和监控系列书籍等，学生任选 2 本并参加线下读书活动。本课程在保密管理专业开展读书活动 6 年，利用课余时间带领学生读书 31 场、77 小时，师生在线上讨论帖达到 97 万字，受到学生欢迎。

二是开展主题微课大赛。由团队教师确定课程内容相关的主题，学生自主建立 3～5 人微课小组录制 5 分钟微课。所有微课均计入平时成绩，每个班级选出 2 组优秀微课进入复赛。复赛作品在课程平台发布，经师生在线观看后投票选出获奖作品并在年级大课中展示。

3. 线上充分利用“超星学习通”平台，实现与线下教学的有机融合

一是将全部课件、教学资料、课堂实录、优质学生微课等发布至课程平台，方便学生自主学习。二是开展在线专题辩论活动，该活动已持续开展 7 年，学生辩论帖超过 200 万字。在线辩论的目的是让学生深刻认识到美国监控全世界的现状及危害，提高学生的网络安全保密意识和能力。三是改革期末考试方式，建立覆盖课程全部知识点的题库，期末采用随机抽题的方式在线考试，受到学生欢迎。

（四）课程成绩评定方式

利用校本课程的优势，开展“线上线下一体化”混合式教学改革，增设了全年级学生参与的演讲模块、辩论模块、微课大赛模块等，并将平时成绩占比提高到占总成绩的 60%。

（五）课程评价及改革成效

近 3 年，1 109 名学生给本团队进行教学评价打分，累计 18 人次平均分为 97 分。《保密工作》杂志 2 次报道课程团队及孙宝云教师的事迹；本课程在新华网发布后，在线学习人数已超过 1.2 万人。课程的教学改革很受学生欢迎，对 834 名学生的问卷调查显示，有 91%的学生认为本课程的教学效果“比较好”或“非常好”。超过 94%的学生“支持”或“非常支持”结合课程开展的读书活动。

五、课程特色与创新

凝练课程内含的思政元素，构建特色思政主线。经过多年探索，课程团队构建了符合本课程特色的思政主线，包括政治认同、国家安全、家国情怀、保密文化等 9 个方面。思

政主线不仅融入课堂教学过程，也融入教学改革活动中，提升了课程思政的教学效果。

依托通识课程优势，建立“竞赛驱动式”教学改革模块。从实践效果看，作为每年430人左右的通识教育课程，开展年级竞赛可以有效激发学生的学习热情。目前，课程团队已持续开展学生演讲比赛3年、主题微课大赛3年、专题辩论活动7年，受到学生普遍欢迎。

开展“读书引领式”育人改革，探索“线上线下一体”的读书模式。该模式的突出特点是结合课程内容设立阅读书目，通过线上发帖分享讨论、线下读书会提升读书质量。如通过阅读《邓稼先传》强化学生的政治认同、家国情怀；通过阅读斯诺登系列书籍，强化学生对当前保密形势的认识，增强学生的国家安全观念，达到读书育人良好效果。

通过集体备课和听课、评课活动，打造一流教学团队。课程团队每学期都组织多种形式的集体活动，如集体备课、听课和评课等；团队教师能够共享课件和教学资料，共同研讨教改方案，轮流承担教改筹备工作，充分发挥了团队合力，取得显著成绩。

（撰稿人：孙宝云、齐巍；审核人：肖嵩）

北京体育大学国家一流课程建设案例

运动训练学

一、课程基本信息

课程名称	运动训练学
课程负责人	米靖
开课单位	北京体育大学竞技体育学院
课程类别	线下一流课程
课程性质	必修
开课年级	本科二年级
面向专业	运动训练
学　　时	64
学　　分	4
主要教材	《运动训练学》

二、课程团队

课程团队由 3 名教授、1 名副教授、3 名讲师构成，其中，博士生导师 4 名，硕士生导师 6 名，团队成员均具有博士学位及高水平运动队伍科技服务经历，在运动训练领域具有广泛的影响力。团队负责人米靖教授是教育部新世纪人才计划入选者、科技部“科技冬奥”重点专项专家组成员、国家体育总局“十四五”时期体育决策咨询专家、国家体育总局运动训练重点实验室主任，团队其他成员也有体育领域的重要学术兼职。课程团队实力雄厚，能够胜任运动训练学课程的教学任务。近 5 年完成学校本科专业运动训练学课程 2 000 余学时的教学任务，并完成 3 门运动训练相关线上课程。团队教学态度端正，教学成果丰富，共获得国家级教学成果、教材等奖励 2 项，省部级奖项 3 项。

三、课程目标

北京体育大学运动训练专业着重培养运动经历丰富、体育基础理论和专业知识扎实、实践能力突出的教练员和裁判员等复合型高层次人才。结合学校和专业的办学定位以及本专业学生运动水平高，文化基础弱，自我意识强，乐于接受新事物，却对满堂灌的教学模式不适应等特点，本课程确立了如下目标：第一，让学生掌握运动训练活动的基本原理、方法等基础理论以及本学科的前沿知识；第二，教会学生运用运动训练科学理论发现、分析和解决实践问题，自主设计和组织运动训练及竞赛活动，并形成批判性思维和创新实践能力；第三，培养学生顽强拼搏、永不服输的体育精神和建设体育强国、健康中国的责任感和使命感。

四、课程建设及应用情况

（一）建设发展历程

本课程历史悠久，成果丰硕，创造了多项我国的历史第一。北京体育大学是最早开展“运动训练理论”课程教学的院校之一，在 1953 年建院初期，体育教育理论课程中已经有了“运动训练理论”的教学内容。1979 年，过家兴教授等编写了我国第一本《运动训练学》讲义；1985 年，学校成立了我国第一个运动训练学教研室；1986 年，由运动训练学教研室编写并出版了我国第一本《运动训练学》正式教材；1987 年，学校的运动训练学被评为国家体委首批重点学科；2002 年，田麦久教授主编的《运动训练学》荣获全国优秀教材一等奖；2006 年，“运动训练学”被评为国家级精品课程，是当年全国唯一入选的运动训练学课程；2019 年，运动训练专业被评为首批国家级一流本科专业；2023 年，“运动训练学”课程入选国家一流线下课程。

（二）课程与教学改革要解决的重点问题

1.“运动训练学”课程内容的更新速度需要加快，以应对现代竞技体育训练和比赛实践的需求；

2. 以教为中心的课程教学理念亟待改进，以更好地适应新时代大学生的身心特点；

3. 新技术、新工具、新手段在教学中的应用需要进一步加强，以打破“满堂灌”的传统教学模式，激发学生的学习兴趣、提高学习的积极性；

4. 教学评价内容、方式、手段需要拓展深化，加大过程性、综合性评价的力度，满足不同评价需求。

（三）课程内容与资源建设及应用情况

1. 与时俱进，吸收学科前沿知识和新时代思想与理念，丰富教材和教学内容

本课程选择最权威的教材作为主讲教材，同时，团队还自编了《运动训练学》讲义和

《竞技体育实战制胜案例》等配套教材，并将参与指导的北京体育大学“冠军班”硕、博士毕业论文集以及参与编写的《全国体校教练员科学训练通识培训教材》等相关书籍作为参考教材，以保证课程内容的前沿性和高阶性。

2. 注重实践，利用好学校的运动场和实验室，进一步拓展课程空间

学校是“211 工程”院校和双一流建设院校，有完备的教学、科研设施、设备等硬件条件，也有国家体育总局运动训练重点实验室等 4 个运动训练相关的省部级重点实验室等科研平台；既有国家艺术体操队等高水平运动队伍长期驻扎，也有多个项目青训队伍长期集训，训练现场和各学科的实验室为课程的理论教学与实践实训提供了多元的实践场景和广阔的学习空间。

3. 科技助力，建设和引进多种线上教学资源，丰富课外学习内容

本课程团队建设了“运动训练学”“运动训练原理与方法”“运动训练应用基础”3 门慕课课程，分别在学堂在线、国家体育总局优秀运动员文化学习中心体教联盟、校园 SPOC 等平台上线，供学生课下线上学习。

（四）课程教学内容及组织实施情况

课程教学内容包括课堂讲解和专题讨论两部分。其中，课堂讲解共 54 学时，内容包括运动训练学基本概念和训练原则、运动员竞技能力及其训练、运动训练计划的制定与实施等。专题讨论共 8 学时，设置运动训练方法的选择、如何在训练过程中遵守并执行训练原则、怎么理解运动员竞技能力的整体性、如何制定训练计划 4 个专题。

为了更好地将课程教学内容传授给学生，本课程进行如下探索：第一，构建了以学生为主体的“探究式学习”课堂教学模式；第二，进行了现场教学实践探索；第三，充分利用现代教学技术和手段，开展线上线下混合式教学。

（五）课程成绩评定方式

在评价方式方面，强化对理论分析能力、创新实践能力及综合素质的考核，主要体现在：第一，丰富了成绩构成要素，平时表现成绩和期末考试成绩并重；第二，建立了多元化、开放式的评价方式。通过过程性评价和终结性评价，闭卷考试等标准化评价和论文式、报告式、课堂参与度等非标准化评价，教师评价和学生间的评价有机结合等多种形式提升评价的客观性和有效性。

（六）课程评价及改革成效情况

通过课程团队多年来的实践探索和改革创新，教学效果和质量有了较大提升。第一，学生课程投入的学习时间有了明显增加，学习效果逐渐显现。多名现役班学生运动员运动成绩取得突破，多名学生获得课程相关大创项目。第二，学生对课程的满意度增加，多名教师评教成绩在全校排名前列。第三，基于雨课堂、SPOC 平台、慕课视频学习、习题以及教师平时的教学记录等多源数据来源的教学信息库逐步建立。

近 3 年，团队成员徐刚教授获得“北京市优秀教师”称号，米靖教授获得国家级、省部级教学成果奖励 3 项。

五、课程特色创新

经过团队的努力，运动训练学课程形成了如下特色。

（一）教书与育人融合，课程思政逐步优化

通过中国女排、刘翔等优秀运动队（员）以及本专业优秀运动员自身刻苦训练、永不服输的典型案例教学，将顽强拼搏、为国争光的爱国奉献精神和体育的公平竞赛理念、规则意识、团队精神融入课程教学的全过程。

（二）经典与前沿并重，课程内容持续更新

课程团队在继承我国运动训练学学科的经典体系的同时，积极与国内外知名体育院校以及高水平运动队伍建立密切联系，紧跟学术前沿，不断丰富和完善课程知识体系。

（三）知识与技能兼顾，教学空间不断延展

为更好地培养学生创新实践能力，本课程不断革新教学方式，延展教学空间。一方面，将课程中的讨论课搬到运动场，进行现场教学；另一方面，课程作业注重理论联系实践，强调学以致用。

（四）线上与线下结合，教学资源日益丰富

本课程充分利用本团队建设的 3 门线上课程，引导学生积极进行课下学习，增加学习时间，扩大知识广度，弥补线下教学的不足。

（五）过程与结果互证，评价模式日趋完善

通过调整课程成绩构成要素，建立新的成绩评价指标体系。通过雨课堂、SPOC 平台、慕课平台以及教师平时的教学记录等多源途径汇集的海量数据，对教学过程进行全过程的追踪和监控，做到结果评价和过程评价高度融合。

（撰写人：米靖；审核人：章潮晖）

中国科学院大学国家级一流课程建设案例

普通物理—力学

一、课程基本信息

课程名称	普通物理—力学
课程负责人	赵亚溥
开课单位	中国科学院大学物理科学学院
课程类别	线下一流课程
课程性质	必修
开课年级	本科一年级
面向专业	国科大所有专业
学　　时	72
学　　分	4
主要教材	《力学讲义》

备注：“普通物理—力学”是中国科学院大学所有专业本科生的公共必修课，设多个平行班，赵亚溥教授担任其中一个平行班的主讲教师。

二、课程授课教师基本情况

赵亚溥，1963 年 8 月出生，中共党员，教授，博士生导师，主要从事物理力学、微纳米力学、冲击动力学等研究。1984 年起参与本科教学，1996 年起指导研究生。近 15 年来，讲授“冲击动力学”“力学”“材料力学”“连续介质力学”等本科课程，近 5 年来，每学年讲授 180 学时。编写了《力学讲义》《近代连续介质力学》《理性力学教程》等科教融合型教材。

赵亚溥教授培养出十余位“杰青”“优青”等国家级人才，曾获评全国优秀教师奖、北京市高等学校教学名师奖、北京高校优质本科教材重点项目、北京高校优质本科课程重点项目、中国科学院教育教学成果一等奖、宝钢优秀教师奖等多项荣誉。

三、课程目标

中国科学院大学本科教育的定位是探索培养出国际高端的领军式科技帅才，能够引领世界风骚、能够开辟方向的人才。按照这一定位，中国科学院大学的本科课程设计应独树一帜，能够比肩顶尖级国际名校。近年来，授课教师深入地调研过莫斯科大学、巴黎高等师范学院、剑桥大学、加州理工大学、斯坦福大学、普林斯顿大学、哈佛大学等相关课程的开设情况，对相关领域的国际著名课程也做了系统深入的调研，为将中国科学院大学的相关课程打造成研究型的名课程打下了坚实的基础。

通过本课程，能够让学生构建力学知识体系，在达到学习牛顿力学的基本课程目标之外，还进一步了解拉格朗日力学、哈密顿力学、连续介质和非线性力学初步、生命力学初步、相对论和量子力学等理论知识，并了解相关领域科学发展的前沿动态；能够使学生在课程学习中具备科学素养、批判性思维。此外，通过授课教师结合自己的科学研究心得，以“科教融合”授课方式使该课程具有独树一帜的特色，打造出有广泛影响力的教材，为培养出国际科技领域的领军式人才奠定坚实的基础。

四、课程建设及应用情况

（一）课程建设发展历程

2014 年，中国科学院大学招收本科生之初，赵亚溥教授即收到了学校物理科学学院的开课邀请，经过半年多的国际名校相关课程的调研和教学内容的准备，于 2015 年正式开课。开课前，赵亚溥教授曾两次专门到中国科学院物理研究所征求于渌院士意见，于院士推荐在授课过程中使用朗道的教学模式和其在理论物理教程中的第一册《力学》教材。2015 年开课之初，该课程有多个平行班同时授课，赵亚溥教授在课程中基于朗道模式开展教学内容，并重点讲解物理学发展历史上的思想实验，课程在众多学生和青年教师中引起强烈反响，旁听课程人数越来越多，也对授课教师的课堂授课风格起到了关键作用。近年来，该课程获得国内外一流大师一致称赞。2019 年，赵亚溥教授讲授的“普通物理—力学”入围首批国家级一流本科课程。

（二）课程内容与资源建设

根据授课教师 20 余年的教学与科研心得，该课程始终坚持“以能量为主、以力为辅”的鲜明教学特点。2019 年，美国大学物理教育界发表了有关本科一年级力学课教学改革的文章，通过多年的实践和跟踪，美国教育界发现“以能量为主”的教学远比“以力为主”的教学效果要好，而且效果影响深远。授课教师受到该文章启发，结合个人在中国科学院大学本科生授课实践中的经验，从授课第三年起着手编著课程教材《力学讲义》，并在其出版后将其使用在课堂中。

《力学讲义》出版后受到多位院士推荐，至今已连续被印刷 8 次，被中国力学学会前理事长胡海岩院士评价为“自改革开放以来最具代表性的三本教材之一”，被双一流高校广泛选为教材、教辅。英国剑桥大学出版社于 2023 年第四次邀请其出版《力学讲义》的英文版。此外，赵亚溥教授围绕经典力学中的科学哲学等开展了深入的研究，并多次在全国性力学教育教学大会上作大会特邀报告，其课程辅助教材《非线性场论及其科学哲学》由科学出版社于 2023 年出版。

（三）课程组织实施及学生评价

建立物理图像是本课程的首要任务，授课教师从美学的角度出发介绍经典力学，为了使本科一年级的同学们尽快从高中的做题模式中走出，在课堂上主要讲授物理学发展史上有重要影响的思想实验和基于朗道模式教学，辅助以该领域最难的阿诺尔德的《经典力学中的数学方法》，使学生课堂学习取得了非常好的效果。

课堂上，授课教师针对拉格朗日和哈密顿力学等的长篇公式推导以脱稿板书进行，同学们深受感染，争先恐后要求到黑板上推演关键步骤。还结合国际学科前沿问题，经常将国际权威期刊如 PRL、Nature、Science 中和课程密切相关的文章内容作为本科生的考题，培养他们的质疑和批判精神。

“普通物理—力学”课程在开课以来获得了学生一致好评，学生们亲切地称赵亚溥教授为“赵爹”。有一位同学这样评价道：“赵老师的课堂不同于其他任何一位老师，他非常重视我们对于系统的力学知识体系的构建，带我们从理论力学的角度剖析普通力学的有关问题，并且非常重视我们的人文修养和知识面的拓展，每次上课总会与我们分享很多物理学史上有名的人物和全新的物理学突破。”

五、课程特色与创新

课程始终坚持“以能量为主、以力为辅”的鲜明教学特点，并且在多年课堂实践中不断创新授课内容与形式，实现“科教融合”所要达到的效果。

课程首次建议了量纲分析的快速匹配法，并将其编入了教材《力学讲义》中，在中国科学院大学课堂首次引入了该方法，以 1945 年美国新墨西哥州首次核爆当量的数量级估算为例进行介绍，并辅以大量随堂练习，使同学们快速掌握了该方法，广受同学们的喜爱。

通过 5 年的教学实践和长期的研究积累，出版了本科生教材《力学讲义》，该教材自 2018 年出版以来已连续印刷 8 次，产生了广泛的社会影响，得到了多位中国科学院院士的推荐和肯定，英国剑桥大学出版社邀请其出版英文版。

（撰稿人：赵亚溥；审核人：燕敦验）

中国社会科学院大学国家级一流课程建设案例

马克思主义新闻思想

一、课程基本信息

课程名称	马克思主义新闻思想
课程负责人	季为民
开课单位	中国社会科学院大学新闻传播学院
课程类别	线下一流课程
课程性质	必修
开课年级	本科一年级
面向专业	新闻学
学　　时	32
学　　分	2
主要教材	《马克思主义新闻观教程》《马克思主义新闻观十二讲》

二、课程团队

近 5 年来，作为全国马克思主义理论研究和建设工程首席专家和中国社科院习近平新时代中国特色社会主义思想研究中心首批特聘研究员，季为民教授先后承担“马克思主义新闻思想”“新闻理论”“新闻法制和伦理”等课程教学任务，参与完成了全国马工程重点教材《新闻学概论》编修任务，先后主持参与国家社科基金、教育部、团中央、中国社会科学院等相关研究课题 30 多项，在《新闻与传播研究》《国际新闻界》《现代传播》《青年探索》等学术期刊先后发表数十篇学术论文，多篇被《新华文摘》《人大复印资料》《中国社会科学文摘》转载；研究成果获第二届政府出版奖提名奖、中宣部“好信息”奖、中国新闻史学会中国社会科学院优秀科研成果奖、中国社会科学院优秀对策信息特等奖等；受邀为全国十余所高校、政府部门、新闻媒体讲授马克思主义新闻思想，受到学界和学生好评。

团队成员连续多年讲授“马克思主义新闻思想”课程，担任中宣部、教育部全国统编教材《马克思主义新闻观十二讲》编写组成员，参加课程思政学习培训并为全国马克思主义新闻观师资培训班授课，受邀为多所高校和宣传部门讲授马克思主义新闻思想，参与课程思政建设。

三、课程目标

“马克思主义新闻思想”课程，是中国社会科学院大学新闻传播学院的重要基础课程。根据中国社会科学院大学新闻传播学院“致力于培养具有马克思主义新闻观、强烈的社会责任感、合理的知识结构、扎实的专业技能、开阔的国际视野的复合型高端新闻传播人才，培养具有较强的研究能力和发展潜力的未来社科领军人才”的人才培养要求，结合课程和学生实际需要，本课程通过对马克思主义新闻思想的全面梳理和介绍，让学生在掌握马克思主义新闻观基础知识的同时，更加深入地学习和研究马克思主义新闻思想。

四、课程建设及应用情况

“马克思主义新闻思想”课程结合自身优势，将思想政治课程与新闻业务课程密切融合。通过讲授马克思、恩格斯、列宁、毛泽东、邓小平、江泽民、胡锦涛、习近平等马克思主义经典作家和国家领导人新闻实践活动、新闻思想、新闻政策主张等内容，让学生较为完整地了解马克思主义新闻思想的主要内容、发展脉络和前进方向。通过历史与现实、理论和实践的交叉融合，引导学生用辩证唯物主义和历史唯物主义理解马克思主义新闻思想及其在革命和建设等不同时期的重要作用，引导学生树立正确的历史观、价值观、新闻观。

五、课程特色与创新

课程的评价和考核方面，本课程将考核方式细化到教学全过程中。通过课堂互动、专题展示、论文写作和期末考试等方式全面考核学生对本课程的理解和认识程度。在考核指标上不断细化，与教学目标相对应，注重对学生思想政治、专业能力、科研和写作水平等方面的全面培养。

授课几年来，从学生的评价和反馈来看，参与本课程的学生对本课程满意度较高，普遍认为课程内容丰富、生动、具有突出的理论和现实意义。从学生的反馈来看，有关教学内容的设置切实避免了部分理论课和思政课存在的内容呆板、说教感强、与现实生活距离较远的问题。学生普遍掌握了马克思主义新闻思想的基本内容，也对进一步深入研究马克思主义新闻思想和在新闻学习和实践过程中运用相关知识有促进作用。主要创新点有二：一是讲授过程中融入大量史实资料，力求还原重要人物生活时代背景，帮助学生更好地理解讲授内容。二是紧密跟随时代脉搏，注重更新授课内容和材料，生成活学活用马克思新闻思想的氛围。

（撰稿人：季为民，叶俊；审核人：罗自文）

北方工业大学国家级一流课程建设案例

计算机组成原理

一、课程基本信息

课程名称	计算机组成原理
课程负责人	马礼
开课单位	北方工业大学信息学院
课程类别	线下一流课程
课程性质	必修
开课年级	本科二年级
面向专业	计算机科学与技术、信息安全、数据科学与大数据技术、数字媒体技术
学　　时	48
学　　分	3
主要教材	《计算机组成原理（微课版）》

二、课程团队

本课程团队主要承担计算机系统能力类课程教学与实践任务，同时开展相关教学的研究和改革。团队成员是“北京市优秀本科育人团队”核心成员。课程负责人及团队成员每年承担计算机类专业计算机系统类课程，其中负责人马礼以承担本课程的讲授任务为主，近年来主要负责计算机科学与技术专业实验班授课。团队成员肖珂、傅颖勋、何云华承担计算机类专业普通本科课程的讲授任务，团队成员韩兵主要负责课程实验任务，与授课教师合作承担课内实验教学工作。为进一步提高课程实践环节的培养能力，最新版的培养方案中，计算机组成原理实验单独设课，以韩兵老师为主，与其他任课教师合作完成课内实验。本课程结束之后，单独开设“计算机硬件课程设计”，马礼、傅颖勋、韩兵等负责硬件课程设计任务，其核心内容包括 CPU 设计与测试验证其功能等。

课程负责人与团队主要成员积极开展教学研究和教学改革，围绕专业建设和课程建设，取得了一系列成果。包括“计算机组成原理”课程获得国家级一流课程，计算机系统能力教学团队获得“北京市优秀本科育人团队”称号。课程负责人马礼获得北京市教学名师奖，“计算机组成原理”课程获评北京市优秀本科课程（重点）等。在课程建设取得成绩的基础上，计算机科学与技术专业于 2019 年进入了首批国家级一流建设专业行列，2021 年通过了工程教育专业认证。课程教学改革和建设取得优异成绩，在 2021 年北京市教学成果奖评选中，获得北京市教学成果一等奖一项。

三、课程目标

北方工业大学是北京市属院校，在北京市属院校分类发展规划中，定位为高水平应用型大学，以培养具有高水平应用能力的人才作为学校人才培养的办学定位。本课程是计算机类专业核心专业基础课程，学习课程的学生为计算机大类本科生，包括计算机科学与技术、信息安全、数据科学与大数据技术、数字媒体技术等 4 个专业。课程内容首先要求学生通过学习，理解计算机系统的各个组成部分，包括运算器，控制器、存储器、输入输出设备等组件的基本原理，以及它们如何通过总线连接构成整机系统且能协同工作；其次，要理解计算机系统整机构成的基本知识，学生可以对计算机硬件构成具有整体理解能力，并用定量的方法对计算机系统进行分析；再次，要理解系统硬件构成和各部分的主要功能及原理，具备简单计算机硬件系统的设计、维护和调试能力，能够结合能量消耗等可持续发展因素进行研究与开发；最后，要掌握一定的实践项目经验，通过设计和实现实践项目，获得将理论知识应用到实际问题中的能力。通过课程学习理解计算机指令集架构与硬件和软件交互的基本原理，提高解决问题的技巧，提升解决复杂工程问题的能力。

四、课程建设及应用情况

本课程以讲授计算机单机系统的组成原理为主，讨论计算机组织与结构，即在硬件与软件功能分配中最基本的硬件系统。课程内容包括计算机主要部件类型、结构，组成和基本工作原理，讨论机内数据流、数据通路和控制方式等，使学生在硬件层面理解计算机系统。本课程在培养学生专业素质和思维能力的同时，围绕各组件共同工作、CPU 设计与实践等内容进行教学改革，并与自主芯片设计紧密结合，加深学生对国家历史、发展的认识，培养学生的民族自豪感和勤奋刻苦、努力拼搏、锐意进取和创新的精神。

教学改革要解决的首要问题是如何保证课程内容的时效性。随着计算机科技的快速发展，课程内容要与时俱进，以满足新的技术需求。例如，考虑现代计算机架构的复杂性，本课程中加入了并行处理、多核处理器、交叉存储器等内容，并简单介绍量子计算的基本原理与量子计算机的实现思路。其次，要增加学生实践操作的机会，本课程通过开设专门的计算机组成原理实验课程，让学生有机会直接接触和操作硬件与软件，例如要求学生使用 Logisim 模拟器和 FPGA 实验箱搭建课程实验环境，并结合学生的整体水平，设置相应的简单实验与综合实验，因材施教，培养学生的系统综合能力。此外，在本课程的理论学习与专门开设的实验课程结束后，学生们会在接下来的暑期实践环节“课程—硬件课程设计”中，基于 MIPS 指令集，利用 Verilog 硬件描述语言与 Vivado 工具套件，设计并实现一个具有基本功能的 CPU，在此基础上实现存储器、总线等，形成一个简单的整机系统，并在 FPGA 实验箱上验证功能与性能。此外，本课程引入了互动式教学、翻转课堂等教学方式，增强学生的学习积极性和主动性，鼓励和指导学生进行自我学习，帮助他们掌握学习新知识、新技能的方法和策略。

本课程以能力培养为导向，注重理解计算机硬件系统中各部分的组成原理。为保证教学质量，课堂讲授中应重点突出、点面结合，既要保证完成使广大学生接受完整的计算机系统课程知识体系结构的教学目标，又要针对关键部件、重点内容作较为详尽的讲解，使学生真正领会和掌握本课程的知识要领及技术要点。为使同学们能够深入理解计算机系统及各部分主要功能部件的原理，特别是 CPU 内部主要构成部分、指令在机器内部的执行等重点环节，在教学过程中注重将抽象难懂的内容，通过硬件描述语言等形式为学生展示实现方法。为更好地理解在硬件层次的数据表示，可以结合高级语言中的数据类型，对照机器内部的存储分配等，深入理解系统底层实现方法。课程的实施以系统观和构造观立意，结合实例与实验进行教学，使用多媒体课件与板书相结合的教学手段，多种教学方法兼施并用，采取在教师讲授基本教学内容的过程中适当穿插引入个体针对性提问、集体提问、答疑、讨论等教学形式；实验课采用教师讲授与演示、小组讨论、教师答疑等教学形式，引导学生逐步理解相应的知识点。讲授课程的成绩评定由平时课堂表现、作业情况、期中考试、期末考试 4 部分构成，其中课堂表现包括出勤率与回答问题情况等。实验课单独开设，考评成绩由实验课堂表现、验机情况、实验报告 3 部分共同给出。

本课程在建设过程中获得了较好的评价，从每学期的学生评教来看，各位任课教师均取得了较好的成绩，课程负责人马礼教授的评教成绩更是每年都在信息学院名列前茅。课程改革也取得了较好的效果，各位同学均不同程度地理解了计算机各组件之间的联系，部分能力较强的同学在接下来的硬件课程设计中，能够组队完成基于 5～10 级流水线的 CPU 设计实验，并在 FPGA 平台上进行测试，总体上达到了课程改革的目标，取得了较好的成效。

五、课程特色与创新

本课程的特色在于关注计算机系统核心技术发展与应用领域交叉延伸，将计算机前沿领域的内容融入课程，结合课程思政培养学生的民族自豪感与创新精神，并通过循序渐进的实践课程培养学生的计算机系统综合能力。本课程教学改革的主要创新点如下。

课程内容实时更新：随着计算机技术的快速发展，课程内容也需要不断更新。本课程中创新性地融入了关于 GPU、量子计算、神经网络加速器等领域的基础知识。这样可以让学生了解到最新的计算机技术和趋势，以及它们的组织结构。

实践内容难度逐步递增：课程伴有多个实践性的教学环节，包括课内验证性实验、综合性设计性实验、随后的硬件课程设计、课外参加系统能力竞赛等环节，其难度逐步增加。从在 Logisim 模拟器上简单连线实现运算器等组件开始，到最终在 FPGA 实验箱上实现一个基于 MIPS 指令集多级流水的简单 CPU，以及参加竞赛的功能、性能测试与优化提升。实践性的教学让学生能够把理论知识应用到实际问题上，更好地理解计算机的组成和工作原理。

培养学生的创新和批判性思维：鼓励学生独立自主地思考问题，增强自主设计深度思考，并提出自己的观点和建议，鼓励学生对现有的技术进行理性分析研判，在此基础上探讨其可行性与实际效果，从而培养学生的创新思维，让他们能够对计算机系统的发展作出贡献。

（撰稿人：马礼；审核人：刘文楷）

北京工商大学国家级一流课程建设案例

中级财务会计

一、课程基本信息

课程名称	中级财务会计
课程负责人	毛新述
开课单位	北京工商大学商学院
课程类别	线下一流课程
课程性质	必修
开课年级	本科二年级
面向专业	会计学、财务管理
学　　时	96
学　　分	6
主要教材	《中级财务会计》

二、课程团队

课程负责人毛新述教授，现任北京工商大学研究生院院长兼商学院院长、教授、博士生导师。教育部青年长江学者、全国会计领军（后备）人才、北京市优秀教师、北京市长城学者。近5年主编编著教材4部，教材《中级财务会计》获批北京高校优质本科教材，“中级财务会计”课程获批国家级一流本科课程；“财务会计理论与实务”课程入选会计硕士专业学位研究生在线示范课程建设名单。获北京市高等教育教学成果奖5项，其中一等奖3项；获批2022年北京高等教育本科教学改革创新项目。

团队成员分别为何玉润教授、刘婷副教授、张晨宇副教授、高瑜彬副教授、刘恋博士。何玉润教授2019年获“北京市青年教学名师”称号；刘婷副教授2020年获“校教学名师”称号。

三、课程目标

根据学校实际，我校确立了“一流学科建设、一流本科教育”的“双一流”战略目标，至2050年将学校办成一所特色鲜明的高水平研究型大学。我校会计学专业的定位是通过一流学科建设引领一流本科教育，培养特色鲜明的高层次会计专业人才。通过本课程的学习，学生能够掌握单一公司制企业所有经济业务的会计处理与财务报告，并能够运用财务会计报告进行决策。本课程通过知识讲授、国际比较、案例分析、场景化展示，使培养的人才能够系统掌握会计基础理论和方法，具有国际视野、实践能力与创新能力，并且能够适应国家经济社会和全球一体化的发展，满足企事业等单位和会计服务机构对会计人才的需求。

四、课程建设及应用情况

（一）建设发展历程

“中级财务会计”课程一直是我校会计学、财务管理专业的必修课。从最早按1学期组织教学，到2014年变更为按1学年组织教学，这充分显示了“中级财务会计”课程在整个会计人才培养中的重要作用。为了方便教学，课程组始终坚持在集体备课的基础上编写教材，将教学实践和创新思想融入教材编写之中。结合大智移云发展趋势，课程组于2020年推出《中级财务会计》全新修订版（清华第一版），并被评为北京市优质本科教材。本课程于2007年被评为北京市精品课程，2020年被评为首批国家级一流本科课程。

（二）课程与教学改革要解决的重点问题

“中级财务会计”课程的主要目标是：使学生能够掌握单一公司制企业所有经济业务的会计处理与财务报告，并能够运用财务会计报告进行决策。

在课程建设和教学改革中要解决的重点问题：

1. 培养学生的国际视野。本课程在阐述通用会计标准的同时，紧跟时代步伐，教学内容不断反映最新的理论和实践成果，并通过“国际视野”来反映国际财务报告准则（IFRS）和美国公认会计原则（GAAP）与我国会计准则的不同之处。

2. 培养学生的创新能力。为了更好地引导学生独立思考，解决新问题的能力，本课程从实务中选择了大量真实案例将其改编为思考题和相关案例，并进行专题讨论，从而更好地解决了知识学习与能力提升相结合的问题。

3. 培养学生良好的道德品质和社会责任感。本课程不仅仅介绍企业交易或其他事项的会计处理和财务报告，也尝试分析会计与经济、政治、社会、文化、生态文明建设之间的相互影响。同时，将社会主义核心价值观中的诚信原则与会计职业道德中“诚信为本、不做假账”的理念贯穿于本课程所有章节的教学之中。

（三）课程内容与资源建设及应用情况

“中级财务会计”课程以财务会计目标为导向，以对外报告信息的生成为主线，以 4 项基本会计假设为前提，以 6 个会计要素为依托，主要讲述一个公司制企业所有基本业务的会计处理和财务报告，培养学生能够理解、编制、运用财务会计报告进行决策的能力，并具有国际视野，一定的创新能力，以及良好的道德品质和社会责任感。本课程基于上市公司真实案例，将诚信道德教育贯穿始终，为课程思政建设提供了 19 个教学实例进行分析和讨论。

本课程建立了相对完善的资料库，包括慕课、配套教材、习题集、教学大纲、教学日历、教案、PPT 等。

（四）课程教学内容及组织实施情况

“中级财务会计”课程教学内容为按要素讲述单一公司制企业所有基本业务的财务报告。具体包括货币资金、应收账款、存货、金融资产、长期股权投资、固定资产、无形资产、流动负债、非流动负债、所有者权益、收入、费用和利润等基本经济业务，以及非货币性资产交换、资产减值、债务重组、会计调整等特殊经济业务与事项。

课程的组织实施主要包括：教师讲授、案例讨论、练习测试、虚拟仿真实验。教师讲授主要是教师根据学习目标对关键知识点进行讲授。案例讨论主要是学生根据已学习的知识对现实案例进行分析，以提升学生分析问题和解决问题的能力。练习测试主要是让学生巩固所学的知识。会计是一门技术性很强的学科，必须通过大量的练习和测试才能掌握。虚拟仿真实验让学生更加贴近实务，更好地解决了知识的运用问题。

（五）课程成绩评定方式

“中级财务会计”课程成绩评定由期末考试成绩（70%）和平时成绩（30%）两部分组成。平时成绩由作业和测试（10%）、出勤与回答问题的积极程度（10%）、期中考试（10%）3 部分组成。

（六）课程评价及改革成效情况

“中级财务会计”课程从培养学生国际视野、创新能力和道德品质与社会责任感等方面进行了多方位改革。目前，学生对课程的评价较高，近 5 年平均教评成绩为 95.28 分，位居学院前列。

五、课程特色与创新

（一）坚持需求导向，提供完备教学资料

坚持集体备课，基于国际和国内会计准则及时编写和更新教材，培养学生国际视野。通过配套更加完善的教辅资源，如慕课、教学大纲、PPT 课件、习题库以及数字化资源等，

为教师教学和学生学习提供全方位服务，使教学内容既便于教师讲授，又有利于学生独立学习；既有利于学生能力的培养，也兼顾学生参加注册会计师考试的客观需要。

（二）课堂教学紧密联系实际

为了更好地引导学生进行独立思考，使教学内容更贴近实际，本课程从实务中选择了大量真实案例将其改编为思考题和案例，从而更好地解决了会计理论与中国实际相结合的问题。

（三）贯彻“大思政”教育观

本课程不仅仅介绍企业交易或其他事项的会计处理，也尝试分析会计与经济、政治、社会、文化、生态文明建设之间的相互影响。同时，还将社会主义核心价值观有机融入课程教学中，尤其是将社会主义核心价值观中的诚信原则与会计职业道德中“诚信为本、不做假账”的理念贯穿于本课程的教学内容中。

（四）引入场景化教学，增强学生既视感

为避免理论学习的抽象化，本课程以场景化教学为切入点，在教学过程中将教学内容以场景化的形式进行还原，为学生提供具体的使用场景，增强了学生的既视感。

（撰稿人：毛新述；审核人：曹显兵）

首都医科大学国家级一流课程建设案例

全科医学概论

一、课程基本信息

课程名称	全科医学概论
课程负责人	路孝琴
开课单位	首都医科大学全科医学与继续教育学院
课程类别	线下一流课程
课程性质	必修课
开课年级	本科三年级
面向专业	临床医学“5+3”
学　　时	27
学　　分	1.5
主要教材	《全科医学》《全科医学概论（第五版）》《全科医学概论》

二、课程团队

课程团队近5年承担长学制及5年制临床医学专业、其他专业类别医学生的“全科医学概论”课程教学，共授课783学时。

课程团队近5年开展全科医学本科生教学改革研究15项，其中北京市级教育教学改革课题1项，首都医科大学教学改革课题14项；在国内外学术期刊上发表教育教学论文9篇。

课程团队近5年获得教学奖励3项，其中首都医科大学教育教学成果一等奖1项；首都医科大学本专科在线教学百篇优秀案例二等奖2项；北京市教育教学成果二等奖1项。

三、课程目标

使学生了解全科医学的基本思想、原则及核心知识和技能，培养学生对全科医学的兴趣，真正理解全科医学学科的特点和服务模式、以人为中心和防治结合的医疗照顾观念；懂得全科医疗服务在国家卫生服务体系中的重要功能、地位，全科医生是国家急需的高素质人才；医学生将来能认同全科医生的工作并与之密切合作，毕业后能选择将全科医疗服务、全科医学研究作为终身职业。

四、课程建设及应用情况

（一）本课程建设发展历程

“全科医学概论”课程建设始于 1989 年，在成人学历教育学生中尝试实施；1992 年，学校招收临床医学专业全科医学专门化试点班，启动了针对临床医学专业本科生的全科医学教学和课程内容体系的建设工作。1994 年，为所有医学生开设“全科医学概论”选修课，1996 年，在学校的大力支持下，启动了北京市教委“社区全科医学教育体系研究与实践”教改项目。此后，在不同层次、不同专业本科生中开设与全科医学相关的系列选修课程。1996 年起，对医学本科生开展全科医学社区实践活动。1998 年，“全科医学概论”成为临床医学/护理专业的必选课程，2003 年，在理论课基础上增加社区见习内容；2006 年，在 7 年制临床医学专业学生中开设“全科医学概论”必选课程。

2007 年，“全科医学概论”课程获批国家级精品课程，2013 年，获批国家精品资源共享课程；2015 年，该精品资源库在“爱课程”网站上线并持续更新。2014 年，课程设置为 5 年制和长学制临床医学专业必修课程。

（二）课程与教学改革要解决的重点问题

该课程建设中存在教学方法单一，实践教学重视程度不够等问题。单纯依靠“灌输式”的理论教学方法，已无法满足学生学习需求。枯燥的教学环境下，学生被动接受教科书式教学，缺乏主动探索知识的环节，学习兴趣普遍不高，亟待增强学生融入学习的体验感，使其理论知识与实践场景达到良好的协同互动效应，让枯燥抽象的理论知识变得生动形象，同时提升学生的参与意识和自主学习能力。

（三）课程内容与资源建设及应用情况

“全科医学概论”的定位是联系基础与临床的桥梁课程，针对授课对象处在医学基础学习阶段、临床医学知识和医学人文相关知识学习不是很充分的具体情况，进行本课程的内容设计和安排。课程内容对全科医学学科的基本理论和知识进行全面概括性介绍，包括全科医学的核心理念、全科医疗中的人际关系与医患沟通及全科医疗中妇女、儿童和老年人的保健服务；社区见习安排医学生深入基层医疗机构，了解我国全科医疗服务实际情况，将全科医学基本理论与当前我国基层医疗保健工作的实际情况相联系。

国家精品资源共享课程资源包括：课程介绍、学习指南、教学计划、教学大纲、重点难点、授课视频、授课课件、习题、模拟试卷、案例分析、参考视频资源、重要参考文献、全科医学重要网站索引等。该课程资源定期进行更新（更新率达到28%），随时网上答疑，是本校学生学习的重要资源，也是国内其他院校进行课程教学的参考资源。截至2021年5月21日，学习人数达到76 765人次，评论帖子数达到1 826个。

（四）课程教学内容及组织实施情况

课程共计27学时，其中21学时为理论课，3学时为理论课的案例讨论，3学时为社区见习课。课程在实施过程中，一直注重以下3项重点工作，不断优化课程建设，提高教学效果。

1. 注重教学改革，优化授课方式。课程实施中探索了案例教学、情景参与式等教学方式，同时吸收优秀社区师资进入课堂，建立以团队为基础的学习模式，将思政要素融入课堂教学，提升了学生参与感、合作意识和对课程内容的获得感。

2. 丰富社区见习内容形式，强化学生参与。课程中教师组织学生以小组为单位进行社区见习，了解全科医生工作内容及方式；吸引学生参与社区卫生调查和家庭访视等第二课堂教学实践活动，以丰富社区见习内容和方式。

3. 定期教学研讨不断提升教学效果。课程教师团队不断总结教学改革成果，定期进行教学方法培训和研讨，辅以教改示范课，推进了课程教学改革，提升了授课效果。

（五）课程成绩评定方式

采用终结性评定与过程性评定相结合。过程性评定占30%，包括课堂参与、随堂作业和社区见习情况。终末理论考核成绩占70%。考试采取闭卷方式；阅卷采用流水线式批改。考试后进行试卷质量分析。

（六）课程评价及改革成效

首都医科大学是第一家引进全科医学理念、开展全科医学教育、建立“全科医学概论”课程的单位，组建了第一支全科医学师资队伍，率先将该课程纳入临床医学等专业培养方案。率先建立起较完整的全科医学教育体系，形成了较为成熟的校本部—附属/教学医院临床教学基地—社区教学基地三位一体的教学体系，3支教师队伍组建的教学团队和教学基地为教学开展奠定了基础。全科医学学科于2007年获批为北京市重点交叉学科，全科医学教学团队于2008年被评为国家级优秀教学团队；团队教师主编、副主编全科医学相关教材10余部。在前期国家精品资源共享课基础上，该课程理论体系逐渐完善，在教学中取得了良好效果。

通过改革课堂授课方式，吸引优秀社区全科医生进入学校全科医学教师队伍，组织学生以团队合作形式完成案例诊疗过程的情景参与，在丰富理论课程教学形式的基础上，培养了学生关爱患者以及团队合作意识，强化了自我学习能力、分析问题和解决问题的能力，也对全科医疗的服务模式有更深层次的体会和认识。

五、课程特色与创新

课程分为两部分，医学基础教育阶段开设的“全科医学概论”课程及在临床实习阶段开设的全科医学社区实践。其中“全科医学概论”课程内容包括全科医学学科的基本理念、全科医生的工作原则和工作方式，以及全科医疗的服务模式；在教学内容和教学组织上强调理论讲解与案例分析相结合、临床接诊模式展示与学生作为患者或者医生体验相结合、社区参观和全科医生诊疗实践观摩与讨论相结合的教学方式；课程内容融入国家医疗卫生改革与高素质全科医生队伍素质及能力要求，同时实现课程思政教育；课程设计将全科医学基本理论与社区实践和案例讨论相结合，将学生所学基础医学相关知识与全科医疗服务方式相结合，强调以学生为中心，以能力培养和思维锻炼为目标，实现该课程的教学目标。

理论教学过程穿插社区见习；教学方法及实施手段多样化；满足国家对全科医生队伍建设需要，从校级层面整合了北京市全科医学师资优势资源，将优秀且符合教师条件的全科医生纳入学校教师队伍，让学生在课堂上、社区实践中均能遇见全科医生的榜样；通过打造精品课程实现资源共享，为学生更好地了解全科医学发展现状奠定了更加丰富的教学资源基础。

（撰稿人：赵亚利、路孝琴；审核人：张蕊杰）

首都师范大学国家级一流课程建设案例

教育研究概论

一、课程基本信息

课程名称	教育研究概论
课程负责人	蔡春
开课单位	首都师范大学教育学院
课程类别	线下一流课程
课程性质	必修
开课年级	本科三年级
面向专业	全校师范生
学　　时	32
学　　分	2
主要教材	《教育研究导论（第 4 版）》

二、课程团队

在“以人为本”的科学教育理念引导下，课程负责人和团队成员积极开展“教育研究概论”课程建设和教学研究，全面推进本课程在教学理念、目标内容、组织实施及课程评价等方面的改革，构建了具有鲜明特色的课程及教材体系。在积极开展课程建设的同时，教学团队成员立足教学实际，做行动研究的实践者，产出多篇高质量教学研究论文。同时，教学团队成员曾先后多次荣获校级先进个人、优秀教师、市级教学成果奖等多项荣誉。

三、课程目标

首都师范大学始终坚持姓“师”办学定位，以培养新时代基础教育的高素质教师、教育科学研究人才与行政管理专业人才为目标，服务于首都乃至全国基础教育发展。作为全校教师教育基础必修课，本课程建设既是教师教育课程改革的核心内容，也是推进教育学科发展的重要路径，5 年来上课总人数达 3 818 人，涉及全校 14 个教师教育专业。依据学科培养目标，本课程目标定位于：培养师范生整体把握教育研究过程与综合运用各种方法的能力；养成师范生自觉的研究意识、科学的研究态度和研究素养；拓宽国际视野，培养师范生学习国外先进技术与立足我国实践相结合的研究能力；坚持"立德树人"指导思想，促进师范生教育学术素养的形成和专业成长。

四、课程建设及应用情况

（一）本课程建设发展历程

本课程是我校教师教育的基础必修课，坚持"立德树人"指导思想，历经 20 年改革探索，培养了一批研究型教师。课程建设主要经历了四个阶段：开设面向全体师范生的教育类课程模块（2001—2005）；构建面向研究型教师培养的师范专业必修课（2005—2010）；打造面向社会学习者的精品资源共享课（2010—2015）；建设新时代高水平教师教育类"金课"（2015 年至今）。

（二）课程与教学改革要解决的重点问题

1. 师资队伍建设：致力于建设一支由博导教授领衔、锐意进取的高质量教学团队，应用先进教育理念展现并提升团队教师的学术价值与能力。

2. 课程内容革新：秉持以学生为中心、产出导向、持续改进的理念，坚持理论学习与科学研究同步，根据学科发展动态开展"选题—开题—研究—答辩"的过程课程，注重"即学即练、即练即成"，要求学生在真实具体的研究过程增强科研能力，完成研究报告。

3. 课程体系建设：开展教材研究与编写工作，借助国内外优秀学术研究成果，重构教材内容与课程体系，依循混合研究范式把各种方法统一于"研究"的实践逻辑中。

4. 教学模式革新：为学生搭建"大一中小学合作共同体"的实践平台，让其进入中小学真实的教育情境中探究教育问题，实现教学与研究、理论与实践的融合，推进教学模式革新。

5. 教育手段多样化：借助线上线下混合式教学模式，推进现代信息技术与教育教学的深层次融合。本课程在中国大学 MOOC 正式上线开课，鼓励教师创造性运用新技术提升教学质量。

（三）课程内容与资源建设及应用情况

1. 课程内容：主要包括选择和确定研究问题、进行理论界定和研究设计、以个案方式和测量方式形成研究资料、以干预的方式和非介入方式形成研究资料、定量资料和质性资料的分析、研究结果的完整呈现等主要内容。

2. 资源建设及应用情况：本课程以学生为中心配置课程资源，坚持以教师为本，教师是课程第一资源，应把促进教师专业发展放在课程资源建设的首位；依托慕课等平台发布教学大纲、教学 PPT 等基本性资源，以及案例库、素材库等拓展性资源，实现课程资源建设的共享性、立体化、动态化，满足学生泛在学习需求。

（四）课程教学内容及组织实施情况

本课程以研究序列开展，坚持理论学习和科学研究同步，分为三大模块：

1.“教育研究基础”模块，引导学生掌握研究方式演进、确定研究问题、理论界定和研究设计等内容，完成开题报告；

2.“研究资料形成”模块，帮助学生掌握以个案、测量、干预和非介入方式形成研究资料的方法，掌握怎样做研究；

3.“研究资料分析与结果呈现”模块，指导学生对定量和质性资料进行深度分析，形成研究报告或论文。

（五）课程成绩评定方式

1. 注重过程性评价：平时成绩占总成绩的 50%，将课堂发言、平时作业、研究报告等情况纳入过程测评中。

2. 强化多元化评价：期末成绩占总成绩的 50%，采用闭卷考试，从“知识—能力”两维度、“识记—理解—应用”三层次对学生进行测评。

（六）课程评价及改革成效

1. 课程评价：

（1）专家评价：该课程已经成为一门具有国际学术视野和国内影响力的高品质专业课程，在理论探索与实践创新方面取得良好成果，在国内同类课程中处于领先地位。

（2）学校评价：该课程强调“混合研究”取向，特色鲜明；遵循“即学即练、即练即成”理念，效果显著；讲求教育理论与科研同步，成果突出。

（3）学生评价：该课程被学生评为“高难度、高学术含量、高收获”的课程，是一门最难学、最动脑筋、最理论联系实际、最实用的课程。

2. 改革成效：

（1）本课程依次荣获“北京市精品课程”（2008 年）、“国家级精品课程”（2010 年）、“国家级精品资源共享课”（2013 年）、“北京高等学校优质本科课程（重点）”（2019 年）。

（2）2010 年，本课程教材《教育研究导论》由北京师范大学出版社出版，2013 年被评为首都师范大学第九届校级优秀教材、北京高等教育精品教材，2021 年，通过北京市教委组织的“首届全国教材建设奖全国优秀教材”初评。

（3）2010 年至今，《学会做研究——“教育研究概论”优秀作业选》（首都师范大学出版社）已出版两辑。

五、课程特色与创新

落实立德树人根本任务，培养学生的科学精神。本课程将思想政治教育元素融入教学全过程，坚持专业培养与价值引导双向的培养目标，通过再现学者研究故事，让学生体会他们排除万难、矢志不渝的研究精神，在潜移默化中培养良好的研究意识和科学精神。

坚持先进课程理念，推进教材体系创新。秉持为新时代培养研究型、专家型教师的目标，本课程坚持学习与研究同步、理论与方法并重的原则，以研究序列开展教材体系创新，以过程序列培养学生科学精神与专业知识。

创新研究性实践教学，塑造学生的研究素养。本课程以马克思主义实践哲学方法论为指导，强调教育研究应遵循实践逻辑，设置多模块实践教学，将理论思维与方法教学有机融入教育研究实践，帮助学生形成“问题—理论—方法”三位一体的研究思维，培养学生的研究素养和创造能力。

以精品在线课程建设，推动混合式教学发展。本课程作为“国家级精品资源共享课程”在爱课程平台上长期上线，现已有 6 000 多名学生参与学习；2018 年，在首师大校内“师星学堂”平台上线；2020 年，作为“中国大学 MOOC”在爱课程平台上线，面对全社会正式开课。精品在线课程建设有效地推进了混合式教学的开展。

（撰稿人：蔡春；审核人：孙士聪）

首都经济贸易大学国家级一流课程建设案例

财政学

一、课程基本信息

课程名称	财政学
课程负责人	李红霞
开课单位	首都经济贸易大学　财政税务学院
课程类别	线下一流课程
课程性质	必修
开课年级	本科二年级
面向专业	财政学、税收学、资产评估、金融学、经济学等
学　　时	59
学　　分	3
主要教材	《财政学（第四版）》

二、课程团队

“财政学”国家级一流课程负责人李红霞教授，博士生导师，现任财政税务学院院长。“财政学”课程团队师资力量雄厚，目前有专业教师 19 人，其中教授 4 人，副教授 9 人，讲师 6 人；博士生导师 4 人，硕士生导师 16 人；北京市教学名师 2 人，北京市高创计划名师 1 人，中宣部“宣传思想文化青年英才”1 人，荣获北京市教师基本功比赛二等奖和三等奖 2 人，“北京市三八红旗奖章”1 人。中国财政学会理事 3 人，全国高校财政学教学研究会理事 2 人，教育部财政学类专业教学指导委员会委员 1 人，教育部税务专业硕士教学指导委员会委员 1 人。课程团队成员承担多项国家级及省部级课题，在《经济研究》《管理世界》《世界经济》《财政研究》等高水平期刊发表论文多篇。

三、课程目标

“财政学”课程将“立德树人”根植于教学过程，注重培养践行社会主义核心价值观，具有社会责任感、公共意识和创新精神的高素质人才。

目标 1：通过本课程的学习，要求学生全面了解现代财政学总体理论框架，掌握财政基本理论与方法，熟悉我国财税政策法规，了解我国财经运行状况，能够运用所学专业知识观察分析社会现实问题，提高学生解决实际问题的能力。

目标 2：“财政学”课程以马克思主义基本原理为指导，同时立足于中国实际，将价值引领、知识传授及能力提升融为一体，让课程思政与思政教育同向同行，培养“心怀天下，通财善政”的财政人才。

目标 3：通过学习财政学的基本理论、基本知识和基本技能，为学生今后相关课程的学习奠定良好理论基础。

四、课程建设及应用情况

“财政学”是教育部组织实施的面向 21 世纪经济、管理类专业的核心课程。首都经济贸易大学“财政学”课程于 1978 年首次开设，历经 40 余年精心打磨，已建设成一门教学质量高、覆盖面广、影响力大的优质课程。在课程负责人李红霞教授带领下，在教学团队成员的共同努力下，在师资建设、教材建设、教学改革及人才培养等方面均取得显著成效。“财政学”课程先后被评为“北京市精品课程”“北京市优质本科课程”和“国家级一流本科课程”；“财政学”课程团队获批北京市级优秀教学团队；《财政学》教材获批全国高等院校财经类专业规划教材；“财政学”课程建设教改项目获北京市教学成果二等奖、校级教学成果特等奖及校级教学成果一等奖等荣誉；“财政学”配套线上课程“公民必修课：财政学基本原理”入选了国家智慧教育平台首批在线精品课程。

“财政学”课程属于应用经济学科，主要面向全校经济与管理类专业学生开设，如：经济学、财政学、税收学、金融学、资产评估、行政管理等专业都开设“财政学”课程。“财政学”课程教授本科开课率达 100%，课堂教学质量优秀，教学评教平均成绩在 95 分以上。“财政学”课程团队教师曾获得北京市教师基本功比赛二等奖、三等奖，多人次获得校级教学比赛大奖及优秀课堂教学效果奖等。

“财政学”课程采用线上线下混合式教学方式，以知识传授、能力培养和素质提升为指导思想，重塑理论与实践有机融合的教学模式。“财政学”课程于 2020 年获批国家级线下一流课程，与其配套使用的在线课程“公民必修课：财政学基本原理”于 2022 年入选了国家智慧教育平台首批在线精品课程，其立足中国实际，帮助学习者通过财政视角，理性关注政府行为，成为一名当代中国社会的合格公民。目前，此课程已在大学 MOOC 网上线向社会开放，点击人数达数万人次。此外，教学团队还建有 10 余个“财政学”微课，现已在超星泛雅平台面向全校学生开放，除了应用于财政学课堂教学外，还用于“西方财政学”“政府预算”“地方财政学”等财政学系列专业课程的教学中。

“财政学”课程注重理论联系实际，开展实践调研与模拟实训，注重以赛促学，强化拔尖创新与应用型人才的培养。课程团队通过每年举办“社会保障与公共财政论坛”，并开展以“社会保障”为主题的实践调研，教育引导学生关注中国现实问题，在家国情怀里感受时代脉搏，增强对国家的高度归属感、认同感和使命感。课程团队建设的“财税仿真模拟实验室”隶属于学校国家级经管实验中心，建有新中大公共财政教学软件、预算管理教学软件等，便于学生理论联系实际，提高其实操能力。此外，鼓励大学生参加各种形式的学科竞赛，如高校公共管理与财政学决策大赛、华北地区 8 所财经院校财税知识竞赛及德勤税务精英挑战赛等，学生荣获“首届全国高校公共管理与财政学决策大赛”全国二、三等奖和华北地区财经高校财税知识竞赛的一等奖等。

“财政学”在课程思政建设方面成效显著，教学团队深入挖掘课程思政元素，与本院其他两个专业共同完成了 34 项课程思政教学案例，2022 年出版《财税与资产评估一流本科专业课程思政教学案例》。其中，何晴老师、何辉老师等 5 名老师撰写的课程思政教学案例入选了教育部 2021 年财政学类专业课程思政优秀案例库，在全国形成了具有可操作性的示范效应。

征程万里风正劲，重任千钧再出发。站在新时代新的历史起点，“财政学”课程团队将继续坚持“以本为本、四个回归”，充分发挥国家级一流本科课程的示范引领和辐射效应，进一步完善“财政学”一流课程建设规划，不断提高教育教学质量，构建“全面育人、全员育人、全心育人”的人才培养模式，满足新时代国家治理下对财税人才的培养要求，将价值塑造、知识传授和能力培养融为一体，培养具有社会责任感、公共意识和创新精神的高素质财政人才。

五、课程特色与创新

1. 本课程创新性地引入了课程思政的“项链模式”。将“财政学”课程知识点比喻成一颗颗珍珠，老师对珍珠不断进行打磨、抛光，在教师的“穿针引线”中，将各知识点串成一条高品质的、熠熠发光的珍珠项链。课程团队在“财政学”课程教授中，深入挖掘课程中的思政元素，找准教学内容和思政融合的“点”并将其串联起来，让每个学生都像珍珠一样闪闪发光。

2. 理论联系实际。本课程以课堂讲授为主，讲授过程采用案例教学，实施“翻转式”课堂，激发学生学习的积极性。为增强学生实践创新能力，课程团队构建财税仿真实验室、校外实践教学基地、大学生科研创新、大学生学科竞赛等“四位一体”实践教学体系。

3. 教学资源完备。“财政学”课程是国家级一流课程；“财政学”教材是全国高等院校财经类教材；课程团队已编写“财政学”案例库并进行教学应用；建设有“财政学”微课，并将其上传至超星泛雅平台供学生课余配套学习。该课程还配套建有新中大公共财政教学软件、预算管理教学软件等，便于结合实际的角色模拟操作教学。

4. 线上线下金课建设。2019 年启动“财政学”慕课建设，并启动了线上线下混合金课的建设，成效显著。如“公民必修课：财政学基本原理”，2022 年入选了国家智慧教育平台首批在线精品课程。

（撰稿人：李红霞；审核人：刘强）

中国音乐学院国家级一流课程建设案例

声乐主课（中国声乐方向）

一、课程基本信息

课程名称	声乐主课（中国声乐方向）
课程负责人	王士魁
开课单位	中国音乐学院中国声乐艺术研究院（声乐歌剧系）
课程类别	线下一流课程
课程性质	必修
开课年级	本科一年级至五年级
面向专业	中国声乐方向
学　　时	360
学　　分	20（10 个学期，每学期 2 学分）
主要教材	《中国民族声乐演唱实用教材》《中国经典古典诗词歌曲集》《民族唱法歌曲精选》《西北民歌（声乐）教材》

二、课程团队

该课程负责人王士魁教授指导学生获国家级重大比赛奖项近 20 项，曾作为主要成员获国家级教学成果一等奖、北京市教育教学成果一等奖和第二届文化部创新奖；担任 2019 年国家社科基金艺术学重大项目“中国声乐艺术研究”首席专家，获第十四届北京市高等学校教学名师奖；获评北京市高等院校优秀青年骨干教师和学术带头人。

团队其他主要成员有戴滨教授、董华教授、吴碧霞教授、韩延文教授、曲学选教授、王洪波教授、雷佳（国家一级演员）、黄训国（国家一级演员）、何鹏飞副教授、李琳副教授、容世杰副教授、周强副教授、曲丹讲师。多年来，课程团队为国家培养出大批声乐艺术的高精尖人才，指导学生在中国声乐顶尖赛事，如“文华奖”、全国声乐大赛“金钟奖”、中宣部“五个一工程”奖、全国青年歌手电视大奖赛等赛事中接连获奖。

三、课程目标

该课程是针对中国声乐专业本科阶段学生大一至大五的必修课，是该专业学生所有课程中占学分最多、课时比重最大、最核心的课程，其主要目标如下：

技术能力：通过本科 5 年系统、规范的训练，培养学生建立良好的声音审美和健康、可持续发展的歌唱状态，打下扎实的演唱基本功，掌握多样的演唱技术技巧。

作品储备：培养学生具备演唱至少 5 种风格类型声乐作品的能力，具备一定人物角色塑造的能力和舞台综合表现力。5 年中的 10 个学期，要求学生每学期掌握曲目至少 8 首，毕业生曲目储备量在 80 首左右。

理论水平：培养学生具备一定案头分析能力和演唱技术为艺术表现服务的意识，掌握声乐专业理论研究的基本思路与基本方法和初步的声乐理论研究能力。

四、课程建设及应用情况

（一）本课程的建设发展历程

中国音乐学院于 1964 年在周恩来总理的提议下建立，是我国唯一一所以中国民族音乐教育和研究为主要特色的高等音乐学府。“中国声乐主课”是我校中国声乐专业最早开设的课程之一，本课程经历了三个发展时期：

1. 1964—1966 年是该课程的初创时期

学校自建院之日起，就设立了民族声乐学科（中国声乐学科的前身）和专业，本课程是为该专业学生开设的最核心的一门课程。初创时期的师资汇聚了汤雪耕、应尚能、姜家祥等多位大师级声乐教育家，培养了德德玛、吴雁泽、单秀荣等多位著名歌唱家，在全国产生了广泛的影响，并为该课程的后续发展奠定了坚实基础。

2. 1980—2016 年是本课程发展的辉煌期

1980 年，中国音乐学院在停办 14 年后恢复建院，这一时期该课程主讲教师有金铁霖、邹文琴等多位著名声乐教育家，他们辛勤耕耘，培养了彭丽媛、宋祖英、阎维文、张也、王丽达、吴碧霞、雷佳、王莉、王庆爽、龚琳娜、黄训国等著名歌唱家。据不完全统计，学生中被评为一级演员，在文艺界有较大影响的德艺双馨的歌唱家就有百余名，在历届全国青年歌手大赛上，获得金、银、铜奖的选手中占据了绝大多数。从《在希望的田野上》《春天的故事》到《走进新时代》《江山》等，每一届春晚具有代表性的歌曲，大都由该课程培养的学生唱响。中国音乐学院也因此被誉为“中国歌唱家的摇篮”。本课程团队的教师还获得了国家级教学成果一等奖、文化部创新奖、北京市高校教学成果一等奖、北京市教学名师、教育部新世纪优秀人才等多项殊荣。这一时期，本课程在教学理念、教学内容、教学方法等方面有了显著发展，在教学、实践、科研方面均处于全国音乐院校的领先地位。

3. 2017 年至今是一流学科建设时期，也是本课程建设的创新期

2017 年，中国音乐学院获批双一流大学，中国声乐专业因特色突出、成果丰硕，成为我院唯一一门获批世界一流学科建设的专业，由此开启了课程建设的新征程，为了形成在全国具有引领示范作用的课程标准，本课程团队制定课程阶段性目标、分级量化教学内容、教学要求、考核标准，并积极推进配套教材建设，已经初步建成一套科学、系统的课程标准，此举对于中国声乐人才培养道路的探索具有开拓性的意义。

（二）课程与教学改革要解决的重点问题

该课程学生个体差异大，教学“个性化”特点鲜明，对于课程的标准化建设提出了挑战，主要体现为三个方面：

1. 学生的个性化差异和声乐课的灵活性特点，是该课程制定统一的教学内容和标准化要求面临的最大挑战；

2. 音乐理论知识体系与歌唱技能训练难以统一兼顾；

3. 现有教材曲目不能满足学生嗓音差异性对大量不同作品的实际需求。

本课程教学团队不断探索和创新，初步形成了一套解决上述问题的有效办法：

第一，量化、制定阶段性目标，量化考核标准，制定考核细则。制定教学方向和最低标准，实现规范化、标准化与个性化的协调统一。

第二，规范和补充课程内容及演唱要求，实现理论知识体系与歌唱技能训练有机结合。

第三，依据声部特点遴选规定曲目，既有规定范围，又有自选空间，挖掘教学曲目，制定配套的分级声乐教材，满足学生嗓音差异性对作品的需求。

（三）课程内容与资源建设及应用情况

1. 本课程为每周两个课时，课程形式为一对一指导。

2. 课程内容包括：演唱技术能力训练和提高，演唱一定数量不同类型作品，参加每学期不少于 4 次的舞台实践考核与艺术实践等。

3. 课程资源除了该课程团队编写的教材之外，中国音乐学院科研与教学系列丛书、人民音乐出版社出版的《声乐教学曲库》等多部教材，以及声乐教育家的声乐论著、网络上优秀的音视频资料均是本课程教材资源的补充。

（四）课程教学内容及组织实施情况

教学内容主要包括演唱技术的训练与提高，使学生打下扎实的演唱基本功，掌握多样的演唱技术技巧，掌握一定人物角色塑造的能力和舞台综合表现力；学习演唱大量的声乐作品；学习声乐专业理论研究的基本思路与基本方法和初步的声乐理论研究能力。目前该课程标准已经运用于本科阶段中国声乐教学中，以此课程为核心，为学生开设了台词、表演、艺术指导课程、传统唱腔等课程以及 8 门音乐基础课，加上一系列定期的艺术实践活动，使得该课程获得了良好的实施效果。

（五）课程成绩评定方式

课程成绩评定方式要求学生每个学期至少参加 4 次考核，分别为期中考试、期末考试和 2 次声乐教学实践坊，分别占考核总成绩的 30%、50%、10%、10%，而且不允许有重复曲目，5 年至少上台进行 40 余次舞台实践。

（六）课程评价及改革成效情况

1. 校外专家评价

（1）刘辉（原沈阳音乐学院院长）

这个课程标准给全国的人才培养的模式做了一个先行尝试，打了一个样，这个很好。从曲目的选择上来看，层次分明、级别清晰、由浅入深、循序渐进。每一阶段的要求都非常细致。

——摘自 2020 年 11 月 7 日中国声乐课程评审会议纪要

（2）郭建民（原辽宁师范大学音乐学院院长）

该课程标准对中国高精尖声乐表演艺术人才模式化培养，起到了非常好的引领作用，具有时代意义。

——摘自 2020 年 11 月 7 日中国声乐课程评审会议纪要

2. 改革成效

本课程改革成效显著，培养的多位学生如黄训国、马晓明等分别获得了青年歌手电视大奖赛、金钟奖、文华奖等国内重大比赛金奖。该课程团队教师获得了北京市教学名师、教育部新世纪优秀人才、文化部优秀专家等多个荣誉。

五、课程特色与创新

（一）该课程具有不可替代性

本课程以彰显中国精神、中国风格为使命，培养中国特色“人民歌唱家”为目标，是中国音乐学院唯一的一门世界双一流建设学科最核心的课程，具有不可替代性。长期以来，本课程是全国同类课程中培养高精尖中国声乐（民族声乐）人才最多、影响力最大的课程，是持续引领中国声乐教学与演唱风向标的课程。

（二）分级量化，创新教学模式

本课程突破原有课程模式，分级量化阶段性教学目标，规范教学内容、教学要求，量化考核标准，兼顾不同声部的教学需要，挖掘演唱曲目，拓展课程内容，制定配套教材，较好地平衡了学生个性差异和规范化教学之间的关系，有效促进中国声乐声部建设的完善，建立了系统性的声乐人才培养模式，对中国声乐人才培养道路的探索具有重要的开拓性意义。

（三）拓展教学空间，延伸课堂教学

以本课程为中心，开设台词、表演、艺术指导、传统唱腔课以及8门音乐基础课，特别是戏曲、曲艺类唱腔课是与本课程形成优势互补、互为支撑的特色风格课，对于中国特色声乐人才的培养具有重要作用。同时，为学生定期举办艺术实践周、大师班、讲座、校园音乐会等，拓展以琴房为中心的声乐教学，将琴房与舞台有机结合，有效提高了中国声乐人才的成材率。

（撰稿人：王士魁；审核人：吴志武）

中国戏曲学院国家级一流课程建设案例

戏曲大戏写作

一、课程基本信息

课程名称	戏曲大戏写作
课程负责人	颜全毅
开课单位	中国戏曲学院戏曲文学系
课程类别	线下一流课程
课程性质	必修
开课年级	本科三年级
面向专业	戏剧影视文学（戏曲文学）
学　　时	128
学　　分	8
主要教材	《戏曲剧本写作教程》《戏曲剧作法教程》

二、课程团队

课程负责人和课程团队负责研究、制定、修订课程大纲，教学周期为 2 学期，每学期完成 64 学时、1 个戏曲剧本创作的教学任务，具体情况如下。

课程负责人颜全毅，教授，硕士生导师，著名编剧。获得首届北京市高等教育青年教学名师等多项省部级荣誉。编创戏曲作品 36 部，作品获首届老舍青年戏剧文学奖大奖、中国戏剧节优秀剧目奖等。参与和负责教育部国家级一流本科专业建设点、国家级一流本科课程（线下）、“新文科视阈下戏曲创作人才培养模式转型”等多项课题。

成员赵锡淮，教授，硕士生导师，其编创的剧本荣获全国戏剧文化奖，出版《雪窗吟》等剧作集。

成员胡叠，副教授，硕士生导师，出版《胡叠戏曲剧作集》等剧作集。

成员王强，副教授，硕士生导师，出版《萨特戏剧课》等。

三、课程目标

“戏曲大戏写作”课程旨在培养新时代以人民为中心、为人民服务的优秀戏曲编剧人才。教学环节包括选题甄选、大纲拟定、撰写初稿、打磨修改。每学期通过系统学习编剧技法和实践训练，使学生深入掌握大型戏曲剧本的写作规范和技巧手法，并在有条件的情况下，择优将其搬上舞台进行演出。授课老师将在每个环节进行专业的干预指导，最终使学生创作出关注时代精神、兼顾文学性、思想性与舞台性的大型传统戏、新编历史戏、现代戏文本，成长为具有较高专业水准的戏曲创作人才。同时，该课程注意创作导向，引导学生扎根现实生活、关注现实题材，树立起“崇德尚艺”的创作思想，创造出新时代正能量、有底蕴的作品。

四、课程建设及应用情况

（一）课程发展历史

“戏曲大戏写作”是戏剧影视文学（戏曲文学）专业核心主干课程，已有40余年教学实施经验，获批首批国家级一流本科课程（线下课程），本课程所属专业入选教育部国家级一流本科专业建设点。目前，课程已制定完成《戏曲大戏写作课程教学与期末作业评分标准》等教学改革制度和管理文件，将其在实际教学中运用，并推广至社会领域。

（二）课程与教学改革重点问题

1. 弘扬历史传统，强调传统剧作法的重要性。通过对传统经典剧本及编剧技巧的总结，解决传统经典剧本剧作法如何灵活运用于当代戏曲剧本创作的问题，改善戏曲创作“话剧化”的创作现象。

2. 注重时代精神，关注戏曲创作的现实意义。通过编剧知识与思政相结合的教学方法，解决剧本创作如何更好地反映现实生活的问题，改善符合时代要求的戏曲创作人才紧缺的现象。

3. 突出创新引领，注重文学剧本的舞台搬演。通过对文学性和舞台性创作技巧的探索，解决静态文本与动态舞台兼顾的问题，改善只重文本的传统戏曲创作人才培养模式。

（三）课程内容与资源建设及应用情况

课程团队结合新时代戏曲创作人才培养理念，撰写、打磨和优化与教学配套的专门教材《戏曲大戏写作》，并积极申报虚拟教研室建设点，探索线上授课方式，利用多媒体平台等新的教学手段加强与兄弟院校的交流。在“互联网＋”的背景下，将一批精品课程与精品教材借助云平台逐步向全国推广，实现从传统到智慧的课堂转化。

（四）课程教学内容及组织实施情况

课程教学内容包括编剧技法、创作实践、舞台实践三部分。

1. 编剧技法：采取15人小班制的讲授方式，包括唱词与念白写作；戏曲创作法；传统戏、新编历史戏、现代戏创作技巧等。

2. 创作实践：采取一对一的指导方式，包括选题甄选、大纲拟定、撰写初稿、打磨修改4个环节。

3. 舞台实践：采取多措并举的实践方式，包括剧目观摩、跨系部合作、搭建实践基地平台等，利用教师团队和学校的优势资源为学生的大戏剧本创造实践机会。

（五）课程成绩评定方式

本课程制定了从平时到期末“2+3+7”的全过程评价体系，修订了《戏曲大戏写作课程教学与期末作业评分标准》，把握育人过程中的每个重要环节。具体实施方法为：

1. 以全学年每生需创作2部成熟的大型戏曲剧本为课程教学具体目标，形成课程结业成果。

2. 以学生考勤、提纲构思、观摩实践为依据，形成课程平时成绩，在总成绩评价中占比30%。

3. 以学生剧本初稿修改、定稿质量为依据，形成课程期末成绩，在总成绩中占比70%。

（六）课程评价与改革成效

该课程近3年课程团队每位教师的期末评教平均分在90分以上，并在教学改革中取得了显著成效。

1. 培养起一批守正创新的新时代戏曲创作人才。本课程培养了一批活跃在舞台一线的新生力量，他们继承传统编剧技法，注入时代精神。例如，李卓群作为青年京剧编导的代表人物，编导的京剧《大宅门》入选国家舞台艺术精品创作工程；曹镇玺的戏曲剧本连续4年获国家艺术基金；王扬的豫剧《海的女儿》获黄河戏剧奖；付伯舜的《红旗儿女》获评国家艺术基金青年创作人才资助项目；刘才华的戏曲作品被藏剧、吕剧、昆剧、评剧、豫剧等多个剧种搬上舞台，并荣获第五届少数民族文艺汇演戏剧组金奖；俞思含的历史剧《台城柳》获得第四届老舍青年戏剧文学奖优秀剧本奖（戏曲唯一）；杨旻宁的越剧《阮玲玉》入选2021年北京小剧场戏曲展演等。

2. 搭建起多个打通文学与舞台的教学实践平台。课程团队积极推动学院跨系部合作，如2018级本科生李楚玥秦腔现代戏《我心归处》获学院跨系部联合创作剧目资助立项等。课程团队还与全国文化机构、院团交流合作，共同打造了一系列“大学+社会实践”平台。例如，与北京市西城区第二文化馆、丰台区文促中心、浙江台州乱弹剧团等机构合作打造戏曲创作实践基地。

五、课程特色与创新

（一）融通传统剧作技法与现代精神的创作理念

本课程以优秀的传统文化引领和提高学生的创作实践能力水平，以高度的文化自信培养新时代的戏曲创作接班人。一方面探索传统戏曲剧作法理论，挖掘、总结传统戏曲的创作方法；另一方面关注、学习与时代精神联系紧密的当代经典剧本，调动学生结合传统与现代的创作意识。

（二）探索理论讲授与教学实践结合的培养方法

本课程的教学团队由老、中、青三代骨干教师组成，具有多年戏曲文学创作一线教学经验，并长期致力于思考戏曲创作人才培养，探索出一条兼顾理论探索与创作实践相结合的教学路径，推动与课程相配套的系列教学实践平台。近几年，课程团队通过与文化机构、基层院团的合作共建，建设起“课程+社会实践”平台，带领学生开展社会服务，与基层文化单位资源共享，培养学生创作实践和社会服务能力。

（三）注重从静态文本到舞台上呈现的成果转型

本课程在教学过程中注重加强学生“从文本到舞台”的创作意识，并择优选取优秀作品，推动其搬上舞台，完善优化戏曲作品的创作链。例如，课程团队将2015级学生杨旻宁作品《阮玲玉》推向北京当代小剧场戏曲节作为开幕大戏，获得“全国金刺猬大学生戏剧节”优秀剧目。

（撰稿人：颜全毅；审核人：王莹）

北京电影学院国家级一流课程建设案例

电影创作 I

一、课程基本信息

课程名称	电影创作 I
课程负责人	雷载兴
开课单位	北京电影学院摄影系
课程类别	线下一流课程
课程性质	必修
开课年级	本科三年级
面向专业	影视摄影与制作
学　　时	120
学　　分	12
主要教材	《电影照明技巧与创作》

二、课程团队

雷载兴：课程负责人、主讲人，主持教学研究项目“本科生导师制在电影创作实践教学中的应用”；2018 年获第十四届北京市高等学校教学名师奖；2019 年获评北京市普通高校优秀本科毕业设计（论文）优秀指导教师。2020 年，本课程被评为“北京高等学校优质本科课程（重点项目）”，雷载兴获“北京高等学校优秀专业课主讲教师”荣誉；2022 年，本课程被认定为“国家级一流本科课程”；2023 年，雷载兴作为团队带头人的摄影系获“北京市高校优秀本科育人团队”荣誉。

李全胜：负责讲授的视觉效果是电影创作的重要部分。

丁豫：负责电影创作语言的讲授及辅导，培养学生运用电影摄影语言，全面提高创作能力。

朱云峰：负责电影数字影像技术的讲授及辅导。

三、课程目标

北京电影学院是全国唯一一所培养电影人才的专业院校，培养合格的职业电影摄影师是摄影系人才培养的最终目标。摄影系每年招收 18 名本科生。通过本课程的学习，学生能循序渐进地认识光线在电影叙事中的作用、学会电影照明布光技巧、掌握摄影镜头运用技巧、了解虚拟拍摄的光影处理等，能够熟练运用专业数字摄影机拍摄经过艺术处理的镜头画面，掌握专业化数字电影制作的全流程，并创作出具有艺术表现力的电影作品。课程作业水平须达到影院级 4K 数字电影的影像质量和技术标准，学生最终均能达到既定的专业水平，均能独立设计并制作完成较高艺术质量和技术水准的数字电影短片作品。

四、课程建设及应用情况

本课程是摄影系本科教学中的专业主干课程。1956 年在莫斯科电影学院专家的指导下开设，早期名称为“电影画面的光线处理”，由吴印咸、曹作宾、郑国恩、刘永泗、顾文凯等前辈继承和发展，不断更新、完善、融合，再由胶片电影向数字电影全面转型，经过近 70 年的不断优化，形成了今天的课程系统。雷载兴老师自 1994 年起担任此课程的负责人和主讲人，在近 30 年的教学中，他遵循教学大纲的核心思想和培养理念，不断增加现代电影的基础理论、创作理念和实践应用，弱化或删除陈旧的内容，编写出版了专业教材《电影照明技巧与创作》，完善并规范了教学体系，向国内同类专业提供完整的电影创作理论和实践依据。2019 年，课程名称调整为“电影创作 I”。

本课程教学资源充足，拥有 3 个不同面积（一个 800m^2，一个 400m^2 及一个 200m^2）的专业摄影棚，专供本课程不同层次的实践教学使用。本课程还拥有多套国际先进水平的摄影机及辅助器材，拥有专业的数字电影后期制作实验室。

课程由理论讲授和创作实践两部分组成。

（一）理论讲授内容

1. 光的特性与人的视觉，光与造型。从本课程的独特视点研究光的基本特性，研究光的造型原理，掌握光影造型的规律，认识光线在电影创作中的作用。

2. 外景照明技巧与创作。全面讲述外景照明的具体方法和创作思路，并选用优秀影片片段为例，进行论证和总结，提高学生光线设计和操作能力。

3. 摄影棚光线处理技巧与创作。讲授摄影棚拍摄的技巧和技术、光线气氛的设计理念和规律等，研究优秀影片光影风格和处理方法，以及与影片主题的关系，最终掌握棚内创作的专业技巧。

4. 实景光线处理技巧与创作。认识和掌握实景摄影用光的基本原则和普遍规律，理解实景用光的利弊因素，掌握科学选择实景的方法，学会在实景中设计和处理各种光效气氛。

（二）创作实践的方法

1. 作业拍摄：严谨、规范、完善、成熟的实践教学是本课程的亮点。将学生分成两个小组，分别在外景和实景、摄影棚等场地拍摄，完成不同项目的个人实习作业。为学生提供商业电影制作同等水准的摄影器材、照明灯具及辅助设备，提供电影摄影棚及布景、道具等，并提供高端数字电影制作的后期设备，给学生提供更宽泛、更灵活、更人性化的实习时间（每周棚内实习 6 天，最晚可申请延时至 21:00；外景实景实习每周 7 天）。教师在此过程中，全程给予监督、指导和答疑，帮助学生发现隐患、克服困难、解决问题。

2. 作业讲评：将学生按照严格技术标准制作完成的课程作业 DCP 文件，在学院标准放映厅的大银幕（12 米宽）上放映，激发学生的大银幕电影的意识，及时掌握设计方案与完成结果之间的差距。作业讲评时通常邀请系内多位老师参加，从多角度给予点评，也鼓励学生相互点评，启发和培养学生对银幕影像质量的评价能力和银幕美学判断力，也能够帮助老师追踪每位学生专业水平的变化。最后由任课老师根据多项指标给予评分。

3. 创作总结：作业讲评完成后，截取作业中每个镜头的重点画面，标注拍摄时的技术数据，根据点评结论和自我发现，总结作业的失败和收获，从而掌握电影创作的技能和解决实际问题的方法，并将每个镜头的原设计构思、设计草图、布光方案、创作过程等资料详细列出和说明，写成《课程实习报告》提交。

4. 作业存档：学生根据讲评时老师和同学们的意见，修改作业，将成片上传至“摄影系学生作业点播系统”中，可在校园网内随时可登陆点播、查询。

（三）课程考核占比

作业实拍占 70%，实习报告占 20%，讲评发言占 10%，细节如下：

1. 实习作业共 10 个电影创作项目，每个项目从设计理念、完成程度、银幕效果、技术控制等方面给予评判，每个单项满分 7 分，共 70 分。

2.《创作实习报告》共 20 分，分别从创作过程的规范程度、总结和评价的水平、收集材料的丰富程度、对失误的深度认识、对技术分析的能力、撰写实习报告的水平等方面综合评判。

3. 作业讲评时学生的现场发言，代表该生的专业表达、技术理解、艺术审美等综合能力的高低，共 10 分。

学生对本课程的评价一直是优良、最喜欢、收获最大的课程。其中实践教学部分，通常是国际交流、外校来访时的“参观现场”。在若干年的督导组评价中，无任何不合格记录，从未有过教学事故。

本课程于 2020 年被评为“北京高等学校优质本科课程（重点项目）”，2022 年被认定为“国家级一流本科课程”。

五、课程特色与创新

（一）精准、规范的课程进度规划是本课程顺利、严谨执行的保证。本课程历来严格按照《课程进度表》行课，每次都做到了课程进度零误差。

（二）完善、丰富、新颖的课件。课件制作精细，每次行课前主讲教师均做大量的更新，将最新电影片段、最新的技术技巧、最新的创作理念随时加入，符合电影这门课新兴、时尚艺术的特性。

（三）银幕上的“实弹演习”。本课程的实习部分，是国内（甚至国际）影视专业中投入经费、设备、设施最多的一门课程。在实习节奏、内容、要求、规则等方面，非常接近一部中低成本的院线电影。

（四）严谨、规范、周密的实习管理体系。以严格、规范的方式管理艺术创作与实践，提高了创作效率，给学生模拟“电影工业体系”的体验，为未来尽早适应电影创作做铺垫。

（五）利用大银幕讲评作业，让学生看到自己拍摄的作品与商业影片之间的差别，发现自己在技术控制和艺术表现上的失误及收获，从而获得创作水平的全面提高。

（六）教师精力的大量投入，是本课程高质量顺利执行的保证。为了让学生得到更充分、更丰富的实习条件，摄影系的教师们克服困难，利用周末、下班的时间增加课时和实习时间，为学生提供最好的实践创作条件，授课及实习的实际课时量达 500 学时。

（撰稿人：雷载兴；审核人：童雷）

北京大学国家级一流课程建设案例

微积分基础

一、课程基本信息

课程名称	微积分基础
课程负责人	王冠香
开课单位	北京大学数学科学学院
课程类别	线上一流课程
课程性质	必修
开课年级	本科一年级
面向专业	不限专业
学　　时	102
学　　分	5
主要教材	《高等数学（第二版）（上）》

二、课程团队

课程负责人，王冠香，1998 年 7 月至今，在北京大学数学科学学院任教，主讲课程包括“数学分析”“高等数学”“数理方程”等。近 5 年，王冠香教授每学年在中国大学 MOOC 开设“微积分基础”“多元微积分导引”课程 2 次（春秋季学期各开 1 次）。“微积分基础”2020 年获评国家级一流本科（线上）课程；“数学分析基础课的教学与创新探索”获北京大学 2021 年教学成果二等奖。

三、课程目标

通过此课的学习，使相关专业的一年级学生掌握一元函数微分与积分、基本理论以及基本计算技能，为学习有关专业课奠定必要的数学基础。培养学生的直观猜测能力、严格的逻辑推理能力和抽象思维能力，以及运用数学知识解决实际问题的能力，培养学生严谨的科学精神。

四、课程建设及应用情况

（一）课程体系

课程主要内容是一元函数微积分理论，包括数列和函数的极限、函数的连续性理论、单变量函数微分、积分理论和一元广义积分理论。课程分为极限与连续、导数与微分、微分中值定理及其应用、不定积分和定积分五章。课程面向大学本科生一年级的学生、高年级备考研究生的学生和社会上需要再学习的广大青年。课程特点是讲授由浅入深、内容难度有梯度、有跨度、适用人群广。

（二）课程考核情况

课程考核包括单元测试的平时成绩（50%）和期末考试（50%）。测试题包括单项选择题和是非判断题两种。按百分制计分，60 分～89 分为合格，90 分～100 分为优秀。

（三）慕课课程建设

1. 每章中结合慕课特点，首先按知识点碎片化讲课的内容，在不影响学生接受知识完整思维的前提下，将讲课录像剪切成符合慕课要求的长度，按照模块进行组织。

2. 注重以学生为中心，以问题为出发点。讲授知识点时多运用比喻、举例的方法解释，注重知识在视频中的表达方式。

3. 课堂中的数学讲解一般采用板书的形式，本门慕课为了提高课程视频的流畅度、清晰度和单位时间内的信息容量，在拍摄视频前，授课教师将所有授课内容制作成 PPT，用 LaTex 软件录入所有公式并设置好内容动画，录制时根据推导步骤一步步呈现动画，这使得视频的录制、后期制作大大提高了效率，也反过来促使授课教师必须非常用心地精选教学内容，并做到准确、稳定、清晰、易懂；更重要的是提高了学习者的学习体验和教学效果。

4. 主讲教师花费了大量的时间和精力参与答疑，与在线学习者有良好的互动，目前在中国大学 MOOC 已开设的各期课程中，教师本人参与的回帖量达到 446 条，这虽然占去了教师大量的时间，却让教师乐在其中。也通过在线学习的反馈，让教师收获了很多课程改进的建议。

（四）课程建设计划

今后按照每年至少两期（春季和秋季）的频率开放本课程，将不断完善和增加教学视频并适时增加详细的习题解答，在开设慕课期间，继续与学员在网络平台上保持高频度的互动交流。将根据需要在更多的平台开放本课程。

将更多地在校内教学中应用翻转课堂的方式，解决目前课堂中的讲授时间不足，学生注意力不集中，到课率低等问题，积累更多的线上线下混合式教学实践经验并进行相关的学习者反馈调研，撰写相关的文章。

（五）课程面向社会的应用情况

本课程在中国大学 MOOC 和华文慕课平台上已开设 13 期。其中在中国大学 MOOC 开设 11 期，总选课数 138 280 人；在华文慕课开设两期，总选课数 6 885 人。2019 年 7 月，课程进入中国大学 MOOC 平台的“中国大学先修课（CAP）”名单。

（六）课程评价情况

在中国大学 MOOC 上已收到 323 条评价，评分 4.8 分（满分 5 分）。部分评价摘录如下：“此前学习过别的学校的微积分课程。相比之下，觉得北大不愧为北大，这门课的基本内容当然不会有大的区别，但老师对教学内容，对许多概念的讲解，一些定理的证明……让我有耳目一新的感觉，对概念有更深入的理解，同时似乎又很浅显——理解和掌握更容易——这正是高明之处！另外，对易于混淆的地方特别作出解析，把握得很准确！感谢王冠香教授深入浅出的讲授！”“作为一个半吊子的理科生，在各种 MOOC 上听了这么多微积分，王老师讲得最好，没有之一。”“非常好，跟别的高数慕课相比，视频没有一点废话和多余又尴尬的视频特效。一些定理概念老师讲得也很生动形象，易于理解，深入浅出。”“这位老师讲课很有代入感，有逻辑，清晰易懂，非照本宣科！遇见一位好老师是一件非常难得的事，感恩！”

（七）课程在北大校内的应用情况

201609—201706 对光华管理学院学生使用慕课翻转课程方式讲授“高等数学 B”（上、下），选课人数：154、150。201709—201806，对基础医学部学生使用慕课翻转课堂方式主讲“高等数学 C”（上、下），选课人数 155、119。两轮课程积累了很多宝贵的线上线下混合式教学改革经验。

五、课程特色与创新

本课程内容覆盖和难度上，介于传统工科高等数学和工科数学分析之间，具有一定的深度和难度梯度，适用于比较优秀的非数学类专业学生和需要“再充电”者学习。根据慕课的特点和受众设计内容编排和合适的呈现方式，每个视频相对独立，注重各章节间内容体量和风格的一致性。注重以学生为中心，以问题为出发点，使用通俗的语言讲解基本概念，既避免数学分析那样过于抽象的陈述和描述，又使学习者真正掌握和理解了相关的基本知识和理论结果。

（撰稿人：冯雪松；审核人：傅绥燕）

清华大学国家级一流课程建设案例

自动控制理论

一、课程基本信息

课程名称	自动控制理论
课程负责人	钟宜生
开课单位	清华大学自动化系
课程类别	线上一流课程
课程性质	必修
开课年级	大学三年级
面向专业	自动化、航空航天、电子工程、机械工程、电气工程、化学工程、车辆工程、计算机等
学　　时	96
学　　分	6
主要教材	《自动控制原理（第 2 版）》

二、课程团队

课程为自动化系控制理论课组。课程负责人为清华大学钟宜生教授。授课成员包括 3 名国家杰出青年基金获得者（赵千川，周彤，王凌）和 2 名长聘教授（钟宜生，陈峰）以及 3 名副教授或副研究员（陈曦，吴热冰，尚超）。另外，还有 1 名实验系列教师白玉琦老师，负责与理论教学相配合的实验教学工作。授课成员来自多个研究所，均从事相关的高水平一线研究工作，为丰富课程内容、帮助学生了解前沿方向提供了保障。近年来，为适应新形势下的教学改革的需要，课程团队定期召开控制课组工作会议，积极培养青年教师，及时优化调整教学组织，制定了一系列课程建设和改进措施。课程团队教师结合个人所长，积极参与课程的教学研究和持续改进工作，从课程内容规划、教学资源建设、教学方法研究、课程思政方法等多个方面，为课程建设作出贡献。

三、课程目标

反馈机制普遍存在于自然和人类社会当中。反馈控制已成为进行复杂工程系统设计中常用的一条基本原理。课程以系统阐明反馈机制的控制基础理论为核心，分别从经典控制理论和现代控制理论的角度，介绍控制系统建模理论、分析求解方法、结构分析、设计指标和综合方法等。教学的目标是帮助同学掌握自动控制理论的基本概念、核心知识体系和设计方法，此外，结合实验环节，帮助同学了解自动控制理论在指导实际控制系统设计方面的应用途径。

四、课程建设及应用情况

“自动控制理论”是自动化学科核心专业基础课，也是研究和设计复杂工程控制系统的理论基础。

课程发展的主要历史沿革：清华大学是新中国最早开设与控制理论相关的课程的高校之一。20 世纪 60 年代之前，在自动控制系、电机工程系、动力机械系等院系由钟士模、吴麒、郑维敏、方崇智教授等开设了“控制理论”或“调节原理”课程。自 70 年代建立自动化系后，全校多数研究、讲授“控制理论”的教师集中到自动化系。该课程一直是自动化系的核心专业基础课程，历届系领导十分支持课程的建设。自动化系成立后，首先由吴麒、郑维敏、方崇智教授组织、讲授全系的“自动控制理论”课程。后由郑大钟、戴忠达、王诗宓教授继续组织“自动控制理论”课程的建设，并于 1990 年获“清华大学教学工作优秀成果二等奖”。一开始，全系学生分几个大班修读自动控制理论课程。后来由系教学副主任统筹协调，首先做到全系分班授课，统一考试；然后逐步做到全系统一授课，统一考试。在 20 世纪 90 年代，进行英语授课的尝试，取得良好效果。在此期间，出版了两套教材。吴麒教授主编的《自动控制原理》采用“数学描述统一，工程处理分开”的方法妥善地处理经典控制理论和状态空间方法的联系和区别。戴忠达教授主编的《自动控制理论基础》则将两种方法结合起来统一编写。吴麒教授主编的《自动控制原理》也一直是国内比较有影响的教材之一。为提高学生的阅读和理解能力，扩展学生知识，本课程一直选用最新翻译的国外教材或原文教材作为教学参考书。在建设国家级精品课期间，吴麒、王诗宓教授完成了《自动控制原理（第 2 版）》的编写出版，其中删除、简化了一些陈旧或单纯计算作图的知识，增加了与学科新成果有关的章节。“自动控制理论”课程于 2007 年和 2016 年先后获得“国家精品课程”和“国家级精品资源共享课”称号。积极建设国家一流课程，梳理了以知识点为核心的新的教学体系，并将其上线发布，体现了以学生为中心的教学理念，有效提高了学生对课程基础内容的掌握程度，也支撑了疫情情况下学生的有效学习。在清华大学的大力支持下，“自动控制理论”课程于 2020 年 11 月成功获批首批国家级一流本科课程。

近年来，课程团队继续积极探索课程的教学改革措施，从课程专业核心课的定位和拥有优势教学团队的实际情况出发，教学团队在学习课程思政相关政策和多次研讨基础上，形成以下课程思政建设思路。

（一）创新课程知识体系：根据 AI 时代下自动控制理论人才培养的新趋势和新工科教学改革的需要，打破传统的知识划分模式，从系统的观点出发，形成从原理到设计的一体化创新课程知识体系和教学安排，实现数学理论、物理概念和工程素养培养的有机融合。

（二）发挥教学团队每位教师的主观能动性，在共性的基础上，充分利用教师从事的研究课题的特色，体现教师对课程内容的独到理解，使得课程的讲解，从简单的知识传授，扩展到对生动鲜活的专业认知和认同培养，进而展示前沿科技对课程核心概念的传承和发展脉络，以及专业知识在国家战略需求和人类社会进步方面广阔的应用前景。

“自动控制理论”线上国家级一流本科生课程的建设，为清华大学和国内外相关院校同学的学习，提供了优质的教学资源和方便灵活的个性化学习路径。2019 年春季至今，全球累计选课人数超过 25 000 人次，有力支撑了疫情期间的线上教学活动和线上线下混合式教学的开展。

五、课程特色与创新

（一）内容组织上：依托清华大学多年积累的课程资源，精心设计知识单元，在注重基本概念的严谨清晰的同时，强调课程知识的体系性，按照控制系统设计的基本逻辑，将知识划分为建模理论、分析求解方法、结构分析、设计指标和综合方法等单元，便于学生掌握系统设计的基本流程，建立知识单元之间的逻辑关联。

（二）内容讲解上：充分发挥教师的主观能动性，突出教师从事的研究课题的特色，体现教师对课程内容的独到理解，使得课程的讲解，从简单的知识传授，扩展到对生动鲜活的专业认知和认同培养，进而展示前沿科技对课程核心概念的传承和发展脉络，以及专业知识在国家战略需求和人类社会进步方面广阔的应用前景。

（三）教学辅助环节设置上：针对学生掌握知识点常见的问题，设计与之对应的多样化在线习题库，便于学生及时检查学习效果，反馈学习效果。通过设置期中和期末测试，实现阶段性学习效果的检查。通过设置在线讨论区，解答同学们的疑问。通过设计演示实验，帮助同学了解理论知识的运用途径。

（撰稿人：赵千川；审核人：刘毅）

北京交通大学国家级一流课程建设案例

高速铁路概论

一、课程基本信息

课程名称	高速铁路概论
课程负责人	李得伟
开课单位	北京交通大学交通运输学院
课程类别	线上一流课程
课程性质	选修
开课年级	本科三年级
面向专业	交通运输类
学　　时	48
学　　分	3
主要教材	《高速铁路概论》

二、课程团队

课程负责人李得伟教授为北京交通大学优秀主讲教师，近5年承担本科教学17次，共560学时，承担校内“高速铁路概论”本科教学，多次向塞尔维亚等国来访者讲授高铁概论，承担国内神华企业等高铁概论授课培训。组织队伍建设本门在线课程并完成3期MOOC，2期SPOC混合课堂教学。主持《高速铁路概论》新教材建设等教学改革项目。负责国家铁路局《高速铁路概论》编写，并获国家出版基金支持。

团队成员包括韩宝明教授、张琦副教授、张进川副教授、付慧伶副教授、蒋健老师等，团队成员参与了教材《高速铁路概论》编写以及线上课程建设，并承担该门课程教学。多次承担泰国、肯尼亚等铁路培训，韩宝明教授担任交通运输（高速铁路客运组织与服务）本科专业方向负责人。

三、课程目标

学生通过本课程的学习，全面了解高速铁路基础知识，并达到如下能力和水平。

掌握高铁的基本构成和技术原理，具备解决复杂工程问题的专业知识结构。

了解并能使用文献检索工具获取高速铁路运输专题中外文专业文献资料，具有基本的文献综述能力。

运用科学原理和方法分析研究高铁技术经济特征及对应的前沿复杂工程问题，可针对特定复杂工程问题建立相关定性或定量模型进行分析研究。

引导学生理解和掌握高速铁路设计与实施过程中安全、健康、环境、人文、社会、法律、国情等方面的知识。理解复杂工程问题的实践对环境、社会可持续发展的影响。

培养和锻炼学生的研究能力、表达能力和团队合作精神及在团队中发挥作用的能力。

四、课程建设及应用情况

本课程自20世纪90年代末中国高铁萌芽之时开始建设，与我国高速铁路同庚，旨在为我国高速铁路的发展提供知识传播和研讨的平台。最早从校内选修做起，历经选修、必修，再到建立我国第一个高速铁路客运组织与服务本科专业，课程培养了大量高速铁路人才，为我国高铁从无到有、从弱到强发挥了重要的作用。进入21世纪20年代，我国高铁已经发展到全世界第一，出现了教学跟不上现实发展、高速铁路基础知识受众面小、以国外高铁知识为主的知识体系无法满足我国高铁走出去的需要等问题，与我国高速铁路发展极不匹配。

为解决上述问题，课程组负责人李得伟决定利用爱课程（中国大学 MOOC）平台进行线上课程讲授，内容涵盖迄今为止最新的高速铁路知识，最新高铁路网、最前沿智能高铁技术等。不仅面向交通运输专业大专院校学生，也面向其他关注高速铁路、有进一步学习需求的零基础社会人员，基础知识讲授详细精准、深入浅出，得到了学习者的广泛认可。课程从高速铁路系统的各方面全面讲授，主要内容包括：绪论、基础设施、牵引供电、动车组、信号、通信、运输组织、客运服务、运用安全保障以及未来高速铁路。

课程不仅包括讲授知识，还包含有丰富的视频等多媒体资源，并有针对性地设计了一整套面向混合式教学、翻转课堂教学等需要的教案库和题库。

课程组同步编写出版了《高速铁路概论》新版教材，由卢春房等多位院士把关，并获得国家出版基金项目支持。该教材也成了国家铁路局建党100周年献礼工程的首本著作。

本课程在北京交通大学本科教学过程中获得了广泛应用，自2019年底开课以来，铁路运输方向、高速铁路客运组织与服务方向的本科生均进行学习，高年级的同学巩固了知识点，低年级的同学进行了预习。同时也吸引了其他专业方向感兴趣的同学参与其中，拓宽了知识面，为学校大口径宽平台的专业教育奠定了良好基础。2020年春季学期受疫情影响，线下教学无法开展，为了保证相关专业方向的同学对这门课教学进度和质量的要求，该课程MOOC教学按照教学日历安排针对所有同学进行开放。同时针对本课程为必修的同学专门开设SPOC课堂，通过录制的视频、布置作业、思考题、练习题、在线专题讨论等方式有效加强师生互动，做到一生一案，充分利用回看、统计等很多线下完成不了的功能，很好地保障了线上教学质量。考虑 MOOC 教学特点，课程考核注重形成性评价和结果性评价相结合，在考试题中设置实践及应用类题目，强调问题分析能力，全面考察学习效果。本课程根据应用场景的不同，有针对性地设计了不同考核办法。据统计，单次 SPOC 学生累计学习时长达 1 290 小时，成为线上教学比较成功的案例，收获了广泛的好评。以此为基础，课程组于 2021 年春季学期积极探索线上线下混合式教学模式，利用开设的 SPOC 课堂充分发挥线上教学的优势特征，取得了良好的效果。

本课程不仅在北京交通大学校内应用良好，同时对其他高校师生以及社会学习者免费开放。自 2019 年底至今，已面向社会开放 4 期 MOOC 课程，其中 3 期已结束，1 期正在进行。课程开课以来，来自 23 所学校和单位的共计约 5 307 人次参与学习，包括西南交通大学、同济大学、兰州交通大学、中国矿业大学、北京航空航天大学、大连交通大学、华东交通大学等高等学校，新疆铁道职业技术学院、湖南铁道职业技术学院、西安交通工程学院等职业技术学院，以及中国铁建股份有限公司等行业单位，基本覆盖了国内开设铁路运输课程的各类院校和相关企事业单位。

截至 2021 年 5 月，该课程还被兰州交通大学、大连交通大学和南宁学院等多所国内其他院校引用并开设 SPOC 课程。

综上，本课程利用线上优势充分展示了我国高速铁路发展的成就，涵盖了与现实发展相匹配、以中国高铁为核心的高速铁路概论教学体系，向更广泛的群体传播了最前沿的高速铁路基础知识，受到社会各界的广泛关注与好评。

五、课程特色与创新

该课程“以中国高铁科技为核心、以最大化课程受众为导向、以理论和现实紧密结合为主导思想”为总体特色，在教学内容和教学方式上的特色与创新如下。

课程内容新。本课程涵盖了我国最新的高速铁路数据和最前沿的高速铁路知识，使学习者能够掌握最新最全面的高铁基础知识。

针对各章节内容与知识点设计了完整的在线课堂练习、单元测试与作业体系，教师可随时掌握学生参加测试的情况，发现易错知识点并给予细致讲解，对于巩固知识点、加深理解起到良好的作用。

针对各章节对应内容设计了主题研讨，引导学生结合专业知识展开思考和讨论，课程组教师结合自身科研实际经验与同学们紧密互动，启发学生辩证思考，培养专业素养与工程思维。

课程组根据需要补充了大量形式多样、内容丰富的前沿教学资料，与随堂练习和主题研讨有机结合，对引导学生自主学习及开展后续相关课程学习起到了积极作用。

利用在线平台开展即时答疑，广泛收集学生的问题与疑惑，课程组教师进行针对性解答，保障学习效果。

通过以上创新，实现教学内容丰富化、教学形式多样化、教学互动生动化、教学过程连续化，达成教学目标，实现专业素养培育和大众教育效果“双提升”。

（撰稿人：李得伟；审核人：房海蓉）

北京化工大学国家级一流课程建设案例

物理化学

一、课程基本信息

课程名称	物理化学
课程负责人	白守礼
开课单位	北京化工大学化学学院
课程类别	线上一流课程
课程性质	必修
开课年级	本科二年级
面向专业	化学工程、制药工程、材料科学工程、环境工程、生物工程、（化学、应化化学）
学　　时	48
学　　分	3
主要教材	《物理化学》

二、课程团队

课程负责人白守礼教授从事物理化学教学 40 年，是国家级精品资源共享课程、国家一流本科课程、北京市课程思政示范课程负责人，2012 获北京市教学名师奖，获国家教学成果一等奖 1 项、二等奖 2 项，获北京市教育教学成果奖 5 项。本课程团队教师 15 人，北京市教学名师 3 名，北京市青年教学名师 1 名。

近 5 年，团队每年承担 60 多节物理化学教学和课程建设，人均 112 学时。课程负责人同时承担 96 学时和 112 学时课程主讲。本课程获评国家级一流本科课程和北京市课程思政示范课程。成员 2 人获北京市教学（或青年）名师奖、北京市优秀教师，获北京市教学成果一等奖、全国石化教育优秀教学团队、全国高等院校化工类教师课程思政能力大赛特等奖；首届北京高校教师教学创新大赛三等奖。

三、课程目标

我校是化工特色鲜明、教育部直属全国重点高校，本课程是面向化学、化工、生命、材料等一流学科建设相关专业的重要核心课。课程培养目标为：

知识目标：掌握应用经典热力学方法，理解统计力学方法，了解量子力学方法。学会反映物质性质随某些变量变化规律常用方法。

能力目标：掌握物理化学基础理论知识和利用基础数据的计算方法，增强解决问题的能力。培养建立概念、模型，训练科学抽象、逻辑推理的能力。培养学生总结归纳、模型演化的方法、简化问题的方法。

素质目标：培养学生的家国情怀、社会责任感，探索未知、追求真理、勇攀科学高峰的责任感和使命感，进行辩证唯物主义教育，培养遵纪守法的习惯，用所学知识识别社会和生活中的是非。

四、课程建设及应用情况

（一）发展历程

“物理化学”是北京化工大学特色专业重要的基础课，一直是学校重点建设的课程。在学校的建设与发展中有着优良的传统。1988 年“物理化学”被评为第一批校级优秀课程，1999 年被列为首批校级品牌课程，2003 年被评为首批国家精品课，2013 年获批国家级精品资源共享课，2020 年获批国家级一流本科课程，2022 年获北京市课程思政示范课程。

课程原负责人张常群教授获得首届国家教学名师奖，现课程负责人及骨干 4 人获得北京市教学名师或青年教学名师奖。课程骨干均为国家工科化学教学基地、国家宏德化学拔尖学生培养基地、化学类国家级一流专业建设的主力，是国家级一流课程“计算化学”“大学化学实验”“结构化学”等课程负责人。

（二）课程改革重点

1. 思政元素有机融入

本课程非常适合思政元素融入教学。课程核心理论热力学第二定律与马克思主义诞生在同一时代，课程内容与马克思主义哲学理论一致。课程概念严谨，严格执行国标适合法治教育。理论在高科技和日常生活中处处可见，将心理、传统、专业、行业等教育融入其中顺理成章。思政元素贯穿课程教学是自然和必须的。

课程目标明确提出思政要求，基本上每堂课都会有思政内容融入，马克思主义哲学贯穿课程教学始终。结合相关知识，增加小故事、新闻讲解与讨论。课程考核要求学生完成课程知识与生活或课程科学思维方法的小论文，评选优秀学生进行课堂汇报。

2. 教学与科研紧密结合，紧跟学科前沿知识

在教学中能将科研成果及学科前沿知识不断地融入教学内容中，提高了学生的学习积极性，启蒙了学生对科研的兴趣。将科研成果转化为综合型与研究型教学实验，使实验内容紧跟学科发展。

3. 多种教学手段、多元教学方法

充分调动了学生的求知欲和学习兴趣，使学生学习目的明确。学完一章后，不是通过考试才知道是否学到知识，而是通过自查是否具有某些能力。完全体现了教学过程中教师的主导作用和学生的主体作用，学生主动学习而不是被动接受知识，自学精神得到充分发扬。

4. 教学内容改革

“物理化学”是一门理论性强且抽象的基础课，教学中将生活和生产的例子、科研成果和科学前沿观点引入教学，可以确保教学内容的基础性、应用性、前沿性和趣味性。教师将社会发展、生活丰富产生的新例子，将最新科研成果运用的知识引入课堂教学和网络资源中。

将“物理化学”中的数值计算与计算机技术有机融合，利用现代计算技术，深化课程教学内容。

5. 授课与考核方式

课程教学采用“三统一特”，课程统一标准、统一要求、统一考核，主讲教师特色发挥。教学班有双语教学、单语教学，结合网络 SPOC 和 MOOC 课程的混合式教学。

注重学习过程的考核。最终成绩由平时作业、MOOC 阶段测验、期中和期末考试、小论文、小组讨论等加权评定。

6. 资源建设

在现代技术（特别是互联网）发展和教学改革浪潮推动下，坚持将现代技术融入课程建设，始终把网络资源建设当成展示窗口。1995 年编写、电子试题库，1998 年使用多媒体教学，2002 年教学录像上网，2003 年对校外开放网络资源，2012 年教学资源在爱课程网上线，2018 年在中国大学 MOOC 课程网和“北化在线”上线，2018 年开设 SPOC 课程，进行混合式教学。疫情防控期间，本课程为本校或兄弟院校线上教学的重要资源。

共享资源服务教学各环节，用于教师备课和新教师培训、优秀学生知识拓展和考研复习、重修学生复习和导学、科技活动的引入、人文化学宣传、自修终身教育和与同行交流。

（四）教学效果

本课程是学生眼中最难的课程、教师讲得最精彩的课程。负责人每年授课评价都是优秀，其他教师授课评价也在良好以上、优秀为主。国家精品课程资源网为同类课程关注人数最多的。中国大学 MOOC 平台上，参与学习人数累计 9 万多人次。

（五）改革成效

本课程在 2003 年被评为首批国家精品课，2013 年获批国家级精品资源共享课，2020 年获批国家级一流本科课程，2022 年获评北京市课程思政示范课程，出版课程教材 4 部。

五、课程特色与创新

用现代教学理念指导教学全过程。体现教师的主导作用，让“物理化学”的思维方法贯穿在整个教学中，马克思主义认识论在每一章都有体现，引导学生对科学思维方法的构建。发挥学生学习的主体作用，激发学生学习兴趣主动学习。播放录像片、网络上与学生交流、指导学生撰写课程论文、开展报告会、指导学生小科研项目、中国大学 MOOC 课程、北化在线课程。

充分利用现代信息技术进行混合式教学。线下课堂教学，坚持以学生为本，教师指导，多种教学手段，培养学生主动学习、自主学习的能力；在线课程教学，采用精讲的形式，力求用最简单的语言讲清复杂的概念，对知识点高度分类、高度概括、高度总结。尤其适用快速学习群体，同行教师备课参考，受到广泛关注。

教学内容体现学科前沿、科教融合。“物理化学”与其他学科的交叉，如生物化学，材料科学，信息科学，环境科学，能源科学，融合形成了许多学科生长点，促进了自身与相关学科的发展，成为这些学科发展的支柱。在教学中结合我校专业特色，引导学生达到相关学科前沿领域，适应时代发展不断更新内容。

课程建设过程中造就了一支教学改革的先锋队。教学团队结构合理，教学水平高、效果好，有力地支撑着学校化学类等一流专业教学改革与建设。

（撰稿人：白守礼）

中国农业大学国家级一流课程建设案例

作物育种学

一、课程基本信息

课程名称	作物育种学
课程负责人	李保云
开课单位	中国农业大学农学院
课程类别	线上一流课程
课程性质	必修
开课年级	本科三年级
面向专业	农学、种子科学与工程
学　　时	56
学　　分	3.5
主要教材	《作物育种学》

二、课程团队

（一）承担该门课程教学任务

近 5 年来，课程团队成员承担中国农业大学农学专业本科“作物育种学”教学任务 840 学时。

（二）开展教学研究情况

近 5 年，课程团队成员主持教改项目 9 项，其中国家级 2 项，省部级 2 项，校级 5 项。发表教改论文 4 篇，其中在《高等农业教育》上发表论文 3 篇，在《西南师范大学学报（自然科学版）》上发表论文 1 篇。课程负责人主编（课程团队成员参编）实验教材 2 部；课程负责人副主编（课程团队成员参编）教材 2 部。

（三）获得教学奖励

近 5 年，课程团队成员获教学奖励 9 项，其中省部级以上奖励 5 项，包括霍英东教育基金会高等院校教育教学奖二等奖（李保云），北京高校第十二届青年教师教学基本功比赛工科类 A 组一等奖（刘杰）等；校级奖励 4 项。

三、课程目标

“作物育种学”课程总体目标为：以“国家粮食安全发展战略”为核心，以“立德树人”为根本，以校训“解民生之多艰，育天下之英才”和校风“团结、朴实、求是、创新”为宗旨，以农学专业本科人才培养目标为指导，培养全面发展、德才兼备、具有三农情怀和扎实专业知识的、富有创新精神和国际视野的现代农业领军人才。

具体目标为：在价值观层面上，培养学生农为国本、爱国爱农情怀，培养学生用辩证思维方式分析问题、解决问题，培养学生尊重科学、尊重事实的科学精神及诚实品格，培养学生职业道德和责任担当意识。在知识层面上，培养掌握作物育种学理论、方法和技术的人才。在能力层面上，培养能独立、灵活开展作物育种工作，具备创新创业能力和团队合作能力的人才。

四、课程建设及应用情况

（一）课程建设发展历程

课程建设从建校始，历经 5 代人，与时俱进，一脉相承。

进入 21 世纪后，课程先后获评院、校、市和国家级精品课程，国家级精品资源共享课程；北京高校优质本科课程，国家级线下一流本科课程，获“大国三农”中国农业大学一流本科课程和国家级线上一流本科课程等荣誉。

（二）课程与教学改革要解决的重点问题

教学改革要解决的重点问题是学生学习缺乏主动性和积极性，专业素养较低；教师教学预设与学生学习实际脱节，教学效率低；教学手段单调等。

（三）课程内容与资源建设及应用情况

2019 年 11 月，课程在中国大学 MOOC 上线。目前已运行 10 期，累计学习人数 1 万余人。

2020 年 3 月，课程在智慧树平台上线。目前已运行 7 期，累计学习人数 6 460 人。

到目前为止，智慧树平台使用该在线开放课程的学校累计达 114 所，包括中国农业大学、海南大学、黑龙江八一农垦大学等。其中黑龙江八一农垦大学利用该在线课程进行混合式教学，获评第二批国家级线上线下混合一流课程。

中国农业大学利用智慧树平台开展线上线下混合教学，开设了 15 个班次翻转课堂；上传资源 225 个；布置作业 123 次；教师批改学生提交的作业 2 520 份。

（四）课程教学内容及组织实施情况

课程教学内容包括 3 个维度：1. 作物遗传改良的原理和育种技术等学生应掌握的作物育种基本理论知识；2. 作物育种的主要目标性状，全面分析不同历史时期的重要育种目标性状，使学生学会解决主要矛盾的思维方式；3. 作物育种方法，从传统到现代科技在育种中的应用，特别是人工智能在育种中的应用，使学生认识到我国作物育种的“卡脖子”技术，并立志用创新的技术促进我国作物育种事业的发展。教育学生以创新的、发展的眼光看待作物育种工作。

组织实施：课前学生线上预习画出思维导图；网上提出问题；教师根据学生的问题备课；线下课上师生讨论解决问题；学生完成线上测试；教师对学生线上学习提问等进行评价等；网课运行期间，教学内容及时更新；线上开课期间，课程团队及时解决学生学习过程中的问题，给学习者提供方便、高效的学习环境。

（五）课程成绩评定方式

课程成绩评定采用“多元化全过程评价”方式，其中多元化评价包括网上学习进度评价（15%）、学习行为习惯评价和学习互动评价（35%）；章节测试成绩（10%）；期末考试成绩（40%）。全过程评价包括课前、课中、课后各个环节等。

积极的学习评价，促进学生养成主动学习的好习惯。

（六）课程评价及改革成效等情况

课程评价是持续提升教学质量的重要保障，我们始终高度重视，不断呈现出令同学满意的线上和线下课堂。

学习者给予五星好评。学生普遍认为“该在线课程内容丰富，通俗易懂，重点突出；有理论，有实践，有延伸”等。

督导教师田晓莉认为，“作物育种学”采用线上线下结合的混合式教学法，达到非常好的教学效果。1. 课前收集学生预习思维导图。2. 课中内容的复习回顾达到“热场”效果，并对学生的理解水平进行掌握。3. 课中授课老师答疑重点和难点内容，与线上课堂形成了很好的互补效果。4. 课中科学研究进展和前沿技术、方法的介绍，拓宽学生视野。5. 课后与学生的线上互动，对课上内容进行再消化，达到更好的学习效果。通过这些板块的有序衔接，使整个课程的知识体系达到深度与广度的完整融合。

学生郑帅表示：“首先，在开始新课之前，老师都会让我们预习新课内容，并标注出不明白的地方，而且每次在课上都会针对我们的问题进行回应。其次，感觉老师对待每一节课都非常认真，从内容丰富、案例生动的 PPT 上就可以看出。第三，老师的讲课方式活泼生动，让人感觉非常亲近。使我们没有压力地提问和互动。第四，在课上我们也学习了非常多的前沿概念和技术，开拓了我们的眼界。此外，智慧树上的“作物育种学”在线课程也非常实用，可以反复回看，深入咀嚼每一个概念和知识点。”

五、课程特色与创新

（一）理念先进

提出一条主线贯穿的混合式双螺旋教学理念，即将立德树人思想贯穿始终，实现教师教学水平和学生学习能力的双重提高。

（二）教材适时

课程使用国内最新出版的教材《作物育种学》。

（三）体系创新

课程采用“三维度”教学体系：一是理论维度，帮助学生掌握作物遗传改良的原理和技术等基本知识；二是实践维度，帮助学生学会抓住作物育种目标性状来解决生产实践中主要矛盾的思维方式；三是发展维度，帮助学生以创新的、发展的眼光认识传统育种方法、现代育种技术和人工智能育种等。

（四）内容“五性、五结合”

“五性”即课程内容的理论性、科学性、探索性、实践性和趣味性。“五结合”即将立德树人教育与育种故事相结合；将科学结论与发现过程相结合；将传统育种经验与最新育种技术相结合；将传统育种理论与现代育种实践相结合；将科学严谨性的理论体系与学生自主建构的知识体系相结合。

（五）制作人性化

课程制作采用动画形式，屏幕、讲授与字幕同步，方便同学学习。学习中设计弹题，帮助同学及时巩固所学知识。

（六）资源丰富

教学团队及时将作物育种的最新进展和研究成果上传教学平台，便于学生了解专业最新动态。

（撰稿人：李保云；审核人：曹志军）

北京师范大学国家级一流课程建设案例

教学论

一、课程基本信息

课程名称	教学论
课程负责人	王本陆
开课单位	北京师范大学教育学部
课程类别	线上一流课程
课程性质	必修
开课年级	本科二年级
面向专业	教育学
学　时	54
学　分	3
主要教材	《课程与教学论（第 3 版）》

二、课程团队

本课程团队成员坚持扎实做好常规教学工作，课程负责人近 5 年来，每学年主讲课程 5 门，分别是“教学论”（本科）、“教学论专题研究”（学术硕士）、“教育伦理案例研讨”（教育硕士）、“教学论前沿问题研究”（学术博士）和“课程与教学研究”（教育博士）。

坚持持续开展课程教学研究，近年来主持教育部人文社会科学重点研究基地重大项目“中国教师教育课程质量研究”，深度关注教师教育课程与教材建设；主持北京市教育科学规划重点（优先）课题“新时代课程育人的机制与策略研究”，聚焦课程育人一般原理研究；主持北京市教育科学规划重点（优先）课题“信息技术条件下北京市中小学生学习方式变革的实验研究”，对信息技术条件下的教与学进行了深入探索，并产出相关高水平论文。

三、课程目标

“教学论”课程是教师教育和教育科学人才培养的重要专业课程，通过本课程的学习，学生将实现三方面的发展：一是掌握学科基本结构，重点掌握教学论的基本概念、基本原理，初步了解教学论的重要代表人物及其主要思想；二是发展专业能力，能运用基本概念和原理，分析具体教学问题，发表自己独立见解或设计初步的问题解决方案；三是养成情感态度，能够体会教学论在整个教育学科体系中的重要地位，体会教学论在分析和解决现实教学问题中的价值，愿意从事教学理论研究及教学实践探索。

四、课程建设及应用情况

响应全面提升教师教育质量课程的时代号召，课程团队依托信息技术手段，基于长期历史积累，稳步构建以促进学生全面发展、创造全天候学习机会、提供全方位专业支持，为核心理念的“教学论”线上课程，获得良好效果。

（一）课程建设发展历程

课程建设非一日之功，“教学论”课程的最终成型离不开课程团队的长期扎实推进。具体而言，本课程建设历经三个阶段：首先是教材建设时期，2004 年，负责人主编出版了普通高等教育“十一五”国家级教材规划《课程与教学论》，确立了适用于教育学全日制本科学生的课程目标及内容体系。其次是资源建设时期，在长期研究云课程、全资源课程理论的基础上，开展数字资源构建实践。于 2009 年修订出版《课程与教学论》教材第 2 版时，首次在纸本教材中嵌入立体化数字资源，构建辅助学习的专业资源库。最后是线上课程构建时期，课程团队在前期内容构建与资源积累的基础上，结合 MOOC 特征与学习者特性，将静态的内容与资源进行动态视频转化，开发出成熟的“教学论”在线课程，并投放至中国大学 MOOC、学堂在线、学习强国等在线学习平台。

（二）课程教学改革重点

基于教师教育质量提升的核心目标，课程团队将课程建设的重点聚焦在为促进学生全面发展、创造全天候学习机会、提供全方位专业支持三个方面。

其中，促进学生全面发展是指“教学论”的课程目标不仅在于使学生掌握教学论的专业知识与增强专业能力，更要促进其整体素养的发展。创造全天候的学习机会意在依托信息技术平台构建良好学习生态，为学生即时学习、跨时空学习创造条件。提供全方位专业支持重在通过在线平台，支持任课教师（使用混合教学的教师）专业成长，为其提供专业的教学指导和资源服务。

（三）课程内容的选择与组织

“教学论”课程的内容以“教学论科学化，全面发展，教学认识，多样综合”为贯穿全课程的核心思想，从价值取向、客观规律和专业技术三个层面架构课程内容体系。

本课程强调教学是教师教学生学的活动，是学生在教师的指导下，掌握科学文化知识和技能，进而发展能力、增强体质、形成思想品德的活动，教师、学生和内容是教学最基本的构成要素，各要素之间复杂多样的结构性联系的动态存在和发展变化形成了教学的过程。本课程强调教学过程即学生个体认识过程，间接性、有领导、教育性是教学认识的基本特点。在此基础上，本课程对教学目标及其设计、教学方法和手段的选择应用、教学组织形式的多样化发展及班级授课制、教学评价的方法和原则等进行了全面介绍。为了突出中小学教师专业成长的需求，本课程对教学模式和教学设计也进行了专门介绍。

具体说，课程内容包括教学论概论、教学的基本概念、教学目标、教学内容（课程）、教学过程、教学模式、教学方法、教学手段、教学组织形式、教学评价等多个板块。

（四）课程成绩评定方式

考虑大规模在线开放课程学习者的特征，本课程在考核方面进行了时间和形式上的灵活处理。考核的时间期限较为宽裕，形式丰富多样，方便广大社会学习者进行系统学习。同时保证考核标准和学习纪律的严肃性，合理设置题目的难易程度和区分度，强调日常学习纪律，既注重学生的学习过程，又看重学习的结果。

具体来看，本课程的考核主要包含以下四个方面（总成绩 100 分）。

1. 讨论交流（10%）：每章 1～2 个讨论主题，学生根据兴趣选择相应主题进行交流。

2. 单元测验（20%）：每个单元的单元测验包括 5 个客观题，每题 2 分，共 10 分，允许尝试 2 次，有效得分为平均分值。

3. 单元作业（选做）：每章单元作业为 5 道主观题。单元作业为选做题，不计入总成绩，为了鼓励学生完成单元作业，所有认真完成单元作业且成绩在 500 分以上的同学，将会得到 1～10 分的附加成绩。

4. 期末考试（70%）：期末考试的题目类型主要有填空题（5 道）、判断题（5 道）、选择题（10 道）、名词解释（5 道）和论述题（1 道），由系统在题库中随机抽取试题组成试卷。需要在 90 分钟内完成，只允许尝试 1 次。

（五）课程应用情况及改革成效

课程至今已开展 11 次，受众广泛，备受好评。一方面，在本校应用中，负责人在 2018 年春季学期率先使用“教学论”课程进行了线上线下混合式教学实验。结果显示在各维度上学生均认为线上线下混合式教学对其有一定的帮助，且学业成绩较低的学生感受到的帮助更多。学生期末考试成绩也在一定程度上佐证了这一结论，与往届未使用“教学论”慕课进行混合式学习的学生相比，在自身素质、考试题型、评分标准等方面情况大致相同的前提下，此届学生的期末考试成绩有明显提升，平均分提高了 7.68 分。

另一方面，在其他高校学生和社会学习者应用中，受到了社会学习者的广泛欢迎，选课人数逐期递增，共享范围逐步扩大，课程交流互动十分活跃。2018 年 3 月，慕课首期开课，参与人数就多达 8 200 人，分布在 135 所高等院校和单位。每年分春季和秋季学期持续开课，每年注册学习人数稳定在 2 万人左右。课程交流互动的情况也较好，第 1 期开课中，讨论区发帖数达 5 108 贴，其中教师发帖 179 贴。师生之间活跃的交流互动极大地提升了教学的效果。得益于精良的课程制作和专业的课程设计，慕课的学生评价反馈较好，评分较高。

五、课程特色与创新

（一）发挥学科优势，高规格专业教师团队全程跟进

课程充分利用北京师范大学教学论学科的优势，京津冀联动，多地专家主讲，北京师范大学博士生团队协助教学。依托慕课平台的技术优势，打破时空局限，主讲教师定期上线解答疑问，助教团队至少每周 3 次上线维护课程，全程跟进学生学习，及时处理学习问题，为学生提供高规格、多样化的教学服务。

（二）轻量、系统、基础，专业理论知识大规模开放化处理

课程根据慕课学习者的特征，围绕教学目标对教学论专业知识进行了改造处理。在保证知识的基础性和系统性的前提下，进行轻量化处理，实现一个视频在 10 分钟内讲清、讲透一块知识，方便学生进行即时学习和随时复习。改造处理之后的学习内容具有较强的开放性和共享性，应用模式多样，内容延伸方便，便于高校开展线上线下混合式教学。

（三）“八位一体”，学习者中心自助式学习活动层层推进

课程构建了“八位一体”的自助式学习体系，以节为最小学习单位，每节有视频、学习资料、随堂测验；以章为基本学习单元，每章有讨论主题、单元测验、单元作业；以 10 章为一期，设置期末考试；开设 7 个讨论区，随时交流互动。如此层层推进、及时强化，以设计精良的内容体系与辅助体系，满足学习者小步子、自主学习的需要。

（四）高标准、严要求，以丰富的内容和严格的考核对学习者负责

课程内容难易适中，教学环节丰富多样。以讲授视频为基础，多环节拓展延伸，及时更新完善，满足不同水平学习者的学习需求。设置试题库，提供海量试题供学生随堂测验和每周复习巩固。期末考试由考试题库随机抽题，难易适当，有区分度。考核环节系统性强，涵盖整个学习过程，评判标准严格，拒绝“水课”。

（撰稿人：王本陆；审核人：汪明）

北京外国语大学国家级一流课程建设案例

语言学概论

一、课程基本信息

课程名称	语言学概论
课程负责人	蓝纯
开课单位	北京外国语大学英语学院
课程类别	线上一流课程
课程性质	选修
面向对象	高校英语及非英语专业的本科生、研究生和对语言现象感兴趣的社会学习者
学　　时	40
学　　分	2
主要教材	《语言学概论》，*Facets of Language*，*An Introduction to Linguistics*，*Linguistics: An Introduction*

二、课程团队

蓝纯，北京外国语大学教授、博导，课程负责人和线上主讲人。2019 年主讲的“语言学概论”获评北京高等学校优质本科课程，2020 年参与主讲的“跨文化思辨英语教学：理念与方法”获首届国家级一流本科课程奖，2021 年主编的《大学思辨英语教材精读 1：语言与文化》获首届全国优秀教材二等奖，2023 年参与的“新时代英语专业创新人才培养模式的探索与实践”获国家级教学成果奖二等奖。

林正军，北京外国语大学教授、博导，课程线下应用。近 5 年出版专著 2 部，主编教材 2 部，发表教研论文 3 篇。

杨莉芳，北京外国语大学副教授，课程线下应用。近 5 年主持国家级一流本科课程 1 项，获省部级教学奖 2 项，主持教研项目 4 项，主编教材 2 部，发表教研论文 3 篇。

王莎莎，北京外国语大学博士生，课程平台助教，近 5 年主持省部级教研项目 1 项，出版专著 1 部，发表教研论文 3 篇。

三、课程目标

（一）课程思政目标

树立科学的语言观，在与不同语言的比较中培养对母语的认知，提升中华文化自信，培养家国情怀。

（二）知识目标

了解语言的本质特征，知晓语言学家对语言的各个层面所展开的历时和共时研究，了解英语和汉语的共同及相异特征。

（三）情感态度目标

通过深入浅出的系统讲解，激发学生对语言和语言学研究的兴趣，树立正确的语言学习态度和方法，自觉地运用语言学理论分析语言现象。

（四）能力目标

培养学生的探究精神和科学、缜密的思维方式，锻炼学生独立进行科研的能力；通过课堂讨论、辩论等活动，培养合作学习和沟通的能力，增强团队协作精神。

四、课程建设及应用情况

（一）本课程的建设发展历程

自 2016 年起，外语教学与研究出版社协同蓝纯老师共同打造“语言学概论”精品数字课程，该课程慕课于 2018 年 3 月在中国高校外语慕课平台（UMOOCs）正式上线。此后，该课程不断从内容更新、教学管理、运营推广等方面持续改进，力求以更优质的教学内容和更好的教学服务满足高校学习者和社会学习者的需求。该课程 2019 年被评为北京高等学校优质本科课程，该课程慕课于 2020 年获评首届国家级一流本科课程。

（二）课程与教学改革要解决的重点问题

1. 教学内容深奥、理论讲解枯燥

传统的语言学教学侧重抽象地讲解理论，不利于激发学生的学习兴趣，影响学习效果。如何引导学生将理论联系实际、用所学理论分析日常语言现象是该课程教学改革重点。

2. 评价形式单一、评价内容单薄

语言学知识点繁杂，但课时有限，且教学对象人数较多，缺乏教师一对一指导和实时互动，同时，既有的教学评价形式单一、内容单薄。如何有效地评价课程学习效果是另一个改革重点。

（三）课程应用情况

“语言学概论”在线开放课程自 2018 年 3 月在中国高校外语慕课平台上线以来，共计有 295 所高校学生选学，在线学习人数累计达 26 960 人。

1. 本校 SPOC 应用

北外英语学院面向英语专业低年级学生的“语言学概论”专业核心课，将其在线开放课程作为课堂教学的有效补充，有效调节了课堂教学的气氛和节奏，弥补了课堂教学输入和产出的不足。

2. 他校 SPOC 应用

其他院校应用本在线开放课程，采取线上线下混合教学的模式，使优质、稀缺的教学资源互通有无，使教学模式更加灵活便捷，促进了师生、生生、师师在线交流互动。

3. 社会学习者

该课程也得到校园外的广大英语学习爱好者的广泛认可。

（四）课程教学内容及组织实施情况

该课程按话题展开，共 8 个单元：关于语言的遐想、语言的物理层面、语言中的词汇、语言的意义、语言的句子结构、使用中的语言、社会中的语言以及儿童语言习得。针对这 8 个话题制作了 40 个时长为 10～20 分钟的视频微课。微课坚持语言口语化，用简单生动的语言分析语料；提供丰富的语言例证，锻炼学习者举一反三的发散性思维；注重师生互动，引导学习者实时思考。

（五）课程成绩评定方式

该课程将形成性评估法和终结性评估法相结合，具体评估项如下：

1. 课堂练习（视频弹题），不计入成绩，但必须做完才能继续学习后面的内容；
2. 作业（Assignment）占总分 20%，为主观问答题，老师或助教评阅，未做记 0 分；
3. 测试（Test）占总分 30%，为客观题，系统自动评阅，未做记 0 分；
4. 讨论（Discussion）占总分 20%，参与讨论且回复 4 次即可获得满分，系统自动评阅，未做记 0 分；
5. 期中/期末考试各占总分 30%，为客观题，系统自动评阅，未做记 0 分。

总成绩为上述各项成绩的百分比折算之和，即：总成绩 = 作业*20% + 测试*30% + 讨论*20% + 期中/期末考试*30%。总成绩分数达到 60 分及以上为合格，通过考核。

（六）课程评价及改革成效

在多年的教学实践中，该课程与北京外国语大学线下“语言学概论”课程相配合，在历年的教学评估中均广获好评。北京外国语大学督导杨立民教授对该课程给予了高度评价，认为蓝纯老师不仅讲课自然流畅，而且对语言文学有很高的修养，所讲内容经得起严格推敲；专业知识既有一定深度，又能深入浅出；信息量大，又能生动活泼，吸引学生，结合实际，启发学生思考。

西安外国语大学姜亚军教授和黑龙江大学严明教授对本在线课程也给予了高度评价，认为“语言学概论”在线开放课程从教学内容设计和教学形式呈现等方面都作出了重大改进，取得了很大突破。

“语言学概论”在线开放课程自 2018 年 3 月在中国高校外语慕课平台上线以来，在线学习人数多达 26 960 人，覆盖全国 295 所高校的学生以及众多社会学习者，口碑相传，社会反响良好。

五、课程特色与创新

本课程运用信息技术在课程体系、教学内容和教学方法等方面进行了探索性的改革，具体体现在以下几个方面。

（一）课程体系方面

在保证知识体系完备的前提下，根据学生的兴趣和需求合理安排在线教学内容，适当增添与学生的生活息息相关的话题。比如，不是像传统语言学教材那样以语音学开始课程，而是把第一单元安排为 Facts and fantasies of language，对语言和语言学做全景式的介绍，随后各章节对语言的不同微观层面再逐一展开介绍，这样既能激发学生的学习兴趣，又能培养学生开展课题研究的能力。

（二）教学内容方面

通过先进的教育信息技术手段呈现抽象的理论知识，对教学内容重新进行梳理和编排设计，适当控制难度，由浅入深，使之更加适应于在线教学。一方面，根据专业知识体系，把课程自然拆分为系列专题和若干知识点，制作成短视频；另一方面，设计丰富多样的主客观练习题和在线讨论活动，学练结合。

（三）教学方法方面

区别于传统课堂教学，本在线开放课程的教和学的时间相对自由，整个教学流程更加灵活，既适合学习者自主学习，也适合线上线下结合的混合式教学。通过课堂教学活动、主观题作业和线上讨论等在线学习环节，鼓励学生对具体的语言现象进行反思和探究，在这种探究中让语言学理论活起来。

（撰稿人：蓝纯；审核人：李莉文）

中央财经大学国家级一流课程建设案例

管理会计

一、课程基本信息

课程名称	管理会计
课程负责人	刘俊勇
开课单位	中央财经大学会计学院
课程类别	线上一流课程
课程性质	必修
开课年级	本科二年级或三年级
面向专业	会计学、财务管理
学　　时	48
学　　分	3
主要教材	《成本管理会计（第二版）》

二、课程团队

课程团队近5年承担“管理会计”教学任务共860学时，其他相关课程教学任务2 194学时。其中刘俊勇、卢闯、孙健、江轩宇、王百强、肖土盛、李玲分别承担“管理会计”教学任务96、158、24、126、144、204、108学时，其他相关课程教学任务276、330、458、376、120、224、410学时。

在教学研究方面，团队成员主持了包括“会计制度设计与IT应用”“本科专业实践教学体系建设暨专业创新创业能力培养平台建设项目（会计学与财务管理）”及“平衡计分卡与治国理政”在内的多项校级教改课题。

在教学奖励方面，团队成员获得全国经济管理实验教学“联奕奖”优秀教师、北京高等学校优秀专业课（公共课）主讲教师，第七届中国MPACC学生案例大赛优秀指导教师奖等荣誉。同时，团队成员撰写的多篇案例获得全国MPACC优秀教学案例。

三、课程目标

通过本课程学习，学生将有如下收获：理解管理会计的原则、目标和实务；掌握处理管理会计信息的能力并理解相关概念和原理适用条件；学会在不同场景中使用学到的管理会计工具和方法；了解管理会计决策制定和控制评价中的行为问题；了解从会计人到管理者的升华之道。

四、课程建设及应用情况

管理会计学在我院具有悠久的历史传统，20 世纪 80 年代初，著名管理会计学家李天民教授奠定了我院在管理会计学科的重要地位。此后，以国家级教学名师孟焰教授为带头人的管理会计团队，在管理会计领域先后获评国家级精品课程、国家级教学成果二等奖、国家级优秀教学团队。本课程内容建设也汲取了中国管理会计研究与发展中心的智库团队贡献，以及研究团队在国家两金课题、省部级课题、企事业单位横向课题的丰富研究成果。本课程负责人刘俊勇教授是中央财经大学中国管理会计研究与发展中心执行主任、财政部管理会计咨询专家，入选财政部会计名家培养工程。

本课程与教学改革要解决的重点问题是，针对经济社会发展对高水平人才培养的需要与当前教学资源配置不均衡之间的矛盾，整合我校在管理会计学科、团队和人才培养模式方面积累的经验，通过线上课程方式，分享教育资源，促进管理会计课程教学水平持续提高，实现不同院校管理会计课程建设共同发展。

本课程充分依托中央财经大学管理会计系和管理会计支部开展教研活动。每月定期组织丰富多样的教学研讨活动。主要形式包括针对管理会计指引的理论研讨，实地考察中国本土企业先进的管理会计实践经验，开发中国情境的管理会计教学案例和研究案例，管理会计前沿文献的集体研读，管理会计热点新闻的探讨解读等。

注册并学习完成 15 周“管理会计”在线课程，综合成绩在 60 分至 85 分可以获得合格证书，85 分（含）以上可以获得优秀证书。课程考核指标由 3 部分组成：期末考试（50%）+单元测验（40%）+参与讨论（10%）。① 期末考试，采取整套试卷闭卷考试，试卷题型从单项选择题、多项选择题、判断题等题型中组合而成。② 单元测验要求在线完成各章的单元测验，共 9 章。③ 参与讨论，在老师发布的讨论问题区域参加讨论，至少参与 9 次才能取得本部分成绩的满分。

本课程在中央财经大学的管理会计、成本管理会计、成本会计教学班级中均得到了广泛应用。以 2020—2021 学年为例，全校共计 24 个行政班设此课程，学生 500 余人次，任课教师近 20 名。该课程在应用过程中的主要特点为：首先，该课程与校内课程教学大纲具有较高的契合度。在课程设计过程中，为了保证课程知识内容的完整性和专业性，我们参照校内课程教学大纲设计了该线上课程的课程内容，因此该线上课程对于本校校内学生具有较高的参考价值。其次，该课程便于学生反复学习。学生通过加入 MOOC 平台进行学习，可以反复观看教学视频和其他配套资源，有利于学生进行有效预习和复习。第三，该课程配套了大量的优质资源。通过大量的习题、讨论、案例、文件等资源的探索和学习，培养学生跳出书本的局限，以更宽的视角和高度把握各个知识点。

本课程自 2020 年 3 月上线以来，取得了良好的社会反响和口碑，师生认可度高，开课 7 个周期选课人数超过 3 万人，较好地满足了我国高等学校会计学、财务管理、审计学、工商管理、金融学等经管类专业本科教学的需求。

五、课程特色与创新

课程内容科学。“管理会计”是管理的核心，会计的灵魂。本课程针对管理者的需求，提供内容丰富体系合理的学习模块，包括两大部分的内容：一是计划与决策会计，包括概述、成本性态与混合成本分解、本量利分析、变动成本法、作业成本法、短期经营决策；二是控制与评价会计，包括标准成本法、全面预算管理、责任会计与业绩评价。

知识体系完整。本课程组基于中央财经大学校内管理会计相关课程的教学基础，制定了完整的管理会计线上课程教学大纲，包含管理会计概述、成本性态与混合成本分解、本量利分析、变动成本法、作业成本法、短期经营决策、标准成本法、全面预算管理、责任会计与业绩评价共 9 个章节，完整涵盖了管理会计学科的理论知识体系，有助于学生完整地学习管理会计专业知识。

教学资源丰富。为了促进学生积极主动学习，本课程组教师编写和收集了大量学习配套素材，包括案例、讨论、政策文件、新闻热点、习题等，力求形式生动活泼，课程配套资源中体现学科领域理论与实务最新动态和发展趋势。

思政资源融入。为了在课程中强化学生的职业道德与职业素养，诚实守信、遵纪守法，培养学生正确的价值观，课程组一方面在教学内容中设立职业道德相关知识点，为学生讲解管理会计师应当遵循的行为准则和面临道德冲突时的解决方法；另一方面为学生提供相关的法律制度文件，培养学生的思政觉悟。

互动答疑及时。为保证在线教学质量，课程组一方面对每一个章节内容安排一定的话题讨论，这些讨论话题通常将专业知识与日常生活结合起来，能够激发学生的学习兴趣；另一方面安排教师轮流答疑，解答学生在学习过程中遇到的问题，保证教学效果。

（撰稿人：刘俊勇；审核人：林光彬）

对外经济贸易大学国家级一流课程建设案例

国际贸易

一、课程基本信息

课程名称	国际贸易
课程负责人	张玮
开课单位	对外经济贸易大学国际经济贸易学院
课程类别	线上一流课程
课程性质	必修+选修
开课年级	本科二年级、三年级
面向专业	国际经济贸易专业、其他财经专业
学　　时	48
学　　分	3
主要教材	《国际贸易》《国际贸易理论与实务》

二、课程团队

校内承担本课程本科和远程本科教学任务，近 5 年总教学 1 825 课时，授课学生 3 000 多人。

团队一直致力于教学内容和教学法的研究与探索，追求教学内容跟进国际贸易理论与实践发展的前沿，教学法的改革聚焦更能适应课程目标的动态演进，充分发挥调动学生主动学习的积极性，挖掘潜能，提高学生的综合素质和能力。

主要成员均为教育部国际贸易优秀教学团队成员；张玮领衔建设的“国际贸易”“国际贸易”（网络教育）于 2016 年分别荣获教育部“国家级精品资源共享课”称号。

“国际贸易”慕课英文版于 2020 年在高校在线教学国际平台“爱课程海外版”上线。

三、课程目标

通过本课程的学习帮助学生建立起国际贸易知识构架体系，使学生能够了解国际贸易的历史演进，理解贸易利益及分配的决定因素，掌握国际贸易政策和规则制定的依据和适用条件。

课程教学坚持理论实际相结合的原则，以培养学生的国际化视野、现代思维、分析与解决国际经济贸易现象和问题的能力为终极目标。

四、课程建设及应用情况

（一）课程建设发展历程

对外经济贸易大学是全国最早开设国际贸易专业和国际贸易课程的高等学校之一。“国际贸易”课程于 2005 年获教育部“国家精品课程”称号，2016 年获教育部第一批“国家级精品资源共享课”称号；2023 年获教育部第二批“国家级线上一流本科课程”称号；教学团队于 2009 年获教育部“国际贸易国家级优秀教学团队”称号；教学团队成员主编的《国际贸易》《国际贸易原理》教材分别获评教育部首届全国教材建设优秀教材二等奖、北京市精品教材等荣誉。

（二）课程与教学改革要解决的重点问题

一是授课内容关注现实运行，通过大量案例和政策解读使学生对国际贸易现实运行有深入的认识。二是更新热点专题视频和专题资料，帮助学生跟进领域发展前沿。

（三）课程内容与资源建设和应用情况

课程主要讲授国际贸易基本理论和国际贸易领域通行的贸易政策与规则。按照中国大学 MOOC 平台要求，不断更新发布由专家和任课教师录制的国际贸易热点问题解读视频。

应用情况包含以下几个方面：

1. 中国大学 MOOC 平台

自 2019 年 9 月起，课程在中国大学 MOOC 平台上线已经 8 个学期，高校学生和社会学习者总人数超过 4 万人，课堂讨论回帖数 6 000 多条。

截至第二次开课，SPOC 教学使用学校 39 所，选课人数 5 133。

主要高校包括：北京理工大学珠海学院，大连理工大学，东南大学，对外经济贸易大学，广东财经大学，广东外语外贸大学，广西科技大学，江南大学，江苏大学，江西理工大学，南京财经大学，南京理工大学，四川农业大学，苏州大学，太原工业学院，西安科技大学，新疆大学，云南大学等。

2. 课程在智慧树平台上线已经 6 个学期，面向高校学生，选课学生总计 4 591 人。

（四）课程教学内容及组织实施情况，

1. 课程教学内容：

1 讲　导言。国际贸易课程的内容框架、国际贸易产生与发展的历史、国际贸易涉及的基本概念；

2 讲　国际分工。讲述内容包括国际分工产生与发展、国际分工类型、国际分工的影响因素；

3 讲　世界市场。包括当代世界市场的构成与运行、世界市场竞争力指标、世界市场价格种类和贸易条件；

4 讲　国际贸易理论。系统讲授国际分工与贸易理论的演进，及主要学说与观点；

5～6 讲　国际贸易政策、国家实施贸易政策的措施。

7～8 讲　区域经济一体化、世界贸易组织。从区域和多边的层面上讲述国家之间的贸易关系及协调贸易利益的方式；

9～11 讲　国际服务贸易、技术贸易与知识产权保护、跨国公司与国际贸易。主要针对二战后国际贸易发展中崛起的新势力要素——服务、技术、资本赋予国际贸易新的特征。

课程还安排有国际贸易热点专题内容。

2. 组织实施

课程组织环节：

（1）开课当日通过发布课程公告做课程引入；通过发布教学大纲预告课程内容构架和各讲学习的课时要求；

（2）依照学习进度，提前发布测试题目和讨论题目；

（3）跟进讨论区的学生发言；

（4）定期公布讨论题目的答案要点；

（5）充分运用公告专栏进行学生学习引导；本课程公告栏的其他功能：第一，发布课程公告；第二，对国际贸易热点专题的内容作概括介绍；第三，对各讲主要知识点作整理。

（五）课程成绩评定方式

包括学习过程考核与终结性考试考核，各占 50%比重，综合成绩 100 分。其中，学习过程考核包括：课程讨论（10%）；单元测验（40%）；终结性考试：网上答题考试（50%）。

（六）课程评价及改革成效等情况

课程评价及成效主要聚焦以下几方面：

1. 课程通过在线学习资源的组织更新、扩展与共享。

2. 课程内容体系完整，主线清晰；跟踪国际贸易理论与实践发展的前沿；与线下教学相互促进，不断提高线上教学质量。

3. 课程密切跟踪国际贸易理论的最新发展，关注国际贸易现实运行，政策维度成为“国际贸易”更重要的内容，提高了学生学以致用的兴趣和能力，增强了课程的生命力。

4. 将碎片化知识进行合理编排，使知识体系完整，理论联系实际，并保持持续更新状态。

五、课程特色与创新

（一）课程内容体系完整，主线清晰。

逻辑主线和顺序为：课程引入；国际分工——国际交换的基础；世界市场——国际交换平台作用；国际贸易理论，系统讲授国际分工与贸易理论的演进，及主要学说与观点；直接关系国家贸易利益实现的贸易政策和实施政策采取的措施；从区域和多边的层面上讲述国家之间的贸易关系及协调贸易利益的方式；鉴于二战后国际贸易发展中崛起的新势力要素——服务、技术、资本赋予国际贸易以新的特征，专设国际服务贸易、技术贸易与知识产权保护、跨国公司与国际贸易 3 讲内容。

（二）国际贸易热点专题系列紧跟国际贸易理论与实践发展前沿，持续更新，赋予课程内容的前沿性和高阶性，以帮助学生更好地跟进与理解当今国际贸易发展中的热点问题，拓展学生课业学习的广度和深度。

（三）遵从慕课教学规律与特点，细分知识点，实现知识点之间合理紧密衔接。

（四）充分运用现有信息技术，线上、线下课程教学融合，推进线上线下高质量教学。

线上与课堂教学结合以更有效地发挥任课教师的引导作用，让学生利用线上资源解决一些基本的、概念性的、非质疑的课程内容，留给任课教师更多的时间在课堂上与学生进行面对面的即时互动，高频率讨论，解决学生在课程学习中的疑惑，特别是针对一些探究性问题。

（撰稿人：张玮；审核人：毛捷）

中央音乐学院国家级一流课程建设案例

西方音乐史

一、课程基本信息

课程名称	西方音乐史
课程负责人	潘澜、班丽霞、刘小龙
开课单位	中央音乐学院音乐学系
课程类别	线上一流课程
课程性质	必修
开课年级	本科三年级
面向专业	音乐表演各专业
学　　时	32
学　　分	2
主要教材	《西方音乐通史》《西方音乐简史》

二、课程团队

中央音乐学院线上慕课“西方音乐史”是2018年公开上线的一门面向全校学生的专业慕课。这门课程的主讲教师包括潘澜、班丽霞和刘小龙3位西方音乐史教授。他们在多年教学和科研中积累了丰富的西方音乐史教学经验，充分了解大学本科学生的学习状态，熟悉网络授课的特点与优势。5年以来，3位主讲老师一直担任本科“西方音乐史”线下课程，并就课程教学进行常规研讨和集体备课。在受到疫情影响的阶段，“西方音乐史”课程教学依旧在线上持续进行，并将此慕课作为学生自学的主干，促进学生预习、回顾与复习。不仅如此，这门慕课还被推荐给其他院校并在相关互联网站上对外传播，受到了广大师生和音乐爱好者们的赞赏与欢迎。2018年，“西方音乐史”线上课程获中国教育电视台、高等教育出版社“2018全国最美慕课评选”三等奖；2021年获教育部颁发的“首批国家级一流本科课程”称号。

三、课程目标

作为中央音乐学院的一门必修课程，“西方音乐史”起到了音乐历史知识积累与音乐储备的基础作用，对于学生了解西方音乐的发展演变过程、不同历史时期的风格流派、代表人物与经典作品有着重要价值。多年以来，这门课程一直是我院全体在校学生的必修课程。这门课程还为广大音乐学子日后在表演、创作和教学上起到了奠基作用，使学生对于当代音乐生活具备历史性的评价眼光，拓宽未来音乐家的创新空间和发展选择。通过系统学习“西方音乐史”，学生不仅掌握了关于西方音乐的历史知识，加深了对典型人物与经典作品的理解，而且对经典音乐弘扬的艺术精神予以吸收，更好培养出具有新时代进步思想和文化信仰的青年音乐人才。

四、课程建设及应用情况

2017 年 9 月，“西方音乐史”线上慕课的设计与准备工作由中央音乐学院音乐学系西方音乐教研室潘澜、班丽霞和刘小龙 3 位老师具体展开。慕课的录制与制作工作则由中央音乐学院远程教育学院承担。经过近 1 年的集中录制与后期制作，线上慕课“西方音乐史”终于在 2018 年 9 月正式对外发布。该课程包括：古希腊与罗马时期的音乐、中世纪音乐、文艺复兴时期的音乐、巴洛克音乐、古典主义时期的音乐、浪漫主义时期的音乐和 20 世纪音乐共 7 个模块，具体包括 112 个同具体知识点相关的多媒体视频。这些视频以教师出镜讲授作为主导，其间穿插具体的音乐视听片段和局部音乐分析。每个视频的讲授内容准确明晰、形式流畅自然、画面清新明快。

本课程于 2018 年上线并投入使用。课程在中央音乐学院远程教育学院的合作平台“央音在线”上率先推出，具体服务于在校本科学生，满足大家的日常学习需要。音乐学系西方音乐史教研室将这门慕课同线下公共课“西方音乐通史”相结合，并以慕课作为线下课程的教学补充与翻转课堂素材。经过一段时间的授课应用，学生给予的反馈是：能够以便捷的方式随时回顾课堂讲授的基本内容；单个视频较短，内容集中，有助于知识记忆与日常积累；课程中的音乐分析具有示范作用，能够促进学生举一反三，主动在互联网上找寻乐谱与音像资料自主学习；教师的线上讲课有吸引力，教学水平高，容易促进学生集中注意力，在短时间内观看完整视频，认真学习；慕课学习促进学生进行线下学习，对于课堂讲授内容有更大求知欲，促进学生阅读教材，并对线上线下教学内容进行比较；慕课以具有针对性的知识点作为教学视频节点划分，便于学生查找自己感兴趣的内容进行学习；线上课程覆盖不同年级学生，使更多学生拥有了回顾和复习西方音乐史的机会。

线上慕课“西方音乐史”在校内教学中获得的良好反馈充分证明了它作为新兴的互联网课程对课堂教学的推动和补充，更适应了当代大学生的学习习惯和互联网生活。2020 年 2 月，随着新冠疫情在我国的肆虐，全国高校教学工作受到严重影响。在学校对广大师生作出居家网上教学的具体要求后，音乐学系教师团队迅速行动，尝试运用各种授课软件同各地学生一起展开线上教学。在这个过程中，中央音乐学院将包括“西方音乐史”在内的慕课课程对其他院校开放，满足音乐专业院校和普通高校大学生的学习需要。由于“西方音乐史”在全国范围内属于大学生专业课程或艺术通识课程，该课程的对外推出迅速受到众多院校的欢迎。部分院校还将这门慕课直接作为本校学生学习的课程内容，真正实现了教学资源共享。中央音乐学院的本科学生对于这门课都比较熟悉，能够在学习中灵活应用，甚至将它作为日常学习与考研备战的内容对象。不仅如此，在由高教社联手网易推出的中国大学 MOOC 网上，本课程共开课 6 期，观看学员总计逾 10 万人次，许多音乐爱好者成为这门线上课程的受众。他们对课程的评价可以通过线上留言区予以获得，其基本观点为：对于中央音乐学院开设的线上“西方音乐史”以及老师们的授课表示赞赏；对于线上教学短小视频能够讲解具体知识点的形式表示欢迎；教学视频中插入的音乐分析和具体示例能够满足学习需要；对于这门线上课程内容细致、深入浅出的风格品质表示赞赏。不仅如此，广大在线听众还对更为具体的断代史教学和具体作品的分析课程提出学习期望，希望中央音乐学院能够为普通大众提供类似的在线课程，满足大家深入学习的需求。

从 2018 年上线至今，这门课程对于广大本科学生的学习帮助显而易见，未来还将为更多学子提供教学支持。疫情期间，这门线上慕课还发挥出了更大的功用和效能，成为一项被专业音乐学生和广大受众普遍赞誉的公共教育资源。

五、课程特色与创新

中央音乐学院的线上慕课“西方音乐史”继承音乐学院以往公共课教学中准确精详、史论结合的教学传统，充分利用互联网教学提供的多元方法，充分满足当代音乐专业大学生对这门基础课程的学习需求，提高学生的学习兴趣与热情，使丰富的音乐历史知识与文化历史观念深入人心。这门课程的最大特色是突出专题性和实用性。课程对于传统内容框架内具体知识点的分节处理使得每讲内容更为集中，并通过具体示例和分析加深学生对特定历史阶段代表人物、经典作品和风格流派的具体认识与理解。3 位教师的联合讲授既有个性又相互协调，为学生提供了完整、明晰的教学线索与流程。“西方音乐史”课程彻底改变了教学的时空限制，能够满足学生课下学习的基本需要，并在特殊时期成为主导线上教学、广受学生欢迎的精品课程。

（撰稿人：刘小龙；审核人：汤琼）

中国政法大学国家级一流课程建设案例

犯罪心理学

一、课程基本信息

课程名称	犯罪心理学
课程负责人	刘建清
开课单位	中国政法大学社会学院
课程类别	线上一流课程
课程性质	专业选修课
开课年级	本科二年级
面向专业	应用心理学、法学及社会学专业
学　　时	32
学　　分	2
主要教材	《犯罪心理学》（中国政法大学出版社，2017 年），《犯罪心理学》（中国法制出版社，2022 年）

二、课程团队

已经组建一支老年、中年、青年教师相结合的“犯罪心理学”课程教学队伍，具备年龄、专业及方向合理配合的教师梯队，定期通过线上一线下开展教学理论与教学经验的交流研讨活动（包括教学目标理论、发现法教学、智慧教室运用、典型案例教学法、研讨型教学模式、BOPPPS 教学设计、TPS 分组讨论法、4F 提问法等）。

课程负责人：刘建清，2019 年北京市高校优质本科课程、2020 年国家级线上一流本科课程负责人；获学校首届教学创新大赛正高组一等奖（2020 年），承担多项校级教学改革项目。

教师团队核心成员：马皑，获评 2012 年北京市高校教学名师，2021 年获评北京市教学成果奖二等奖；2023 年国家级第二批本科一流课程负责人。郑红丽，开设犯罪心理学、测谎技术、精神病学等课程，积极参与学校各类教学改革工作。

三、课程目标

体现学校专业课程特色，为应用心理学及法学、社会学专业学生养成以下能力：
（一）了解犯罪人实施犯罪行为的犯罪动机。
（二）分析犯罪行为模式背后的犯罪人格特征。
（三）初步掌握刑事司法应用所需要的犯罪心理分析与犯罪心理对策。

四、课程建设及应用情况

“犯罪心理学”是我校的专业特色课程，也是全国首创的学科课程。课程教学团队是在全国率先建立的犯罪心理学教学科研组织（1983 年），近 40 年的教研工作积累了丰富的专业知识与教学经验，在全国建立了优良的学科专业与课程声誉；是中国心理学会法律心理学专业委员会的持续挂靠单位。

本课程教学团队拥有学术能力强、结构合理的教学队伍：课题负责人为犯罪心理学界全国学术、学科带头人，曾获中国心理学会学科建设成就奖等，曾任法律心理学专业委员会主任，团队成员包括两名科技部重大项目课题主持人、犯罪心理学神经科学研究与强制戒毒领域专家、二级学会主任，北京市优质本科课程负责人、两名国家线上一流本科课程负责人；线上教学（中国大学慕课平台）中参与协作单位包括中国政法大学、中国人民公安大学、中央司法警官学院、西北政法大学、甘肃政法大学、西南政法大学、杭州电子科技大学、燕山大学等，校际强强合作能充分发挥不同院校资源优势；有较好的国内外专业资源平台（教师团队中 80%以上有海外学业、进修背景，主持人所在学校教研组教师 100%具有心理学博士学位）。本教学科研团队中有教授 10 名、副教授 14 名、讲师 14 名。同时，主持人所在学校及学院提供以下教学资源支持：心理学实验室、社区矫正虚拟教学实验室项目、30 多个监狱、矫正机构、社区矫正中心等心理学实践基地的支持。

（一）课程与教学改革要解决的重点问题

1. 整体学生教学与因材施教、个性化教学的冲突性；
2. 专业知识技能传播与学生品行引导、情操培养的分离性；
3. 线下课程教学与网络教学有机融合的高效性、系统性。

（二）课程教学内容及组织实施情况

课程内容以本学科的前沿知识为导向，以典型的案例分析为主线的研讨型教学法，在神经犯罪学、精神分析及行为主义犯罪理论基础上，建构以犯罪心理（犯罪动机与犯罪人格）与犯罪心理对策为基本知识结构的课程内容。

近5年来，“犯罪心理学”线下课堂教学与网络教学的实施顺利进行，选课学生较多：课程负责人近5年的校内选课人数为本科生3 000人、研究生160人，网络教学近5年开设的四期教学中选课人数超过25万人。校内学生及社会学员对本课程的教学效果评价为优级水平（评分达95分+）。

课程成绩评定方式以阶段性评价与课程总体评价相结合为基本模式，具体形式包括章节练习考核、案例分析的小组交流讨论、课程作业及论文考核等。同时，在本校教学团队与校际课程合作的支持下，配合学校教学创新的教学改革，进行犯罪心理学教学资源库的建设，包括犯罪典型案例教学资源库、申报虚拟教研室建设项目。

五、课程特色与创新

犯罪心理学是一门犯罪学与心理学交叉的应用性学科课程，其在我校有近40年的建设发展历史。本课程及教学特色与创新在于：

1. 不同学科背景教学与科研交叉融合。本团队中包含犯罪心理学、刑事司法心理学、侦查学、审讯学、心理学、罪犯矫治等多个不同学科背景的教学研究者，可为犯罪心理学教学研究提供更广阔的学科视角和丰富的案例资料。

2. 线上教学与线下教学相结合。两种模式的教学同步进行又相互配合、补充。同时，以中国大学慕课（爱课程）为教学平台，开展多区域校际合作、专业师资培训、辐射全国的共享教学，线上协作单位涉及北京、山东、四川、河北、甘肃、广东、吉林、浙江、江苏等多地高校，几乎涵盖了该领域所有较有影响力的单位，开展多区域的合作互动，并在全国范围内培养师资，提升犯罪心理学的全国影响力。

3. 课程思政教学。专业知识的传授和能力培养与人的思想情感培养相融合。本教学团队中进行的课程思政课程有犯罪心理学、法律心理学（本科生与研究生对象），结合课程有效地实现人的全面发展之教育目标。

4. 积极将专业教学与为司法实际工作服务有机、协同发展。本教学团队将紧密联系公安、监狱、社区矫正中心等司法实际工作单位，系统地从实际工作中获得更丰富的教学案例，并将教学科研成果反哺应用于司法实际工作，提高司法机关工作实效。

（撰稿人：刘建清；审核人：汪海燕）

北京航空航天大学国家级一流课程建设案例

线性代数

一、课程基本信息

课程名称	线性代数
课程负责人	李红裔
开课单位	北京航空航天大学数学科学学院
课程类别	线上一流课程
课程性质	必修
开课年级	本科一年级、二年级
面向专业	面向航空航天专业、材料专业、物理强基计划、物理拔尖计划、化学强基计划、化学拔尖计划、机械专业、能源动力专业、生物医学工程专业、可靠性专业、汽车专业、计算机专业、软件工程专业、自动化专业、电子工程专业、人工智能专业、光电仪器专业、经济管理专业等非数学专业
学　　时	48
学　　分	3
主要教材	《线性代数》

二、课程团队

（一）课程负责人

李红裔教授，博士生导师，北京市教学名师，国家级一流课程负责人，国家规划教材主编，首都劳动奖章获得者，工信部工信先锋，宝钢优秀教师奖，省部级教学成果个人二等奖，获评北京市师德先进个人，北京航空航天大学“我爱我师”十佳教师，“感动北航”榜样人物等。在 SCI、EI 期刊发表论文 90 多篇，先后主持国家自然科学基金面上项目、

JKW 基础加强计划、国防 973 子专题等科研课题 10 多项。

李红裔教授不断更新教学理念，提出“两教三学”的教学方法，深受学生欢迎，被誉为“五星级教师”。

（二）课程团队成员

赵迪，协助实施一流课程建设，荣获国家级教学成果二等奖等。

王永革，参与课程建设、教材编写，获评校级优秀主讲教师等。

马健，参与课程教学方法改革及线上辅导，获校级教学成果奖等。

刘杨，参与课程教学改革，获教育部自然科学奖一等奖等。

三、课程目标

“线性代数”是讨论有限维空间中线性关系经典理论的课程，它具有较强的抽象性和逻辑性，是理工农医等本科各专业学生必须掌握的重要数学基础课，同时在现代科学技术中有着十分广泛的应用。

结合北京航空航天大学（以下简称“北航”）办学定位、学生情况、专业人才培养要求，通过本课程的教学，应达到以下的目的和要求：

（一）使学生掌握课程的基本理论和方法，并能较为灵活地加以运用。

（二）培养学生抽象思维和逻辑思维能力，并为其他课程的学习打下良好基础。

在课程设置中注意以下问题：

（一）基于“两教三学”向以学生为中心转变，坚持线性代数知识、学习能力、科研素质有机融合，采取多种应用模式培养学生的创新能力。

（二）通过相关的定理证明及应用，逐步培养学生抽象的思维能力和严谨的推理能力，提高运用基本理论分析问题的能力。

四、课程建设及应用情况

（一）课程、教材资源建设及团队优势

1. 北航线性代数课程底蕴深厚、历史悠久

为服务北航人才培养，探索创新教学理念，取得丰硕成果：获评国家精品课、国家教学成果二等奖、国家优秀教学团队、北京市教学名师等省部级以上荣誉 26 项，出版国家规划教材《线性代数》等 12 本，在国内高校中有较大影响。

2. 爱课程开课 7 期均获五星满分评价

围绕北航建设中国特色世界一流大学的办学定位，本课程以国家级教学成果积淀为基础，以研究型教学示范课为范例，探索线性代数课程思政教改新模式，将立德树人融入

MOOC 教学中，由北京市名师李红裔担任主讲教师。

（二）组织实施、改革成效、课程评价及应用情况

1. 本套 MOOC 共服务北航人才培养 358 个班，获五星教学评价

（1）本课程 2017 年在北航学堂上线，共 3 010 人选修。

（2）疫情期间，本校 200 多个班学生在爱课程选修，第 3 期选课 31 518 人，是北航在该平台近 40 门课程中选课人数位列第一的。

（3）本课程在北航推广使用 SPOC，已成功将实体课堂向线上线下混合式及翻转课堂拓展，有效解决“教学手段不丰富、灌输型”等教学问题，提高了互动交流的质量。

2. 面向其他高校学生和社会学习者应用情况

除本校外，选课学生遍布五湖四海，其中不乏一些 985、211 高校，这些数据后台可查。课程应用效果非常好，社会影响大，示范引领性强。

（1）爱课程开课 7 期，目前累计 7 万多人选课，教学团队提供了优质的在线服务，互动发帖总数 51 511 次，均获最高五星满分评价。

（2）本套 MOOC 作为重点“好课程”被平台 2 次首页轮播，在该平台所有 1 万多门课程中五星评价 TOP50 排名第一，在所有数学类课程中五星评价排名第一，因此李红裔入围平台“名师巡礼”。

（3）多所高校推广使用，组织师生观摩学习，反响非常好：“与其他线上一流课程相比，具有明显的优势，激发了学生的学习兴趣，获得五星评价的效果”。

（4）李红裔主讲的系列课程国际 MOOC“Linear Algebra”在爱课程国际平台增辉，在国际平台所有 300 多门课程中选课人数位列第一，获五星满分评价。

（5）爱课程邀请李红裔为全国学员提供在线讲座服务，选课人数最多，学生好评如潮，帮助学员走完课程最后一公里。

（6）李红裔为首都教育事业的信息化发展作出了突出贡献，被授予首都劳动奖章。

（7）本团队教改成果受到国内多家主流媒体关注，如中国科技网、中国科学报及中国科学网等均有报道。

3. 课程成绩评定方式

（1）科学评价，指标细化，多维度“过程追踪”的考核体系

① 探索“个性化过程追踪与结果评价相结合”的多元教学效果测量体系，注重过程评价，学期内组织 3 次以上考评，提升考核体系的高阶性。

② 结果评价包括期中、期末考试。对测试内容、题目形式、试卷结构精心设计，设置深浅度合理、难易度适当，60%基础题、30%应用延展题、10%创新拔高题，有区分度，增加考核内容的挑战度。

③ 通过同步发布公告、签到、问卷、练习和讨论等教学活动，充分发挥网络教学优势，组织师生在线交流，各环节丰富多样，符合教学规律，以科学评价提升教学质量，突出创新性。

（2）多元化成绩评定方式

① 高校学生

以平台课下作业、小组作业、随堂测试与考试为测量指标，对学生的知识、能力、思维等多方面评测，强调不同形式的翻转课堂考核，充分反映知识传授与价值引领的结合程度。

建议参考 20%线上测试+10%线上作业+15%期中考试+35%期末考试+20%综合加分项（小组合作、学习态度等）比例给出成绩。

② 社会学习者

课程学习环节：观看讲课视频，完成单元测验、期末考试。

成绩参考如下：

单元测验：客观题占成绩 80%～95%；

期末考试：占成绩 5%～20%。

完成课程学习，成绩合格可付费申请证书。

证书分两种等级：

成绩在 60～79 分为合格证书；

成绩在 80～100 分为优秀证书。

五、课程特色与创新

（一）面向新工科，形成“1—3—3”“线性代数”线上一流课程建设方案

包括 1 个创新教学平台，3 层创新培养模式，每层有 3 种教学方法，可根据内容选择：

1. 线上直播教学培养模式：模仿创造、实践创造、翻转课堂；
2. MOOC 培养模式：MOOC 学习、练习、考核；
3. 线性代数应用培养模式：专题讲座、探讨研究、创新实践。

注重内容体系科学性与信息技术深度融合，形成“MOOC 学习+视频讲座+翻转课堂+论坛交流+考核”线上教学新模式。

（二）“以服务学生发展为中心，提升创新能力”为核心理念，提出“两教三学”教学方法

实施：教“创新主干体系”，教“在课堂教学中培养学生的科学研究素质”；用模仿创造的方式学，用实践创新的方式学，用翻转课堂的方式学，将价值塑造、知识传授和创新能力培养统一起来。

如讲解线性方程组时，从特殊问题出发，启发学生大胆猜想，诱导其用模仿创造的方式把定理发现出来。

（三）强化“知识图谱”的线性代数知识体系设计，坚持科研反哺教学，提升挑战度

制作“知识图谱”关联的高能量密度系统 MOOC，涵盖经典内容，每章增加内容新颖的提高讲座，如矩阵在网页排序中的应用等。设置“跳一跳才够得着”的学习挑战，引导学生从数、向量到矩阵、空间和代数认知体系的转化，体现线性代数理论与科研成果的前沿性。

（撰稿人：李红裔；审核人：钱政）

北京理工大学国家级一流课程建设案例

大数据基础与应用

一、课程基本信息

课程名称	大数据基础与应用
课程负责人	计卫星
开课单位	北京理工大学计算机学院
课程类别	线上一流课程
课程性质	选修
开课年级	本科一年级或二年级
面向专业	非计算机类专业
学　　时	32
学　　分	2
主要教材	《大数据导论》

二、课程团队

计卫星，教授，博士生导师，教育部产学合作协同育人项目专家组成员，信息技术新工科产学研联盟副秘书长，计算机学会高级会员，主讲的课程“大数据基础与应用”获评国家一流线上课程，获国家级教学成果二等奖 1 项，省部级教学成果一等奖 1 项。承担国家级和省部级教改项目 5 项，出版教材 3 部，发表教改论文 10 余篇。2022 年入选教育部—华为“智能基座”优秀教师奖励计划。

课程组成员孙新、高玉金和王一拙老师长期讲授“Python 语言程序设计”“数据库原理”“卓越工程综合训练”等课程，承担了全国工程专业学位研究生教育指导委员会在线课程重大建设项目和教育部产学合作协同育人项目多项。

三、课程目标

课程贯彻本校“价值塑造、知识养成、实践能力”三位一体育人理念，通过本课程的学习，让不同专业学生和不同行业人员了解大数据的基本概念和主要流程，培养学习者的数据思维意识；初步掌握数据分析的编程语言和开源工具，能够利用所学内容解决日常学习和工作中的典型数据分析问题；通过线上实践和典型应用案例讲解，具备结合自身专业或所从事行业开展大数据分析的应用判断和方案选择能力。

四、课程建设及应用情况

目前已有众多大数据相关在线课程，但是这些课程主要是面向计算机类学生开设，虽然课程理论内容丰富，但是缺少与在线课程内容对应的线上实践环节；此外，大数据分析与业务领域密切相关，而已有课程对行业应用介绍普遍不足。在此背景下，本课程除了理论教学之外，还安排了与理论课程对应的线上实验内容。由于在线慕课有大量的学习者，大数据实验需要丰富的存算资源，因此要保证线上实验的顺利进行，需要争取企业支持。只有采取校企协同的方式，才能满足成千上万学习者线上实践需求。

本课程的建设得到了华为技术有限公司和泰克教育集团等企业的支持，也是产学协同、校企共建的典型实例。其中华为技术有限公司为本课程提供了大量的真实应用案例，泰克教育集团则为本课程提供了线上实践平台支持。本课程 2019 年获批了华为技术有限公司的产学合作协同育人项目，围绕该项目的建设开发了“信贷违约预测”“政务办事最多跑一次”等应用案例。

课程的建设由高校课程组和企业技术组两个团队负责，是教师、助教和企业工程师 3 个角色密切配合的结果。其中教师主要负责课程大纲设计、视频录制、实验设计和实验手册编写等工作，课程助教主要负责 Docker 实验环境搭建、实验手册录入、Docker 镜像打包上传、实验线上验证等工作，企业工程师主要负责 Docker 镜像优化、教学平台和实验平台搭建、环境测试和系统维护等工作。

课程自 2019 年 3 月份建成以来，已经上线运行 9 轮次，选课人数达到 7.3 万人次，通过调研分析发现，课程吸引了来自各行各业的学习者参加。除了在校学生之外，包括经济、教育、医疗和安全等各行各业的从业者。从目前开课的情况来看，越来越多的政务管理人员开始学习本课程，这也证明本课程实现了课程的建设目标，为更多的人参与数字化建设提供了帮助。课程负责人受邀分别在中国高校计算机教育 MOOC 联盟峰会、高校在线开放课程联盟联席会年会上分享课程建设经验，课程建设理念和模式受到中国大学 MOOC 平台和高校教师普遍关注。

本课程在企业和高校得到了广泛应用。本课程面向校内外学习者完成了多轮次的独立 SPOC 运行，既包括了首都 10 余所高校参加夏令营的学生，也有韩国又松大学参加短期访学的多批学生。根据中国大学 MOOC 平台的统计数据，本课程被四川大学、百色学院、北京信息科技大学、滨州医学院、广东轻工职业技术学院、桂林理工大学、河南科技大学、湖南大学、湖南师范大学、辽宁工程技术大学、山东中医药大学、陕西国防工业职业技术学院、四川农业大学、武汉华夏理工学院、武汉学院、延安大学、肇庆学院、重庆师范大学等 20 多所学校选用。本课程被华为技术有限公司 iLearning 平台选中，作为其推荐的课程在华为技术有限公司的课程平台上线，供华为技术有限公司及其上下游企业的员工学习。截至 2021 年，华为技术有限公司内部共有 2 464 名员工学习了该课程。

本课程的教学内容包括初识大数据、Python 大数据基础、数据分析方法、开源平台和工具、数据可视化和综合实践等内容。本课程目前的考核方式中，单元测试占 30%，期末考试占 60%，参加讨论占 10%。其中单元测试、期末考试和参加讨论情况由中国大学 MOOC 平台给出。由于个人数据保护的原因，课程实验为可选完成内容，实践平台详细跟踪了每个实验的完成过程和完成度。

五、课程特色与创新

本课程主要特色和创新包括以下几点。

（一）普及大数据知识，开启数据思维意识

本课程以普及大数据知识，让学习者全面认识大数据、了解大数据典型应用、开启大数据思维为主要目标。目前，除了在高校得到普遍推广和应用，还有医生、政府职员、园林绿化和知识产权管理等众多行业和领域的人员参加课程学习。

（二）构建线上实践平台，提升在线学习体验

课程按照内容分为理论学时和实践学时，每部分理论讲授内容都有相应的在线实验，方便学习者动手实践和体验，能够激发大家的学习兴趣，提升在线学习体验。

（三）开发典型行业案例，促进学科专业融合

课程围绕大数据基本概念、流程和方法等核心知识，开发了大数据在旅游、医疗、金融和政务等行业和领域内典型应用案例，面向不同场景介绍数据获取与分析技术、系统构建与运行维护等内容，为不同专业学生以及不同行业的从业者提供学习和参考。

（四）校企合作共建课程，产学合作协同育人

本课程的建设得到了华为技术有限公司和泰克教育集团等企业的支持。2019 年获得华为技术有限公司教育部产学协同育人项目支持，为课程建设提供了金融大数据和政务大数据的基本素材；泰克教育集团为本课程提供了线上实践平台支撑，协助完成了在线实验项目建设。

（撰稿人：计卫星；审核人：薛正辉）

中国人民公安大学国家级一流课程建设案例

公安学基础理论

一、课程基本信息

课程名称	公安学基础理论
课程负责人	黄冬
开课单位	中国人民公安大学犯罪学学院
课程类别	线上一流课程
课程性质	必修
开课年级	本科一年级
面向专业	全体本科专业
学　　时	34
学　　分	2
主要教材	《公安学基础理论》

二、课程团队

（一）教学任务：近 5 年，课程团队共承担本课程线下教学任务 3 450 课时，6 890 人次；共开设线上课程 8 期，累计选课 7 487 人，互动 4 768 次。

（二）教学研究：课程团队共发表教改论文若干篇，其中核心期刊 3 篇；主编、参编教材 3 部，完成校级教改项目 11 项，参研省部级教改项目 2 项。

（三）教学奖励：负责人曾获评教育部“课程思政”示范课程、教学名师和团队（2020），第二批国家一流本科课程（线上），北京市高校优质本科教材课件（2020），科技部“全国优秀科普作品”（2018），教育部“青少年学生法制教育优秀多媒体课件资源”征集活动三等奖（2019）等省部级奖励 8 项，校级教学奖励 9 项；课程团队曾获评北京高校优秀本科育人团队（2021），以及其他校级教学奖励 4 项。

三、课程目标

（一）知识传授目标：通过混合式教学，使学生了解公安学的基础理论知识，形成基本学科知识谱系认知。

（二）能力培养目标：在掌握基本知识的基础上，要求学生注重案例学习，提高“找到案例—发现问题—分析案例（问题）—解决问题—举一反三”的能力与水平，为未来公安实践固本强基。

（三）价值塑造目标：将“忠诚教育”理念贯穿整个教学环节，使学生明确人民警察“全心全意为人民服务”的宗旨，自觉强化共和国预备警官的身份意识，时刻维护人民警察形象，以实际行动落实并践行习近平总书记“四句话、十六字”总要求及训词精神，使人民警察的核心价值观“入脑、入心、入行”。

四、课程建设及应用情况

（一）课程建设发展历程

本课程是按照公安大学本、硕、博各专业层次培养方案要求开设的专业基础课，是招警考试中“公安基础知识”部分的重要内容，学校公安学类硕士研究生入学考试的必考科目，更是公安学一级学科的理论基础。从 1983 年第一次提出“创立公安学”到 2011 年公安学一级学科的建立，再到公安大学入选“双一流”建设高校，课程不断革故鼎新。在网络教学方面，本课程是公大乃至全国公安院校的一面旗帜：2013 年，课程被教育部正式确定为第三批“精品视频公开课”，在公安院校首开先河；2018—2023 年，课程慕课上线，立足本校并登陆“学银在线”面向全国开课。

（二）课程改革要解决的重点问题

1. 教学内容：重内容，轻体系，课程体系较为僵化，内容抽象，前瞻性与时代性“失位”。

2. 教学方法：重教师，轻学生，以教师为中心，“填鸭式”教学，教法手段落后，学生学习兴趣，参与度“缺位”。

3. 教学目标：重教书，轻育人，重视知识传授，轻视能力培养、价值塑造，课程育人功能“错位”。

4. 教学评价：重结果，轻过程，课程评价方式单一，创造性、挑战性不够，过程考核“虚位”。

（三）课程内容与资源建设及应用情况

截至 2023 年 9 月，共开设慕课 8 期，制作网络课件 59 个，录制视频时长 465 分钟，设置测验和作业习题 154 道，附加考试题库 104 道，加入课外非视频资源 70 个，累计选课 7 400 余人，互动 4 700 余次。其中，选课学生本校 2 100 余人，校外 1 200 余人，涉及中国地质大学（武汉）、湖北工业大学、大连民族大学、河南大学在内的 490 余所院校，达到了良好的教学与宣传效果。

（四）课程教学内容及组织实施情况

1. 教学内容

针对本校学生，课程组基于 BOPPPS 教学理念，重构教学过程，以讨论式学习提升学生参与度，将思政内容注入课程，强化学习动机，提高学习效率与育人水平。

2. 组织实施

（1）课前准备阶段：以慕课实现课程知识传递。教师制作慕课，在线答疑、布置任务，学生观看慕课、收集资料、及时反馈，为课程教学打下基础，做好准备。

（2）课堂实施阶段：以“雨课堂”等实现课程知识内化。进行在线投票、讨论、问答以及实践演练，实现“沉浸式”学习体验。

（3）课后提升阶段：以慕课系统实现课程知识拓展。教师借助慕课批阅作业、收集数据、给出分数，学生知识巩固，课外拓展，借助课后作业升华课程内涵，借助数据了解课程短板，借助分数体现课程学习水平。

（4）课程考核阶段：综合多方评价检验课程教学成效。

（五）课程考核、评价与改革成效

在课程考核上，将形成性评价与总结性评价相结合，综合慕课平台与教师积分等评价手段，使线上和线下考核相结合、理论与实践（实训）考核相统一，实现考核内容系统化、考核方式多样化、考核评价全程化。经问卷调查，67%的学生对使用该教法的主题或知识点印象更为深刻，76%的学生认为其有助于理解知识。

1. 社会学习者成绩：视频观看、课后测验、日常作业、线上讨论及线上考试等，由系统直接得出。

2. 本校学生成绩：形成性评价（占 15%，包括在线资源学习，在线习题、测验，课堂表现、平时作业等）+总结性评价（占 85%，包括实训研讨，线上、线下期末考试等）。

基于课程改革，课程团队先后获省部级教学奖励 8 项，校级教学奖励 14 项；发表教改论文若干篇，其中核心期刊 3 篇；主编、参编教材 3 部，完成校级教改项目 11 项，参研省部级教改项目 2 项。

五、课程特色与创新

（一）“思政”化的课程内容：作为公安学一级学科的奠基性、基础性课程，课程立足学校“培养合格的共和国预备警官”的办学定位，以“忠诚教育”为主旨，以“公安与警察—公安机关—公安工作”为主线，使三观塑造与人民警察核心价值观引领“同声共气”，警务知识普及与道德情操养成“内化统一”。

（二）“学生中心”化的教学理念：课程坚定“以学生中心”的教改方向，贴近学生“新近入学、文理兼收、学力参差”的学情特色，对症下药，因材施教，贴近学生“感知公安—理解公安—警学思辨—融会贯通”的认知规律，设身处地，换位思考，贴近学生“丰富多彩、价值各异、目标多元”的日常生活，以能动的认知、认同、内化为媒介，达成学生的学习、心理、网络环境共融共通。

（三）“创新性”的教学设计：课程补齐了传统教学“学时少、‘一刀切’、更新慢、方法单一”之短板，摒弃了普通在线课程专题为主、体系欠佳之缺失，以学习、讨论内化“人民公安为人民”的宗旨意识，以 BOPPPS 教学研讨激发学生的参与热情，向外界推介公安、宣传公安，引导大众认识、了解、理解公安，针对学科教育的“小痛点”，做好与课堂学习的“小别离”，线上内容选取的“小舍得”，实现学生研习的“小欢喜”。

（撰稿人：黄冬；审核人：杨南应）

北京工商大学国家级一流课程建设案例

食品风味化学与分析

一、课程基本信息

课程名称	食品风味化学与分析
课程负责人	宋焕禄
开课单位	北京工商大学食品与健康学院
课程类别	线上一流课程
课程性质	选修
开课年级	本科三年级
面向专业	食品科学与工程、食品质量与安全
学　　时	32
学　　分	2
主要教材	《食品风味化学与分析》

二、课程团队

课程负责人及团队成员主要讲授“食品风味”系列课程，采取线上线下混合式教学方式，理论教学与实验操作相结合。

课程团队于 2018 年 12 月建设了“食品风味化学与分析”线上课程（慕课），至 2023 年 6 月，累计选课总人数已超过 2.4 万人；

2019 年 7 月，慕课入选“学习强国”平台“学习慕课”栏目，累计播放 90 余万次；

2020 年 11 月，“食品风味化学与分析”课程入选教育部首批国家级一流本科课程；

2021 年 8 月，配套教材《食品风味化学与分析》出版；

2021 年 11 月，“食品风味化学与分析”课程被评选为 2021“拓金计划”首批示范课程（共 97 门）；

2021 年 12 月，课程获得北京工商大学教学成果一等奖；

2022 年 1 月，课程入选北京市课程思政示范课程，课程团队入选课程思政教学名师和教学团队。

三、课程目标

结合本校办学定位、学生情况、专业人才培养要求，具体描述学习本课程后应该达到的知识、能力水平。

为加强北京工商大学食品专业的本科生对食品风味相关知识的理解和应用能力，课程团队利用常年从事食品风味化学相关研究的科研积累，开设了“食品风味化学与分析”，并设计了理论与实验技能相结合、解决实际生产问题的课程体系，坚持理论与应用并重、基础与前沿共举的培养理念与目标。

课程围绕风味，重点讲授食品风味化学的研究领域、风味物质的研究方法。同时，课程响应国家“2030 健康中国”规划纲要，前瞻性地介绍了风味与健康的关系。通过本课程的学习，可使学生了解食品风味化学的发展方向，掌握现代食品风味分析的相关理论知识，为从事食品风味及其相关工作打下坚实的理论与实施基础。课程重视理论与实践相结合，定位于食品创新研发的工程类课程。

四、课程建设及应用情况

（一）课程的建设发展历程

本课程于 2010 年开始面向本校食品科学与工程专业本科生授课，从开课之初就设计了理论与实验技能相结合的课程体系。2018 年 12 月，课程创建了线上课程（慕课），开启了线上线下混合式教学模式，通过长期实践的检验，目前形成了完善的课程体系。

（二）课程与教学改革要解决的重点问题

1. 针对课程目标不明确，课程体系不完善——重视实践，引入前沿，编写专著

课程注重理论与实践相结合，增加了利用国际前沿的分子感官科学技术对风味物质进行分析的实验；课程前瞻性地对风味在“三减（减盐、减糖和减油）”和增加饱腹感中的作用进行了介绍；课程团队编写了《食品风味化学》《分子感官科学》《食品风味化学与分析》和《食品风味化学理论与研究动态探究》共 4 本教材及专著，已成为重要参考书籍。

2. 针对课程资源开发不充分，课程整合不到位——打造团队，智慧教学，翻转课堂

课程团队成员均具有博士学历，要求教师通过相互听课、集体备课等方式拓宽教学思路，提高教学效果；创建线上课程，并依托校内 SPOC 平台，实现翻转课堂，有效提高教

学效能。

3. 针对课程思政落实不足，课程特色不鲜明——课程思政，家国情怀，文化自信

课程系统地介绍我国传统食品的风味特征、形成机制及其在饮食文化中的应用，弘扬我国传统饮食文化精髓，使学生深入认识我国传统食品风味特色；线上课程于 2019 年成功入选“学习强国”中“学习慕课”栏目，供全国党员进行学习。

（三）课程应用情况

1. 在北京工商大学（本校）教学中的应用情况

本课程自建课后，因富有特色，深受学生喜爱。线上课程从 2019 年春季学期开始在本校在线教学平台上同步开课，目前在本校在线平台上已有超过 3 000 名学生参与了选课学习。

2. 在其他高校和社会学习者中的应用情况

全国多所高校的在校生和多家食品企业的研发人员参与了本课程的线上学习，目前，线上课程已开设 9 期，累积选课人数超过 2.4 万人，论坛发帖回复率、讨论区人均互动次数、讨论区参与规模等核心指标均超过了 90%的学堂在线平台上的同期课程。

（四）课程教学内容及组织实施情况

通过“线上”与“线下”的有机结合，引导学生自主完成课前预习和课后巩固，组织实施混合式教学。通过线上课程的后台数据，分析知识点关联度，明确不同学生对知识点掌握程度。

1. 线上理论课程

通过线上发布讨论题、开设科普专栏“风味小常识”和“奇‘闻’趣‘味’”等，对风味化学进行多层次多角度解析，增加师生互动，激发学生对知识点的关联、比较、反思、重构。

2. 线下理论课程

教师讲授风味化学理论知识，融入思政元素，并对教学内容重难点进行剖析和答疑。

3. 线下实验课程

通过实验室的实际操作（香气成分和滋味成分的提取和分析），锻炼学生的动手能力，培养学生处理复杂问题的能力。

（五）课程成绩评定方式

课程总评成绩为百分制，期末成绩占比 70%，平时成绩占比 30%。期末成绩根据期末考试环节给定，平时成绩根据平时考核情况（包括课后作业、课堂及线上学习表现、专题讨论 3 个环节，各占 10%）给定。

（六）课程改革成效

1. 构建了完善的课程体系

课程教学内容以风味化学经典与前沿并重，深入浅出，层次分明，建立了以理论联系

实际、学以致用为目标的课程体系。

2. 实现了线上线下结合的教学模式

课程创建了线上课程，线上课程服务线下教学，实现翻转课堂，于2020年获评教育部首批国家级一流本科课程，并被评选为2021“拓金计划”首批示范课。

3. 彰显了课程育人的效果

课程强化课程思政，培养爱国人才，强调了风味化学在满足广大人民群众对美好生活的向往及文化自信（饮食文化）中的作用，课程团队获评北京工商大学2021年课程思政示范课程、教学名师和团队。

4. 探索了科研引领和助力的特色模式

课程团队将科研发表的最新成果和前沿引入课堂，教学与科研相互促进，科研反哺教学。

五、课程特色与创新

（一）教学相长（培养学生成才，助力教师成长）

本课程采用线上线下混合式教学方式，通过在线数据采集方式，从整体角度客观化、数据化、可视化等方面提高教学质量，有效提高学生成绩。同时，通过数据采集的迭代效果，有效提升教师教学基本功。在运行多年以来，课程在分析、评估、提高教学效果的同时，也着重提高了教师授课的核心竞争力。

（二）思行合一（知识与应用结合，教育与价值融合）

本课程构建全员全程全方位育人大格局，突出教育过程中的价值引领。教育的显性价值，体现在学生的好工作、好分数和个人发展等方面；教育的隐形价值，体现在学生发展能力、思想品质、坚守社会规则等方面。两者结合是社会发展的长期目标。课程团队多年来指导的本科生毕业论文均以食品风味为研究方向，多人被评为优秀毕业论文，达到了知识与应用的有机结合。

（三）服务社会（教学研产一体，互助闭环提升）

本课程在提高巩固教学质量的同时，还将知识的应用进行了有效延伸。在“教学研”为中心的前提下，主动聚焦相关高校和企业，将实践环节前移。课程团队将科研反哺教学，以所取得的科研成果作为案例应用于课堂，教学效果更好；同时，多所高校和多家企业将本课程作为培训资源，课程起到了服务社会的作用。

（撰稿人：宋焕禄；审核人：曹显兵）

首都医科大学国家级一流课程建设案例

传染病学

一、课程基本信息

课程名称	传染病学
课程负责人	张彤、程香普
开课单位	首都医科大学第九临床医学院、首都医科大学附属北京佑安医院
课程类别	线上一流课程
课程性质	必修
开课年级	本科四年级
面向专业	临床医学（“5+3”一体化、5 年制）、儿科学（“5+3”一体化、5 年制）、预防医学、精神医学、眼视光医学专业
学　　时	72（理论 36 学时，见习 36 学时）
学　　分	4
主要教材	《传染病学》

二、课程团队

课程负责人张彤、程香普和团队主要成员均为具有丰富传染病防治经验的一线高年资临床医生，同时非常热爱教学工作，注重师德师风建设，每年承担首都医科大学临床医学（“5+3”一体化、5 年制）、儿科学（“5+3”一体化、5 年制）等专业本科生近 20 个班级（600 余名学生）和英文授课 6 年制留学生（90 名左右）“传染病学”理论授课及见习带教任务。

近 5 年课程团队承担教育部“产学合作，协同育人”项目 2 项、校局级教改课题 18 项，建设了“传染病学”慕课，开展了基于慕课、雨课堂平台的“传染病学”混合式教学（翻转课堂教学）、PBL 教学、案例式教学、课程思政等教学改革，发表教育教学研究论文 22 篇，两次获得校级教育教学改革成果一等奖、一次获得校级教育教学改革成果二等奖、首都医科大学本专科在线教学百篇优秀案例一等奖、校级优质本科教案二等奖。团队中 1 名教师获得“教育部在线课程研究中心智慧教学之星”称号，6 名教师获得校级教育教学奖，1 名教师获得市级青年教师教学基本功比赛（医科类）二等奖，1 名教师获得校级青年教师教学基本功比赛一等奖。

三、课程目标

根据学校对临床医学专业人才培养的要求，冀望通过“传染病学”课程的学习，使学生在知识目标、能力目标和素质目标等方面达成临床医学专业人才培养目标。

（一）知识目标：通过本课程的理论学习使学生获得各种常见传染病的病原学、流行病学、发病机制与病理、临床表现、诊断、鉴别诊断、治疗、预防措施等方面的专业内容，尤其是掌握常见传染病的诊断、治疗和预防的专科知识。

（二）能力目标：通过传染病的理论学习和临床见习使学生能够理论联系实际，初步掌握防治常见传染病的实际技能，培养解决复杂问题的高级思维，提升学生的综合能力，包括临床思维、批判性思维、创新、表达与沟通、自主学习、终身学习、专业英语、科研等多方面。

（三）素质目标：培养学生正确的世界观、人生观、价值观，注重爱国情怀、医学职业素养、人文素养、国际视野、科学精神、团队合作能力等综合素质的培养。

四、课程建设及应用情况

（一）建设“传染病学”慕课的背景

“传染病学”是一门研究各种传染病在人体内外发生、发展、传播、诊断、治疗和预防规律的学科，是医学生重要的必修专业课程。目前全世界范围传染病流行形势依然严峻，有些传染病如病毒性肝炎、结核病、感染性腹泻、疟疾等仍然广泛存在，艾滋病、流感及禽流感、新型冠状病毒感染、埃博拉出血热、中东呼吸综合征、寨卡病毒感染等新发传染病不断出现，严重影响人类健康和生命安全，因此，对传染病的学习、诊断、防治研究仍需加强。随着计算机网络与通信技术的迅猛发展，教育教学方式正在发生深刻变化，大规模在线开放课程（MOOC），即慕课，吸引了全球教育工作者和学习者的关注，引发了一场学习和教育的革命，正在改变传统的课堂教学模式。应用慕课讲授“传染病学”为传染病知识的普及、高校教育教学改革带来了新的机遇。首都医科大学附属北京佑安医院感染性疾病学教研室已承担首都医科大学本科生传染病学教学 60 余年，师资力量雄厚，于 2018 年创建了“传染病学”慕课。

（二）课程建设内容

“传染病学”在线开放课程由首都医科大学第九临床医学院、附属北京佑安医院感染性疾病学教研室精心打造，张彤、程香普、张永宏、闫军、梁连春、郭彩萍、牟丹蕾、郑素军、李冰、黄晓婕、黄晶、于红卫、李侗曾13位优秀教师讲授，课程内容包括传染病的历史与现状、基本概念、新发传染病概述及病毒性肝炎、艾滋病、流感、新型冠状病毒感染、百日咳、狂犬病、乙脑、流脑、伤寒、霍乱、菌痢、细菌性食物中毒、鼠疫、麻疹、手足口病、肾综合征出血热、传染性单核细胞增多症、登革热、钩体病、布鲁菌病、疟疾、血吸虫病等20多种传染病及感染性发热的诊断思维、医院感染、消毒与隔离技术等，内容丰富，科学、严谨、前沿、有深度，讲授注重启发，富有激情，借助图片、动画模拟、视频等现代化教学形式，深入浅出，通俗易懂，让学习者在轻松、愉快的状态下学习，体验学习的乐趣。同时还设置了测试题及讨论区等栏目，不仅是医学生学习传染病知识课程有机组成部分，也可以作为向受众普及传染病知识的学习资源。

（三）课程建设与应用

首都医科大学“传染病学”慕课于2018年12月上线清华大学“学堂在线”平台，受到广泛欢迎，后相继入选中宣部“学习强国”平台、教育部国家高等教育智慧教育教学平台，获批教育部首批国家级一流本科课程（线上一流课程）和北京高校“优质本科课程”。目前学堂在线“传染病学”慕课已运营至第十期，共计注册学员42 000余人，遍及全国34个省、自治区、直辖市、港澳台地区及海外，受众面广泛，应用模式多样。

1. 首都医科大学的“传染病学”课程教学

“传染病学”在线开放课程首先应用于首都医科大学本科生的混合式教学、翻转课堂教学，改变了沉寂的传统教学模式。近5年来，首都医科大学“传染病学”课程的教学与慕课紧密结合，累计引导3 000余名学生进行线上与线下混合式学习（预习、复习、拓展），在部分班级（以临床医学专业“5+3”一体化学生为主，900余名学生）教学中还开展了基于慕课、雨课堂平台的“传染病学”翻转课堂教学，提高了学生的学习兴趣和积极性，培养了学生自主学习能力、创新性思维等素质。

除了慕课学习内容外，在教学中，还充分发展了慕课的考核评价功能，创造性地引入了慕课考核成绩，包括观看视频（占30%）、正确完成单元选择习题作业（占40%）、参与讨论（讨论区发帖及回帖5条以上为满分，占10%）、期末测试题（包括选择题及病例分析题，占20%）4部分成绩。

基于此，首都医科大学临床医学专业“5+3”一体化学生的“传染病学”课程考核评价包括过程性评价及终结性考核评价，形式多元且丰富，评价体系由五部分组成：即慕课考核成绩（占总成绩10%）、线下翻转课堂成绩（包括演讲、讨论发言、雨课堂测试题，占总成绩10%）、见习成绩（包括手卫生及防护用品使用、问诊及体检、病历书写、PBL与CBL讨论，占总成绩25%）、平时表现成绩（占总成绩5%）和最终的卷面考试成绩（占总成绩50%）。

“传染病学”在线开放课程的教学应用取得了良好的学习效果，受到了学生的喜爱和好评。在已完成课程学习的2015级、2016级195名学生中发放了调查问卷了解教学效果，结果显示：94%的学生对“传染病学”慕课感到非常满意或满意，大部分学生认为翻转课堂教学模式增加了课堂互动，能够激发学习兴趣，有利于培养自主学习能力、沟通交流能力、独立思考和创新性思维等，大部分学生高度认可“传染病学”翻转课堂教学模式。

“传染病学”慕课在抗击新冠疫情的线上教学中发挥了重要作用。在疫情防控的关键时期，学生无法进行线下教学的2020年春季学期、2022年春季及秋季学期线上教学中，有21 200余名学员注册学堂在线学习“传染病学”慕课，1 000余名首都医科大学本科生及全国多所医学院校本科生、研究生主要依托学堂在线慕课学习“传染病学”，其中在500余名首都医科大学本科生中还开展了线上翻转课堂教学，取得了良好的学习效果。

2. 其他高校或医务工作者以此课程作为学习的补充资源

本课程也吸引了其他高校学生，包括医学院校学生和综合性院校中对医学感兴趣的学生。清华大学、哈尔滨医科大学、北京中医药大学、成都中医药大学、广州中医药大学等多所院校的本科生在学堂在线平台注册学习“传染病学”慕课，河北医科大学、长江大学等院校应用该课程在研究生中开展了小规模限制性在线课程（SPOC）教学。同时感染科医师、规范化培训住院医师及其他专业医师、预防医学专业等医务工作者也从该课程学习中提高了传染病的诊治、预防水平。许多学员通过慕课讨论区发帖、微信、面对面等方式表达对该课程的认可和好评。

3. 课程在向公众普及传染病防治知识等方面发挥作用

该课程使许多对医学感兴趣的社会学习者、患者受益匪浅，促进全社会重视传染病，加强公众对传染病知识的了解，倡导文明健康的生活方式，不断增强公众对传染病的防治意识和应对能力，使传染病得到有效的预防和控制。

五、课程特色与创新

（一）“传染病学”慕课设计新颖，科学、先进，建设水平高，富有特色

1. 课程体系创新：课程知识体系科学、完整，共计24章；将课程内容合理拆分为300个知识点，并录制为132个短视频，总时长约1 216分钟，凸显慕课学习的碎片化和灵活性。

2. 教学内容创新：教学内容丰富，信息量饱满，科学、严谨，兼具前沿性；课程栏目丰富，包括微视频、测试题、讨论区等。

3. 教学方法创新：以学生为中心，讲授注重启发，旁征博引，引用大量真实案例、事件，生动形象，深入浅出，通俗易懂；注重立德树人，将思政内容融入课程教学。

4. 课件、视频制作方法创新：设计精美，背景雅致，PPT文字、图片动态呈现，多个MG动画、手绘卡通教师形象增添了趣味性，加上多个视频、图片素材的添加，让整个慕课趋向于电影的画面感。

5. 讨论区运营方式创新：教师除了答疑解惑，还主动发布科普文章、病例讨论，积极与学员互动交流。

6. 课程传播媒体形式多样化创新：学堂在线“传染病学”慕课除了在电脑端运行外，学员还可以通过手机学堂在线APP、微信小程序学习，随时随地皆可学。

（二）“传染病学”慕课推动了现代信息技术与教育教学深度融合

“传染病学”慕课在校内为混合式教学、翻转课堂教学提供在线学习资源，创新教学方法、教学模式，促进了现代信息技术与教育教学深度融合。

“传染病学”慕课与校内本科生课堂教学活动有机结合，通过开展混合式教学、翻转课堂教学，实现由“以教为主”向“以学为主”的转变、以课堂教学为主向课堂教学与课外延伸教学结合转变，激发了学生的学习积极性和自主性，有利于培养创造性思维能力，促进了教学内容、方法、模式和教学管理体制的变革，深入推进了人才培养模式的改革与创新，拓展了多元化人才培养途径，提升了医学人才培养教育教学质量。

（撰稿人：张彤，程香普；审核人：张蕊杰）

首都师范大学国家一流课程建设案例

中国古代史通论

一、课程基本信息

课程名称	中国古代史通论
课程负责人	郝春文
开课单位	首都师范大学历史学院
课程类别	线上线下混合式一流课程
课程性质	选修
开课年级	本科生、社会学习者
面向专业	历史专业
学　　时	48
学　　分	3
主要教材	无

二、课程团队

课程负责人郝春文教授是首都师范大学燕京人文讲席教授、北京市优秀教师、“北京市有突出贡献人才”、全国教育系统先进工作者，承担本科生和研究生课程“中国古代史通论”“隋唐五代史”“敦煌学概论”“敦煌文献研究”“历史理论研讨”等，主编教材《敦煌学概论》获评北京市高等教育精品教材立项项目。

近5年来，课程负责人郝春文和课程团队成员楼劲教授主讲的“中国古代史通论”（王子今教授亦讲授了有关秦汉历史特点的内容）课程入选中国大学慕课平台MOOC在线公开课，已开课3期，选课人数分别为8 008人、7 585人、12 585人。课程负责人郝春文也在首都师范大学校内开设同名线上线下混合式课程，同时随堂录制课程视频，以备后续在线课程进一步修改完善。

根据在线课程建设过程中的相关教学研究，郝春文撰写了课程建设暨教学研究论文《以史为镜，揭示中华民族文化基因的形成及其构成》，发表在“爱课程”公众号。该文明确指出，深刻地了解中国古代的历史，探索中华民族文化基因的形成及其构成，既有助于正确认识现在的中国，也有助于预测中国和世界的未来。

三、课程目标

本课主要讲授中国古代的历史特点和各断代的特点和历史地位，以及有关中国古代历史的一些通贯性的问题和理论问题，其目的是加强学生对中国古代历史的整体性认识。所谓“通”是和断代史研究比较而言的，主要指关注的是长时段的问题，或用长时段的眼光观察各断代史的特点，使学生了解中国古代历史的总体特点及自秦至清各朝代的特点、历史地位，了解帝制时代的通贯性问题，掌握中国古代历史发展脉络。

一流本科课程“双万计划”对于推动课堂革命意义重大。学校和学院高度重视本科生教学工作。中国史学科教学团队将以郝春文教授为榜样，深入贯彻落实教师立德树人职责，打造更多高水平本科生课程，全面提高本科生培养质量。

四、课程建设及应用情况

现有的通史著作、教材和各大学关于中国古代历史的课程，基本采用按朝代叙事的模式，而且偏重于历史知识的介绍。这样的叙事模式和介绍重点，有其历史的成因，也有其合理性。但其缺点是把连续发展的中国古代历史切割为若干断面，不利于学生整体把握中国古代历史的发展脉络和各朝代的特点，更鲜见对中华民族文化基因的形成及其构成的探讨。“中国古代史通论”即针对这一缺陷而设计。

本课程主要讲授中国古代的历史特点和各断代的特点和历史地位，以及有关中国古代历史的一些通贯性的问题和理论问题，其目的是加强学生对中国古代历史的整体性认识。

“中国古代史通论”在线课程在中国大学慕课平台开课 3 期，选课人数分别为 8 008 人、7 585 人、12 585 人。课程负责人郝春文也在首都师范大学校内开设线上线下混合式课程。线上线下混合式课程和在线课程的内容基本一致，增加了随堂讨论书面作业等内容。

鉴于本门课程授课教师在学界良好的学术声誉和较高的教学水平，有 10 所高校采用了本门课程以 SPOC 形式应用于校内教学，具体高校包括北京联合大学、东南大学、淮阴师范学院、南阳师范学院、齐鲁师范学院、上海海事大学、苏州大学、潍坊学院、新疆财经大学商务学院、中国民用航空飞行学院。SPOC 选课总人数为 802 人。

在线课程讨论区，同学们踊跃发起和参加与课程内容相关的讨论，提出了很多富有卓越见识的观点和看法。同学们对本门课程的评价也相当高。有学习者评论说：郝春文教授对中华民族基因形成过程分析很到位。通论重在“通”，这个特点非常好。很多人了解和学习中国史，就像对着一面支离破碎的镜子，其形成的影像凌乱不清晰。希望大师重塑格局，以明鉴世人。

以 SPOC 课形式将本课程应用于校内教学的老师给出了如下评价：主讲教师可以利用

慕课中的讨论区，结合慕课中设置的问题引导学生思考。主讲教师也能在线上深度参与讨论，这样的讨论是线下课程的延伸，更多课堂上羞于启齿的学生能在网上畅所欲言，有助于师生之间平等而富有成效地交流，也能达到教学相长的目的。学生们普遍反映，这些资料和讨论内容启发和引导了他们的课外进阶阅读，为下一阶段的专题学习打下了坚实的基础。

学生完成“中国古代史通论”慕课的学习后，普遍认为网络慕课具有广泛、深刻、精炼的特点。依托中国大学 MOOC 平台，该课程将中国古代史繁复的内容凝练在每单元 15 分钟左右的视频中，由此学生可以利用现代设备随时随地学习，具有现代技术下的视听体验感，学生普遍反映学习起来更加舒适。

总之，这种新的课程学习模式更易为网络时代的学生接受，也有助于终身学习教育目标的实现。

本课程采用百分制计分，分为 4 个部分。

（一）单元测验 30%。客观题（单选 + 多选），主要考查学生对学习内容的掌握，按系统记录情况给分。

（二）单元作业 20%。主观题，主要采取老师评改和学生互评相结合的方式，每份作业至少需 5 人互评。

（三）课程讨论 10%。按照同学们在讨论区的发帖和回帖的数量情况给予得分，只有参加课件中由老师发起的讨论活动的发帖才能计入成绩。

（四）课程考试 40%。考试为阅读基础上的学术随笔写作，选择本门课程任意一个专题相关的主题，阅读相关推荐阅读材料，写作一篇学术随笔。具体题目自拟，内容和范围不限。主要是考查学生对课程相关知识的掌握情况和学术基本功的训练情况。

（五）总评成绩 60 分至 84 分为合格，可获得合格证书；85 分至 100 分为优秀，可获得优秀证书。

本门课程的部分内容已经有改进，增加了图版，丰富了内容，并在线下课程中进行随堂视频录制，展现更为生动和丰富的教学互动形式。今后将根据同学们的学习和反馈情况持续改进。

五、课程特色与创新

针对目前通史著作、教材和各大学关于中国古代历史的课程存在的问题，本课程主要讲授中国古代的历史特点和各断代的特点和历史地位，以及有关中国古代历史的一些通贯性的问题和理论问题，其目的是加强学生对中国古代历史的整体性认识。

所谓“通”是和断代史研究比较而言的，主要指关注的长时段的问题，或用长时段的眼光观察各断代史的特点。“长时段的大历史”，对应的就是所谓碎片化研究。而碎片化或者说缺乏宏大叙事应该说是近 30 年来中国史学存在的严重问题。我们并不是一般地反对断代史或专门史研究，即使在今后，断代史和专门史研究仍然会是研究中国古代史的重要方法。但是，仅仅依靠断代史和专门史的方法是远远不够的。在重视断代史和专门史研究的同时，也应该提倡对长时段历史和宏观问题、宏大叙事的关注。“中国古代史通论”课程就属于这方面的尝试。

关于中国古代历史的特点，本课对中国古代的政治、经济和文化的特点、成因以及正面和负面影响都做了概括和分析。通过总结古代统一和分裂的历史进程，以及在此过程中形成的大一统观念，揭示出在中华民族的主体意识中，统一才是正常的状态。大一统观念是中华民族在历史上形成的重要精神财富，也是中华民族的重要文化基因。本课程还对中华民族的语言、多民族共存等其他重要文化基因的形成及特点进行了讲授。

鉴于以往通史的叙述极少关注普通民众的状况，普通妇女更是难于进入通史。本课专门设计了两讲内容，讨论古代民间结社和佛教的关系，介绍古代的妇女结社，希望能或多或少弥补以往通史叙述的不足。

（撰稿人：郝春文；审核人：孙士聪）

首都体育学院国家级一流课程建设案例

田径

一、课程基本信息

课程名称	田径
课程负责人	李厚林
开课单位	首都体育学院体育教育训练学院
课程类别	线上一流课程
课程性质	必修
开课年级	本科一年级、二年级、三年级
面向专业	体育教育
学　　时	180
学　　分	6
主要教材	《田径》

二、课程团队

课程负责人李厚林和主要成员近 5 年承担了体育教育、运动训练专业和大学体育田径教学，年平均本科教学工作量 436 学时以上。

完成“‘互联网+’教学技术在田径实践课程教学改革中应用研究”“体育教育专业田径普修课程 7 项达标成绩标准的研制与开发”和“田径课程思政的实践与探索”等 8 项教学改革项目，2022 年获批教育部全国教育科学规划课题 1 项。

2018 年田径支部被评为北京市先进基层党组织，2019 年被评为“全国党建工作样板支部”，2021 年被北京市教育委员会评为优质课程（重点）项目和专业课优秀主讲教师，《跨栏跑》被评为优质课件；2022 年《掷标枪》被评为优质课件，《田径》获批优质本科教案；2023 年“田径”课程被评为第二批国家级线上一流本科课程。

三、课程目标

首都体育学院“田径”是面向本科生（含继续教育）开设在线课程，以立德树人固根本，守正创新再出发。

“田径”线上课程以夯实学生的田径课程的基本理论、基本知识、基本技能“三基”理论基础能力，培养学生“会说、会做、会写、会教”的“四会”教学实践基本功为目标，以加强学生理论与实践综合能力和爱国主义精神培养为基准。

学习本课程后，可以培养学生成为熟练使用现代教育技术，培养具有爱国报国政治思想，践行中国特色社会主义的体育人才和社会主义现代化建设的接班人。

四、课程建设及应用情况

（一）本课程的建设发展历程及课程与教学改革要解决的重点问题

我校田径线上课程的建设工作可以回溯到2000年。当时田径教学团队响应国家“十五”期间有关线上课程建设的文件精神首先完成并获评国家级田径精品课程；在“十一五”期间，积极组织教师开展田径教材的研究与建设工作，2008年田径课程被评为国家级优秀教学团队，并主编了“十二五”普通高等教育本科国家级田径规划教材；2013年开始进行田径精品资源共享课课程建设更新建设工作。2016年被评为国家级精品资源共享课；“十三五”期间田径课程团队紧密结合学生，提升学生“核心素养”，夯实田径作为基础项目的基础地位，不断提高学科融合，引进现代教育技术，提高课程传播性水平。2019年将动漫技术、数字化技术和自动识别技术引入田径课程建设，完成了中国大学MOOC田径课程上线，建立了“线上线下”课程教学课堂，通过在线课程、独立SPOC田径、同步SPOC田径和慕课堂田径多种上课形式实现了课上课下教学的互动，保证了新冠疫情期间田径教学效果；2023年中国大学MOOC田径课程被评为第二批本科一流在线课程。

（二）课程内容与资源建设及应用情况

1. 课程内容与资源建设

“田径”线上课程共11章内容。第1章，田径基础知识：田径新理念、内容和功能。第2章、第3章，田径运动特点与发展趋势；田径基本训练方法。内容形式涉及国家队备战奥运会田径项目案例、田径运动发展趋势和田径训练新方法。第4章至第9章，在传统教学内容基础上，将动漫技术、骨骼肌肉标定技术和互联网多种技术运用到掷标枪、推铅球、跳远、跳高、短跑、跨栏课程教学中，这部分内容涵盖项目形成与发展、技术发展趋势、竞赛规则与裁判、基本技术动作、专项技术教学和训练介绍进行，学习者可以通过练习、答疑和讨论，培养解决问题和主动思维的能力，突出学生的“主体地位”。第10章，运用智能化技术，提高锻炼的科学性，发挥田径的健康功能属性，通过线上线下教学，推动中学生身体素质和健康水平的提升，为解决基础性考核项目进行教学提供参考。第

11 章，以赛事为案例，介绍国内外竞赛方法，演示操作过程，展现竞赛整体团结协作精神。

2. 应用情况

本校应用情况：田径在线课程作为首都体育学院体育教育专业、运动训练专业、运动人体专业、民族传统专业、休闲社体专业、经济管理专业、新闻专业和舞蹈表演专业学生必修专业课内容之一。

在教学中，教师采用在线课程学习和线下教学相结合的方式，目前已经开课 8 期，400 多个慕课堂满足 2 400 多学生使用本课程学习。

校外应用情况：田径在线课程面向高校和社会学习者开放，全国近 30 个省市有 73 所高校师生学习本课程，26 所学校作为 SPOC 资源进行线上线下混合式教学。

从高校 SPOC 使用情况来看，共有华东师范大学、东北师范大学和苏州大学等 26 所，共计选课人数 3 090 人；新疆伊犁师范大学、陕西宝鸡文理学院、广西科技师范学院等边远地区学校也使用了本课程。

（三）课程成绩评定方式，课程评价及改革成效等情况。

丰富考核方式，通过作业、实习、问答、讨论等多种评价方式，标准化成绩考核比重降低，加强非标准化、综合性评价的占比。

1. 考核内容

技能评定成绩、达标成绩、理论考试成绩、作业成绩和平时成绩（平时成绩包括：出勤、课堂实习、课上发言、学习态度和思想政治表现，慕课学习时间、课堂作业、练习和选择的答题等）。

2. 成绩比例构成

学期成绩＝技评成绩 20%＋达标成绩 30%＋理论考试成绩 20%＋作业成绩 10%＋平时成绩 20%。

目前，经过 8 期的教学，共有 5 万余人参加学习和认证，并通过考试。

五、课程特色与创新

（一）田径课程传承和雄厚的师资

课程讲师在田径国家级教学团队的基础上，又引入国家队教练员和教育部教材委员会委员进行教学；主讲教师有国家队教练 3 名、教授 8 名，运动健将 6 名，北京市教学名师 2 名，北京市师德标兵 1 名，北京市优秀共产党员 1 名，北京市先进工作者 1 名和国际田联讲师 3 名，讲师业务精湛、政治思想水平高。

（二）课程内容、理念和方法创新

利用负责田径项目国家队科技助力备战奥运会科研攻关与科技服务工作优势，在传统教学内容基础上，及时学习前沿创新成果，汲取最新田径发展动态，丰富课程内容；将体育精神、冠军精神融入课程思政建设，满足新时代中国特色社会主义体育专业本科人才培养的需要。

（三）技术应用先进

将动漫技术、骨骼肌肉标定技术和互联网多种技术运用到课程教学中，解决制约体育实践课的线上课程制作技术瓶颈，提升了田径课程的直观性、生动性和实用性。

田径课程打造了“线上线下+慕课”教学模式；将现代教育与课程教学核心课程体系相结合，利用课程的实时性传播功能，通过讨论调动学生学习积极性，和教师主观能动性结合，形成互动式教学，打破了传统在线课程单一方向的教学方式。

（撰稿人：李厚林；审核人：董杰）

北京第二外国语学院国家级一流课程建设案例

旅游景区经营与管理

一、课程基本信息

课程名称	旅游景区经营与管理
课程负责人	邹统钎
开课单位	北京第二外国语学院旅游科学学院
课程类别	线上一流课程
课程性质	必修
开课年级	本科二年级
面向专业	旅游管理专业
学　　时	34
学　　分	2
主要教材	《旅游景区开发与管理（第五版）》

二、课程团队

（一）教学情况

负责人与团队承担本科“旅游景区经营与管理”专业必修课程，每周 2 课时，近 5 年学生超 800 人。

（二）教学研究

负责人带领团队不断修订教材，《旅游景区开发与管理（第五版）》已于 2021 年 8 月出版；出版辅助案例 8 部。课程团队承担教育部双万计划旅游管理国家一流专业、北京市重点建设一流专业教改项目，“旅游景区经营与管理”校级“线上金课”建设，负责旅游管理教指委 “旅游管理类本科专业线上线下金课标准”研究。

（三）教学奖励

获北京市优秀教学成果二等奖 2 项，获评北京高校重点“优质本科教材课件”“十二五”普通高等教育本科国家级规划教材，获批国家一流专业和北京市重点建设一流专业；获评“国家级精品资源共享课程”和国家精品课程；获商务部研究成果二等奖。

三、课程目标

北京第二外国语学院旅游管理专业入选教育部“双万计划”、国家级一流本科专业，以 OBE 思想引领本科人才培养，面向旅游管理实践和研究前沿，致力于培养中国文旅行业首屈一指的高素质综合型创新型人才。

“旅游景区经营与管理”是旅游管理专业核心课程和国家级特色专业的重要支撑课程，以理论与案例教学引导训练学生综合专业素质，以习近平生态文明思想为指导贯穿教学全过程，强调文化和旅游深度融合，追踪关注行业动态、灵敏感知景区发展。在具有景区开发经营与管理的基本能力之上，进一步加强学生的综合素质和创新实践训练，充分发挥线上线下混合式教学特色，建立讨论、互动、协作等更为自主的学习模式，人才培养从能力、素质向创新创业、个人成长转变。

四、课程建设及应用情况

（一）建设发展历程

“旅游景区经营与管理”是北京第二外国语学院旅游管理专业通过联合国世界旅游组织认证、入选国家级一流本科专业、北京市高精尖学科、北京市特色专业建设的基础支撑课程，课程荣获“国家级精品课程”“国家精品资源共享课”称号，课程教材入选首批“十二五”普通高等教育本科国家级规划教材。2019 年底，课程教学团队推出网络共享课程，构建线上线下混合式教学的模式，展开新一轮的教学提升建设，基本实现了对学生基础知识和创新实践能力的贯通培养，使学生具备解决景区现实问题的基本能力。

（二）课程与教学改革要解决的重点问题

培养学生对基础知识和创新实践能力的贯通运用，需解决以下核心问题：

1. 知识学习与实践需求的关系。要瞄准景区学术前沿，响应不断融合、创新、变革的行业形势，建立专业理论高阶与实践导向的紧密联系。

2. 教学内容和传统课堂学时的关系。要将课堂向课外延伸，建立实践教学基地，线上与线下互动，促进课堂教学、在线讨论与实践教学的相得益彰。

3. 教学手段与课堂教学质量的关系。要建立多元开放的学习模式，加强技术与内容互融，通过多元手段提升教学效果。

（三）课程内容与资源建设及应用情况

课程以创新性、时代性、高阶性为导向，在注重基础知识的同时，广泛联系国内外最新研究成果和当代景区实践热点问题，在课程内容设计上，突出了网络共享课程更为自主的学习特点，强调理论与实践、经典与热点、讲授与启发的统一。在课程资源建设上，包括视频、PPT、问答题、讨论题、考试题以及教学拓展案例、各种延伸学习材料，并在2021年8月完成中英双语课程体系搭建，进一步扩大了课程影响力。课程实行中国大学MOOC、智慧树双平台运营，经过3年的建设与运营，线上选课人数累计超过万人，课程评分4.9，2023年入选智慧树“精品课”，得到业内和社会热烈反响。在校内，2020年入选校级线上金课项目，使用“旅游景区经营与管理”MOOC课程建立SPOC翻转课堂，教学效果良好，发挥了很好的示范引领作用。

（四）课程教学内容及组织实施情况

课程对传统教学内容进行重构，在每年旅游管理专业5个方向的本科生课程教学中推行了线上线下混合式教学，在“雨课堂”一体化平台上建立SPOC课堂，学生通过在线学习、线下课堂难点讲解和项目训练、一体化平台延展讨论与学习等方式，注重结合理论与实践，通过将讲授中的相关知识点与现实延伸话题讨论密切结合，完成线上与线下的对接，深化课堂学习效果。

1. 基础训练。采用线上线下相结合的方式，结合SPOC，开展线上引导性学习；结合重点和难点，开展线下拓展讲授。

2. 案例学习。引入案例教学，引导多领域专题学习，通过实际案例导入教学内容，展开关于景区开发、运营、游客管理、营销、产品、场地等专题的深入学习。

3. 项目实训。由学生结合兴趣个性化开展案例项目研究，以项目小组的形式，形成3～5人团队，通过选题、小组讨论、汇报答辩等环节完成对于分析依据、分析步骤、理论思考、解决问题、革新创新、文字表达等内容的综合训练。

（五）课程成绩评定方式

校内混合教学课程采用“过程化”考核。在线学习20%，通过视频学习、平时章节测试、延伸阅读与讨论、课程考试等各个学习环节完成考核。平时成绩占40%，包括平时出勤与讨论互动、景区案例研究作业、翻转课堂表现的综合性评价，SPOC提供讨论平台、作业提交、案例资料等，并记录和提供平日学生自我学习、讨论发言的表现。期末综合考试占40%，以主观题为主，结合当年景区的热点问题或现象考查学生对景区实际问题的分析解决能力。

（六）课程评价及改革成效

课程自上线以来，即开始在学校本科教学中进行推广，学生对改革后课程的综合评教分数平均为93.06，高于改革前2019年度的91.19分。每年度课程均完成分析报告，针对存在问题开展持续改进。采用上述教学方法后，课程痛点问题均得到解决：

1. 从学生评教结果看，先进知识领域、实践案例、线上资源的引入，显著激发了学习热情和主动性。

2. 基础部分的课堂学时得到优化调整，解决了课堂教学学时不足的问题。

3. 学生解决实际问题和创新实践能力均得到有效提升，内容覆盖广泛，个性化体现明显。

五、课程特色与创新

（一）课程特色

1. 理论顶天，实践立地，课程凸显前沿性与时代性。注重思政教育，注重生态文明理念引领，重视世界旅游景区前沿理论的溯源与评价，紧跟行业动态趋势。课程强调理论源于实践，强调问题导向。基于对中国实践的不断追踪和总结，不断完善案例教学，形成系列成果，推动景区理论的中国化。

2. 教师引导，学生探究，强调学生主体性与互动性。突出以学生为中心的 OBE 成果导向教学理念，以理论与案例教学引导训练学生综合专业素质。充分发挥线上线下混合式教学特色，建立讨论、互动、协作等更为自主的学习模式，人才培养从能力、素质向创新创业、个人成长转变。

（二）教学改革创新点

1. 理论高阶与实践导向相结合。深耕景区学术前沿，通过扎实的案例教学与追踪研究，不断在理论上探索中国经验，结合教材和案例库的不断更新，夯实实践教学，充分彰显课程的高阶性。

2. 课堂向课外延伸，线上与线下互动。提升扩展课程教学手段，在世界遗产地、5A 景区建立了 7 个长期合作实践教学基地，课堂教学、在线讨论与实践教学相得益彰。

3. 现代信息技术与课堂教学深度融合。建设集大数据、虚拟现实与人工智能于一体的文化和旅游大数据实验室，辅助教学，实现沉浸式智慧景区管理教学。

（撰稿人：邹统钎；审核人：曲鑫）

北京舞蹈学院国家级一流课程建设案例

中国古代舞蹈史

一、课程基本信息

课程名称	中国古代舞蹈史
课程负责人	袁禾
开课单位	北京舞蹈学院人文学院
课程类别	公共基础课、专业课
课程性质	高校学分认定课、社会学习者课程
开课年级	不限
面向专业	高校本科生、社会学习者
学　　时	36
学　　分	2
主要教材	《中国古代舞蹈史教程》《中国舞蹈史》

二、课程团队

课程负责人是教育部“马工程”重点教材《中国舞蹈史》首席专家、主编，北京高等学校教学名师，承担该门课程的教学与研究已35年。此课早在北京舞蹈学院第一次接受国家教学评估时即被评为优质课程。近5年来，该教学团队持续在舞蹈学专业和全校分别开设其必修课与公共选修课：2018—2023年，为舞蹈史论专业学生开设必修课；2018—2022年，为全院本科生开设选修课；2021—2023年，为表演专业学生（古典、民间、芭蕾、音乐剧、国标）开设必修课。2021年，“中国舞蹈史”获评北京高校思政示范课程，其团队被评为北京市课程思政示范团队。2023年，其课程教案获评“北京高校优质本科教案”。

三、课程目标

“中国古代舞蹈史”课程作为北京舞蹈学院本科生的必修课和选修课，旨在培养学生在较深文化层面上进行舞蹈的学习、表演、创作与研究能力，以“不忘本来、吸收外来、面向未来”的正确态度和立场，实现专业上的超越与创新。

课程教学目标有以下几方面。

（一）知识传授

通过对中国历代舞蹈状貌及相关现象的分析讲解，使学生懂得舞蹈反映时代意识和社会风尚，帮助其认知不同时期的审美风范并掌握舞蹈的艺术规律及价值意义。

（二）能力培养

着重挖掘学生在舞蹈表演、创作、研究方面的思维能力和创新能力。

（三）价值引领

通过舞蹈史的学习，引导学生“以史为鉴”，增强文化自信、民族自尊和爱国热情；坚守中国立场，传承中华优秀文化，凭借过硬的专业能力和敬业精神弘扬中华文明。

四、课程建设及应用情况

本线上课程对中国舞蹈的发生发展给予了历史方面的逻辑梳理，从文化深度上对各阶段舞蹈的思想观念、文化背景、审美特征、艺术风范及其所映射的时代意识、宗教信仰、社会风尚等，进行了深入细致的分析阐释，回溯了中国舞蹈从原始时代直到明清时期悠久辉煌的历史。自 1985 年北舞史论系（后更名为舞蹈学系）招生以来，“中国古代舞蹈史”就作为史论专业学生的必修课之一。随着教学改革的不断深入，该课程拓展为本院编导、古典舞、民间舞、社会教育等不同专业的必修课，此后即固定为舞蹈学专业的必修课和全校的公共选修课（学生类型涉及研究型与实践型），并一直围绕生源的变化和不同专业学生的特点，适时调整教学内容与方法，不断提高教学质量。

本线上课程使用的教材是普通高等教育“九五”国家级重点教材、中国艺术教育大系丛书的《中国古代舞蹈史教程》（袁禾著），同时融进了教育部“马工程”重点教材《中国舞蹈史》（袁禾主编）的最新成果。故其围绕教学改革所重点解决的问题如下。

（一）教学内容更为集中地阐释中国舞蹈各历史时期的艺术特征、代表性作品及关键人物，进一步厘清舞蹈发展的轨迹，深入揭示舞蹈自身的演进与时代、历史变迁的内在关系。

（二）结合文献学、考古学、图像学、文化学、民俗学、哲学的理论学说及方法探究中国舞蹈史，引导、帮助学生知晓中国古代舞蹈发展的来龙去脉，同时发掘他们“知其然，知其所以然”的认知能力，从而为当代舞蹈的理论研究与创作实践提供能力保障和智力支持。

（三）在完善中国舞蹈史知识体系的同时，强调对舞蹈实践的自我体会，力求使受教者在理性和感性方面都能切实把握中国舞蹈的审美内涵与艺术精神。

与此同时，课程广泛搜集、精选考古成果应用于教学，例如将甲骨文和原始岩画、陶器、青铜器、画像砖（石）、墓室壁画中的舞蹈图像结合史籍文献讲解，以营造出直观、形象、生动的教学氛围，帮助学生轻松愉快地全面品鉴中国舞蹈。

本课程作为一门慕课，归属于普通高校大学本科素质教育的公共选修课和相关院校舞蹈专业学生的专业基础必修课，亦可作为社会相关从业人员和舞蹈爱好者的自我进修。根据学堂在线官网的数据统计，截至 2023 年 6 月 8 日，“中国古代舞蹈史”的教学内容总数为 64 个单元，其中视频单元 45 个、作业单元 16 个、考试单元 2 个、讨论单元 1 个；课程累计开课班次 11 次，其中学分课 2 次、校本课 1 次、慕课 8 次；课程累计选课人数为 21 900 人，其中学分课人数 101 人、慕课人数 21 799 人。该课程自 2019 年开设以来，选课遍及全国范围内的各大高校，反响不小。

其课程考核方式主要为平台在线测试。测试由课后测试和期末考试两部分构成。测试内容有 3 项，分别为：“作业单元考核”（占总成绩的 60%），“讨论题”（占总成绩的 10%）和“期末考试”（占总成绩的 30%）。总成绩满 60 分即为合格。所有试题中，分章节的“作业单元考核”测试共 80 题，皆为客观题（即选择题与判断题），其主要考察相应章节的重点内容。当完成测试在线提交后系统自动评分。期末考试 40 题，覆盖全部课程的重点内容。其中，18 道为判断题、20 道为选择题、2 道为主观题。主观题由主讲教师和团队成员阅卷。

近年来，“中国古代舞蹈史”线上课程得到北京舞蹈学院及校外各类学生和舞蹈爱好者的好评，一致认为这门课较为系统、科学、清晰地设定了教学的逻辑框架和具体内容，能根据培养目标，合理安排教学，且教学方法得当，有助于培养学生的基本学术能力，其育人价值明显。特别是能在舞蹈文化的讲授中潜移默化地涵养学生的道德情操、提高其精神境界而广受欢迎与赞赏。

该课程在目前全国高校同类教学中处于引领地位，在北京舞蹈学院本科课程建设和纵深探索方面，也是走在前列的，同时还是本院教师队伍建设“传帮带”的具体内容之一。

五、课程特色与创新

本课程的特色及创新点如下：

（一）以舞蹈史为切入点，从纵深层面帮助学生感知中国文化的博大和礼乐之邦的风采以及中华民族的哲思理趣、审美风尚与文化精神，并把握中国传统艺术的根本特征。

（二）以学生为中心，课堂讲授深入浅出，通俗易懂，同时结合赏析舞蹈文物和古籍文献，融知识性、学术性、趣味性于一炉，能调动受教者的求知欲，扩充其知识量。

（三）基于不少学生难于确保固定课时的实际情况，本线上课程采取了高度浓缩并分解章节的方式，形成小而精的课程构架，便于学习者随时利用碎片时间积累知识。

（四）该线上课程既可作为舞蹈学专业的必修课和本科素质教育的公共选修课，又可作为校外艺术常识普及课，有利于全社会的舞蹈美育。

（五）本慕课由国内首位舞蹈学博士袁禾教授撰写教案并主讲，能充分保证教学质量，还配有相应的课后互动，且关注学员反馈，持续给予有价值的辅导，让学员完成课业更加便捷。

（撰稿人：袁禾，杜乐；审核人：程宇）

北京大学国家级一流课程建设案例

流行病学

一、课程基本信息

课程名称	流行病学
课程负责人	詹思延
开课单位	北京大学公共卫生学院
课程类别	线上线下混合式一流课程
课程性质	必修
开课年级	本科四年级
面向专业	预防医学专业
学　　时	143
学　　分	2
主要教材	《流行病学（第 8 版）》

二、课程团队

詹思延教授在教学方面，深入钻研、精益求精。参与主讲的“流行病学基础（一）”慕课在 2017 年被评为国家精品在线开放课程，参与主讲的“流行病学研究方法 I”于 2018 年被评为医药学研究生精品课程。詹思延积极参与教材建设和教学改革，担任本科生《流行病学》统编教材第 7 版和第 8 版（2020 年获北京高校优质本科教材课件）的主编，课程立体教材《流行病学进展》第 12 卷主编，《流行病学研究实例》第 4 卷和英文版联合主编，还担任多部教材和教学参考书的副主编和编委，为我国流行病学教材体系的建设做出了贡献。教学奖励丰富，2016 年获第 17 届吴阶平—保罗杨森医学药学奖、2017 年获“北京市优秀教师”称号、2019 年获北京高校第 11 届青年教师教学基本功比赛优秀指导教师奖。

团队成员重视教学模式和教学内容的持续创新。2009 年，经过本团队多年教学实践和精心设计形成的公共卫生专业本科骨干课程“流行病学”被教育部认定为国家精品课程，以该课程为基础建设的两门慕课“流行病学基础（一）”“流行病学基础（二）”被教育部授予“国家精品在线开放课程”称号。经过团队共同努力，“流行病学基础（一）”英文版慕课已成功在中国大学慕课国际平台上线，成为教育部首批中国高校在线教学国际平台上线课程，标志着我校课程建设国际化迈上新台阶。团队于 2018 年获得“北京大学医学部师德先进集体”的荣誉称号，于 2019 年获得“北京大学优秀教学团队奖”。

三、课程目标

北京大学是双一流综合性大学，流行病与卫生统计学专业是国家重点学科。本课程为公卫学院本科生必修课程，授课对象为大四学生，每年选课人数近 100 人。本课程旨在为国家培养基础扎实、实践能力强的应用型高级公共卫生人才。

知识目标：使学生掌握流行病学的基本原理、方法和技能，拓宽学生的思路，开阔学生的视野；注意理论与实践结合，使学生在科研中运用群体的观点、科学的方法独立进行现场调查设计、资料收集、总结分析及论文撰写。

能力目标：达到应用流行病学方法，在疾病预防、健康促进、病因研究和预防效果评价等方面提高学生独立解决问题的能力。

价值目标：树立公行天下、卫戍健康的理念，为健康中国战略实现全民健康奋斗的价值观。

四、课程建设及应用情况

（一）建设发展历程

“流行病学”课程的开设始于 1951 年开设流行学教研室，教学内容涵盖了流行病学的基本概念、原理、方法以及各分支的介绍，侧重概念及理论与实际应用的结合。在课堂中融入思政元素，构建思政案例库，不断完善教学内容、改进教学手段和方法。新冠疫情流行期间，“流行病学”教学形式上加强了线上线下混合式教学，以及流行病学案例和实习内容的混合式教学，开创了课程教学的新模式；内容上则加强或侧重传染病流行病学，公共卫生监测、突发公共卫生事件、传染病预防与控制、疫苗效果评估等与公共卫生事件相关的教学；突出案例建设的重要地位，基于流行病学案例培养学生灵活运用原理和基础知识发现、分析、解决问题的能力。本课程在 2009 年被评为国家精品课程，其配套的“流行病学基础一、二”两门慕课，均获得“国家精品课程”和“线上一流本科课程”荣誉称号。

（二）课程与教学改革要解决的重点问题

为打破课堂沉默状态以及传统的老师灌输式教育方式，本课程通过课堂讲授、案例教学、文献阅读、小组讨论与汇报多种教学方法相结合的方式，借助多媒体设备、视频及教具等灵活呈现授课内容。针对不同内容，采用适宜的教学方式。以实验研究内容为例，通过采用课堂讲授、文献阅读及小组讨论汇报的方式，激发同学们主观能动性，通过自学与讲授相结合，培养研究生科研思维。而在病例对照研究的授课中，由于病例对照研究涉及多种衍生类型，为了帮助研究生深入理解，采用案例教学及文献阅读相结合的方式，层层递进讲授各类病例对照研究设计要点，有效地培养了学生的自主学习能力，提高了学生学习效能以及分析解决问题的能力。

（三）混合式教学设计

“流行病学”采用线上线下教学相结合的模式，线上依托本教学团队在爱课程网开设的慕课课程“流行病学基础（一）”和“流行病学基础（二）”及其他微课视频，引导学生课前预习，线下通过理论课结合经典案例，剖析梳理关键知识点，再借助实习课的特色习题，讨论难点、重点，最后借助超星课程平台进行答疑互动、考核记录，实现课程的全链条管理。

（四）课程内容与资源建设及应用情况

1. 教学内容：在教学内容方面，团队牢牢把握三基的同时，紧跟时代特色，突出我国公共卫生实践需求。在传统重视慢性病研究的基础上，高度重视传染病防控的相关教学。在突出原有流行病学研究设计、慢性病病因推断的基础上，结合新冠疫情背景，重新编排传染病的三环节两因素及防控的基本策略与措施、疫苗在人群中安全有效评价的思路、方法和实施步骤，满足社会和学生需求，同时引入思政元素，引导学生上好抗“疫”思政课，把家国情怀熔铸成自己的精神坐标，将个人理想追求融入国家富强和民族复兴的伟大事业。

2. 资源建设：自 2013 年起，本团队开始建设线上课程，2014 年至今，团队共推出 5 门慕课，在中国大学慕课、华文慕课、Coursera 等平台上线。在建设过程中，团队成员参与度高，接受了系统的电子化教学方法、教学设计培训。系列慕课为我团队后续实施翻转课堂等教学模式创新奠定了工作基础。团队自 2015 年起，积极在本科“流行病学”课程教学中采用翻转课堂、线上线下混合式教学模式，开展创新性教学实践，累积了丰富的经验。

（五）改革成效情况

利用多种教学方法，如互动式、启发式、比较式等教学方法。注重多引导、多设问、多鼓励，增强课堂的参与感，活跃课堂气氛；教学手段强调形式多样、重点突出、趣味结合，充分整合 PPT、板书、视频、动画、教具、图表等手段调动学生的积极性。针对学生缺乏主动思考的问题，在课程教学中设定问题情境，启发学生独立思考，帮助学生运用知识点，化知识为能力；对方法概念进行比较，帮助学生理解不同方法原理的特点。提供课外资源，鼓励拓展自学。学生上课参与讨论活跃程度明显提高，近两年成绩明显提升。

五、课程特色与创新

（一）创新教学模式与内容

秉承实践创新教育，坚持以本为本。在国家级精品课程的传统课堂教学基础上，发展混合式教学和翻转课堂实践，特别是开创性地将实习、案例内容升级为混合式教学，促进教学模式更新。教学内容上注重三基与公共卫生实践相结合，强调传染病预防与控制、公共卫生监测、突发公共卫生事件、公共卫生应急等与实践紧密结合的内容。对外交流上注重打造英文线上课程，惠及国际学生并可为在校生提供学习参考。

（二）特色教学活动与方法

本课程通过多种教学活动如课堂讲授、案例教学、文献阅读、小组讨论与汇报多种教学方法相结合的方式，借助多媒体设备、视频及教具等灵活呈现授课内容。针对不同内容，采用适宜的教学方式。

（三）个性化教学理念

根据学生特长和人生规划，因材施教。不仅传做学问之道，更重视传做人之道、做事之道，重视学生的综合素质培养。在课堂之外向学生开放文献学习和学术交流会（每学期不少于 30 小时），训练培养流行病学思维、批判性和创造性思维。开展“以公共卫生问题为中心的综合教学”（PBL）教学工作，以问题为基础，以学生为主体，通过自主探究的方式开展教学，着力培养学生发现、凝练和解决问题的综合能力。

（撰稿人：詹思延；审核人：傅绥燕）

清华大学国家级一流课程建设案例

汽车发动机原理

一、课程基本信息

课程名称	汽车发动机原理
课程负责人	王志
开课单位	清华大学车辆与运载学院
课程类别	线上线下混合式一流课程
课程性质	必修
开课年级	本科三年级
面向专业	车辆工程
学　　时	96
学　　分	3
主要教材	《汽车动力系统原理》

二、课程团队

王志，2013 年至今主讲“汽车发动机原理”，将“钻研发动机燃烧系统核心技术打破国外技术垄断”企业研发经历融入课堂，设计线上线下混合式教学方案，2018 年获评清华大学“先进工作者”。

马骁，2015 年至今主讲本课程，精简压缩内燃机、增扩电驱动力的课程体系改革获 2021 年清华大学教学成果二等奖；获清华大学教学基本功大赛一等奖。

帅石金，2005 年至今主讲本课程，主编新版教材《汽车动力系统原理》，改革课程发展战略，主讲的“汽车发动机原理”2017 年获评国家精品在线开放课程。

肖建华，2019 年至今承担本课程试验教学环节。

高大威，近 2 年承担本课程中电机章节的教学。

李哲，近 2 年承担本课程中动力电池章节的教学。

徐梁飞，近 2 年承担本课程中燃料电池章节的教学。

三、课程目标

汽车产业是我国工业领域重要支柱产业，是先进科技集群的载体性平台和现代制造业的集成。为培养汽车行业优秀人才，承担车辆工程科学技术与产业发展重任，需要对汽车发动机原理进行深入学习。

清华大学车辆工程专业每年有本科生约 80 人。“汽车发动机原理”课程是本专业本科生的必修核心专业课程，主要讲述汽车动力系统基本工作原理，要求学生深入理解汽车动力系统的工作过程，掌握内燃动力的工作原理和性能分析方法，掌握蓄电池、燃料电池和混合动力等电驱动系统的基本工作原理和运行特性，能熟知汽车动力系统相关参数的运行范围，能熟练掌握车用动力系统运行特性的分析方法，为今后从事汽车动力系统的设计、研发、制造以及管理提供必要的专业知识。

四、课程建设及应用情况

（一）建设发展历程

清华大学是国内最早开设“汽车发动机原理”的高校之一，早在 1936 年，当时的机械工程系就开设了“内燃机”课程，先后有殷文友、梁守槃、宁榥、宋镜瀛等教师授课。近 30 年内担任“汽车发动机原理”课程的主讲教师分别是程宏、孙大立、李芬伦、刘峥、王建昕、帅石金、王志、马骁。程宏教授在 1988 年编写了《汽车发动机原理》教材。刘峥和王建昕教授于 2001 年编著《汽车发动机原理教程》教材。2009 年，“汽车发动机原理”课程荣获清华大学校精品课，是清华大学车辆工程专业第一批入选校精品课的本科生专业课之一。2011 年，王建昕和帅石金编著《汽车发动机原理》教材，2016 年，获清华大学优秀教材一等奖，该教材在全国高校被广泛使用。2021 年，帅石金和王志编著《汽车动力系统原理》教材，在精简内燃动力的基础上，加入了电驱动力内容。目前，本课程采取小班上课、混合式教学方法，每学年设 3 个班，每班约 20～30 人，含留学生。课程结合 MOOC 在线课程实施混合式教学。MOOC 课程还向全国开放，吸引了各高校和企业的 80 000 多人学习，在汽车行业起到了引领作用。

（二）课程与教学改革要解决的重点问题

课程体系不能局限于内燃机，应适应新能源汽车技术发展的需求；教材部分内容和结构，应适应前沿和最新技术动态的变化；传统教学考评方式较为单一，在 MOOC 和讨论课方面的分数分配需要体现学生的工作；在新能源汽车日新月异的环境下如何高效地推进教学改革。

（三）课程内容与资源建设及应用情况

随着汽车动力电气化的迅速发展，课程团队未雨绸缪，2015 年开始组织调研，明确未来汽车新能源动力发展方向，梳理相关知识体系和相关基础理论的学习需求，经过一年策划、一年教学试点和一年改进，2018 年扩充和重构了整个课程体系。

（四）课程教学内容及组织实施情况

本课程讲述车用汽油机和柴油机等内燃动力系统，以及蓄电池、燃料电池和混合动力等电驱动力系统的基本工作原理。课程内容分为两部分。第一部分讲述常规车用内燃动力系统的动力输出与能量利用原理。第二部分介绍电驱动力系统的构型以及基本工作原理。要求学生能深入了解车用动力系统的工作过程，熟知车用动力系统相关参数范围，熟练掌握车用动力系统运行特性的分析方法。为今后从事车用动力系统的设计、研发、制造以及管理提供必要的专业知识。作为本课程的实践教学环节，在“汽车试验学 1”课程中安排了车用内燃机示功图、特性曲线和排放以及电池和燃料电池特性等有关试验。

（五）课程成绩评定方式

课程成绩评定方式：过去课程评分以期中、期末两次考试和平时作业成绩为主，教学改革后 MOOC 学习评分、讨论课评分和挑战性大作业的总占比上升至 40%。讨论课的设置以学生分组开展综合性题目的竞争性 PPT 展示为主要形式，每个题目均由两个小组开展研讨进行比赛，有效调动了学生的积极性和参与感，保障了讨论课的整体质量。挑战性大作业题目无固定答案和简单最优解，采取“以事先未知的输入检验效果”的方式进行评分，旨在考评学生在理解内燃机和电驱动力系统基本原理基础上，使用工具解决工程问题的能力。题目的形式既保证一般学生能够正常独立完成，又为高水平的学生留出“上不封顶”的发挥空间，学生可以自行选择完成任务的难度，在分数上也可以拉开明显差距。前述考评机制改革很好地体现了“价值塑造、能力培养、知识传授”三位一体教学思路。

（六）课程评价及改革成效情况

课程评价及改革成效：近年来不断更新教材，精简了传统汽油机和柴油机授课内容，增加了电驱动包括电机特性、蓄电池和燃料电池基本工作原理的内容，采用线上线下混合式教学方式，体现了专业课程经典与前沿的统一、传统教学方法与现代教学方法的统一，学生兴趣更浓，受到学生的一致好评，各项教学评价指标超过全校平均水平，综合评分逐年增高。

五、课程特色与创新

（一）课程特色

在近年来的教学改革中实现了四个“一体化”推进：

1. 在教学设计上，实现了理论课程与试验课程一体化。
2. 在教材编写框架上，实现了经典内容与新能源内容一体化。
3. 在教学组织上，实现了基础理论—知识体系—实践运用一体化。
4. 在学习方式上，实现了课堂讲授—MOOC 自学—挑战讨论课和大作业一体化。

（二）教学创新

1. 将立德树人融入课堂。教研组教师均从事汽车动力系统研发工作，丰富的科研经验使教师能给学生及时生动地讲解一些科研体会和学科前沿热点，使用研究中获得的成果和数据丰富了讲课及教材内容。在教学中，既讲授发动机燃烧的科学之美，也解析机电耦合动力的人类智慧，结合科研中钻研燃烧系统核心技术、打破国外技术垄断的诸多案例，结合课程知识传授，点燃学生的求知之火，激励学生勇于挑战前沿技术。

2. 5 年前国内高校同行单位的同类课程，多是将电驱动力和传统发动机动力课程分成多门课程单独教学。近年来 10 余所高校陆续引入本课程课件和《汽车动力系统原理》教材进入汽车发动机原理相关课程的教学中。“汽车发动机原理”课程率先实现了汽车动力系统多元化（内燃机、燃料电池、动力电池和电机）教学跨越，在国际上也起到引领作用。

（撰稿人：王志；审核人：刘毅）

北京交通大学国家级一流课程建设案例

交通管理与控制

一、课程基本信息

课程名称	交通管理与控制
课程负责人	袁振洲
开课单位	北京交通大学交通运输学院
课程类别	线上线下混合式一流课程
课程性质	必修
开课年级	本科三年级
面向专业	交通工程
学　　时	64
学　　分	4
主要教材	《城市交通管理与控制（第 2 版）》

二、课程团队

课程负责人袁振洲教授，是北京市级、国家级精品课程、国家精品资源共享课程负责人。自 2001 年起，每学年为本科生主讲该课程。近 5 年主持完成教育部、北京市课程质量工程建设项目 3 项；获得校级教学优秀成果一等奖 2 项、二等奖 1 项；作为第三完成人的“交通工程国家级特色专业建设”获得北京市优秀教学成果二等奖，获学校“‘三育人’先进个人”和“优秀标兵”称号。

主要成员吴先宇副教授，每学年均承担本课程教学。承担校级教改项目 2 项。王江锋教授，每学年均承担本课程教学，完成教改论文 2 篇。吴亦政副教授，2019 年获得主讲教师资格认证后，每学年讲授该课程。魏丽英副教授，受聘为学校教学促进师，在第四届“交通工程全国教学研讨会”作本课程教学法研讨的主题发言。

三、课程目标

根据本课程所支撑的毕业要求指标点，细化的课程目标如下：

1. 了解交通管理与控制在交通工程学科体系中的地位和作用，跟踪研究领域的最新发展动态，掌握基本概念和基本理论；

2. 系统、深入了解交通管理的基本法规，以及行车、停车、步行管理的基本内容、基本原理和基本方法；

3. 掌握交通控制的基本原则和方法，以及单点、干线绿波、区域协调控制的基本概念、基本原理和优化方法；

4. 理解高速公路交通管理的组成和基本方法，及智能交通系统的基本理论和发展趋势；

5. 为后续课程学习，以及运用交通管理与控制的方法、原理解决实际问题打下坚实的基础；

6. 引导和培养学生作为交通管理人员应具备的科学素养、研究能力与实践能力，能够在工程实践中形成相应设计方案；

7. 引导和培养学生作为交通工程师应具备的人文社会科学素养、社会责任感，能够在工程实践中理解并遵守交通工程师的职业道德和规范，并认真履行责任；

8. 培养和锻炼学生的项目管理、表达能力、沟通能力、团队合作精神，以及在团队中发挥作用的能力。

四、课程建设及应用情况

（一）课程建设与发展历程

本课程是专业核心课之一，是我校首批重点建设课程，也是交通工程国家级一流专业的专业特色课程。

2001 年，课程独立开课；

2005 年，实现多媒体教学；

2007 年，编写校内讲义，出版了国家级规划教材；

2008 年，获批北京市精品课程；

2009 年，获批国家级精品课程；

2013 年，立项国家级精品资源共享课；

2016 年，获评首批国家级精品资源共享课；

2018 年，上线爱课程（中国大学 MOOC），推行线上线下混合式教学改革；

2023 年，获评国家级一流线上线下混合式课程。

（二）课程与教学改革要解决的重点问题

课程组在推行线上线下教学改革之初，发现存在如下突出问题：

一是在交通法规、技术规范等交通管理内容教学中，部分学生线上学习持久性差效率低，较复杂的难点知识不理解。需要引导学习方法的转型升级，调动学与教双方积极性。

二是在相位设计、信号配时等交通控制内容教学中，如何针对高年级本科同学特点和学习心理，针对性地开展线上线下融合，培育并锻炼解决复杂实践问题的水平和创新意识。

（三）课程内容与资源建设及应用情况

针对以上问题，课程团队不断尝试教学改革。依托国家重点学科和一流专业优势，主动抓住北京市精品课程、国家精品课程、国家级精品资源共享、MOOC 等建设机会，开展“2+3”线上线下资源的建设：

“2 个线上资源”：基于中国大学 MOOC 平台，自主建设慕课；基于爱课程国家精品资源共享课平台，开设线上共享课。

“3 个线下资源”：出版了 2 本教材——2007 版国家级规划教材作为辅助教材，2013 版国家重点出版物教材作为主教材；学院交通运输国家级实验教学示范中心，每学期课程设计实验在此进行；院系共建的沧州交警实习基地，春季短学期现场实习。

（四）课程教学内容与组织实施情况

教学设计思路：坚持以学生为中心的 OBE 理念，重构教与学关系；针对教改中问题，一讲一方案，探索契合本课程目标和特点的教学模式。

课程组梳理教学内容形成 9 大模块 73 个知识点。注重智慧交通、无人驾驶等前沿性理论融入，将核心知识点按照理论导学、技能训练进行教学设计；其次，根据重点难点设计线上线下教学内容，落实到教学日历中。形成了线上“导、自、督、探、互”和线下“知、做、思、创、评”融合的 10 字教学法。

“导、自、督、探、互”即“导学+自学+督学+探学+互学师生互动式”线上教学。导学就是教师课前下发任务单，引导学生学习；自学就是学生依据任务单，视学习进度和能力，自主学习线上课程；督学就是教师查看在线时间、资源浏览等监督学习；探学就是根据需要和发展目标，探究式学习扩展资源；互学就是师生间及生生间互动研讨。

“知、做、思、创、评”即“熟知→操作→深思→创新→赏评”能力逐步提升的线下教学。知就是参与课堂研讨，熟知交通管理与控制理论与方法；做就是完成章节习题，熟练教学实验中心的软件，进行基地实习等，提高工程实践能力；思就是对前沿性的专题或科研案例，深度思考大胆质疑；创就是小组协作完成课程设计，指导同学深度思考，参加大创或交通科技大赛等；评就是答辩课程设计成果，老师点评及同学自评互评。

（五）课程成绩评定方式

教学过程中加强线上线下各环节过程性多元化成绩考核，包括：

线下课堂表现和线上互学评价结合的线上线下考核；主要知识点的随堂或课后作业考核；分小组课程设计考查学生协作和沟通能力的实验考核；设置一定量开放性试题，考核学生创新思维的期末开卷考试。

（六）课程评价及改革成效

教改后课程平均分、最高分均有提高；线上线下学生参与情况明显改善；同时学生们反馈解决实际问题远比学习过程更具有挑战性，不仅融合了所学知识，而且须具备创新意识。

另外学生参加大创、交通科技大赛积极性提高，获奖率提升；团队老师在全国交通工程教学研讨会上就课程改革经验做主题发言，被聘为学校教学促进师，在校讲课基本功大赛中获奖。

五、课程特色与创新

（一）依托国家重点学科和一流专业优势，持续多阶段各类品牌课程建设，积累了扎实的课程建设和应用基础

依托交通运输工程国家重点学科和交通工程国家一流专业，持续开展教学模式、教材、慕课资源等内涵建设。先后经历了国家级规划教材、北京市精品课、国家级精品课、精品资源共享课、慕课等各类品牌课程的建设与打造，拥有了以自编国家级规划教材、自主产权 MOOC 资源为基础，以实验教学中心、实习基地为支撑的特色资源。

（二）重视科教融合，学生工程实践和创新能力得到锻炼，产出能力明显提升

围绕课程目标，及时整合如车路协同、自动驾驶等学术前沿或科研成果融入课程，引入如公交线网优化、交通仿真等科研成果设计工程式案例。围绕课程知识点，积极引导学生参加交通大赛，工程实践和创新能力得到锻炼，学生获得感和成就感增强。

（三）探索出互动 + 体验式的 10 字教学法，促进了混合式教学成效的落地

探索并形成了契合本课程目标和特色的导学、自学、督学、探学、互学“五学互应”师生互动式线上教学，以及知、做、思、创、评“五阶递进”学生体验式线下教学模式。师生均深入理解了线上线下教学方式和 OBE 理念，不抽象、有抓手，进一步提升混合式教学中教与学的双向能力和成效。

（撰稿人：袁振洲；审核人：房海蓉）

北京化工大学国家级一流课程建设案例

化工过程分析与合成

一、课程基本信息

课程名称	化工过程分析与合成
课程负责人	张卫东
开课单位	北京化工大学化学工程学院
课程类别	线上线下混合式一流课程
课程性质	必修
开课年级	本科三年级
面向专业	化学工程与工艺、能源化学工程
学　　时	67
学　　分	3.0
主要教材	《化工过程分析与合成（第二版）》

二、课程团队

课程负责人张卫东教授坚持本科教学工作，自2000年开始主讲“化工过程分析与合成”，近5年本课程总学时为492；主持参与教改项目4项，其中国家级1项并获评优秀；获国家级教学成果一等奖1项、二等奖2项，北京市教育教学成果一等奖2项、二等奖3项，获教育部霍英东基金，北京市高等学校教学名师奖等荣誉。

团队其他老师近5年平均学时为118学时。

团队负责的“化工过程分析与合成”课程被评为国家精品课程，出版课程相关教材《化工过程分析与合成》的第一版和第二版，其获评普通高等教育“十一五”及“十二五”国家级规划教材、中国石油和化学工业优秀教材一等奖、北京市高校优质本科教材。2023年，“化工过程分析与合成”入选国家级一流本科课程。

三、课程目标

以北京化工大学“普遍成才，追求卓越”的育人理念为导向，通过课程学习，达到以下目标：

在素质层面，通过融入课程思政，注重时代社会问题的探索，培植学生的家国情怀、历史使命感和社会责任感；深入传播“十四五”规划内涵，加深学生对国家政策的领悟，增强坚持党的领导的信念，高举中国特色社会主义伟大旗帜。

在知识层面，使学生掌握稳态及动态系统模拟、系统优化、换热网络合成、分离序列综合的基本概念、理论和方法，培养系统工程思想。

在能力层面，着重提高学生综合运用理论知识，结合系统工程的方法，解决化工复杂实际问题的能力；树立学生主动学习的理念，提高文献阅读、逻辑分析、团队协作和语言表达的能力。

四、课程建设及应用情况

2001 年，结合化学工程与工艺专业教学的总体改革，针对国内化工系统工程教育教学中存在的过分强调数学造成工程教育内容薄弱的问题，在老一代化工教育家麻德贤先生、李成岳先生的亲自带领下，本团队在国内最早开设“化工过程分析与合成”的教学课程。课程开设之初，被列入化学工程与工艺专业核心课程，至今累计授课 20 年，培养学生近万名。

课程基础雄厚，配套专业教材。2002 年，出版面向 21 世纪课程教材《化工过程分析与合成（第一版）》；2011 年，为适应 21 世纪化工改革的需要，重组课程体系，再编《化工过程分析与合成（第二版）》。《化工过程分析与合成》被列入普通高等教育“十一五”“十二五”国家级规划教材，获评中国石油和化学工业优秀教材一等奖、北京市高校优质本科教材。

课程改革创新，锐意进取。2004 年，本课程被评为北京市精品课程和北京化工大学教学成果二等奖；2010 年，本课程被评为国家精品课程；2016 年，本课程被评为首批“国家级精品资源共享课”；2018 年，本课程 MOOC 在“中国大学 MOOC”上线运行；2020 年，本课程电子教材被评为北京市高校优质本科教材；2023 年，本课程入选国家级一流本科课程。

随着教学内容的升级和教学改革的需要，本课程面向对象由初期仅为化工专业的学生，到现今课程对象逐渐扩大，已涵盖能源化学工程专业、中法卓越工程师班及英才班等。

同时，在教学改革深化过程中发现“化工过程分析与合成”教学工作还面临着课堂效率亟待提升、思政教育有待强化、创新培养不足、评价体系单一、工程意识薄弱等问题。

为提高课堂效率，丰富评价体系，培养学生创新意识和工程意识，本课程于 2018 年开始尝试在线平台与传统课堂的结合教学，分别在校内平台“北化在线网络教学综合平台”和校外平台“中国大学 MOOC”上线，分别满足不同层次、不同侧重的需求。平台包含短视频、课件、习题等资源，定期开课。据不完全统计，泉州师范大学、安徽工程大学、广东工业大学等采用本课程的 MOOC 资源进行教学，学习人数达 1 万余名。

本课程以启发式、互动式教学为主要方式。教学流程分为三个阶段：知识初识阶段，主要是通过 MOOC 进行基本概念、原理与方法的理解、应用，属于识记的低阶学习；知识内化阶段，课堂开展已有模型的建立、求解、优化等，属于综合应用、创新的高阶学习；知识升华阶段，对工业实际问题进行分析，并建立模型，优化求解，属于高创学习，有效提高课堂效率，培养学生创新意识和工程意识。

考核方式多维化，注重学习过程。课程的考核方式包括过程考核和期末考试。其中过程考核包括课堂表现（包括出勤、参与、翻转课堂等）、习题作业、大作业/测验；期末考试为开卷笔试，考试题型包括填空、简答、计算等。期末考试占 70%，课堂表现、习题作业、大作业/测验分别占 5%、15%、10%，实现课程评价体系多元化。

课程改革受到普遍好评。对课堂的教学效果，学生对课程的评价得分为 89 分，部分同学认为“讲解生动”。总体上，教学满意度较高，教学效果较好。学校教学督导组对本课程的平均得分为 97 分（100 分满分），高度评价本课程的教学。

五、课程特色与创新

（一）改革课堂教学，助力能力培养

以学生为中心，通过混合式、翻转式、启发式和交互式的讲授方式，引导学生成为课堂的主人，促进综合能力的提升。设置“学生讲课”“小试牛刀”“互动问答”“阶段测验”“工艺案例”“名师讲堂”“大作业”等环节，有效提高课堂效率，促进知识和能力的双提升。

（二）坚持立德树人，助力素质培养

以社会主义核心价值观为引领，以国家需求为导向，同时融入专业特色，致力于培养新时代高素质化工人才。引入国内外过程工程学的发展史和现状，激发为振兴民族化工科技事业献身的热情；以繁多且复杂的方程组的建立及计算为例，培植工匠精神。

（三）加强资源建设，营造优质环境

借鉴一流课程建设经验，加强教师队伍的建设，打造一流国家级规划教材；丰富习题库，完善课件，获评北京市优质本科课件；创建优质 MOOC，服务于众多高校。

（四）强化工科思维，培养专业人才

将新技术在化工中的应用融入教学内容，加强化工安全、人工智能、大数据等基础教育，介绍化工常用软件工具；将工程伦理融入教学中，培养具有安全意识、环保意识的工程技术人才。

（撰稿人：张卫东；审核人：杜增智）

北京师范大学国家级一流课程建设案例

高分子化学与物理

一、课程基本信息

课程名称	高分子化学与物理
课程负责人	刘正平
开课单位	北京师范大学化学学院
课程类别	线上线下混合式一流课程
课程性质	必修
开课年级	本科三年级
面向专业	化学
学　　时	91
学　　分	4
主要教材	《高分子化学（第五版）》《高分子物理（第二版）》

二、课程团队

“高分子化学与物理”课程团队有着优良的传统，长期坚持以教育教学改革引领和保障教学质量不断提高，开展教研活动，经常参与全国性教学研讨会，始终坚持在一线认真教学，教学效果好，近5年所有教师的学生评价均为优秀。该课程先后获学校和北京市精品课建设立项，2016年获学校MOOC课程建设项目；该课程负责人刘正平教授是首批“教育部高等学校骨干教师资助计划”项目获得者，曾获2011年北京师范大学第七届教学名师奖、2012年钱媛教育基金优秀教师奖，先后获北京师范大学教育教学成果二等奖2项和一等奖3项、北京市教育教学成果一等奖3项以及国家级教育教学成果二等奖2项，2014年获“全国优秀科技工作者”荣誉称号。

三、课程目标

结合北京师范大学建设“综合性、研究型、教师教育领先的中国特色世界一流大学”的办学定位，和授课对象为化学类专业非师范生和公费师范生两大群体的学生实际及化学类专业本科生人才培养要求，按两大群体分开授课，但专业基础理论知识和技能的要求一致，考核方式和考核标准一致，只是教学实施过程中的具体案例根据毕业生去向不同而有针对性的区别。通过本课的学习，使化学类专业的学生实现以下基本目标：（1）掌握高分子的定义、分类、命名、合成与反应，同时了解一些重要的高分子材料及高分子领域的最新进展；（2）掌握高分子的结构与性能之间的关系；（3）通过所学的高分子化学与物理知识去理解和解决日常生活和科研实践中遇到的相关问题。

四、课程建设及应用情况

本课程是理科化学类本科生“五大化学”核心学科基础课的最后一门课，在化学类本科人才培养中占有重要的不可替代的地位。

（一）本课程的建设发展历程

本课程开设有20多年的历史，其前身是“高分子化学”和“高分子物理”。其中，“高分子化学”于2010年被评为北京市精品课建设项目。2015年大类招生后，两门课程合并为“高分子化学与物理”一门课程，为化学类专业本科生的专业必修课，本课程于2016年获批学校MOOC建设项目，并于2018年在爱课程和学堂在线同时上线。

（二）课程与教学改革要解决的重点问题

本课程内容丰富、章节多，有些知识点比较难以学习和掌握，且学时有限；以往的考核主要以期中和期末成绩为主，未能及时反映学生对所学知识的即时性掌握情况；另外，教师教学主要采用传统的灌输式教学模式。针对以上重点问题，本课程团队充分利用北京市精品课程网站资源和MOOC上线资源，进行了卓有成效的以学生为主体的混合式教学模式的教学方法改革。精心筛选15个重点难点知识，设计为线上自学、学生展示和生生、师生互动的内容，既解决了学时紧张又解决了重点难点难以学习掌握的问题；加强对学生的过程性考核，包括MOOC上线每章作业、小测在内的习作和考核，以及学生展示等，可以及时掌握学生的学习状况，达到解决上述重点问题的目的。

（三）课程内容与资源建设及应用情况

1. 课程内容

“高分子化学与物理”课程包括 “高分子化学”“高分子物理”2 大教学模块，共讲授62学时（含4学时的学生展示）。

各模块具体顺序、内容及对应的学时如下：

高分子化学模块（41 学时）：高分子科学简介（4 学时）、逐步聚合（8 学时）、自由基聚合（8 学时）、离子聚合（8 学时）、共聚合（6 学时）、高分子控制合成（4 学时）、高分子化学反应（2 学时）、功能高分子（1 学时）。

高分子物理模块（21 学时）：高分子链结构（3 学时）、高分子溶液（6 学时）、高分子聚集态（3 学时）、聚合物的分子运动与转变（4 学时）、橡胶弹性（1 学时）、聚合物的粘弹性（3 学时）、聚合物的机械强度（1 学时）。

2. 资源建设及应用情况

主要参考书：

潘祖仁. 高分子化学. 第五版. 北京：化学工业出版社，2011 年。

刘凤歧，汤心颐. 高分子物理. 第二版. 北京：高等教育出版社，2016 年。

应用情况：

作为历时 2 年精心打造的国内第一门“高分子化学与物理”MOOC 课程，于 2018 年 9 月起同时在爱课程和学堂在线同时上线，至今每个平台已开设 10 轮次，方便用于本课程实体课堂的混合式教学，同时也为兄弟院校比如东华大学在 2020 年疫情期间提供了线上教学。

（四）课程教学内容及组织实施情况

本课程共有 14 章内容，设计为线下教学 58 学时、线上自主学习 29 学时。精选 15 个重点难点知识点作为线上重点学习素材；另外，学生需要 4 学时展示 15 个知识点，在学生展示过程中，生生互动和师生互动环节非常活跃。

（五）课程成绩评定方式

考核方式采用平时考勤、平时作业、随堂测试、课程展示和期末考试等多种形式，最终以各种考核形式评定的成绩按不同权重得出学生学习本课程的总成绩。

（六）课程评价及改革成效等情况

“高分子化学与物理”得到校内外专家和学生的广泛关注和一致好评。

中国科学院院士、吉林大学校长张希认为：“该课程教学内容逻辑性强，既注重知识的经典性、逻辑性和系统性，又强调实践及学科发展的前沿知识。”

我校教学督导团团长尹冬冬教授认为：“采用灵活多样的教学方法和手段，参考国内外精品教材和国家级规划教材制作了理科化学类专业本科生尤其是免费师范生使用的电子课件，并建设有内容丰富的网络资源辅助教学，产生了良好的教学效果。”

五、课程特色与创新

“高分子化学与物理”课程在 20 余年来不断改革、实践与创新中，逐渐形成了北京师范大学特色。

坚持“立德树人”的育人理念。结合有关知识点，将思政元素自然地融入课堂教学中，比如，在“高分子学科简介”一章，介绍了我国高分子化学的奠基人冯新德院士如何在我国最艰难的时期毅然回国参与建设新中国高分子学科的事迹。

坚持以教育教学改革促教学质量不断提升的工作理念。在一线教学实践中，课程团队开展教研活动，积极参加全国教学改革研讨会；持续在教学内容、课程体系、教学手段和方法等方面全方位地开展教育教学改革。

坚持“以本为本”的教育理念。经过多年的实践，精选出15个重难点知识点，采用翻转课堂的新教学形式，开展混合式教学，学生由被动接受知识转变为主动学习。

坚持学科前沿进课堂。该课程在高分子学科经典的基本知识、理论和方法相对稳定的前提下，每年都结合学科发展，将适合本科生教学的学科前沿知识恰当地引入课堂教学中。

坚持教学资源与时俱进。参考国内外精品教材及国家规划教材，结合课程团队的学科背景，制备出适合于理科化学类本科生使用的电子课件，并建设了北京市精品课和MOOC课程等资源丰富的教学网站。

（撰稿人：刘正平；审核人：汪明）

北京外国语大学国家级一流课程建设案例

综合英语

一、课程基本信息

课程名称	综合英语
课程负责人	李莉文
开课单位	北京外国语大学专用英语学院
课程类别	线上线下混合式一流课程
课程性质	必修
面向对象	高校非英语专业本科生
学　时	64
学　分	4
主要教材	《新视野大学英语（第三版）》《读写教程：智慧版》

二、课程团队

李莉文，北京外国语大学教授、博导，课程负责人，全国第二批黄大年式教师团队成员，2021 年获评“北京高等学校教学名师”称号，主编的《大学思辨英语教材写作 2：说明文》2021 年获评北京高等学校优质本科课件奖，主持的“多语种慕课体系构建：‘建—用—研—评’一体的外语教学模式创新”2022 年获得北京市教学成果奖一等奖。

蔡鸿，北京外国语大学副教授，负责课程线下应用，近 5 年出版专著 1 部，主持省部级教改项目 1 项、校级教改项目 2 项，全国第二批黄大年式教师团队成员，获得各级教学奖励 10 项，发表教研论文 2 篇。

蒋岳春，北京外国语大学副教授，课程线上助理。近 5 年获省部级教学奖 2 项，主持校级教研项目 3 项，获得各级教学奖励 7 项，发表教研论文 6 篇。

三、课程目标

北京外国语大学的办学定位是落实立德树人根本任务，秉承“外特精通”育人理念，培养具有中国情怀、国际视野、社会责任感和跨文化思辨能力的复合型、复语型、国际化高层次人才，建设国际化、重特色、高水平、综合型的世界一流外国语大学。

“综合英语”课程旨在立德树人，提高英语综合运用能力、拓展视野、提升人文素养，在帮助学生认识世界、了解社会、发现自我的过程中树立正确的世界观、人生观、价值观，提高跨文化能力、思辨能力、合作探究能力和解决问题的能力。

四、课程建设及应用情况

（一）本课程的建设发展历程

“综合英语”是面向非英语专业开设的大学英语的核心课程之一，近年来以跨文化能力培养为驱动，在课程大纲、课堂任务设计、教学资源建设和教改评估研究等方面有机融入跨文化能力要素，做了有益的探索和实践。2019 年以来，该课程持续改进，与信息技术深度融合，有机融入思政元素，以《习近平谈治国理政》为蓝本，丰富翻译和阅读内容，提高语言运用的精准性和得体性，创新混合式教学模式，凝练课程特色，培养学生理解当代中国，用英语讲述中国故事的话语建构能力。

（二）课程与教学改革要解决的重点问题

该课程旨在培养有家国情怀、有全球视野、有专业本领的复合型人才，拟解决两个重点问题：一是如何提高用英语讲述中国故事的能力，夯实英语基本功，增强发现故事、挖掘故事、凝练故事、撰写故事、呈现故事和传播故事的语言运用和话语建构能力；二是如何培养跨文化思辨能力和跨文化沟通能力。第一个重点问题就是实现课程育人，培养社会责任感；第二个重点问题是提升高阶思维能力，培养问题意识和创新能力。显性和隐性教学并举，语言输入和输出并重，引导学生服务国家、奉献社会、成就人生，培养使命感和担当精神。

（三）混合式教学设计

以约翰·凯勒的激发学习动机策略（ARCS）为线上线下混合式教学设计的依据，目的是调动学生的学习积极性、提高参与度。课堂面授按 DCAS 步骤开展，即 Discover（发现）、Challenge（挑战）、Analyze（分析）、Solve（解决），旨在培养学生的探究精神、问题意识、思辨能力、社会责任，并与 ARCS 的 4 个层面呼应。课程采用探究式教学和启发式教学方法，培养学生的跨文化思辨能力和家国情怀。

（四）课程内容与资源建设及应用

课程内容包括优校园智慧教学云平台上的《新视野大学英语读写教程》数字版教材、针对单元主题开展的讨论以及词汇辨析和应用的练习，主题涵盖社会、文化、经济和历史，夯实语言技能，提高人文素养，拓展视野，培养思辨能力。教学资源建设主要依托优质校园数字版教材和省级一流大学英语慕课，辅以教师收集的与单元主题相关的视频和课外阅读资料。学生每学期每人至少完成 20 小时的线上学习、2 次线上测试和期末线下笔试。

（五）教学方法改革

传统的综合英语课堂教学方法以教师讲授课文为主，而线上线下混合式教学给在智慧教室开展的综合英语课堂教学带来了三个变化：一是聚焦主题的挖掘。小组成员通过分享个人体验和想法，产生思想碰撞。教师通过反馈、讲解、点评进一步提高学生的语言敏感度，增强其跨文化意识和多元视角；二是教师鼓励学生利用电子词典和语料库进行词汇辨析和语言使用的探究，以提升查询、辨识、分析和归纳故事的能力；三是加强逻辑思维和语言表达训练，利用 iWrite 写作训练系统，开展同伴互评，不仅关注语言特征，而且更侧重情感态度的塑造和语用能力的培养。

（六）课程教学内容及组织实施

该课程的教学内容围绕知识目标、技能目标和思政目标展开。线上自主学习能较好地解决生词学习和课文理解问题，线下课堂侧重语篇分析和语用特点，挖掘主题内涵，有机融入社会主义核心价值观和《习近平谈治国理政》部分内容。该课程使用智慧教室，充分开展课堂小组合作学习，培养学生协作精神和组织归纳能力，把小组讨论结果即时投屏、即刻点评，引导学生从社会和国家层面思考当下现实问题。

（七）课程成绩评定方式

课程成绩由线上学习（20%，包括学习时长和作业成绩）、线上测试（20%，共两次，侧重词汇填空、句子翻译、改写句子）、讨论区发帖跟帖（10%，侧重讨论内容是否言之有物）和期末线下考试（50%）组成。该课程强调形成性评估的重要性，线上自主学习和同伴互动交流是评价的重要组成部分。

（八）课程评价及改革成效

该课程的学生评教成绩优秀，学生认为在线互动、词汇辨析、课堂思维训练、知识拓展、多元视角、故事挖掘和凝练等方面收获最大，老师不仅教书育人，而且常把可迁移的技能与职场需求、国家需求挂钩。课程改革成效显著，2019—2023 年，课程负责人先后在全国高校外语教育改革与发展高端论坛、大学英语教学开放课堂暨研讨会、人工智能助推外语教育教学改革研讨会、中国人民大学智慧教学研讨会、中国高校外语慕课联盟联席会年会、“新时期高校外语教育与教学发展”智慧讲坛数字专场活动、世界慕课大会分论坛、英语课程群虚拟教研室等场合，作了 20 余次专题发言，分享线上线下混合式教学实践、管理和研究思路，推广交流混合式教学模式的应用和教研成果。

五、课程特色与创新

该课程特色可概括为20字，即语言夯实、思辨驱动、能力导向、智慧教学、课程育人。线上线下结合的混合式教学课程突出线上自主学习和自我监控，教师充分利用现代技术，观测在线学习行为，提供个性化指导方案，提高学生的学习效率和参与度。在智慧教室开展的线下教学，以学生为中心，精心设计课程思政活动，任务设计遵循科学性、认知挑战性和可操作性原则，着力增强分析和解决问题的能力，挑战思维定式，培养科学思维、问题意识和爱国情怀。

课程创新点体现在两个方面：一是构建ARCS+DCAS线上线下混合式教学模式，课堂面授依托智慧教室，围绕学生小组合作探究活动，实现语言运用目标、跨文化技能目标和课程育人目标。二是线上环境以“U校园智慧教学云平台”为主要载体，内容及呈现形式与时俱进、贴合新一代大学生“网上原住民”对内容的接受习惯。线下环境方面，智慧教室兼容U校园智慧教学云平台、iWrite英语写作教学与评阅系统、Utalk视听实训产品，依托所搭载的智慧云盒产品，开展多屏互动，并为配合综合英语教学中的主题陈述、写作教学、课堂测试等环节增加了语音转写、范文点评、测试内容即刻分析统计等功能，在课堂教学层面更加符合英语教师的教学习惯。教学参与者（教师与学生）、教学资源（纸质教材内容、数字课程、省级一流慕课）、教学共同体均能实现线上与线下环境载体的互通互联。

（撰稿人：李莉文；审核人：郭斌）

北京语言大学国家级一流课程建设案例

商务汉语综合课

一、课程基本信息

课程名称	商务汉语综合课
课程负责人	冯传强
开课单位	北京语言大学国际中文学院
课程类别	线上线下混合式一流课程
课程性质	必修
开课年级	本科四年级
面向专业	汉语言专业经贸方向
学　　时	64
学　　分	4
主要教材	《中国经济聚焦：高级商务汉语综合教程》

二、课程团队

近年来，课程负责人一直承担汉语学院汉语言专业经贸方向四年级的“商务汉语综合”课程的教学工作。教学效果良好，评估成绩在同类课程中名列前茅。同时课程团队积极进行商务汉语教学法、慕课及翻转课堂的教学改革工作，完成多项校级教学改革创新项目。课程团队主讲的两门课程在中国大学慕课上线，受到学员的一致好评，目前已开课 8 轮，累计学员万名以上。课程负责人和团队教师多次在学校的教学比赛中获奖，两名教师获评北京高校优秀专业课主讲教师和教育部课程思政教学名师。

三、课程目标

北京语言大学汉语言专业经贸方向的人才培养目标是培养“汉语+商务”的复合型商务汉

语人才。作为专业的核心课程，该课程的教学目标是加深学生对中国当代中国经济社会的了解，特别是自改革开放以来中国经济各领域取得的伟大成就，提高学生运用商务汉语进行交际的能力和写作能力，同时培养他们的国际视野和对中国的深厚感情。具体来说有以下 3 个方面。

（一）知识方面

掌握 1 000 个商务汉语词汇和 300 个经济领域的成段表达结构及相关经济知识。

（二）能力方面

提高运用商务汉语进行交际的能力和对经济问题的分析能力及写作能力。

（三）素质方面

加强对中国特色社会主义制度的认同，实现培养知华、友华商务汉语人才的育人目标。

四、课程建设及应用情况

（一）课程建设发展历程

该课程最早开设于 20 世纪 90 年代，一直是汉语学院汉语言专业经贸方向本科四年级的必修课，也是该方向的核心课程。自开设以来，一直特别注重最新的教学理念、教学方法和教学模式在教学中的改革和应用，取得了显著的教学成果。该课程的发展历史如下：

1. 20 世纪 90 年代，汉语学院开设汉语言专业经贸方向，该课程是经贸方向的核心课程和主干课程。2009 年该课程正式延伸到四年级；
2. 2015 年 9 月，将西方第二语言教学领域盛行的内容教学法运用到教学中并开始编写与之适应的全新教材；
3. 2017 年 12 月，课程配套教材——《中国经济聚焦：高级商务汉语综合教程》获得北京市教学出版资助，并于 2020 年 6 月由北京大学出版社出版；
4. 2018 年 9 月，课程配套慕课——“商务汉语（中国经济聚焦）”在中国大学 MOOC 上线开课，目前已成功开课 8 轮，受到学员的一致好评；
5. 2019 年 2 月，在北语慕课平台为本校学生开设专属的 SPOC 课程并进行线上线下混合式教学的教学实践，在国内商务汉语教学领域首创基于慕课的线上线下混合式教学模式；
6. 2020 年 11 月，课程获评首批国家级线上线下混合式一流本科课程；
7. 2021 年 5 月，课程获评教育部课程思政示范课程；
8. 2021 年 9 月，课程获评 2021 年北京高校优质本科课程。

（二）课程与教学改革要解决的重点问题

1. 语言操练和运用的机会不够

第二语言的学习和习得离不开大量的模仿和操练。受制于教学内容的复杂性和教学时长，传统课堂常常出现教师教授为主，学生被动听课的情况，而且学生在课下更是无法跟随老师进行语言模仿和操练。

2. 语言学习习惯和能力参差不齐

汉语言专业的学生来自不同的国家，他们的学习习惯、学习方法和学习能力差异很大。传统的课堂教学形式很难帮助他们养成必要的语言学习习惯。

3. 针对性的教学和辅导无法实现

面对学习习惯、学习能力和学习动机差异巨大的学生，传统教学很难实现有针对性的教学和辅导。

（三）课程内容与资源建设及应用

商务汉语综合课的内容涵盖商务谈判策略、区域经济、宏观经济、国际贸易、文化产业、房地产市场、股票市场、电子商务、营销策略、品牌打造、汇率改革等方面。这些话题除了要求学生具备相应的汉语水平，还要求学生掌握一定的经贸理论知识，对学生的学习具有一定的挑战性。而且中国经贸领域的发展变化日新月异，这也要求教学内容随时进行更新，做到与时俱进。因此，在课程资源建设方面我们做了充分的准备。2018 年 9 月，与课程配套的慕课“商务汉语（中国经济聚焦）”在中国大学 MOOC 平台上线开课 8 轮，累计学员数量达到 6 000 人。课程的配套教材《中国经济聚焦——高级商务汉语教程》以国外第二语言教学领域盛行的内容教学法为核心教学法，而且教材走在时代前沿，为全新数字化教材，学生通过扫描二维码就可以观看慕课并下载相应的课程资源。

为了将这些课程资源更好地应用于本校学生，我们将慕课上传到北语慕课平台，打造本校学生专属的 SPOC 课堂。除了播放视频，北语慕课平台自身的提交作业、讨论区、资源共享、智慧教学工具、学生学习情况的记录和统计等功能为教学的针对性带来了极大的便利。

（四）课程教学内容及组织实施

以学生为中心的教学设计共分为课前、课中和课后三个主要环节。课前为线上学习；课中是线下的课堂教学；课下则线上线下均有，作业必须线上提交。

（五）课程成绩评定方式

课程采用过程评价与结果评价相结合的方式，线上部分占总成绩的 30%，线下部分占总成绩的 70%。线上部分的具体构成为：观看课程视频占 40%，完成自学任务和作业占 40%，参与平台讨论占 10%，访问情况占 10%。线下部分的具体构成为：期中考试占 20%，期末考试占 50%，小组报告占 20%，课堂表现和出勤情况占 10%。

（六）课程评价及改革成效

该课程的教学评估成绩在汉语学院的同类课程中名列前茅，从我们对学生的问卷调查和访谈结果来看，近 90%的学生认为混合式教学模式提高了学习效果，让他们的课堂参与度大大增加，也让他们养成了更好的学习习惯。

该课程主讲教师的教学多次受到学校督导组专家的高度评价。学校教学督导专家一致认为课程采用线上线下混合式教学模式，授课风格亲切自然，师生互动充分；注重训练学生收集归纳资料、提出问题的能力，强化学生的自主学习、互助学习和相互学习；教师对学生的表现反馈及时，启发学生思考，引入的竞争机制激发了学生的学习主动性。课堂把握得恰到好处，每位同学都积极参与，课堂气氛比较活跃，教学重点非常突出，教学语言清晰简练，师生之间互动自然，效果较好。

五、课程特色与创新

（一）线上线下融合，共促学习习惯和能力提升

线上完成学习任务清单，线下教学注重探究式学习和合作学习，共同促进学习习惯和能力提升。

（二）小组竞争贯穿始终，生生互动、师生互动活跃

所有教学活动都采用小组竞赛的方式，激发了学生学习兴趣和热情，课堂气氛活跃，学生的参与度大大提高。

（三）针对性和个性化的教学与督学

根据平台记录，轻松实现对没有完成作业和没有及时观看视频的同学的督学，还可以轻松发现学生学习的难点和困惑，并在课堂教学中进行针对性和个性化的教学。

（四）教学内容及时更新

线上利用慕课平台及时更新经济焦点问题，线下则使用全新的数字化教材，方便学生下载各种资源。

（五）立德树人，渗透课程思政

该教学模式充分利用线上线下相结合的优势，在教学的各个环节都渗透课程思政，尤其在每一课的小组报告中，通过布置合适的题目，让学生们通过外国人讲解中国故事的形式，起到宣传中国经济发展成就，潜移默化提高学生对中国特色社会主义道路的认同，实现知华、友华人才的培养目标。

（撰稿人：冯传强；审核人：陈丽霞）

对外经济贸易大学国家级一流课程建设案例

金融工程学

一、课程基本信息

课程名称	金融工程学
课程负责人	冯建芬
开课单位	对外经济贸易大学金融学院
课程类别	线上线下混合式一流课程
课程性质	必修
开课年级	本科三年级
面向专业	金融工程专业
学　　时	64
学　　分	4
主要教材	《衍生金融工具》《期权、期货及其他衍生产品》《金融工程（第四版）》

二、课程团队

课程负责人冯建芬及其团队教师邓军和聂晶近5年来讲授本课程12轮次，授课学生600余人，授课获学生高度评价。团队5年来发表相关教学论文2篇；参编教材3部和课程思政教程1部；承担或参与10余项校级和省部级相关教改课题；“金融工程学”课程获评2020北京市优质本科课程、2021校级课程思政示范课程和2021国家一流线上线下混合课程；团队开发的“期权交易虚拟仿真实验”获评2019北京市虚拟仿真金课，课程案例分获2018和2019全国高校经管类实验教学案例大赛三等奖和特等奖；所在金融工程团队获评2021北京市优秀本科育人团队，育人模式获评2022北京市高等教育成果二等奖。团队与中粮期货合作，在课程中实施产学研协同育人模式，2017年指导学生完成中期协“场外期权定价”课题，2023年指导学生参加大商所首届实践案例大赛并获奖。

三、课程目标

价值目标：树立社会主义核心价值观；具备从事金融工程工作的良好职业道德；具有强烈的社会责任感；具备服务国家经济发展战略意识；满足经济学科拔尖学生培养基地人才要求。

能力目标：具备可持续自主学习能力；具备通过创新或者设计金融产品解决实际金融问题的专业创新能力；具备使用金融工程技术服务实体企业风险管理的社会服务能力；具备在金融市场中理性地进行交易策略设计和实施的市场实践能力。

知识目标：掌握衍生产品的基本特点、交易机制和风险管理特征；掌握金融工程的定价原理及其在衍生产品估值中的应用；掌握如何结合无套利原理为衍生产品设计套利策略；掌握不同衍生产品的套期保值策略的设计原则；掌握金融工程结构化创新的技术与方法。

四、课程建设及应用情况

（一）课程发展历程

“金融工程学”是金融工程专业核心必修课程，已连续开设 17 年，选课人数最多达 500 人，2015 年改革为实验课，2018 年开始实施线上线下混合教学。

（二）课程教学改革要解决的重点问题

“金融工程学”在专业培养方案中是承上启下的关键一环，2015 年之前，课程存在：案例和教学内容西化，教材缺乏中国市场针对性；授课教师缺乏市场实践；培养方案课时压缩；线下实验指导缺乏可重复性，无法保证平行班实验质量等四大教学痛点，成为教改需要解决的重点问题。

2015 年，随着金融工程的代表性产品——期权全面登陆中国市场，我们针对痛点问题通过丰富中国实践案例、引入业界机构实施产学研一体化教学、开发在线课程和信息化实验资源实施线上线下混合式教学等进行了深入改革。

（三）课程内容与资源建设及应用情况

1. 2015 年，建立金融理财保险模拟研究中心，为课程提供现代化的实验设备和权威金融资讯平台。

2. 2017 年，与中粮期货、国美金融签订战略合作协议，建立稳定的业界资源。2017 年以来，教师通过参与大商所“衍生品高校师资培训”，国际期货大会等，积累了丰富的实践经验和教学案例。

3. 2018 年，完成了 6 个实验模块的网络共享资源建设，实现线上实验同质化、可重复性指导。2018 年以来先后使用同花顺、国泰安虚拟交易所实施期货期权模拟交易。

4. 2019 年，“金融工程概论”在中国大学 MOOC，智慧树平台上线；“期权交易虚拟仿真实验”获评北京市虚拟仿真金课，支持高质量实验教学；同年出版《金融衍生工具》两部，服务课程教学。

（四）课程教学内容及组织实施情况

课程重点学习：金融衍生产品市场交易机制及设计原理；金融工程定价原理以及在金融衍生产品、结构化产品定价中的应用；金融产品结构化创新方法；金融衍生工具的风险管理技术等。课程内容采取“总—分—综”的整体化设计，先总览金融工程的概念、历史、主要工具，以及核心理论与技术，然后展现核心理论在 4 个主要工具定价、交易与风险管理中的应用，最后进行综合应用，实现学以致用的目标。

为最大化线上和线下教学效果，我们将课程内容按照知识性、创新性、时效性、实践性差异细分为 6 类，对每类内容以“理论服务实践”为核心，区分课前课中课后进行了针对性混合教学设计。

1. 认知性内容：如衍生品的市场发展，利用 MOOC 灵动性优势，激发学生课前学习兴趣，课中结合线上互动解析核心知识点，讨论市场动态，课后线上检验学习成效。

2. 强逻辑性内容：对于定价理论、套利策略设计、套保比例计算等内容，课前布置学习任务，课中线下讲授，并利用金融资讯终端强化理论服务实践，课后通过文献阅读提升学生研究能力。

3. 实操性内容，强化产教融合。课前设置交易账户，学习交易操作；课中学习知识，熟悉交易机制，课后由业界专家指导线上交易。

4. 实务性内容，业界主导。课前发布讲座信息，课上举办业界讲座，课后进行线上研讨和调研。

5. 研究探索性内容，课前线上发布小组任务，课中线下讲授，线上互动；课后线上学实验，线下做实验，自主探索新知。

6. 时事追踪性内容，结合市场前沿动态，课前线上发布实时信息，提出研讨问题，课中师生研讨热门话题，课后寻找研究热点，提升创新能力。

（五）课程成绩评定方式

课程强调过程考核，平时成绩占比 60%，由线上学习参与度、线上测验、主观作业、实验报告、模拟交易表现、期中测验等多方面构成，体现了对学生学习活动的充分肯定，同时设置不诚信的惩罚，时刻传递诚信为本的社会主义核心价值观。

（六）课程评价及改革成效等情况

首先，在 2015 年教改之后，尤其 2019 年实施混合式教学模式以来，学生课程评价明显提升，2019、2020 连续两年 4 人次获评学院前 10%，2 人次获评校级优秀教学奖。其次，2016 年以来，团队指导本科校级优秀毕业论文 3 篇，北京市 1 篇，师生联合发表高质量论文累计 26 篇，其中学生本科期间发表 8 篇，进修硕士后发表 15 篇，全部与金融工程课程内容相关，体现了课程对学生创新能力的培养。

五、课程特色与创新

（一）多种线上线下教学模式有机结合，实施翻转课堂

利用 MOOC 课程进行线上教学，利用虚拟仿真实验、线上模拟交易实现线上实验，利用微信群、智慧树 SPOC 平台等与线下课堂有机结合加强教学互动，利用权威金融资讯平台线上了解实时市场动态和市场实践，实现有效课堂翻转。

（二）全过程实现产学研一体化培养

课程无论在理论教学、实验教学、实践教学还是案例教学中都有机进行了产教融合，并将业界开放式问题引入课堂，形成研究兴趣小组，由业界主导组织期权做市、期货交易大赛等方式，达到教学全过程的产学研一体化。

（三）全面实施课程思政，强化服务中国特色

课程共计 64 课时，在 36 课时中设置了 26 个课程思政点，并通过深入国企进行部门实践，深入实体企业进行调研，邀请业界专家讲授实务应用等，学习中国政策，解析中国案例，实践中国市场，解决中国问题，树立科学发展观点，强化社会责任担当，全面实施“三全育人”。

（四）强化课程教学成果研发的学生参与，注重学生创新能力和思辨能力培养

课上通过组织学生阅读经典文献，讨论时事话题和学科争议性话题，提升学生思辨能力；课后选拔选课学生协助开发课程实验软件、虚拟仿真实验项目、实验教学案例，提升学生自主创新能力。

（撰稿人：冯建芬；审核人：毛捷）

国际关系学院国家级一流课程建设案例

国家安全教育

一、课程基本信息

课程名称	国家安全教育
课程负责人	李文良
开课单位	国际关系学院国家安全学院
课程类别	线上线下混合式一流课程
课程性质	必修课
开课年级	本科一年级、二年级
面向专业	全部专业、通识必修课
学　　时	32
学　　分	2
主要教材	《国家安全学》《国家安全管理学》

二、课程团队

课程负责人李文良，二级教授，博士生导师，享受国务院政府特殊津贴专家，全国警务专业学位研究生指导委员会委员，北京市高等学校教学名师，北京市“四个一批”人才专家；国家级精品在线开放课程“解码国家安全”负责人，国家级一流本科课程“国家安全教育”负责人。

团队主要成员：刘跃进教授，全国优秀教师；杨建英教授，博士生导师，北京市高等学校教学名师，享受国务院政府特殊津贴专家；杨华锋教授，北京市“四个一批”人才专家；此外还有刘颖教授和葛蕾蕾教授。

近 5 年来，李文良主讲本课程并承担国家安全学基础理论、国家安全教育等多门本硕博多层次相关课程教学任务。

主要教学奖励：

1. 2017 年，“解码国家安全”获评首批国家精品在线开放课程；
2. 2020 年，“国家安全教育”获评国家一流本科课程（线上课程）；
3. 2020 年，“解码国家安全”获评国家一流本科课程（线上线下混合课程）；
4. 2019 年，“国家安全教育”课程获评北京市优质本科重点课程；
5. 2019 年，“大学生国家安全教育”课程获评优秀教学科研成果；
6. 2020 年，国家安全育人团队获“北京高校优秀国关类本科育人团队”称号；
7. 2022 年，“以总体国家安全观为统领，构建高等学校国家安全教育体系的实际”获北京市高等教育教学成果二等奖；
8. 2022 年，“政治安全与治理人才培养”团队获“部级优秀教学科研团队”称号；
9. 2022 年，《国外主要国家和区域组织安全体制研究》教材获主管部优秀教学科研成果奖。

三、课程目标

国际关系学院是国内开展国家安全学教育研究的先行者，2021 年成为全国首批获批国家安全学一级学科硕士学位授予权的人才培养单位之一。多年来，国际关系学院认真贯彻落实习近平总书记关于高等教育系列重要论述精神，围绕立德树人根本任务，基于“为党育人、为国育才、为部服务”的职能定位，在国家安全学学科建设、科学研究、课程建设等方面成果丰硕，于国内独树一帜。

着力打造推出“国家安全教育”，并将其作为一门通识必修课程，是国际关系学院在国家安全学领域具有鲜明特色和卓越质量的集中体现，有助于使学生系统领会总体国家安全观科学内涵、精神实质和思维方法，扎实掌握国家安全学基础理论，并牢固树立国家安全意识、强化维护国家安全责任担当。

四、课程建设及应用情况

（一）本课程的建设发展历程

随着世界局势的深刻演变与国家崛起、民族复兴进程的不断深入，我国在发展过程中的安全问题不断凸显，国家安全形势日益复杂。在此背景下，国际关系学院立足办学宗旨与服务面向，于 20 世纪 90 年代在全国高校中率先开展国家安全学教学研究，开设了本科生通识必修课“国家安全学”；2016 年，设置和完善了“以总体国家安全观为统领，高等学校国家安全教育体系的建构与实践”课程培养方案，在北京市优质课程“国家安全学”的基础上推出“解码国家安全”国家精品在线开放课程。2018 年，在充分总结经验、整合师资力量的基础上，开设了“国家安全教育”，建立起了线上线下混合式教学的国家安全教育教学模式，2019 年获主管部优秀教学科研成果奖，2020 年被评为“国家级一流本科课程”。

（二）本课程要解决的重点问题

一是普及国家安全教育。“国家安全教育”的推出与教学实施有力落实了《国家安全法》“将国家安全教育纳入国民教育体系”的要求，并在全国范围内对向大学生层面普及国家安全教育起到了引领示范作用。

二是培养当代大学生的国家安全意识和责任担当。在当前国家安全形势日趋复杂的时代背景下，高校意识形态工作前沿阵地的重要性日益凸显。“国家安全教育”有助于培养当代大学生履行公民义务、维护国家安全的意识担当。

三是促进国家安全学学科建设。作为新兴交叉学科，国家安全学的学科建设尚处在起步阶段。“国家安全教育”课程有利于国家安全学学科专业建设，为国内兄弟院校开展相关教学研究工作提供了镜鉴参考。

（三）课程内容与资源建设情况

1. 课程内容：一是基本理论，讲解有关国家安全学的基本概念和基础理论；二是国家安全管理，讲解国家安全形势、国家安全面临的挑战、国家安全职能、国家安全机构等内容；三是国家安全就在我身边，探讨国家安全环境问题；四是讲解国家安全保障体系问题，包括国家安全观、国家安全战略等。

2. 资源建设情况：一是形成了成熟稳定的教学团队。授课团队常态化组织国家安全教育教学能力评估和集中理论研讨，不断精进专业能力和授课水平，获评 2020 年北京市高校优秀本科育人团队；同时聘有政法部门领导和一线工作人员作为实践导师共同参与授课，开展协同育人。二是采用编写了一批高质量的教材。“国家安全教育”采用的主要教材《国家安全管理学》《国家安全学》由本团队主要成员编著，在学科领域内享有积极的评价，此外，团队成员还编写或参编了《国外主要国家和区域组织安全体制研究》等高质量教材作为辅助教材使用。三是享有高水平的教学基础设施。依托国家安全学“北京市‘高精尖’学科”建设项目，课程建成并享有 VR 实验室、国家安全专业图书阅览室、国家安全专业数据库等软硬件设施保障，藏有中外文国家安全学专业文献数千册。

（四）课程组织实施情况

1. 课程组织实施情况。作为线上线下混合式课程，“国家安全教育”采取多种形式混合式教学。课堂讲授主要传授国家安全基本理论知识；案例教学和分组研讨是结合当下国际国内安全热点问题，启发学生运用理论知识分析国家安全现实问题的能力；撰写论文则锻炼学生对知识的独立运用，进而提升其在国家安全领域辨别是非的能力。

2. 课程安排与考核方式。共计 32 学时，包括线上授课、线下授课 24 学时、分组研讨 8 学时。课程采取多元化、分段式的考核方式，总评成绩 60 分合格，计 2 个学分。其中在线平时成绩占比 40%，线下授课成绩占比 30%，期末考试成绩占比 30%。

（五）课程评价及改革成效情况

一是服务人才培养。开设以来，“国家安全教育”有力服务了学院本科教学，累计培养学生 300 人；在此基础上，团队先后与四川大学、石河子大学、解放军理工大学等多所国内高校就课程相关内容展开交流，受到国内同仁高度评价，产生较好辐射效应。另外，“国家安全教育”线上部分“解码国家安全”，截至 2023 年 6 月，累计选课学校 877 所，选课人数 57.57 万人次。

二是服务首都建设。“国家安全教育”团队贯彻《大中小学国家安全教育指导纲要》理念要求，根据授课对象不同情况，量身订课、送课上门，深入北京市中小学校进行 20 余次国家安全教育宣讲，助力首都国家安全教育的宣传普及。

三是服务国家决策。课程设计与实施中，授课团队先后完成了 20 余项北京市教学改革成果，撰写论文 40 余篇，部分观点在上级部门制定决策、国家安全学一级学科设置时被充分采纳吸收，为国家安全事业和国家安全学学科建设发展起到了重要作用。

五、课程特色与创新

课程紧紧抓住“培养什么样的人”“怎样培养人”“为谁培养人”的中国教育核心命题，悉心探索、锐意进取，在课程实施过程中凸显了鲜明特色与创新。

一是教学内容新。针对“培养什么样的人”，课程坚持以总体国家安全观为统领，在紧跟国家安全学学术前沿的基础上，总结梳理出了包括国家安全学基本理论、国家安全构成要素、国家安全影响因素、国家安全保障体系等一整套、成体系的理论教学内容，结合当下安全形势热点问题与实践教学，构建了政治性、思辨性、实践性并重的课程内容体系。

二是教学方法新。针对“怎样培养人”，作为一门线上线下混合课程，“国家安全教育”突出强调实践性，课上以基础训练、专业实践为支撑，通过课程内模拟实践环节，现场结合国家安全热点开展研讨，引导学生零距离感受国家安全；课外依托应用微课、专题网站、微信公众号等数字化课程资源开展混合式教学，切实提升学生分析和处理国家安全现实问题的能力。

三是课程思政新。针对“为谁培养人”，“国家安全教育”将课程思政元素融入国际国内安全形势、总体国家安全观内涵实质等授课内容，帮助学生清晰认识民族复兴战略全局和百年未有之大变局，从而树立正确的历史观、民族观、国家观、文化观。

（撰稿人：李文良；审核人：李亚丽）

北京协和医学院国家级一流课程建设案例

临床诊断学

一、课程基本信息

课程名称	临床诊断学
课程负责人	范洪伟
开课单位	北京协和医学院临床学院
课程类别	线上线下混合式一流课程
课程性质	必修课
开课年级	本科五年级（临床医学 8 年制）、本科二年级（临床医学试点班）
面向专业	临床医学 8 年制、临床医学试点班
学　　时	235
学　　分	13
主要教材	《临床诊断学(第三版)》《诊断学：问诊与查体》，*Evidence-Based Physical Diagnosis*，*The Patient History: An Evidence-based Approach to Differential Diagnosis*

二、课程团队

课程负责人范洪伟教授，1992 年工作至今一直在诊断学及内科学临床教学一线工作。2009 年起任“诊断学”课程负责人，2014 年被聘为北京协和医学院诊断学教研室主任。同时为北京协和医学院标准化病人（SP）培训核心教师，为规范与完善 SP 在诊断学中的应用做出突出贡献。多次获“优秀教师”“优秀临床带教”和“协和之友”等称号。2021 年“临床诊断学”获评北京市高等教育一流本科课程。

课程团队成员黄晓明教授，2008 年开始多次担任诊断学带教老师及带教组长，SP 项目核心教师。2014 年被聘为诊断学教研室副主任，承担多项北京市及校级教改项目，如“探索 SP 在医学生临床前期医患沟通培训中的应用”“SP 教学研究及团队建设”等。多次获“优秀导师”“优秀临床带教”等称号。相关教学研究成果“我国标准化病人培训与应用体系研究”获得 2017 年北京市高等教育教学成果奖一等奖。

课程团队其他成员李玥教授、焦洋教授、钱敏教授均为诊断学课程资深带教老师及 SP 项目核心教师，承担多项教育教学改革项目，如青年医学教育学者项目、骨干师资海外培训项目、标准化病人在诊断学神经系统查体教学中的应用等，多人多次获得“优秀教师”“优秀教育工作者”等称号。

三、课程目标

北京协和医学院是我国现代医学教育的发源地，开启了我国 8 年制临床医学教育的先河。我校办学特色鲜明，一直坚持“高进、优教、严出”的精英培养模式，培养具有真才实学、学风严谨、医德高尚、医术精湛的医教研复合型人才。

“临床诊断学”是临床课程的基础，是研究诊断疾病的基础理论、基本知识、基本技能和诊断思维的一门临床学科，是医学生从基础课进入临床课学习的桥梁。本课程的目标是通过理论学习和临床实践训练，使学生掌握诊断疾病的基本理论和基本知识，掌握问诊、体格检查、病历书写等基本技能，培养学生初步具有收集病史、规范体格检查、综合分析临床资料的临床能力，从而为进一步学习临床课程打下基础。

四、课程建设及应用情况

“临床诊断学”是基础医学与临床医学的桥梁课程，教授学生掌握问诊查体等基本技能，引导学生将基础医学知识与临床连接起来，运用基础医学知识解决临床问题。“临床诊断学”教学从 20 世纪 90 年代开始，在沈悌教授、陈元方教授等老一辈医学教育家的倡导和设计下，不断探索改革，坚持以能力培养为导向，坚持低师生比的小组教学，不断尝试运用小组讨论、标准化病人、PBL 教学、临床情景模拟等教学方法，帮助医学生掌握知识，把知识转化为技能，进一步训练临床思维。

（一）课程整体安排

目前的 8 年制临床诊断学课程采用分阶段的课程安排形式，第一阶段是在基础医学后期（四年级下半学期），每周 8 个学时的体格检查基本技能课程帮助学生训练临床基本功；第二阶段是临床阶段的开始（五年级上半学期），两个半月的诊断学主体课程，重点为问诊查体等临床基本技能训练及初步临床思维的培养；第三阶段为临床见习开始前（五年级下半学期），为期 1 周的问诊查体强化训练，加强学生的医患沟通技能，帮助学生更好地适应临床工作。

临床医学试点班的课程也采用分阶段的课程安排形式，第一阶段的“体格检查技能”课程整合入临床基础的模块课程，以器官或系统为核心，在学习完“解剖学”“生理学”“病理生理学”“病理学”等基础知识之后，学习与临床有关的体格检查和正常影像学表现，基础与临床教学早期紧密结合，一切为临床实践服务。

（二）课程教学内容改革

重视基本功的教学是北京协和医学院的教学传统，诊断学的教学也一直秉承这个传统。随着医学科学技术的进步，B超、CT、核磁共振、PET等影像手段应用越来越广泛，体格查体这项“传统手艺”渐渐被医生忽视。但我们始终认为辅助检查必须有的放矢，问诊和体格检查是所有临床医生必须掌握的最重要的临床技能，是所有辅助检查的重要基石。因此多年来，问诊、体格检查、病历书写等基本技能教学一直是“诊断学”教学重点，占课时最大的部分。小组教学让带教老师手把手传授体格检查手法成为现实，通过大量的查体练习和不断考核确保每一个学生掌握正确的体格检查手法。配合理论课的教学，每周每名学生都有一次一对一的标准化病人问诊训练机会，每一次标准化病人问诊训练之后，学生需要书写病历，学生的每一份病历带教老师会逐字逐句认真批改，并通过小组讨论让每个学生得到有针对性的反馈。小组教学还安排了真实患者的床边问诊和查体，全方位训练医学生的临床基本能力。

临床思维训练是“诊断学”教学的另一个重要内容，也是教学难点之一。基础医学是从理论出发来阐述疾病的现象，诊断是从临床现象出发，利用基础知识寻找病因的过程，临床思维与基础医学的思维正好相反。我们从2009年开始开设临床思维训练讨论课，运用真实病例训练学生的临床思维，让学生模拟临床医生对疾病现象进行调查研究、分析综合、判断推理等思维活动。为更好地实现以学生为中心的教学理念，最近5年，将PBL模式与临床思维训练结合，在“诊断学”教学过程中，安排了两个PBL案例讨论，每个案例讨论2次，学生自己主持讨论，训练学生对所获取的信息不断提出假设问题，继而研究探索并自我学习，最终解决问题的思维模式，受到医学生的肯定和好评。

（三）教学方法改革

1. 小组教学

在“小规模精英教育”的办学理念下，“临床诊断学”一直坚持低师生比的小组教学，1名全脱产带教老师全程带教6～8名学生。带教老师为内科各个专业临床经验丰富的主治医生或副主任医生。诊断学课程中传统的大课课堂授课仅占三分之一课时，带教老师负责的小组教学占三分之二的课时。小组教学的最大优势就是师生互动，带教老师能够做到逐一手把手教体格检查的手法，近距离观察每一个学生的表现，发现学生在学习过程中的问题，共性的问题可以通过小组讨论的形式来反馈，个性问题与学生私下交流，做到真正的因材施教。小组教学使得大课在有限时间内讲授的粗线条的基本原理和知识在小组的讨论和练习中得到精雕细琢，从而在广度和深度上得到有益补充，提高了同学们对知识的理解、应用和与临床结合的能力。带教老师在和学生的朝夕相处中，不仅能传授“诊断学”基本知识与技能，也能和同学们探讨关于职业精神、人生理想和规划等许多问题，真正做到传道授业解惑。小组教学也让讨论式学习、PBL教学、临床情景模拟、过程评估与反馈等教学策略和方法顺利得以实现。

2. 标准化病人

在“诊断学”课程中，病史采集与体格检查都需要以“患者”为对象。传统的方式是医学生互相充当“患者”，或将医学生介绍到真正的病人面前，进行问诊与体检。前者缺少真实现场体验；后者虽然符合临床实际，但挑选患者、现场教学、统一评分等都有很多困难。我校是国内最早将“标准化病人”（SP）应用于临床教学的医学院校之一。从2003年开始，分批次从社会招募志愿者经过培训在教学中担任SP，目前有SP队伍一百余人。SP已成为“诊断学”课程的重要教学方法，承担问诊查体等临床基本技能的教学及考核工作。相关教学成果获得2017年北京市高等教育教学成果一等奖。

3. 线上查体慕课

作为“诊断学”教学重点之一体格检查，教学的标准化和规范化非常重要。虽然小组带教老师在课前都经过严格的集体备课规范查体手法，但各个带教老师的专业和临床习惯不同，在小组教学过程中仍可能出现组间不统一的问题。因此给学生提供随时可学习的标准化的体格检查视频资料非常重要。随着“互联网＋教育”理念的不断深入，本课程与学堂在线合作，于2019年录制了慕课课程“规范（标准化）体格检查”，以慕课形式逐一讲解体格检查每一个项目细节的规范手法，作为线上课程提供给学生课前预习及课后复习。2020年疫情期间，该在线课程为“诊断学”课程的顺利进行起到了至关重要的作用。除本校师生外，“在线查体”慕课面向全网常年免费开放。

（四）课程评价

“诊断学”的教学模式是协和老教授设计并传承下来的，作为年轻一代的教育工作者，我们唯有传承“严谨”“求精”的传统，励精图治，不断提高教学质量和效果。10年来，我们精雕细琢地改进课程设置，取得了很好的教学效果，也获得了医学生的肯定。“诊断学”一直是北京协和医学院学生心目中最受欢迎的课程。

五、课程特色与创新

坚持低师生比的小组教学：本校每年招收的8年制医学生不超过100名，这让低师生比（1∶6～1∶8）的小组教学成为现实。每年的带教老师团队由1名有丰富带教经验的组长和11名优秀临床一线医生组成。小组教学中师生近距离长时间的接触让“以学生为中心、因材施教”的教学理念得以发挥至极致。

注重学生临床能力建设：现代医学教育强调以能力为导向。能力建设需要促进医学生发现临床问题，运用基础医学知识去解决临床问题。“诊断学”课程的教学内容和设计均以培养学生的临床实践能力为核心。比如临床思维案例讨论课，运用PBL理念和根据临床真实案例改编的讨论病例，引导学生自己发现临床问题，分析问题，尝试解决问题，培养学生的临床思维。

深入临床注重床旁教学：“诊断学”作为基础到临床的桥梁课程，医学生对临床的第一认识从“诊断学”课程开始，而且在其行医生涯中“诊断学”的知识和技能将贯穿始终。

我们的带教老师来自临床一线，课程中也安排了大量的临床实践内容，通过小组教学把学生带到病房和门诊，在患者床旁进行教学，给学生最生动的临床体验。

应用“互联网+”技术，实现教育资源共享：课程注重信息化建设，积极开发“规范（标准化）体格检查”等医学网络课程，不仅为本院校学生提供了教育资源，也通过开放的网络扩大我校教育资源的覆盖面。

（撰稿人：范洪伟；审核人：马超）

外交学院国家级一流课程建设案例

外交学概论

一、课程基本信息

课程名称	外交学概论
课程负责人	高飞
开课单位	外交学院外交学与外事管理系
课程类别	线上线下混合式一流课程
课程性质	必修
开课年级	本科一年级
面向专业	外交学、国际组织与全球治理、国际关系
学　　时	2
学　　分	2
主要教材	《外交学概论》

二、课程团队

课程负责人高飞教授，教育部高等学校政治学类专业教学指导委员会委员，全国高校国际政治研究会副理事长，国务院特殊津贴专家，北京市优秀教师，北京市优秀教学名师、“马工程”教材《外交学导论》编写组专家，从事“外交学概论”本科教学20余年，近年来积极推动“外交学概论”教学改革，获批北京市重点教学改革立项和“国家级一流课程”称号。

熊炜教授，从事“外交学概论”教学17年，“马工程”教材《外交学导论》编写组专家，近年来积极推动外交学实践教学改革，为学院外交谈判实验室建设牵头人。

任远喆教授，从事“外交学概论”教学14年，在国内外权威期刊发表多篇外交学相关学术论文。

樊超副教授，从事“外交学概论”教学10年，曾7次获得学生教评满分，录制外交科普音频《世界外交风云》。

张建博士，从事“外交学概论”教学 6 年，教学能力突出，深受学生喜爱。

三、课程目标

外交学院是外交部唯一直属的小规模、高层次、特色鲜明的双一流大学，学校秉承“外交特色鲜明，外语优势突出”的办学理念，致力于培养“爱祖国、知世界、通专业、精外语、高素质、复合型”优秀外交外事人才。

线上线下相结合的混合式教学模式有利于提高学生的学习兴趣和积极性，以更高的效率实现师生互动、解惑答疑。多媒体化的教学界面利于营造生动的教学场景，帮助学生更好地理解外交礼仪、使领馆安全保护、外交文书等知识。

课程的学习既要实现文化知识的积淀，掌握外交官的职业技能和文化修养，也要培养学生的实践能力和综合能力（语言能力、组织能力、时间管理能力、交际能力、思维能力和创新能力）。

四、课程建设及应用情况

（一）建设发展历程

外交学院自 1993 年开始“外交学概论”课程建设，是国内最早开设“外交学概论”课程的高校，所编同名教材是国内高校最早、使用最广泛的教材。2008 年，外交学院“外交学概论”获“北京高等学校市级精品课程”称号。在延续我院外交学教学研究传统优势的基础之上，通过相关调查、分析和论证，借鉴其他高校的成功经验，准确把握国际上外交学研究的前沿领域和议题，以培养符合新时代中国特色大国外交发展需求的新型外交外事人才为目标，“外交学概论”开展了混合式教学改革，完善教学体系，更新教学方式。通过混合教学改革和建设，系统提出适合外交学学科实际发展情况，具有广泛推广价值的“外交学概论”混合教学模式，有力助推了中国的外交学学科建设。

（二）要解决的重点问题

在外交学专业教学中如何运用混合式教学模式提高教学的效果和质量是本项目要解决的主要问题。本项目的研究目标是首先建立起将在线教学和传统教学优势结合起来的一种“线上＋线下”的教学模式，并将其运用到“外交学概论”的日常教学中；其次，将混合式教学的模式推广到外交学专业其他课程建设中，最终在外交学本科教学过程中实现教学模式的改革，既发挥教师的主导作用，也能体现学生的主体性，从而达成更好的教学效果。

（三）混合式教学设计

根据新一代大学生的学习特点和信息化环境的变化，深度融合现代信息技术与传统课堂，构建线上线下相结合的混合式教学模式。该模式以学生为中心，既注意发展个性，又培养合作精神。线下教学以学生线上学习的反馈信息为前提，增强线下教学内容的针对性、有效性，促进教学方法和教学手段的优化创新；线上教学在线下教学的基础上，进一步拓展教学的深度和广度，增强师生之间、生生之间的交互性。线上线下相结合的混合式教学模式有利于进一步提高学生学习外交学的兴趣和积极性，培养学生的学习能力、语言综合运用能力、组织能力、交际能力、思维能力和创新能力，提高学生综合水平。

（四）课程内容、资源建设、应用实施

课程内容依托《外交学概论》教材，讲授外交思想、外交制度、外交演变、外交技能、外交规范与惯例、外交礼仪、外交文书等系统知识。与此同时，从 2017 年起，教学团队录制了配套的视频课，在互联网平台和学校独享的网络学堂投放。凭借互联网的便利与快捷，课程已获得广泛影响力和普及度。课程还依托智慧树网络课程平台，开设外交学公开课，以专题讲解的方式，深化学生对课程知识的理解。教学团队还依托沙河高教联盟的 7 所高校，建立高校联盟网络课程，打造跨校选修课“外交学概论”。

（五）教学方法改革

本项目拟在国内外混合教学理论与实践基础上，结合我院“外交学概论”教学的经验和目标，对我院学生的专业水平、兴趣爱好进行考察，在对外交学现有教学方式和教学特点进行相关调查、分析和论证的基础上，对比外交学专业必修课混合式教学同其他学科的异同之处，借鉴和应用其他高校、其他学科在混合式教学方面的成功经验，分析当前开展外交学混合式教学的优势和不足，对症下药，提出相应的解决方法，最终构建可以发挥教师特长，适合学生特点的外交学专业混合教学模式，为传统专业课程改革探索出一种新的模式。

（六）成绩评定

成绩评定在传统权重（平时成绩＋期中作业＋期末考试）的基础上，增加平时成绩的比重，平时成绩的构成由原来的“出勤率＋课堂发言”，转变为“出勤率＋课堂发言＋在线互动”（在线提问答疑和作业习题）。

（七）课程评价及改革成效

“外交学概论”混合式课程是在“外交学概论”基础上的创新，作为外交学院和外交学科的核心课程，既体现了传统教学方式的优势，也发挥了新技术进步带来的便利与效率。线上学习带来的快捷互动提高了学生的学习效率，多媒体界面有助于增强学生对抽象知识的理解，视频课和在线答疑的记录可以重现教学过程，方便学生复习和反复揣摩。同时，“线上+线下”的配合，突出了学生的主体地位，提升了学生的参与度，学生既是参与者，

也是管理者，很好地锻炼了学生的协作能力、时间管理能力、沟通能力。课程改革成效显著，尤其是疫情以来，线上课程极大地丰富了教学手段和教学内容，既方便了本校、本专业的教学，也为普及外交学知识、宣教习近平外交思想发挥了重要的社会功效。

五、课程特色与创新

（一）立足特色强化课程思政

教学始终着眼于“将外交学中国化”。注重全员全过程课程思政建设，结合习近平外交思想和党史学习教育，培育学生的爱国热情。“外交学概论”体现了“既重学理，又重实践”“既重业务，又讲政治”的特色。

（二）守正创新推进混合课程改革

将最新的教学和研究成果引入课堂。在教学方式上，在承继传统优势特色的同时，借鉴国外的外交学网上学习经验，完善网络学堂建设；增加复习和进程把握的方法，在线发布教学大纲、课件、参考书目、教学进度。课前预习，课上研讨，课下阅读并提交阅读报告，再次通过“warming up/take away”等教学法滚动复习，复现知识，体现“互联网＋”的特色。

（三）与时俱进发挥新媒体平台的作用

依托成熟的平台支持，录制“外交学概论”的在线课程，并逐步将其运用到日常教学中；根据反馈做出调整和更新，使之更具推广价值。

（四）发挥优势用好一线外交资源

外交学院是外交部唯一直属高校，教学团队有条件邀请一线外交官走进课堂，不仅开阔学生的国际视野，也促进外交理论与外交实践的结合。目前，教学团队已经建立起涵盖200多个案例的外交案例库，将案例库资源与网络学堂融合起来，将案例教学融入线上、线下的交流与讨论。

（五）教学相长教与评相结合相促进

教学与科研相结合，有力提升了教师的科研水平。教学与考核相结合，混合教学的考核包括课堂评价、期末考试，网络学堂包括线上预习、讨论、课程作业、随堂在线测试评价，教学环节衔接更加紧密，有力提升了教学效果。

（撰稿人：樊超；审核人：石毅）

北京工业大学国家级一流课程建设案例

大学物理

一、课程基本信息

课程名称	大学物理
课程负责人	杨红卫
开课单位	北京工业大学理学部
课程类别	线上线下混合式一流课程
课程性质	必修
开课年级	本科一年级下学期、二年级上学期
面向专业	非物理类理工科各专业
学　　时	126
学　　分	7
主要教材	《大学物理（上）》《大学物理（下）》《大学物理练习与思考》

二、课程团队

团队成员全部为“大学物理”课程骨干教师，长期坚守教学一线，热爱本职工作，热爱学生，在课程思政中落实立德树人的目标。团队成员中北京市教学名师 1 名，北京市师德先锋 1 名，北京市特聘专家 1 名，北京市科技新星 2 名，北京高校青年教师基本功比赛一等奖获得者 2 名、二等奖获得者 1 名。团队教师积极开展教育教学研究和教学方法改革，近年来主持中国高等教育学会教育教学研究课题 1 项、北京市教育委员会教改项目 1 项、北京市高等教育学会面上课题 1 项、教育部高等学校大学物理课程教学指导委员会项目 1 项以及校级教育教学研究项目多项。教学改革成效显著，获国家级教学奖励 1 项、省部级教学奖励近 30 项、校级教学奖励 20 余项。

三、课程目标

北京工业大学作为北京市属“211”重点大学，以“立足北京，服务北京，辐射全国，面向世界”为办学定位，以培养卓越工程科技人才，推进“双一流”建设，成为国际知名、有特色、高水平研究型大学为目标。

“大学物理”课程作为一门面向全校非物理类理工科的公共基础必修课，是后续专业课程的重要基础，在“新工科”背景下一流学科建设中起着重要作用。

通过本课程的学习，学生能够掌握物理学基本概念、规律和方法，具备从分析物理过程出发，到建立物理模型和运用物理知识解决问题的能力；增强探索精神和创新意识，培养科学工作者和工程技术人员必备的科学素养；形成辩证唯物主义世界观和方法论，树立正确价值观。

四、课程建设及应用情况

（一）课程建设历程

“大学物理”是一门公共基础必修课，分为“大学物理 I－1”和“大学物理 I－2”，共计 126 学时，面向全校 23 个专业开设。

2004 年，课程被评为北京市精品课程。

2008 年，课程团队 1 人被评为北京市教学名师。

2013 年，课程团队获北京市高等教育教学成果奖二等奖。

2013 年，课程团队出版 2 部教材。

2013 年，课程团队获全国多媒体课件大赛一等奖。

2017 年，课程团队出版 1 部教材。

2018 年，课程团队 1 人被评为北京市教学名师。

2018 年，课程团队出版 1 部教材。

2018 年，课程团队 1 人被评为北京市师德先锋。

2018 年，课程团队被评为北京工业大学“三全育人”教师团队。

2019 年初，本课程的 MOOC 在中国大学慕课和智慧树平台上线，获评校级混合式教学示范建设课程。

2020 年，课程教材获评北京高校优质本科教材。

2022 年，课程团队获评北京工业大学教师教学创新大赛特等奖。

2022 年，课程获评北京高校优质本科课程。

2022 年，课程及授课团队获评北京市高校本科课程思政示范课程、教学名师和团队。

2023 年，课程获评国家级一流本科课程。

（二）教学改革要解决的重点问题

1. 对思政教育元素的挖掘不够，思政与课程的有机融合有待加强；
2. 教育理念过于陈旧，教学方法较单一；
3. 偏重知识传授，以知识灌输为主，缺乏创新思维的培养；
4. 总结性评价体系有待改善。

（三）课程内容与资源建设及应用情况

2019 年初上线的 MOOC，涵盖大学物理所有内容，对每个知识点设置包括问题引入、内容讲解、例题训练、习题解析、复习检测等环节。

4 年来基于自建慕课，本校共开设上百个 SPOC 课堂开展混合式教学，学生总数累计约万人。

自编教材和参考用书、优秀教案、优质课件、演示实验厅、教研立项及成果等，是线上线下混合式教学的有力保障。

（四）课程教学内容及组织实施情况

教学内容涵盖教育部《理工科类大学物理课程教学基本要求》A 类要求的所有内容，包括力学、热学、电磁学、波动光学和量子物理基础等。

目前“大学物理 I－1”和“大学物理 I－2”分别开展了 5 轮和 4 轮的混合式教学，教学推行“1 融合＋3 衔接＋3 导式＋4 维评价”的“1334”教学模式。

1. 以立德树人为目标，将教书与育人有机融合

通过挖掘思政素材，寻找切入点，将思政内容有机融合到线上线下整个教学过程之中，在线上线下始终贯穿立德树人，打造立体式全方位课程思政新途径。

2. 以问题为主线，线上线下三级衔接

强化教学设计，由线上问题引入线下教学，以问题为主线贯穿教学全过程，形成在教学形式、教学内容及教学评价上的三级衔接。

3. 以建构主义理论为指导，三导式互动教学

以先进的教学理论为指导，学生线上个性化主导学习，教师线下引导教学活动，并依据学情反馈及评价目标把握教学导向，实现学生为主导、教师为引导、评价为向导的三导式互动教学。

4. 以学生为主体，建立形成性评价方式

利用计算机将教学活动痕迹有所保留、统计和分析的优势，教师对学生的评估从期终测试的总结性评价转变为线上线下教学全过程的课前、课中、课后、期终四维形成性评价。

（五）成绩评定方式

成绩由线上线下两部分组成。线上占 30%，包括作业、单元测验、期末测试及参与教学活动情况；线下的期末考试占 70%。

（六）课程评价及改革成效

1. 课程始终保持高水平，近年来获各类教育教学奖励约 50 项。
2. 建设的慕课在爱课程、智慧树平台运行，除本校使用外，被 30 余所学校选用。
3. 课程改革获中国高等教育学会、北京市教育委员会、北京市高等教育学会、教育部高等学校大学物理课程教指委等支持。
4. 教学质量得到专家认可和学生好评，学生评教优秀。
5. 教学方式的改革极大地调动了学生的学习积极性和参与度，学生成绩提升，并在各类物理竞赛中获奖。
6. 发表教学文章将改革经验与同行交流分享。

五、课程特色与创新

（一）结合物理学特点，形成立体式思政融合新途径

根据物理学科特点，思政元素与讲授环节、讲授内容和呈现形式进行立体式有机融合，摸索出一条清晰的思政元素融合实现路径，形成一条全方位、立体混合式课程思政新途径，使大学物理与思政课程同向同行，形成协同效应。

（二）问题主线贯穿，实现递进式三级衔接混合式教学。

以具体问题贯穿混合式教学，教学形式上衔接线上线下不同的呈现方式，教学内容上衔接线上线下不同的切入角度，教学评价上衔接线上线下不同的评分方式，实现层层递进的三级衔接式混合教学，解决混合式课程线上线下两张皮的问题。

（三）以学习者为中心，实现三导式互动探究教学模式

以建构主义学习理论为支撑，以评价为导向，由学情实时反馈指导教学方向；以教师为引导，教学活动环节有序有目标进行；以学生为主导，真正做到学习者为中心，实现三导式互动探究教学模式。

（四）关注学习过程，形成贯穿式四维形成性评价体系

发挥现代技术优势，注重过程评价，从学生课前线上预习和课中线下学习的情况，到课后、期末学生对知识的掌握，形成课前、课中、课后、期终四维度全过程形成性评价体系。

（撰稿人：杨红卫；审核人：杨倩倩）

北京服装学院国家级一流课程建设案例

服装 CAD 应用

一、课程基本信息

课程名称	服装 CAD 应用
课程负责人	郭瑞良
开课单位	北京服装学院服装艺术与工程学院
课程类别	线上线下混合式一流课程
课程性质	必修
开课年级	本科二年级
面向专业	服装设计与工程、服装与服饰设计
学　　时	36
学　　分	2
主要教材	《服装 CAD》《服装三维数字化应用》

二、课程团队

（一）郭瑞良

郭瑞良教授承担服装 CAD 应用等课程教学，主编的《服装 CAD》是多所学校的教材或辅导书，2 部教材获得部委级优秀教材，承担及参与多项省部级科研及教学改革项目，发表教学科研论文 30 余篇，获得“纺织之光”中国纺织工业联合会纺织高等教育教学成果三等奖。

（二）马凯

马凯副教授承担服装 CAD 应用等课程教学，发表教研论文 5 篇，主编参编教材 4 部，承担多项省部级和校级教改项目。

（三）刘正东

刘正东教授承担服装智能制造等课程教学，发表教研论文 4 篇，主编及参编教材 7 部，承担北京市级教改项目 1 项。

（四）孙晓东

孙晓东副教授承担服装 CAD 应用等课程教学，参编教材 2 部，发表教研论文 5 篇，承担和参与省部级、校级教改 3 项。

（五）竹潇潇

竹潇潇老师承担服装 CAD 应用等课程教学，译著 1 部，发表论文 6 篇，主持和参与省部级、校级项目 5 项。

三、课程目标

（一）本校定位

我校服装设计与工程属国家级特色专业建设点、国家级一流专业建设点，同时该专业也是国内第一个通过工程认证的服装设计与工程专业。本课程以培养具备创新能力的高素质应用型服装专业人才为总体目标。

（二）知识目标

本课程是服装设计与工程专业的核心课程，是学生了解服装 CAD 相关理论知识，学习 CAD 软件操作方法，融合服装技术与数字化技术为一体的一门课程。

（三）能力目标

通过教学使学生掌握服装 CAD 技术，提高学生的结构制图能力，提升学生的数字化水平，培养学生的科创能力和实践应用能力。

（四）素质目标

强化立德树人，培养学生思政意识，为服装行业培养了解传统服饰结构、具备专业基础知识和专业技能操作能力、适应现代化发展的复合型人才。

四、课程建设及应用情况

（一）建设发展历程

1993 年，我校开设“服装 CAD 应用”课程作为服装设计与工程专业必修课。

2003 年，我校教师编写的《服装 CAD 版型设计》教学辅助教材出版。2008 年，第二版出版，两版图书共计印刷 10 余次。2012 年，课程负责人主编的《服装 CAD》作为本课程的正式教材出版。

2015 年，本课程教学内容改革获得北京市高等教育教学改革项目支持；2019 年，开始混合式课程教学改革；2020 年，获评北京高校优质本科课程。

（二）课程与教学改革要解决的重点问题

1. 针对本专业持续改进的课程体系建设

坚持 OBE 理念，构建“毕业要求—课程达成—持续改进”的课程微循环体系。针对本专业的毕业要求，设置“服装 CAD 应用”的课程目标，并建立与毕业要求指标点之间的支撑关系，通过平时作业、实践和考试等进行课程达成分析，并根据分析结果进行持续改进。

2. 课程内容紧跟时代和产业的发展

随着数字化技术的不断发展，根据教育部新工科建设的要求，“服装 CAD 应用”课程正是将服装学科与“互联网 +”深度融合的课程，将传统的服装专业知识与新时代的数字化技术相结合，不仅增强学生的现有技术掌握水平，更能提升他们的数字化思维和实践能力。

（三）混合式教学设计

运用线上线下混合式教学模式，基于 OBE 理念重塑“服装 CAD 应用”课程教学，完成混合式教学知识点大纲。线上一部分为低阶性基础知识，学生自主学习，另一部分为复杂案例实践，学生可以进行知识拓展；课堂教授高阶性内容和综合实践内容，将最新学科前沿知识融入课堂教学，提升学生参与度和学习积极性；课程重点、难点内容，应用翻转课堂进行探究讨论教学。线上实践部分注重基本原理和方法，线下注重拓展教学，加大设计型、综合型、创新型内容比重。

（四）课程内容与资源建设及应用情况

1. 教材建设

2012 年，《服装 CAD》作为本课程的正式教材出版，被多所高校使用，并获评普通高等教育“十三五”国家级规划教材。2020 年，新修订的《服装三维数字化应用》作为本课程的辅助教材正式出版，并获评中国纺织服装教育学会“十四五”部委级规划教材。

2. 资源库建设

经过近几年的课程资源建设，已经初步建立的服装纸样库、三维模型库，可以作为案例用于服装教学，大大提高了课程教学效率和学生学习效果。

3. 微课及慕课建设

2014 年，课程制作的“三维旗袍交互学习系统”获得北京市属高校“创想杯”多媒体课件大赛二等奖。

2019 年 9 月，课程慕课在学堂在线网站正式上线。截至 2021 年 1 月，总计 3 140 人，共 4 个轮次进行了线上学习。此外，周口师范学院将本课程作为学分课进行选修，内蒙古艺术学院服装设计与表演专业 2017 级～2020 级均将本课程作为校本课程进行选修。

2019 年，混合式教学的线上部分内容在润尼尔在线学习平台上线，课程内容中引用了国家级线上课程“服装数字科技”的部分内容。

（五）教学方法改革

教师充分利用慕课等线上手段，将课堂所授知识点进行延伸，开拓课堂外的学习实践。以学生为中心，使基础较弱的学生可以利用线上慕课提前预习和反复巩固，学有余力的学生也可以利用慕课视频学习到更复杂的案例操作。

同时利用润尼尔教学平台、雨课堂等，让学生课前了解讲课内容，课堂上还能与学生实时沟通；课后通过对课堂数据的采集分析，教师可以对完整的教学过程进行跟踪监测以及对学生的学习效果进行实时评估。将传统的学习活动与信息技术结合，将网络教学与课堂线下授课结合，有效地提升了教学效果。

（六）课程教学内容及组织实施情况

1. 课程包含 36 学时教学内容，开展“线上线下混合式教学”。线上部分为基础理论知识和基础实践部分，学生自主学习，充分发挥学生自主性；课堂教学部分包括理论教学中的重点难点及综合设计型实践，如服装纸样、工业推板等专业知识。

2. 根据教学目标和任务，以学生为中心组织实施教学。课前教师线上发布学习任务，学生基本了解授课内容，完成课前学习预习；课中采用“案例分析”“以问题为导向”“个性化方案”等新式教学方法，以学生为中心，调动学生学习热情，提高授课效率；课后组织线上答疑、实践调研等环节，布置有针对性和创新性的拓展学习作业。

（七）课程成绩评定方式

根据混合式课程教学要求，结合本课程实践性强的特点，采用过程性评价与结果性评价相结合的多元化课程考核评价方式。

1. 线上过程性评价：占比 20%，完成在线视频学习后的自主实践项目，在线讨论中的表现。

2. 线下过程性评价：占比 20%，线下实践项目，线下讨论及其他课堂表现。

3. 线下结果性评价：占比 60%，综合设计实践项目及展示 PPT。

（八）课程评价及改革成效

1. 课程评价

经过多轮以及多班的教学反馈来看，教学效果良好。2019 年 9 月，微课视频于学堂在线网站正式上线，3 140 人进行了线上学习。线上慕课作为课堂教学的有益补充，发挥了很大的作用，收到了学生和同行的广泛好评。

2. 改革成效

2020 年，课程获评北京高校优质本科课程。

2020 年，2017 级 5 名本科学生参加世界数字服装大赛，获得一等奖 1 名，参与奖 1 名。

2020 年，2016 级本科学生利用本课程学习内容开展毕业课题研究，发表论文 2 篇。

2019 年，学习过本课程的学生团队制作的三维数字化毕业作品亮相“北服时装周”，得到多个媒体的报道。

五、课程特色与创新

（一）讲授前沿科技，助力传统行业核心技术的提升

利用服装三维虚拟系统，将二维 CAD 版型转化为可视化的三维服装产品。依托人机交互方式实现对服装设计的个性化调整，有效地降低服装设计的出错率，极大地丰富了现代服装设计创作的表现方式，推动现代服装设计不断趋向于信息化、智能化。服装仿真的运用，利用数字化交互方式，对服装形态、材质、色彩等相关内容开展有效创新，使服装设计人员想象力、创造力得到有效发挥，效率得到大幅提升。

（二）利用科研优势，建立校企合作社会实践模式

教学团队承担及参与多项科研项目，并与企业进行了深度合作。2020 年，团队与中国移动旗下的咪咕公司签订战略合作协议，成立“北服—咪咕联合实验室”，对三维虚拟设计人才进行联合培养，以企业实际项目带动课程建设和人才培养。

（三）改进教学方法，提升教学质量

教师结合先进教学手段，将课堂教学与雨课堂结合，不仅提升课堂的交互性，提高学生参与教学的积极性，而且可以获取学生的学习数据，为进一步改进教学提供有力依据。

（撰稿人：郭瑞良、马凯；审核人：赵洪珊）

北京印刷学院国家级一流课程建设案例

出版概论

一、课程基本信息

课程名称	出版概论
课程负责人	张文红
开课单位	北京印刷学院出版学院
课程类别	线上线下混合式一流课程
课程性质	必修
开课年级	本科一年级
面向专业	全校所有本科专业
学　　时	32
学　　分	2
主要教材	《出版概论》

二、课程团队

“出版概论”课程团队由张文红、叶新、王瑞、姜帆和包韫慧 5 位教师组成，其中有 2 位教授，3 位副教授。近 5 年来，课程团队成员每年均为大一学生讲授“出版概论”，累计授课 1 500 多学时，教授学生近 8 000 人。

“出版概论”课程团队积极开展教学研究，成果丰硕，获得多项省部级以上教学奖励。近 5 年来，团队出版教材、著作 18 部，团队编写的《出版概论》教材被全国 50 多所高校采用，获评北京高校优质本科教材；发表高水平教学科研论文 20 余篇；获北京市高等教育教学成果奖一等奖 2 项，二等奖 1 项；2020 年，本教学团队获评北京高校优秀本科育人团队；2022 年本教学团队获批“十四五”时期北京市属高校高水平教学创新团队建设支持计划项目，2023 年该课程入选国家一流本科课程。

三、课程目标

“出版概论”课程以出版基本理论和专业知识讲授为基础，面向全校工、文、管、艺等学科 20 多个专业的大一学生开设，是一门必修公共基础平台课程。本课程授课内容主要包括出版基础理论和专业实务技能训练两方面。

学习“出版概论”后，学生可了解出版活动的基本属性，牢固树立马克思主义出版观；认识出版活动的发展规律，熟悉出版业现状、出版法规和出版经营管理等相关知识；掌握出版内容创意策划、编辑加工、出版整体设计和出版营销等专业知识技能。本课程为学生顺利成长为新时代出版人、服务于“文化强国”建设打下基础。

四、课程建设及应用情况

（一）课程发展历程

“出版概论”课程设立于 2011 年，迄今已有 12 年历史。该课程依托于编辑出版学专业。该专业于 2010 年获评国家特色专业，2019 年获批北京市重点建设一流专业，2020 年获批国家级一流专业。根据中国教育质量评价中心《2017 年中国大学及学科专业评价报告》，本专业排名全国同类专业第一。“出版概论”课程组成员均为编辑出版学专业具有高级职称的资深专业教师，是“北京高校优秀本科育人团队”的骨干成员。自课程开设以来，北京印刷学院近 16 000 名学生学习了“出版概论”课程。

（二）课程与教学改革要解决的重点问题

本课程属于针对全校多学科的 20 多个专业学生的学科基础通识课程，本课程的重点是使大一学生树立正确的出版观以及对出版传媒行业形成全面认知。本课程要求学生对出版活动的基本理论以及相关业务技能有较为系统全面的了解，为学生学习后续专业课和进入出版传媒行业打好基础。在课程建设过程中，课程组一直坚持高站位、前瞻性、理论与实践相结合的理念，引导学生跨学科思维、引发学生深入了解和系统研究出版行业的兴趣，引导、培养不同专业学生发现、思考和解决出版业相关问题的能力。

（三）课程内容与资源建设及应用情况

1. 历经多轮授课，本课程团队编写完成《出版概论》教材。

教材编写时聘请业界权威专家邬书林和聂震宁担任教材的主审，由高等教育出版社出版。《出版概论》教材是“出版概论”课程资源建设多年的成果结晶，体现出创新性和前沿性等特点。《出版概论》作为全媒体时代新闻传播学系列教材之一，不仅每年作为本课程教材应用于教学过程，而且已被全国 50 多所高校采用，受到广泛好评。2020 年，《出版概论》教材被评为北京高校优质本科教材。

2. 依托国家级一流专业和北京市重点建设一流专业扩展课程资源。

课程秉承了编辑出版学“融聚资源，开放建设”的专业建设理念，借助身处出版资源最为丰富的北京这一地理优势，与北京的出版机构广泛合作，将包括“北京印刷学院—中国科技出版传媒集团”等国家级校外实践基地在内的50余家实习实践基地作为拓展资源，与中宣部出版局、北京市科委、北京市版权局等政府出版管理部门共建资源合作平台，承办北京市新闻出版人才招聘会，与业界、学界联系紧密。在“出版概论”课程建设过程中，坚持教学团队和业界专家紧密结合，通过“专家进课堂”等多种形式拓展课程资源。

（四）课程教学内容及组织实施情况

本课程基本内容包括11章，前5章重点讲述出版的理论基础知识，后6章在讲述基本理论的同时，强化学生的实务操作意识和专业能力训练。本课程为全校20多个专业的大一学生讲授，在授课过程中，教师会根据学生的专业特点，结合该专业学生的知识结构和学习兴趣，针对性地开展出版专业知识的讲解，并根据学生专业特点，组织分组调研、研讨，强化师生互动。

（五）课程成绩评定方式、课程评价及改革成效

“出版概论”课程组成员受益于编辑出版学专业与高校、出版行业多元化优质资源共建、共享机制，积极探索理论与实践相结合的课程考评体系建设，将平时成绩和期末考试成绩的比例设置为3:7。在重视理论知识讲授的同时，主要通过案例讲解，配合提问、讨论、分组作业等形式，引导学生树立正确的出版观、加强团队协作意识。从近5年的课程评价及改革成效来看，该课程师生互动效果良好，成效显著。很多同学上了“出版概论”课程，积极要求转入编辑出版学专业，我校编辑出版学专业在多年来一直是学校里转入率最高的专业。

五、课程特色与创新

课程特色与创新一：基于“红色出版”和“马克思主义出版观”，构建新时代“出版概论”课程思政内容建设体系。“出版概论”授课对象是大一新生，一年级正是融入“思政教育”的关键阶段。本课程确定思政教育融入课程的基本理念是强化学生掌握出版的概念、性质与功能，系统了解中国出版业发展的历史面貌，正确认识我国出版业的性质、特点，坚持将社会效益放在首位，依法开展出版活动，进行出版经营管理。

课程特色与创新二：课程资源和红色资源相结合。本课程不断优化思政课程内容和价值塑造，探索将课程建设与行业、社会发展需求相结合，积极利用行业线上资源平台，在人才培养中注意强化学生的爱国情怀、文化担当意识与专业素养，并在课程内容体系、教学方法、考评机制等方面进行不断创新。

课程特色与创新三：创新人才培养模式，强化实践育人观念。授课时针对各专业学生

实际情况，注重采用案例式教学、释疑式教学等方法，强化师生互动。坚持“在做出版中学出版”的培养模式，围绕学生实践教学和创新创业意识激发，鼓励学生线上完成“模拟书”制作，线下参加各级各类出版大赛，为学生成长成才制订个性化指导方案，发现、培养理论基础扎实、专业技能突出、创新能力优异的应用型出版人才。

（撰稿人：张文红；审核人：李桐）

北京建筑大学国家级一流课程建设案例

城市轨道交通车辆牵引与制动

一、课程基本信息

课程名称	城市轨道交通车辆牵引与制动
课程负责人	张军
开课单位	北京建筑大学机电与车辆工程学院
课程类别	线上线下混合式一流课程
课程性质	必修
开课年级	本科三年级
面向专业	车辆工程
学　　时	48
学　　分	2
主要教材	《轨道车辆牵引与制动》

二、课程团队

课程负责人张军教授负责总体规划和案例教学设计。张军教授一直从事轮轨关系与车辆动力学、弹塑性接触问题的理论与应用、轨道车辆运维技术及装备的研究，已发表科技论文 130 余篇，授权发明专利 20 余项；主持国家级、省市级及企业科研项目 30 余项，其中包括国家自然科学基金项目 2 项；获得机械工业科学技术奖科技进步奖二等奖 1 项；获得省部级教学成果奖一等奖 3 项、二等奖 2 项。

卢宁副教授进行教学大纲制定，主讲制动系统液压与控制部分；金涛涛讲师进行教学大纲制定，主讲制动系统电气与控制部分；马贺高级工程师负责实验教学，主讲轮轨接触与牵引制动系统实验。教学团队均有博士学位，教学经验丰富，并且均有在轨道交通领域工程实践和产品研发经历。

三、课程目标

城市轨道交通车辆牵引与制动是车辆工程专业（城市轨道交通车辆）的专业基础必修课，重在培养学生发现问题、分析问题、解决问题的能力，使之成为高水平、创新性、复合型的高技术人才。

知识目标：全面和系统性地认识城市轨道交通车辆牵引与制动系统；系统掌握城市轨道交通车辆牵引和制动系统的最新发展动向和趋势；能够应用专业知识解决车辆系统复杂工程问题。

能力目标：通过工程原理、工程方法和文献检索对车辆系统复杂工程问题的解决方案进行分析和验证，并形成可靠的结论；能够进行车辆牵引与制动系统的研究、开发与设计。

素质目标：养成脚踏实地和实事求是的作风，立足学科和行业，成为具有家国情怀、使命担当的社会主义接班人。

四、课程建设及应用情况

（一）本课程的建设发展历程

1. 2012—2014 年：起步阶段

根据北京市城市轨道交通的急速发展需求，通过专业需求调研，开设了城市轨道交通车辆工程方向，设立城市轨道交通车辆牵引技术和城市轨道交通车辆制动技术两门课程，以培养学生的专业技术能力。

2. 2014—2018 年：发展阶段

丰富课程内容，在教学中不断研究探讨，建立城轨车辆牵引与制动实验室，丰富课内实验和综合实践训练，引导学生积极探究。同时，在北京地铁现场参观学习，邀请企业专业人员讲授相关知识。以培养学生专业技术应用能力为主线构建课程体系。

3. 2018 年至今：完善阶段

将城市轨道交通车辆牵引技术和城市轨道交通制动技术合并成城市轨道交通车辆牵引与制动课程。引入思政元素，利用超星学习通、结合中国大学 MOOC“轨道车辆牵引与制动”开展线上线下混合课程建设，应用工程实际案例、事故分析等锻炼学生独立思考和分析问题的能力。

（二）课程与教学改革要解决的重点问题

1. 改变轨道车辆牵引制动系统的理论知识与工程实际脱节的问题；
2. 解决课程内容陈旧，需要最新科研成果与课程内容融合的问题；

3. 解决中国大学 MOOC、超星学习通等多个信息化教学平台的科学使用问题，以及大班的研讨式教学方式和线上学习考核成绩的可靠性问题；

4. 解决教学全过程考核的科学性以及实现课程预警的问题。

（三）课程内容与资源建设及应用情况

1. 课程内容与资源建设

课程包括 8 个章节、2 个实验，引用中国大学 MOOC 北京交通大学彭俊彬老师“轨道车辆牵引与制动”建成专属 SPOC，线上资源有 32 个学时的中文教学视频。

超星学习通有各章节补充的 PPT 资源 16 个、文献视频的资料库 22 个、各章节的作业库 16 个和试题库 14 个。

2. 应用情况

应用实际工程案例引出课程内容，在课前通过 SPOC 完成基础知识的学习，分析问题产生的原因，提出解决方案并加以论证。在课程中使用超星学习通软件，针对每个单元的知识点进行深入细致的讲解，有教学课件、章节测验、作业、讨论、通知、在线答疑等互动环节和在线课程资源。

2018—2019（2）学期 2016 级城市轨道交通专业，63 名学生学习了 32 个知识点，参与了 9 次测验和作业。课程负责人发起了 15 次互动讨论，学生参与互动发帖 812 次。

2019—2020（2）学期 2017 级城市轨道交通专业，68 名学生学习了 32 个知识点，参与了 12 次测验和作业。课程负责人发起了 21 次互动讨论，学生参与互动发帖 1 108 次。

2020—2021（2）学期 2018 级城市轨道交通专业，87 名学生学习了 32 个知识点，参与了 12 次测验和作业。课程负责人发起了 21 次互动讨论，学生参与互动发帖 2 617 次。

2021—2022（2）学期 2019 级城市轨道交通专业，77 名学生学习了 32 个知识点，参与了 12 次测验和作业。课程负责人发起了 23 次互动讨论，学生参与互动发帖 2 583 次。

（四）课程教学内容及组织实施情况

采用案例式线上线下混合教学模式，每堂课按照以下 6 阶段进行：

第一阶段，线上学知识（课前）。观看教学视频、教学课件。参与讨论话题，阅读相关文献和资料；

第二阶段，课堂测验。通过试题库发布小测验，检查学生基础知识的掌握情况；

第三阶段，课堂补充讲解。根据测验结果了解学生普遍掌握得较差的知识点，讲解重点难点问题，并做好知识点的补充；

第四阶段，案例研讨。通过学习通互动功能针对每个实际案例进行研讨，鼓励学生提出不同观点，锻炼其表达和分析能力；

第五阶段，总结评价。老师针对学生的发言进行总结与评价并给出解答，引领学生总结与反思；

第六阶段，布置案例。针对下一次课的内容布置新的案例，让学生带着工程问题学习 SPOC，查阅相关文献及资料，利用学习通进行案例的详细分析。

（五）课程成绩评定方式

课程评价注重学习过程，引导学生知行合一、自主探究，提升综合能力。

总评成绩＝平时成绩 70%＋期末考试成绩 30%

平时成绩＝线上部分（章节学习 5%＋章节测试 35%）＋线下部分（互动得分 30%＋分组研讨 15%＋签到得分 5%）＋实验部分（实验报告 10%）

期末考试成绩＝基础知识 60%＋案例分析 40%

（六）课程评价及改革成效

1. 案例分析，引导学生扮演工程师的角色，身临其境地解决真实工程问题，通过自主查阅资料，带着实际问题学习知识点，使课本知识与工程实践很好地结合在一起。引导学生进行深度思维，培养学生发现问题的能力、自学能力和科学思维，获得了学生的一致好评。

2. 自主研发轮轨接触实验平台，能够针对实际问题，设计具有一定挑战度的实验内容，实现了从验证性实验向探索性实验的转型，在工程教育论证过程中，获得了同行专家的高度评价。

3. 多元化教学方法提升了学生的学习能动性，全过程考核实现课程预警，对于学习认真的学生进行鼓励，对成绩较差的学生进行及时督促和个性化指导，获得了良好的教学效果。

4. 本课程于 2020 年被认定为北京建筑大学精品线上线下混合式课程；2021 年获评北京高校优质本科课程；2023 年获评第二批国家级线上线下混合式一流课程。

五、课程特色与创新

（一）案例式教学与 SPOC 高效融合

本课程以案例化教学贯穿整个教学过程，进行课前、课中、课后一体化教学设计，应用实际工程案例引出课程内容，引导学生带着问题学习 SPOC 的相关知识点，通过查阅文献以及充分利用线上资源，分析复杂工程问题产生的原因，提出解决方案并加以论证，培养学生解决轨道交通复杂工程问题的能力。开发课堂形式多样、目标明确的教学活动，激发课堂活力，提升学生学习兴趣，激发高阶性学习的动力。

（二）通过 MOOC 与学习通有效融合开展研讨式教学和教学全过程考核

重构了课堂教学模式，通过学习通的互动教学功能，开展研讨式教学，课程考核由以期末考试为主转变为以平时成绩为主，考核内容由以知识为主转变为以分析能力为主，注重过程考核和每 4 周进行 1 次的成绩分析，实现个性化指导和课程预警。

（三）融入课程思政，提升学生挑战自我、追求卓越的信心

全过程融入思政元素，介绍我国高速铁路的发展，结合列车脱轨事故、车轮踏面剥离、单元制动器悬挂连杆断裂等问题，引导学生以工程师的角色深入研究，给出解决方案。在实践中运用知识，又在实践中发现问题、悟出真理，在潜移默化中帮助学生建立正确的世界观、人生观、价值观，以匠心求品质，让学生热爱专业、突破自我、迎接挑战。

（撰稿人：张军；审核人：韩淼）

北京农学院国家级一流课程建设案例

绿色化学

一、课程基本信息

课程名称	绿色化学
课程负责人	曲江兰
开课单位	北京农学院生物与资源环境学院
课程类别	线上线下混合式一流课程
课程性质	选修
开课年级	本科三年级
面向专业	应用化学、生物工程
学　　时	24
学　　分	1.5
主要教材	《绿色化学》

二、课程团队

课程负责人近 5 年来承担绿色化学课程教学共 5 学期、120 学时，主持 11 项教学改革课题，在《化学教育》等期刊发表 5 篇教改论文，参与编写 12 部国家级、省部级规划教材。

课程负责人共获得 1 项国家级、21 项省部级教学奖励，包括国家级一流本科课程、北京高校青年教学名师、北京市青年拔尖人才、北京高校优质本科课程、优质本科教材课件、优质本科教案、北京高校青年教师基本功比赛理科类一等奖、最佳现场展示奖、最受学生欢迎奖、优秀教改论文奖、北京高校教师教学创新大赛二等奖、全国生态文明信息化教学成果三等奖。教学团队共有 3 名成员，其中教授 1 名、副教授 1 名、副高级实验师 1 名，团队成员常年从事化学类公共课、专业课、实验课教学。

三、课程目标

结合我校“高水平应用型大学”本科人才培养需求、“新农科”行动计划和北京市一流专业建设任务，课程团队以培养知农爱农的都市型现代农林人才为目标，以绿色高质量发展为指导思想，紧密围绕双碳战略、乡村振兴等国家重大科技需求，培养学生掌握绿色化学基本原理、技术和前沿发展动态等专业知识，使其能够运用绿色化学理论减少环境污染实际问题；培养学生进行安全化学生产的职业素养，提高分析和解决问题的实践能力，培养求实创新的科学精神，树立生态文明与可持续发展理念，激发乡村振兴使命担当，厚植“大国三农”情怀。

四、课程建设及应用情况

（一）本课程的建设发展历程

经过 10 余年的教学实践积累，“绿色化学”已经为我校应用化学、生物工程等专业 1 000 余名本科生提供了超过 500 学时的课程教学服务，在专业人才培养的课程体系中承上启下，以学生为中心，基于成果导向理念，不断改革与创新课程的教学内容和模式，积极开展线上、线下混合式教学体系探索，建设了在线课程、虚拟仿真平台、实践基地。“绿色化学”课程获评 1 项国家级、12 项省部级奖励，入选全国高等农林院校课程思政优秀案例、全国慕课与线上线下混合式教学典型案例，教学团队指导学生获得 40 余项省部级竞赛奖励。

（二）课程与教学改革要解决的重点问题

我国农科院校毕业生规模位居世界首位，但是高等农科教育的人才培养仍然沿袭传统农科教育模式和学科分类，知识体系比较单一，不能满足现代农业高质量发展要求。因此，在“新农科”建设中，亟需进行农科人才供给侧结构性改革，提高人才培养质量。

作为市属农林高校，我校学生存在课堂参与度低、科学素养弱化、学科视野局限、创新能力不足、个性化发展受限等问题，制约了复合型现代农林人才供给。“绿色化学”在教学中主要面临以下难题：（1）学生获得的价值引领不足，课程育人功能不完善；（2）学生个性化学习的需求不能满足，课程评价方式单一；（3）学生课堂参与度不高，教与学的比重失衡；（4）学生对知识的理解运用不够，缺少实践环节。

（三）课程内容与资源建设及应用情况

“绿色化学”是综合运用现代科学技术，从源头上减少化学工业的环境污染，推动实现生态文明和低碳发展的新兴交叉学科。“绿色化学”课程共有 7 章内容，主要包括绿色化学的概论、原理、研究方法、技术、产品、绿色农业和清洁能源。课程重点包括绿色化学的发展背景、环境污染的化学本质、绿色化学的定义与内涵、绿色化学原则与评价方法、绿色化学技术、绿色化学品的设计与合成、绿色农业等。课程难点包括环境污染的化学本质与解决途径、原子经济性与绿色化学原则、绿色化学产品的设计原理及合成方法、绿色化学技术在新能源、现代农业领域的应用等。

教学资源依托学校课程中心的在线平台和虚拟仿真实验平台开展建设，包括课件与视频资料、文献拓展资源、在线试题与作业、研究型教学模块、反思讨论区、思政讨论区等。

（四）课程教学内容及组织实施情况

“绿色化学”课程采取线上线下混合式教学模式，共 24 学时，其中在线课程 8 学时、理论与翻转课堂 12 学时、虚拟仿真实验 4 学时。针对学生化学基础存在差异的学情，我们建设了不同难度的在线课程，实现分层次教学。

课堂案例教学紧密围绕国家重大战略需求，注重现代农业与化学知识的融合，结合粮食安全、食品安全等领域的科研成果和乡村振兴实例，导入前沿科技，融入课程思政，彰显农科特色。利用在线平台的研究型学习模块，构建基于 BOPPPS 的翻转课堂，开展研究型教学，包括小组协作研讨、教师个性化辅导、小组汇报、学生互评、教师总评等教学活动环节。

（五）课程成绩评定方式

课程成绩评定强化过程性考核，建立多元化考评体系。“绿色化学”考核中过程导向占 60%，包括线上学习、随堂测试、虚拟仿真、课堂报告；结果导向占 30%，包括期末笔试、课程论文和新媒体作业。如果学生在课堂报告、新媒体作业、课程论文中结合了化学竞赛、农业实践等科研训练成果，将给予 10%的创新分数。

（六）课程评价及改革成效

“绿色化学”课程深受学生喜爱，近 5 年学生评教为“优秀”。学生反馈学习效果良好，课程设计满足了个性化学习需求，具有挑战性，学生能力获得显著提升，丰富的教学手段和师生互动能够激发其学习兴趣。

“绿色化学”课程获得学校督导、领导、校外专家高度评价，一致认为课程教学效率高、成效好、特色鲜明，具有良好的示范推广性。

五、课程特色与创新

（一）构建农科与校本特色案例库，融合媒体矩阵培养学生思政能力

紧密结合国家生态文明建设的重大战略需求和化学行业发展前沿，介绍乡村振兴和科技扶贫领域的科研成果，拓展学生的学科视野。引导学生制作绿色化学科普短视频、撰写公众号，利用新媒体培养学生的生态文明理念以及知农爱农的行业使命感。

（二）打造线上与线下教学共同体，多元化考核增强学生学习能力

利用在线平台实现“课前—课堂—课后”三者的有机联系。结合大数据统计，分析学生对知识点的掌握情况，及时调整教学内容设计，进行针对性教学。根据学生的线上学习行为制定指标，丰富评价体系。

（三）完善虚拟仿真与竞赛双平台，翻转式课堂激活学生创新能力

根据学生的学习基础选取难度适中的前沿科技文献作为教学拓展资源，利用翻转课堂开展研究型教学，培养学生的科研能力。结合工业废水处理、人工湿地系统等虚拟仿真实验，培养学生的实践能力。结合化学竞赛，组织学生开展创新型绿色化学实验，教赛融合，提高学生的科学素养和实践能力。

（撰稿人：曲江兰；审核人：马兰青）

北京物资学院国家级一流课程建设案例

统计学

一、课程基本信息

课程名称	统计学
课程负责人	周丽
开课单位	北京物资学院统计与数据科学学院
课程类别	线上线下混合式一流课程
课程性质	必修
开课年级	本科二年级、三年级
面向专业	会计学、财务管理、金融学、国际经济与贸易、经济学、物流管理、供应链管理、采购管理、人力资源管理、市场营销、工商管理、劳动与社会保障、应用统计学、电子商务
学　　时	48
学　　分	3
主要教材	《统计学》《统计学（第 7 版）》《统计学：从数据到结论（第 4 版）》《统计学（第 3 版）》《统计学—基于 EXCEL》

二、课程团队

（一）教学任务

课程团队教学工作量饱满，年均承担该门课程总学时约 720 学时。

（二）教学研究

课程负责人和团队成员主持“面向物流信息类人才的多元并举、三进阶式实践育人体系构建研究”等21项教改项目，发表“信息科学类招生下的统计学专业建设探究”等30篇教改论文。构建“分类通识、多元进阶”的创新型人才培养体系，培养了学生应用统计理论与方法发现、分析和解决问题的能力，学生受益面广，改革成果显著，成果经验具有可推广性。

（三）教学获奖

《统计学》教材课件获评2019年北京高校优质本科教材课件；“统计学”课程获评2020年北京高校优质本科课程、2021 年北京市课程思政示范课；课程负责教师获评北京市青年教学名师，获北京市高等教育教学成果奖二等奖4项，获市场调查大赛、统计建模竞赛等指导教师奖20余项。

三、课程目标

课程结合学校高水平应用型大学办学定位，物流与流通管理类专业本科二、三年级学情背景，以及应用型人才培养的专业要求，确立以学生为中心、成果导向的“两性一度”突出的课程目标。课程知识点选取立足物流与流通管理类专业需要，涵盖数据收集、整理、分析应用等内容，强调理论与实践衔接，着力提高学生运用统计方法解决现实流通管理问题的能力，培养应用型人才。

知识层面，高阶要求掌握数据分析方法和工具以适应时代需求；创新要求掌握传统统计与大数据统计相结合的理论与方法；挑战要求参加市场调查等竞赛。

能力层面，高阶要求掌握统计年报中的数据分析方法；创新要求运用统计软件分析物流与流通管理类统计数据；挑战要求承担校企创新实践项目的统计分析任务。

素质层面，培养数据敏感性和数据思维，通过思政案例树立科技强国、诚信责任、公平公正观念，强化为国家社会发展做贡献的责任感。

四、课程建设及应用情况

（一）课程的建设发展历程

早期建设阶段（1985—2006年）。统计学课程是学校经济管理类专业必修的学科基础课，每年授课1 000余名学生。统计学讲义和题库逐渐成形，出版第一版教材。

支撑专业发展阶段（2006—2016年）。统计学专业获批并招生，统计学同时是专业基础课，每年授课1 200余名学生。教材第二次改版。

建设优质课程阶段（2016年至今）。开展线上线下混合式教学模式，线下课堂与线上课程并重。实施过程化考核改革。教材第三次改版，其课件获评 2019 年北京高校优质本科教材课件；统计学课程获批 2020 年北京高校优质本科课程，2021 年北京市课程思政示范课。

（二）课程与教学改革要解决的重点问题

1. 教学内容需要紧跟统计理论发展不断更新。结合统计理论发展更新教学知识点，在传统统计学基础上，一方面融入物流统计理论，另一方面，增加大数据技术发展等现代统计理论，做到与时俱进。

2. 传统课堂讲授方式不利于锻炼学生实践能力。增加实践课时。将原来的 48 个理论学时调整为理论讲授 32 学时（12 学时线上，20 学时线下），新增上机实践 16 学时，通过上机实践提高学生利用统计工具解决现实物流与流通管理问题的能力。

3. 教学资源与授课对象的匹配度有待完善。针对不同专业的授课对象，设定分级分类的内容体系，选用不同的专业数据与案例，实现精准化教学。

4. 线上与线下教学设计要避免重复。不是简单地将线下内容搬到线上，而是要实现线上和线下的有机融合，优势互补。纸质教材与线上资源配合利用，发挥线下定时与线上随时、线下被动与线上主动的优势互补性。

（三）课程内容与资源建设及应用情况

1. 统计学课程配套的慕课、题库、教材、软件等基础性资源完善。统计学慕课视频共 39 节，总时长 410 分钟。其中，第一期视频 2018 年部署在超星平台，2020 年累计浏览量 508 957 次，累计选课人数 725 人，累计互动次数 4 013 次；第二期视频 2020 年又拓展部署上线中国大学 MOOC 平台，累计选课人数 92 人。课程机考系统配合过程考核改革于 2014 年上线，机考系统题型灵活、题库丰富。配套教材不断更新，第三版《统计学》教材和课件是北京高校优质本科教材课件。课程配套有 SPSS、Matlab、SAS、Eviews 等正版化软件。

2. 统计学专用实验室、实践项目、竞赛等实践性教学体系健全。课程建有统计建模、计算机辅助电话调查、大数据分析等专用实验室。教师凝练教学案例，用于实践教学，形成实培项目、校企合作项目、大创项目等实践项目，以及市场调查大赛、统计建模大赛等完整的实践体系。

3. 与时代接轨的课程思政案例库、科研反哺教学案例等前沿性应用逐渐形成。凝练课程中蕴含的思政元素，把统计名家、社会主义核心价值观等融入课程教学视频、练习数据与上机案例，用统计数据、统计指标讲好国家区域的统计故事。把科研项目改编为教学案例，融入统计学教材。

（四）课程教学内容及组织实施情况

开展线上线下混合式教学，倡导“自主性、探究性和研究性”相融合的学习方式。

课前强调自主线上学习。线上平台发布学习任务，使学生自主学习基础知识。

课中强调探究性学习，理论教学体现创新性，实践教学突出高阶性。线下教学专注于教材重难点，采用交互式教学方法，保障学生课堂参与度和教学质量；实践教学专注于案例教学和软件操作，结合特色案例培养学生理论和实践结合能力。

课后强调研究性学习，实现课程挑战度。依托线上平台发布章节测验和教学成果；通过平台讨论区为学生答疑；鼓励学生理论结合实际，积极参加实践性项目。

（五）课程成绩评定方式

重视考核过程，实行多元化过程性考核模式，做到课堂实践、线上线下、过程结果统筹兼顾。

总评成绩＝线上成绩（10%）＋线下表现（5%）＋作业成绩（25%）＋期中成绩（20%）＋期末成绩（40%）

其中线上成绩包括在线学习、讨论区互动等（考核学习主动性）；线下成绩包括翻转课堂中的展示、课堂表现等（考核自主学习能力）；作业成绩包括线上平台测验、小组案例（考核知识掌握、锻炼团队合作）；期中考核范围为统计学前 6 章，机考闭卷，系统随机抽题（考核实践能力）；期末为总结性考核，考核范围为全部章节，机考闭卷，系统随机抽题（考核知识点综合运用能力）。成绩评定标准明确，线上线下资料保存完整。

（六）课程评价及改革成效情况

1. 教学效果好，深受学生和同行好评。课程常年获得学生评教 98 分以上，名列学校前茅。教师教学过程思路清晰，教学方法丰富，语言简练生动，重难点突出，理论实践相结合，充分调动和发挥学生积极性，教学效果优秀。

2. 校友跟踪反馈评价课程具有较强的实用性。每年学校优秀毕业论文答辩，各类专业学生毕业论文中 80%以上采用统计方法分析问题，运用统计软件处理数据，对解决专业问题具有极大的帮助。学生毕业几年后反馈，在工作中统计方法与统计软件的使用令他们受益终身，在具体工作中起到很大帮助作用。

3. 课程改革影响广泛，为推动学校各项教学改革发挥示范作用。近 3 年来，统计学课程团队为全校经济管理类本科生开设统计学，授课班次 40 余次，授课学生超过 3 000 人。2018 年、2020 年、2021 年分别在超星平台、中国大学 MOOC、学银在线上完成了课程部署，进行了多个学期的线上教学的实践。《统计学》教材 2019 年荣获北京高校优质本科教材课件，统计学课程获批 2020 年北京高校优质本科课程、2021 年北京市课程思政示范课。

五、课程特色与创新

课程特色与创新有以下三点：

第一，结合学校办学特色，满足应用型本科院校物流与流通管理类专业的需求，融入大量案例数据，突出物流和流通行业特色。基于高水平、优结构的专业师资队伍，结合《统计学》《现代物流统计学》等特色教材、教学案例，数据采用物流、流通行业数据，有针对性地加以习题指导，使得学生更好地结合本专业知识理解统计理论并实践好本门课程。构建适合应用型本科院校管理类专业学生所适用的统计学教学内容，探索理论与实践相结合的教学模式，不断适应物流与流通管理类学生学习统计学的客观需要，全面培养应用型人才。

第二，深化对应不同专业需求的匹配式课程思政改革。针对不同的专业需求，主讲教师遴选与专业内容匹配的思政案例，创新教学内容，帮助学生了解本专业领域的国家战略和相关政策，引导学生深入社会实践、关注现实问题，培养学生的家国情怀，塑造学生的世界观、人生观、价值观。

第三，增加统计软件应用和丰富的习题案例，充分利用现代信息技术辅助教学手段。课程将理论与实践相结合，每章节都有配套的 Excel 上机练习，很好地锻炼学生处理分析数据的实际操作能力。一方面，为学生提供优质线上平台，辅助完成预习、复习任务，注重线上线下教学紧密结合；另一方面，学校为课程提供了机房、智慧教室等功能完善的多媒体教室，使得信息化教学真正发挥效用。

（撰稿人：周丽；审核人：梁晨）

首都经济贸易大学国家级一流课程建设案例

商业银行经营管理

一、课程基本信息

课程名称	商业银行经营管理
课程负责人	高杰英
开课单位	首都经济贸易大学金融学院
课程类别	线上线下混合式一流课程
课程性质	必修课
开课年级	本科三年级
面向专业	金融学（含辅修）、金融工程、投资学、保险学、其他选修
学　　时	3
学　　分	3
主要教材	《商业银行业务与经营（第五版）》，*Bank Management & Financial Services*（*Ninth Edition*）

二、课程团队

高杰英，金融学院博士生导师，北京市教学名师，入选北京市长城学者培养计划，中国投资协会学科建设委员会理事、北京国际金融学会理事，主编参编《商业银行经营管理》《金融企业会计》等教材。“商业银行经营管理”获评北京市优质本科课程、校级双语示范课程。获北京市哲学社会科学优秀成果奖、北京市教育教学成果奖、北京市优秀本科毕业论文指导教师、首都经济贸易大学优秀教师、教学质量卓越奖。团队主要成员王苹、王婉婷、梁万泉、廉永辉副教授。团队成员近5年完成20课时/学期，建设教育部“产学合作协同育人”项目、“四合一”投资者教育基地以及完成北京市实培计划，完成北京市教改项目1项，发表教改论文6篇，建设中国大学慕课2门。

三、课程目标

坚持立德树人，落实学校“立足北京、服务首都、面向全国、走向世界”的办学理念，依托金融学国家“一流”专业建设，培养适应全球数字化转型的高素质复合型金融专业人才。

知识构建：掌握银行经营管理基础理论，熟悉银行等金融机构运行规则、风险管理制度安排以及国家相关金融政策和法律法规。

能力培养：具备中外资银行等金融机构运营管理和客户管理能力，获取信息、分析数据、解读政策能力，国内外一流学府继续深造能力。

价值引领：理解中国银行业发展历史逻辑，秉承“金融服务实体经济”理念，坚定“四个自信”，践行社会主义核心价值观，建设“首善之都”。

素养形成：体系逻辑思维、终身学习理念、良好交流沟通、诚信职业道德。

四、课程建设及应用情况

（一）课程的建设发展历程

历史悠久，基础坚实（1978—2007）。1978 年，张铁城和董瑞夫教授分别开设“银行管理”和“信贷管理”课程。2007 年，《商业银行经营管理》教材获评北京市精品教材。

教学资源不断拓展，形式多样（2007—2016）。2012 年建设工商银行北京分行实习基地，2013 年建设渤海银行实习基地，2015 年英文授课，2016 年获校级双语示范课程，2016 年出版案例集。

开拓创新，科技融入（2017 年至今）。2017 年微课建设，2018 年慕课建设，2019 年中国大学慕课网上线并开启混合式课程改革。2020 年获北京市优质课程。建设教育部协同项目区块链金融教学基地，与中国证券业协会、中国银河证券等共建投教基地。

（二）课程与教学改革要解决的重点问题

基于首都“两区”和国家金融管理中心建设对人才的需求，结合学情分析，课程改革重点问题如下：

（1）避免专业内容与思政内容融合不够。结合中国银行业发展历史与现状，将思政元素润物无声地贯穿于课程各环节。

（2）基于“两性一度”与时俱进优化内容。基于相对稳定的知识体系，结合中国银行业实践的新问题和新挑战，培养学生解决问题的综合能力。

（3）通过多元教学方法提升学生自主性。通过线上线下混合、分组研讨、新闻播报等形式调动学生主动性。通过学科竞赛、论文研讨、实习实践等开展个性培养。

（4）构建“三结合”体系防止知识碎片化。通过线上线下、校园内外、产学研三方面结合将理论知识融入银行业务实践。

（三）课程内容与资源建设及应用情况

线下资源包括：自编教材（北京市精品教材）、案例集、中外资金融机构专家进课堂。校内区块链金融实习实践基地、校外工商银行北京分行、法国东方汇理银行实践基地。

线上资源包括：中国大学慕课、微课，世界银行、亚投行、国际货币基金组织以及美联储、欧洲央行、人民银行等金融机构网址及披露的年度报告、WIND 咨询终端信息、高杰英实名头条、“价值投资大讲堂”公众号以及团队整理数据库。

（四）课程教学内容及组织实施情况

将课堂从传统的以“教”为中心转变成以“学”为中心，形成以“动起来”为主要特征的“线上线下”有机结合的混合式课堂。

一是自主探究，让理念“新起来”。引导和鼓励学生借助丰富资源进行自主学习，培养终身学习习惯，适应社会可持续发展。

二是情景教学，让课堂“活起来”。充分利用智慧教室开展研讨，邀请中外资银行家进课堂，建设校内外实习实训基地，全方位再现银行经营管理活动场景。

三是合作学习，让学生“忙起来”。学生组成小组团队开展研究，制作新闻播报、开展案例分析、展示研究成果。

四是启发式教学，让教师“强起来”。教师利用线上立体化资源，构建“教、学、测、评、练、研”一站式的混合教学模式，实现课程优化。凝练出有代表性的问题和视角，通过案例讨论启发学生思考。

（五）课程成绩评定方式

增加过程性评价所占比重，课程总成绩＝期末测试（50%）＋平时成绩（50%）；平时成绩＝上课签到（10%）＋上课提问（5%）＋新闻播报（5%）＋期中测试（10%）＋慕课线上成绩（70%）；慕课线上成绩＝单元测验（70%）＋期末考试（10%）＋课堂讨论（20%）。

（六）课程评价及改革成效等情况

学生知识掌握得更为充分，过程管理更为有效，学习成绩显著提升。学生参与程度显著提升，学生的人均参与和观看次数大幅提升。学生熟悉银行金融机构，毕业进入银行工作更为顺畅。金融学院本科毕业生 60%进入银行工作。

高杰英获评首都经济贸易大学教学卓越奖、优秀教师。课程获评北京市优质本科课程，课程组受邀前往青岛大学、北京石油化工学院、中华女子学院作课程交流。《现代教育报》对高杰英老师的翻转课堂进行了报道，学习强国平台转载推送。教师节《现代教育报》以特刊《同心战疫 披荆斩棘勇担当——战疫中的教师群体扫描》表彰。高杰英老师受邀成为中共北京市委宣讲团讲师和北京市教委“诚信大讲堂”讲师。

五、课程特色与创新

本课程主要的特色及创新可以概括为以下几个方面：

1. 课程思政春风化雨，“情怀培养＋知识教育”相结合。

以“金融服务实体经济”理念为指导，结合北京“两区”建设，构建全面覆盖、类型丰富、层次递进、相互支撑的课程思政体系。从银行历史资料、银行改革历程、银行实习实践、银行家引领等丰富资源，培养德智体美劳全面发展的社会主义建设者和接班人。

2. 课程模式改革创新，“传统教学＋翻转课堂”相结合。

完善“线上线下”混合课程总体方案的设计及实施，确认好每节课程课前、课中、课后的有效安排，实现课程的精细化管理。课程教案包括课堂互动设计、关键问题讲解、随堂讨论和示例详解、评价体系等多个教学环节，保证线上学习与线下课堂有效衔接。把更多智慧工具引入课堂，提升线上线下课堂效果。

3. 紧跟前沿产学融合，“专业理论＋前沿实践”相结合。

将证券化—REITS、银行低估值之谜等前沿内容作为案例引入课堂，紧跟银行实践，突出实用性和前沿性。运用在线学习平台的超链接功能，寻找、筛选、利用别人已经建好的线上银行教学类课程作为储备资源，提高学习效率。以知识点为轴，将视频、案例、重点、难点、习题、拓展材料等关联起来。

（撰稿人：高杰英；审核人：刘强）

北京信息科技大学国家级一流课程建设案例

通信原理

一、课程基本信息

课程名称	通信原理
课程负责人	李学华
开课单位	北京信息科技大学
课程类别	线上线下混合式一流课程
课程性质	必修
开课年级	本科三年级
面向专业	通信工程、电子信息工程、物联网工程
学　　时	56
学　　分	3.5
主要教材	《通信原理简明教程（第 4 版）》

二、课程团队

李学华教授主讲“通信原理”“移动通信”等课程。主持完成北京市级教改课题和教育部电子信息类专业教指委“重大、热点、难点问题”研究课题多项。主编的《通信原理简明教程》教材及配套辅导教材入选普通高等教育“十二五”国家级规划教材，获得面向新工科的电工电子信息基础课程系列教材称号。

课程团队共 6 人，负责理论和实验教学。成员多次获国家和市级教学成果奖，入选北京市青年教学名师、北京市优秀人才和青年拔尖人才、北京高校优秀专业课主讲教师、北京市课程思政示范课程、教学名师和团队、获得全国及北京市青教赛二等奖以及北京高校优秀德育工作者等荣誉，教育教学能力与水平受到各方肯定。

三、课程目标

“通信原理”作为电子信息类专业的重要专业核心课，具有较强的系统性、理论性和实践性，概念抽象、知识体系繁杂、学习难度较大。课程教学突出学以致用，将理论与实践相结合，有机融入思政教学元素。其教学目标如下：

（一）知识目标

使学生了解、理解或掌握模拟调制技术、模拟信号的数字化、数字基带和调制系统、现代数字调制技术、差错控制编码等知识单元的具体内容，达成课程标准的相应要求。

（二）能力目标

初步具备基于通信基本原理知识进行分析、计算和设计的能力，可以利用通信原理知识对信息通信系统进行建模和性能分析。

（三）情感态度和价值观

培养学生具有良好的人文精神和科学精神，激发学生热爱专业、敢于创造、努力探索的精神，增强学生的民族自信和社会责任感。

四、课程建设及应用情况

“通信原理”课程历经二十余年的建设，已在教材、教学研究和信息化资源等方面形成了完整体系。课程围绕北京信息科技大学“培养高素质应用型人才”的办学定位，立足于电子信息类专业“从事信息与通信工程领域的集成、制造、应用开发以及管理服务等方面工作”的人才培养要求，以现代通信系统为背景，讲授现代通信的基本原理、技术和分析方法，有机融入思政教学元素，充分发挥专业课的思政教育功能。

（一）打造优质教学生态

课程通过科教融合、信息技术融合、多维评价融合、教学资源融合，虚实融合，打造了“五位一体”融合式教学生态，形成了“畅销教材+特色在线课+线下教学+多维过程评价”的良性循环。

（二）以“问题”为导向，授人以渔

秉持“通古今之变，识旧物而言新”的理念，将通信系统中调制、编码、传输等最核心的内容，按照“发现—分析—解决”问题的思路进行组织，引入“5why”和“5so”深度思维方法，突出经典的传承，培养科学思维；以5G前沿创新内容为拓展，将原理框图与工程实现联系起来，培养创新思维。融入5G编码标准之争等热点素材，并以杰出校友、在校生楷模等为例，激发学生敢于创造、努力探索的精神。

（三）全过程“融合式”教学设计

利用信息化手段突破时间和空间的约束，实施“融合式”教学设计。课前，线上发布“学习指导”，包括课程内容、学习方法、课后任务要求等。课中，融入源于科研课题的案例，并选择信噪比分析、无串扰传输等重难点开展研讨；引入数字调制技术的更新与发展等拓展内容，布置仿真和调研任务。课后，学生线上提交收获、疑问和任务成果，教师汇总分析进行反馈，及时优化教学设计与实施。

（四）“全程化”立体资源建设

建设覆盖课前预习、课中精学、课后巩固及拓展等全过程的教学资源，为“融合式”教学提供有力支撑。形成了包括：《通信原理简明教程》新形态教材及“学习指导”“重难点教学视频”“PPT 语音课件”“学习总结反馈课件”“研讨拓展课”“习题讲解”等丰富的“教学资源包”。课程配套的在线开放课在“中国大学 MOOC”“学堂在线”和“学银在线”平台运营多个轮次。

（五）多层次、立体化、虚实结合的实践教学体系

结合 5G 与物联网新技术，设计开发了 NB－IoT 窄带物联网虚拟仿真实验系统。基础型、综合设计型和探究型实验相互配合、循序渐进，与理论教学紧密融合，符合学生的认知规律。借助设计小型卫星通信系统实验，融入安全、环境、法律等问题，使学生在电磁干扰、通信频率选择等方面考虑非技术因素，在提高学生解决复杂工程问题能力的同时培养社会责任感。

（六）多维评价融合，持续改进促进目标达成

制定评价的详细量规，充分利用智慧教学工具（学习通、课堂派等），开展师生、生生之间的多维度评价。围绕教学重点、难点问题，引导学生实现从自主探索、知识体系构建到自主学习与辩证思考的渐进式教学目标，体现“两性一度”。注重线上学习、课堂互动和开放讨论的过程评价，通过线下翻转小组任务丰富结果评价，及时优化教学设计与实施，师生共同成长。

（七）成效显著，辐射广泛

学生评价好，本课程是学生“目前觉得体验最好、最认可的课程”之一，入选学校首届“最美课堂”。教学成果突出，团队获得多个奖项，教育教学能力与水平受到各方肯定。《通信原理简明教程》教材，被广大读者誉为“良心工程”。应用广泛。课程配套的在线开放课在“中国大学 MOOC”等多平台开课多轮次，社会反响好；主讲教师多次在全国性的教学研讨会上推广分享创新成果。

五、课程特色与创新

（一）理念创新：一课一得，“值得学和学得懂”!

立足高素质应用型人才培养，针对地方应用型高校学生数理基础相对薄弱的特点，因材施教，学以致用。突出“内在性融入”理念，开展润物细无声的隐性思政教育；结合科研和产业应用案例，融入通信技术发展上的热点素材，训练科学的思维方法和工程的创新意识，培养专业实践能力强、勇于创新的社会主义建设者和接班人。

（二）模式创新：“课”与“程”并重，打造全过程“闭环式”教学模式

将静态的“课”与动态的“程”统一起来，将课程思政贯穿于课程目标设计、教材教案编写、教学内容组织、实验实训、教学评价与反馈等教育教学全过程，以“导、学、练、展、评”的方式予以实施，形成全过程“闭环式”教学模式，引入“5why”和“5so”深度思维方法，为学生价值观的塑造和科学思维、工程意识的培养提供有力的支持。

（三）学习支持手段创新：信息技术全程融入，构建数字化四维教学结构

历经二十年，整合了涵盖教与学全过程的立体化教学资源，结合《通信原理简明教程》第 4 版新形态教材，主动适应智慧教育革命，形成了由学生、数字化学习环境、数字化学习资源和教学支持服务的四维教学结构，有力推动了以学生为中心的“课堂革命”。

（撰稿人：李学华；审核人：米洁）

北京警察学院国家级一流课程建设案例

社区警务

一、课程基本信息

课程名称	社区警务
课程负责人	王淑荣
开课单位	北京警察学院治安系
课程类别	线上线下混合式一流课程
课程性质	必修
开课年级	本科三年级
面向专业	治安学
学　　时	32
学　　分	2
主要教材	《社区警务》

二、课程团队

本课程团队由专任教师和公安一线实战教官组成，课程负责人及主要成员承担“社区警务”“社会安全防范”等专业课程授课任务。5 年来，完成教学研究及教改课题 9 项，教育部人文社会科学研究项目 1 项，北京市优秀人才培养资助项目 1 项。并取得一系列成果：“犯罪情境预防社区治安防范的应用”获首届全国高校微课比赛优秀奖，出版专著《治安防范学导论》，主编公安部统编教材《社区警务》，《“教、学、练”一体化实训教学在〈治安防范学〉教学中的应用》获全国治安学专业实践教学研讨会优秀论文一等奖。辅导学生撰写的《社会资本理论在社区治安防范中的启示》获得“第十一届公安院校学生科技应用创新成果奖”三等奖。本门课程教学成果在北京警察学院作为典型示范课程进行经验介绍。

三、课程目标

北京警察学院以培养高素质应用型警务人才为目标，治安学专业培养规格中提出治安防范能力是学生应具备的专业核心能力，学生毕业后将主要在基层派出所开展社区警务工作。因此作为治安学专业主干课程，重点培养治安防范核心能力。本课程教学目标为：

知识上：掌握社区建设与管理的基本内容、社区警务的基本理论、社区警务的主要内容、社区警务建设主体、社区警务工作机制、社区警务工作方法、社区安全防范等主要知识。

能力上：初步具备开展社区调查研究、开展社区群众工作、整合社区警务主体资源、组织社区安全防范、运用科技手段创新开展警务工作等能力。

思政上：引导学生树立以人民为中心的理念，培养扎根社区、无私奉献、忠诚担当、文明执法的职业精神。

四、课程建设及应用情况

（一）发展历程

“社区警务”课程是治安学专业主干课程，课程建设时间长，课程理论体系完善，对人才专业能力培养的支撑作用明显。

（二）需要解决的重点问题

1. 解决课程教学内容与时俱进问题，尤其是在国家治理体系和治理能力现代化建设背景下，基层治理、社区治理体系现代化如何融入社区警务基本理论和机制创新中的问题，从而丰富课程理论基础，提升课程高阶性，培养学生创新思维和创新能力，进而指导实践工作。

2. 解决实战化教学手段改革问题。通过案例教学、课堂讨论、模拟训练、实地考察交流等形式加强课程实践教学，培养学生专业能力。

3. 解决培养学生创新思维和创新能力问题。按照问题导向，结合实践工作中存在的热点难点问题，组织学生开展讨论研究，提出解决方案，培养学生创新思维和能力。

4. 解决线上线下混合式教学形式设计问题。按照 SPOC 课建设要求，设计以学生为中心，以实践为核心的新型教学模式，培养学生学习能力和专业能力。

（三）以混合式教学设计和实战化教学改革为重点的教学方法改革

课程在教学中树立以学生为中心的理念，采取“线上＋线下”的混合式教学，通过两种教学形式的有机结合，引导学生自主学习，有效提升学生学习的深度。

1. 选取国家在线开放精品课程“社区管理学”作为线上教学资源，同时也将课程大纲、课件、主要学习资料通过教学平台提前发布，引导学生预习，为专业课程的学习奠定基础，充分保障课堂教学的质量。

2. 组织好线下教学，检验、巩固、转化线上知识的学习。通过课堂教学对易混淆知识点、重点、难点，或学生在线学习过程中反馈的共性问题进行查缺补漏、重点讲授。通过开展研讨、实训等教学活动实现学生对知识的巩固与灵活应用，达到培养能力和思政教育的教学目标。

3. 做好混合式教学的过程评估。通过检查线上学习笔记、开展话题讨论、在线测试、线上学习任务点完成情况监测等形式督促、检查、评估学生线上学习情况，增进学生学习动力。通过课堂研讨、课程论文、模拟实训等形式进行线下学习过程评估，重点检验学生运用知识分析、解决问题能力和创新能力的培养情况。

同时运用公安网保持与公安实战工作紧密联系，适时将最近警务工作动态、案例、警务创新等内容引入教学，增强教学内容的鲜活性，强化实战化教学改革。

（四）课程内容与课程资源建设及应用情况

课程教学内容包括绪论、社区警务与社区建设、社区警务组织、社区警务机制、社区安全防范、社区帮教与社区矫正、社区调解、国外社区警务 8 章。课程选用国家关于社区建设的文件规定、公安部关于社区警务的规定、公安机关社区警务实践工作积累的经验做法，国家在线开放课程“社区管理学”等教学资源用于课程教学内容和教学文件的支撑，提升课程教学内容的高阶性和创新性。实训教室、模拟街区、实战部门的专、兼职教官等为开展实践教学提供教学实施条件。

（五）课程教学内容组织实施情况

课程教学内容共 8 章，共计 42 课时，其中理论教学 32 课时（包括课堂教学 22 课时，线上学习 10 课时），实践教学 10 课时。理论教学采取线上线下相结合、学生自学、课堂讲授相结合等方式，实践教学采取课堂讨论、参观交流、模拟实训等方式。从实施情况看，教学效果良好，能够达到教学目标。

（六）课程成绩评定方式

课程采取过程考核和结果考核相结合的方式，分别占 50%。加大课程过程考核比重，调动学生学习积极性，增加学生平时学业难度，提升课程挑战度。过程考核主要从课堂讨论发言、课后实训作业、课程论文、课堂笔记、在线学习情况等维度考查学生学习态度、理论知识学习情况、专业能力培养等情况。结果考核是期末闭卷考试。

（七）课程评价及改革成效

按照目标导向，本课程教学改革注重学生自我学习、调查研究、安全防范等能力的培养，起到调动学生学习积极性，引领学生进行拓展学习，运用所学知识分析问题、解决问题的作用，培养学生树立以人民为中心的理念，扎根社区、无私奉献、忠诚担当、文明执法的职业精神。学生在评教中反馈较好。

五、课程特色与创新

（一）以能力培养为核心，解决学生创新能力培养问题

按照问题导向、目标导向的原则，将提升学生作为社区民警的综合素质、增强开展社区警务工作能力作为教学核心，同时注重培养学生树立以人民为中心，忠诚担当、无私奉献的职业价值观。

（二）以学生为中心，以实践教学改革为重点，深入开展混合式教学改革，对标高水平应用型警务人才培养

为进一步开阔学生思维和视野，增强学生职业发展潜力，本着“跳出公安看教育”的原则，充分运用国家在线开放精品课程“社区管理学”教学资源，拓展教学内容，打破学科壁垒，推进知识交叉，解决学生专业知识有余、基础知识不足的问题，实现复合型人才培养目标。发挥校局合作优势，运用模拟实训、课堂研讨、参观交流等多种教学形式，深化教学改革，课程实践教学与课时比例达到35%。

（三）以课程思政创新为牵动，深化课程内涵

遵循显性与隐性、理论与实战、宏观与微观“三结合”的课程思政设计原则；确立塑造“家国情怀、公安职业精神、人文精神”三位一体价值观的课程思政目标；通过“引进来、走出去”双向多元混合方式，将优秀社区民警等身边榜样和公安英模引进课堂，让学生走进社区深入公安一线，增强学生体验性，推动课程思政内化于心，外化于行。

（四）以多元化课程考核改革为抓手，推动课程质量提升

课程考核采取过程考核和结果考核相结合的方式。过程考核包括课堂笔记、课堂研讨发言、在线开放课程学习情况、实训作业、课程论文等，占考核成绩50%。期末考核占50%，加大过程考核，增加课程学习高阶性和挑战度。

（撰稿人：王淑荣；审核人：王淑荣）

中国人民大学国家级一流课程建设案例

互联网法院虚拟仿真实验

一、课程基本信息

课程名称	互联网法院虚拟仿真实验
课程负责人	王轶
开课单位	中国人民大学法学院
课程类别	虚拟仿真实验教学一流课程
课程性质	必修
开课年级	本科二年级以上学生
面向专业	法学
学　　时	34
学　　分	2
主要教材	无

二、课程团队

王轶，中国人民大学副校长，教授，负责课程的总体设计。

张龑，法学院副院长，教授，负责课程组织安排。

邓矜婷，法学院副教授，负责课程设计、教学安排。

张吉豫，法学院副教授，负责课程设计、教学及实验实训。

（一）近 5 年来承担该实验教学任务情况

2019 年、2020 年，证据法课程使用本实验项目向 133 名学生授课。在教学中，教师介绍实验操作方法和实验案情，学生使用项目的学习和考核模式完成学习、考试。

（二）教学研究情况

参与的教改项目获 2014 年、2018 年国家级教学成果奖一等奖。承担普通高等教育

“十一五”“十二五”国家级规划教材《合同法学》与《合同法（第三版）》的撰写。负责的“民法总论”课程于2019年被认定为国家级线下一流课程。

（三）获得教学奖励情况

获吴玉章优秀教学奖、北京市师德先进个人、宝钢教育基金优秀教师奖等。作为教育部首批卓越法治人才培养基地、国家级一流专业（法学）、北京高校重点建设一流专业负责人，享受政府特殊津贴，获评教育部长江学者特聘教授。

三、课程目标

结合本校办学定位、学生情况、专业人才培养要求，具体描述学习本课程后应该达到的知识、能力水平。

以互联网法院等智慧司法场景为基础，在法学院开展虚拟仿真互联网法院及智慧法治项目，提升同学们对互联网法院审判流程和问题的认知，提升运用信息技术分析案件、进行法学研究的能力。

通过本实验要达到教学目标如下：

1. 熟悉民事诉讼法规定的一般司法程序与互联网法院的独特诉讼与审判程序。
2. 系统地掌握民事诉讼法、证据法、知识产权法等基础课程的相关知识点。
3. 培养学生法律检索和法律分析能力、写作能力、应用和表达能力；培养学生的知识应用能力、综合实践能力和高级思维判断能力。
4. 加深学生们对老师正常讲授的难以掌握的知识点的理解和运用能力。

四、课程建设及应用情况

包括本课程的建设发展历程，课程与教学改革要解决的重点问题，课程内容与资源建设及应用情况，课程教学内容及组织实施情况，课程成绩评定方式，课程评价及改革成效等情况。

（一）课程的建设发展历程

该虚拟仿真建设项目是法学院人才培养的有益探索，学院还与国家虚拟仿真实验教学课程共享平台对接，并继续加大对平台建设投入，利用“双一流”建设经费与北京市重点建设一流专业经费等支持项目拓展建设。建设将按照以下规划：第一年，选择合适的案由，确定以著作权侵权等互联网法院常见案例类型为基础研发，用于债与合同法、侵权责任法等学科教学；第二年，开发互联网审判系统，学生可以进行单机的实验学习；第三年，增加多人模式，学生可模拟各方当事人攻击防御过程，用于法庭控辩技能、法律文书写作等课程教学；第四年，开发开放性问题系统，教师可在教师端编辑考核内容、评分机制等内容，在不同教学内容下设置特色考核方式，用于不同课程考试测评。未来希望开发更多的案例、面向调解的系统，用于更丰富的实验教学。

（二）课程与教学改革要解决的重点问题

1. 适应新时代人才培养要求。与传统审判形式相比，互联网法院案件审理既有对传统民事诉讼法律原则的遵循，也有适应性、灵活性的突破。随着国家“互联网＋”战略实施不断深入，智慧司法和互联网法院建设也在不断推进。具备对信息化技术相关问题的分析理解能力、充分了解互联网法院审理流程等智慧法治活动规则，成为新时代法律人才的必修课。

2. 适应课程知识交叉性强的特点。互联网法院审判涉及民事诉讼法、证据法及各类实体法知识，还涉及计算机网络、统计等相关知识，传统线下课程无法满足大数据时代对人才综合能力的新要求。通过虚拟仿真实验，学生可亲身参与互联网审判全过程，在实践中学习知识、锻炼能力。

3. 解决教学方式陈旧、教学氛围枯燥等问题。法学课堂的一大痛点是理论知识枯燥，学生参与度不高。在跨学科课程中，因为对其他领域缺少认识，学生往往因枯燥的理论知识和较高的学习难度而失去学习兴趣，虚拟仿真实验可有效解决上述问题。

4. 解决现实资源有限、时空限制问题。互联网法院涉及多部门、多角色的配合，学生实习仅能接触单个部门或角色，难以经历全过程的学习和锻炼，且线下实习无法让学生进行实战训练。本项目将互联网法院纠纷解决过程虚拟化，解决前述问题。

（三）课程内容与资源建设及应用情况

本课程还原了互联网法院诉讼界面和功能，让学生系统学习民事诉讼法规定的一般司法程序与互联网法院的独特诉讼规则。项目所选典型案例，让学生在实验过程中回顾实体法律知识，训练解决实践问题的能力。本实验包含诉讼全过程，学生可代入原告、被告、法官角色进入场景。

（四）课程教学内容及组织实施情况

本课程分为学习和考核两种模式，学习模式引导学生学习相关知识，考试模式对学生掌握水平进行测验。学习模式下，引导学生实践互联网法院诉讼与审判过程，系统会通过阻止流程进行、指出学生操作过程的错误或者进行解释等操作引导学习；考核模式下设置计分点，学生独立进行每一个选择和操作，最后对其量化评分，结果以实验报告的形式出具。实验设置数十个交互场景，在不同交互场景下，学生需要正确完成诉讼行为，实验预设各种场景下的标准答案及详解，学生操作、回答、选择的内容如果覆盖了系统标准答案，则系统评价为正确。

（五）课程成绩评定方式

本课程的评价体系分为系统评分、教师评价和实验结果。实验设置了十个以上的交互场景，在某些交互场景下，学生需要正确完成诉讼行为，实验预设各种场景下的标准答案及详解，由学生直接操作、回答、选择的内容如果覆盖了系统给出的标准答案，则系统开始记录得分。对于主观性问题，比如起诉书撰写等，由教师通过系统进行评价。庭审阶段，学生作为原告的表现也会影响评分。

五、课程特色与创新

（一）实验设计

本课程实验根据广州、杭州、北京互联网法院设计而成，基本还原互联网法院诉讼界面与功能，让学生借助此实验学习互联网法院诉讼流程和操作技能，理论与实践结合，助力“书本中的法”转化为“行动中的法”。本实验设置数十个交互场景，通过学生操作、系统反馈的形式引导学生自己动手实际参与互联网法院的案件处理过程，加深学生的感性认识。学习模式和考试模式相结合，可以使学生边学习边巩固，查漏补缺，加深学生对相关知识的理解和掌握，达到事半功倍的效果。老师可根据授课需要，选择实验步骤让学生学习，学生也可借助此功能对自身薄弱环节多加练习，节约时间，提升效率。

（二）教学方法

本课程实验理论与实践相结合、基础知识与具体案例相结合、线上和线下相结合，通过情景模拟、角色扮演、案例教学、程序教学等多元化的教学方法，增强学生对知识的获取兴趣和能力。指导教师讲解实验方法和实验目的，介绍基本案情，培养学生发现问题、解决问题的能力，调动学生学习的积极性。通过仿真场景让学生直观感受互联网法院的诉讼流程和具体操作，加深学生的感性认识。实验后，通过考试模式测试学生的学习成果，巩固学习成果。

（撰稿人：王轶；审核人：张龑）

北京交通大学国家级一流课程建设案例

智能车控制虚拟仿真实验

一、课程基本信息

课程名称	智能车控制虚拟仿真实验
课程负责人	唐涛
开课单位	北京交通大学电子信息工程学院
课程类别	虚拟仿真实验教学一流课程
课程性质	必修
开课年级	本科三年级
面向专业	自动化、轨道交通信号与控制、智能装备与系统
学　　时	8
学　　分	0.5
主要教材	《自动控制原理数字课程》

二、课程团队

唐涛，教授，博导，国务院特殊津贴获得者，新世纪百千万人才工程国家级人选，教育部高等学校自动化类专业教学指导委员会委员，北京交通大学轨道交通控制与安全国家重点实验室主任，轨道交通信号与控制国家级一流专业建设点、北京市级重点特色专业负责人；主持北京市教改项目一项，获国家科技进步二等奖两项、北京市高等教育教学成果奖一等奖一项；主编北京市级精品教材一部。

李润梅，教授，北京交通大学校级优秀主讲教师，北京交通大学智瑾奖教金优秀青年教师，北京交通大学教学名师；主持教育部产学合作协同育人项目“智能车控制虚拟仿真实验”，主持自动化类专业教学指导委员会教育教学改革研究课题“基于虚拟仿真实验的自动控制原理Ⅰ研究性教学案例建设”。

三、课程目标

面向自动化领域前沿及国家战略需求，培养具有社会主义核心价值观、具备良好工程素质、具备自动化技术应用能力的高级专门人才，支撑自动化一流专业学生培养目标达成，具体包括以下几点。

（一）夯实理论基础，坚持知识能力素质有机融合

让学生掌握智能车控制系统分析与设计需要的数学基础，控制系统设计基本原理和分析方法；理解智能车这一典型控制系统的基本功能结构；掌握典型控制系统开发所需要的综合知识。

（二）掌握数学模型在系统设计中的重要作用

让学生掌握运用连续系统和离散系统的数学建模，性能分析和校正，完成复杂控制系统分析和设计的能力；理解 PID 算法的基本原理，掌握 PID 各参数在小车循迹控制中的具体作用、调节原则和方法。

（三）通过实践性教学环节，提高学生的自主学习能力，团队合作及沟通表达的综合素质

培养学生具备良好的科学思维能力和解决控制领域工程问题能力，能在团队中有效发挥作用，综合素质良好，具备终身学习能力，了解和紧跟学科专业发展，胜任自动控制系统研究、设计开发等工作，成为在相关领域具有就业竞争力的高素质专门技术人才。

四、课程建设及应用情况

在人工智能和无人驾驶技术快速发展的今天，智能车已经成为各大高校新工科专业人才培养的重要实验载体。但在有限的课内实验学时中，学生无法完成从智能车架构设计到算法调试的复杂过程，针对这样一个“不好做”“不能做”“做不完”“做不好”的实验难题，“自动控制原理 I”课程组发挥专业所长，科教融合，面向自动化国家级一流专业建设目标，开发了智能车控制虚拟仿真实验。

（一）科教融合，以学生为中心，探索提升人才培养质量新型教学模式

以提升学生综合能力为重点，重塑课程实验内容，创新实验教学方法，打破课堂沉默状态，激发课堂生机活力，发挥课堂教学主阵地、主渠道、主战场作用。

（二）面向“金课”两性一度、融合创新要求，提升课程质量

针对一流专业新的培养任务和要求，将与专业相关的最新科研成果引入课程教学内容中。智能车控制这一实验新主题，可以使学生接触到自动化前沿的技术及应用，保证了课

程内容的“高阶性、创新性和挑战度”；也进一步充实和优化已有的课程共享资源，推进课程组不断融合创新最新教学方法，丰富教学内容，提升课程效果。

（三）依托信息化技术建设成果，深化课内实验教学方式改革

智能车控制虚拟仿真实验源于课程体系调整的需求，通过实验建设牵引，促进教学实践案例建设及课内实验建设内容。体现课程内容的基础性、时代性和前沿性，突出了对学生专业素质和学习能力的考核。课程组构建了验证性到创新性、单一性到综合性、线上和线下混合的立体多元化教学实验内容，释放课堂教学容量。

（四）坚持立德树人，丰富课程思政案例库，建设课程思政示范课

以构建全员、全程、全课程育人格局为课程思政建设目标，专业知识传授和思想教育同向同行，坚持立德树人，丰富课程思政案例。依托智能车控制虚拟仿真实验，建设自动控制原理 I 课程思政微课，上线新华网，发挥一流课程辐射示范作用。

（五）成果导向，评价机制科学，以达成度支撑课程成绩评定

智能车控制虚拟仿真实验构建了以学生为中心的、基于 PBL（Problem-Based Learning）的“学、思、做、评、改”闭环实验教学模式。通过虚拟仿真实验操作，学生能够深化理解自动专业相关课程的基础理论知识并掌握其应用机理。实现学有所悟、学有所得、学有所用，夯实学生控制系统建模、分析和设计能力，激发学生创新实践的兴趣，培养学生勇于创新的素质。

实验考核评价体系按照实验模块的不同考察重点进行了立体式设计，以实现学生不同能力的差异化评价。

实验操作、视频讲解、客观题测试，完成对学生基础理论知识掌握能力的考核；系统内置赋分模型，根据实验结果数据自动评分，完成了对学生综合能力的考核；实验报告要求学生对实验流程的基本原理、算法设计、实验结果优化进行综合性报告，并对设置的研究性问题进行讨论和回答，综合体现课程教学目标的达成和对学生综合素质的考核。

三个模块保证了学生能力评价体系的完整性和科学性，最终成绩计入课程达成度计算，结果支撑课程学习效果评价。

（六）学生满意，推进共享，服务社会发展

该课程取得了较高的学生评价，学生调查问卷显示，该课程能够帮助他们理解和掌握自动控制系统的基本理论，建立系统化思维方式，培养解决复杂工程问题的能力。

课程上线 ilab 实验空间后，实验人次达 6 300 余人。课程也已经向上海交通大学、北京工业大学、青岛大学的自动化专业进行了教学推广应用，获得应用单位的高度好评。课程作为“自动控制原理 I”的课内实验，同时也辅助智能控制系统、自动化专业综合实验的课程教学，以及大学生智能车竞赛的校内培训教学，实验参与人数达 1 500 余人。

课程组持续推进学生理论知识与应用能力相结合，指导学生竞赛获第十七届“挑战杯”全国大学生课外学术科技作品竞赛国家级金奖、第十二届“挑战杯”全国大学生创业计划

竞赛国家级金奖、“东升杯”国际创业大赛一最具创新奖，以及国家级银奖一项、北京市级金奖一项、北京市级一等奖三项。

五、课程特色与创新

（一）实验内容设计合理，对标人才培养的知识、能力、素质要求

实验内容聚焦无人驾驶应用领域热点问题，具有前沿性和时代性；实验流程注重互动性，实验结果具有探究性和个性化。带领学生掌握复杂控制系统建模、分析、设计和开发能力，培养学生解决复杂问题的综合能力和高级思维。

（二）立足新工科建设要求，夯实基础、开放创新，提升实验挑战度

项目设计了模块化、递阶化实验教学环节，理论分析与应用实践相融、基础应用与开放创新结合，提升实验挑战度，为本科生知识体系的扩展提供了有效范例。

（三）构建多样化实验教学方法、教学资源丰富、教学手段科学

实验课程中融合观察学习法、数据分析法、任务驱动法、问题探究法等多种创新教学方法，培养学生解决复杂工程问题的综合能力；通过语音、文字、图片、视频等各种媒介丰富线上实验资源；支持基于模型研究和实验数据，探究控制系统设计科学规律。

（四）打造科学实验评价体系、能力分层评价，落实专业人才培养目标

实验项目制定了科学的赋分模型，对五个实验模块，28 个操作步骤进行分值评定。评价体系包括系统评价和实验报告教师主观评价，主观评价立足对学生自主探究、创新思维、文献资料综合运用等高阶性能力进行赋分和反馈。也有助于教师及时发现学生知识短板、能力需求和优化建议。赋分体系对学生知识、能力和素质达成度进行评价，形成人才培养的闭环结构。

（撰稿人：李润梅；审核人：房海蓉）

北京科技大学国家级一流课程建设案例

精准扶贫实践教学虚拟仿真系统

一、课程基本信息

课程名称	精准扶贫实践教学虚拟仿真系统
课程负责人	彭庆红
开课单位	北京科技大学马克思主义学院
课程类别	虚拟仿真实验教学一流课程
课程性质	必修
开课年级	本科所有年级
面向专业	本科所有专业
学　　时	2
学　　分	0.125
主要教材	无

二、课程团队

课程团队由长期从事思想政治理论课课程教学、科研与实践和虚拟仿真实验研究的教师组成。团队承担包括“形势与政策”“毛泽东思想和中国特色社会主义理论体系概论”等与该实验相关的思政课课程教学工作。

课程负责人参与“大学生社会实践”国家精品课、国家级一流本科课程建设，并获得国家级教学成果二等奖；主持“形势与政策”获评国家精品在线开放课程、北京市教学成果一等奖；获评高校思政课教师影响力标兵人物，入选全国高校优秀中青年思想政治理论课教师择优资助计划；主持教育部教研课题：思想政治理论课实践教学研究、高校思政课实践教学改革与模式创新；在《求是》《马克思主义与现实》等期刊发表多篇论文。

三、课程目标

北京科技大学一直高度重视形势与政策课的实践教学工作，并在制度、经费等方面予以大力支持。团队在教学改革与课程建设上投入了大量的时间和精力，秉持“立德树人、学生为本、与时俱进”的教学理念，不断进行教学研究与实验室建设，让课程反映现代教育教学理念和先进实验技术水平。

精准扶贫实践教学虚拟仿真实验是面向全校所有本科专业开设的形势与政策课程中“精准扶贫专题”的实践教学环节课程。聚焦国家精准扶贫政策的关键环节和核心要点，以习近平总书记关于精准扶贫的重要论述为理论基础，以北京科技大学定点帮扶地区——甘肃省秦安县的脱贫攻坚工作为实践原型，使用虚拟仿真技术开发；以马克思主义理论学科特有的话语体系和表达方式，让学生深刻认识脱贫攻坚的重大意义、充分感悟中国脱贫攻坚工作所彰显的党的领导和中国特色社会主义制度的优越性。

四、课程建设及应用情况

精准扶贫是新时期党和国家扶贫工作的重要方略，是习近平新时代中国特色社会主义思想的重要内容。精准扶贫虚拟仿真实践教学实验聚焦国家精准扶贫方略的核心要点和关键环节，整套系统拥有一条比较完整的故事线和行动逻辑，系统围绕“扶持谁”“谁来扶”“怎么扶”“如何退”四个脱贫攻坚要重点解决的问题，以马克思主义理论学科特有的话语体系和表达方式，与信息技术的表达方式有机结合，设计了“实践知识准备”“第一书记助理扶贫”“电商扶贫”“实践总结收获”四个模块，共十五个操作步骤，巩固精准扶贫政策理论教学成果，使学生在虚拟场景中应用所学知识开展实践，使科技更好地赋能思想政治教育，有效解决学生大规模思政课实践教学的难题，让更多学生更深入地理解我国扶贫工作的主要内容和重大意义，增强大学生的“四个自信”与勇担民族复兴大任的使命感、主动性。

在这个系统内，学生通过第一部分可以学习相关知识，主要包括三个模块：第一是学生通过虚拟影院学习精准扶贫形势与政策相关知识；第二是学生通过虚拟互动游戏巩固刚刚学到的相关知识；第三是学生以参与虚拟新闻发布会的方式，通过人机语音交互实现对甘肃省秦安县的基本县情和脱贫工作的熟悉。在第二、第三部分开展实践活动。第二部分是“第一书记助力扶贫”；这部分是基于“扶持谁”“谁来扶”这两个方面的内容。学生跟随第一书记入户进行调研走访，开展农户识别工作。学生扮演第一书记的助理，通过交流熟悉第一书记的日常工作内容，随后跟随第一书记学习完成入户调研及农户的分类识别工作。第三部分是“电商扶贫”，这一部分学生要实践“怎么扶”这个问题。以秦安县的苹果产业为例，以“电商扶贫”作为主要内容，让学生完成扶贫实践，帮助小寨村的贫困户实现营收。第四部分是通过整个实践系统的人机交互，得到相应的实践反馈。这部分是在完成电商运营之后的一个实践总结环节，这部分设计了一个虚拟场景的实践总结大会，学生先完成一个实践报告，对整个的实践流程进行一次回溯和总结，再在会上汇报发言，最后在纪念林植树留念。

核心部分是第二、三部分，“实践活动的虚拟仿真”。就是针对贫困人口差异化的致贫原因分类施策，解决好“扶持谁”“谁来扶”“怎么扶”“如何退”四个基本问题。在虚拟仿真实验过程具有高沉浸感和互动性，身临其境地学习扶贫方式和方法，以扶贫书记助理的角色去体验帮扶过程中的困难，体会扶贫工作的艰辛，帮助学生直观了解精准扶贫的知识要领和对策。以学生社会实践团的身份参与到电商扶贫的实践过程，帮助学生浸入式体验脱贫攻坚的伟大实践。通过开展虚拟仿真实验教学，围绕形势与政策课程精准扶贫专题的教学内容构建精准扶贫实践教学的虚拟场景，使学习者以第一人称视角开展体验式、沉浸式教学，并使用手持、头戴设备增强互动体验，加强学习者对精准扶贫的认识，提升思想政治理论课教学的实效性，使学习者深刻认识脱贫攻坚的重大意义、充分感悟中国的脱贫攻坚工作所彰显的党的领导和中国特色社会主义制度的优越性。该精准扶贫实践教学虚拟仿真系统课程于 2023 年获批第二批国家级一流本科课程。

五、课程特色与创新

（一）丰富的实践经验

北京科技大学历来重视马克思主义理论学科与思想政治理论课的课程建设，经过近 15 年的接力探索，构建了“课堂、校园、社会、融媒”四位一体的思想政治理论课实践教学体系，“大学生社会实践”先后获得国家精品课程、国家级教学成果二等奖，获评教育部首批一流本科课程；“形势与政策”慕课获批国家首批精品在线开放课程，获北京市教学成果一等奖。这些实践经验为本实验奠定了坚实的理论和实践基础。

（二）坚实的理论基础

精准扶贫实践教学虚拟仿真实验系统作为“形势与政策”课“精准扶贫专题”的实践教学环节，以马克思主义理论学科特有的话语体系和表达方式，结合精准扶贫的具体实践，向学生阐释清楚国家精准扶贫的政策，以切实增强学生的“获得感”。该系统的理论基础是习近平总书记的精准扶贫的重要论述，其实践原型则是我们北京科技大学在定点帮扶地区——甘肃省秦安县的脱贫攻坚工作。整体设计围绕“扶持谁”“谁来扶”“怎么扶”“如何退”四个重点问题，逻辑结构清晰，问题层层推进，内容丰富饱满。

（三）巧妙的教学设计

实验系统设计了虚拟新闻发布会、虚拟驻村帮扶点、虚拟农户家庭、虚拟果园等场景，有完整故事线和行动逻辑，参与课程实践环节的学生在学习实验概述、了解实验目的的基础上，首先学习和掌握精准扶贫政策知识，了解实践地脱贫攻坚工作情况，随后前往实践地、跟随第一书记了解精准扶贫工作的开展、识别农户贫困状态，进而受托进行产业扶贫——了解产业基础、进行电商扶贫实践，最后总结所见所思、凝练实践成果、接受实践地评价。

（撰稿人：彭庆红；审核人：罗熊）

北京邮电大学国家级一流课程建设案例

基于 VR 的集成电路设计、制造与测试虚拟仿真实验

一、课程基本信息

课程名称	基于 VR 的集成电路设计、制造与测试虚拟仿真实验
课程负责人	崔岩松
开课单位	北京邮电大学电子工程学院
课程类别	虚拟仿真实验教学一流课程
课程性质	选修
开课年级	本科三年级
面向专业	电子科学与技术
学　　时	16
学　　分	1
主要教材	自编实验讲义

二、课程团队

团队成员近 5 年承担“模拟集成电路设计”“电路仿真与 PCB 设计”“光电信息科学与工程专业课程设计”“电子测量与电子电路实验”等课程教学任务年平均 64 学时（4 学分）以上，课程教学效果优秀。崔岩松老师主讲的“电路仿真与 PCB 设计”获评 2022 年北京优质本科课程、2021 年北京优质本科教材课件。

崔岩松老师为北京邮电大学电子信息虚拟仿真实验教学中心（国家级）核心骨干教师及电子工程学院创新基地主任，积极投身教育教学改革，近 5 年主持结题教改项目 7 项，其中教育部产学协同育人项目 1 项；主编教材 2 部，第一作者和通信作者发表教改论文 7 篇，其中 SCI、EI 检索 3 篇；作为第一完成人获得校级以上教学奖励 22 次，其中省部级 15 次；获北京高等教育教学成果二等奖、校级特等奖、一等奖多项。

三、课程目标

课程面向以电子科学与技术专业为代表的电子信息类相关专业，紧紧围绕立德树人根本任务，以学生为中心的 OBE 教学理念，以集成电路“设计→工艺制造→封装→测试→成品”的产业链、全流程开发过程，结合面向新工科的电子信息类国家一流专业建设，利用虚拟现实及信息处理技术创建了面向集成电路设计、制造、封装和测试的全流程虚拟仿真实验平台。学生通过实验内容实现如下知识目标和能力目标：

熟悉半导体材料、微电子器件基本构成及工作原理。

熟悉集成电路工艺制造设备特性及基本操作。

掌握集成电路关键工艺原理及工艺参数设计。

掌握模拟和数字集成电路的设计及仿真。

掌握集成电路芯片版图设计以及制造基本流程。

掌握集成电路芯片封装与测试技术。

四、课程建设及应用情况

课程针对电子科学与技术专业在集成电路方向的培养要求，以学生的发展、学生的学习、学习的成效为中心，利用全开放的虚拟仿真实验教学平台，将线上实验教学和实体课堂理论教学有机融合，进一步探索了新形态下的线上线下混合式教学模式。结合自主式、研讨式、探究式等多种形式结合的教学方法，实现从“以教为主”到“以学为主”再到“学教互动”理念的转变，激发学生的探究精神、自我学习能力、创新意识。

课程实验内容针对自主设计和制造“反相器电路”“BJT 运算放大器”“CMOS 运算放大器”等芯片案例，采用集成电路 EDA 设计软件工具完成芯片原理图设计、原理图功能仿真、芯片版图设计、版图寄生参数后仿真等芯片设计实验，利用三维集成电路制造虚拟实验室的“晶圆清洗实验”“光刻对准实验”“双阱工艺实验”“LOCOS 隔离实验”“阈值注入实验”“多晶硅栅实验”“LDD 注入实验”“侧墙工艺实验”“源漏注入实验”“ILD 工艺实验”“接触孔工艺实验”“金属层工艺实验”“通孔工艺实验”“钝化层工艺实验”“芯片封装实验”等完成芯片的制造及封装，最后通过电子电路虚拟实验室的仪器仪表完成成品芯片的测试。实验流程分为 26 个实验环节，从而掌握集成电路“设计→工艺制造→封装→测试→成品”过程。

课程实验平台采用虚拟现实技术、三维场景建模、电子设计自动化、远程网络控制、智能交互技术、智能系统管理、跨平台设计等关键技术，实现面向服务的软件架构开发，集实物仿真、创新设计、智能指导、虚拟实验结果批改和教学管理于一体，是具有良好自主性、交互性和扩展性强的虚拟实验教学平台。

除了使学生能够获得集成电路方面的知识和技能外，该平台还致力于促进学生的综合能力和工程素养的培养。

设计与探索能力的培养：学生可以自主定制反相器的工艺目标，独立设计、制造、封装、测试。学生通过操作实验设备来实现自己的设计目标，并验证结果。在设计和验证的过程中，将提高学生的设计探索能力和实践能力。

创新实践能力的培养：实验采用三维虚拟现实技术，具有高度的互动性和趣味性，极大地激发学生的学习兴趣和探索欲望。在集成电路设计中，学生会反复思考设计指标是否可以进行创新和优化，并不断改进实验优化结果。在自主学习、独立设计、自主探索的过程中，可以培养学生的创新意识和创新能力。

分析和解决问题能力的培养：学生需要独立分析其操作过程中的错误，并通过实验结果找到解决方案。如在氧化过程中的薄膜制备过程中，一个参数的错误设置可能会导致整个实验失败。学生可以根据错误的实验结果反复分析错误的原因，在此分析过程中，将运用和提高学生的分析和解决问题的能力。

自主学习能力的培养：课程平台包含大量的实验操作过程参考视频和实验操作步骤指导，学生通过平台实现电子电路和集成电路的相关知识学习，从而有效提升学生的自学能力。

情感态度的培养：本实验涵盖了集成电路工艺全流程过程，包含了多达近两百个实验步骤，涉及大量的集成电路相关知识，实验的完成颇具挑战性。通过完成具有挑战性的实验，学生们更清楚地了解集成电路行业的复杂性和难度，锻炼了科学研究中克服困难和恐惧的素质，提升学生的科研能力和科研素养。

实验平台上线国家高等教育智慧教育平台，实验用户覆盖全国 10 个省、2 个自治区、1 个直辖市的 20 所高校，校内外师生使用后普遍反映，本虚拟仿真实验教学项目实验安排合理，步骤详细，实验生动有趣，交互作用强，有效帮助学生掌握集成电路的理论知识和实践能力。虚拟实验与理论教学相互配合，实现不同教学手段之间的优势互补，提高了集成电路专业实验整体教学效果，学生解决复杂工程问题的能力明显提高。

五、课程特色与创新

北京邮电大学电子信息虚拟仿真实验教学中心在长期技术积累和多年实践教学经验的基础上，将信息技术、人工智能、虚拟仿真、人机交互、跨平台通信等技术融于一体，创新性地自主研发和设计了“基于 VR 的集成电路设计、制造与测试虚拟仿真实验”，解决了集成电路专业实验中超净间实验环境要求严苛、实验仪器设备价格昂贵、加上高成本、高消耗的实验耗材导致真实实验难以开展的问题。

特色 1：以学生为本，自由流畅的人机交互模式，逼真的沉浸式实验体验。实验平台采用云服务、跨平台、全终端的虚拟仿真实验新模式，为学生提供身临其境的实验体验，激发学生的课外学习兴趣，提高学生的课外实验体验，从而有效地提升教学质量。

特色 2：教学内容全面详实，科研成果与教学内容相融合，清晰掌握集成电路设计及生产全流程。实验内容与科学研究成果相融合，紧跟深亚微米工艺及当前纳米级先进工艺的发展趋势，实现集成电路“设计→工艺制造→封装→测试→成品”的全流程实验。

特色 3：线上平台全程开放、资源完备独立易用、便于学生和相关专业工程技术人员进行自主学习。通过实验过程有效增强解决复杂工程问题能力和创新实践能力，为学生将来从事集成电路产业领域打下扎实的基础。

（撰稿人：崔岩松；审核人：卞佳丽）

中国农业大学国家级一流课程建设案例

生猪产业链虚拟经营决策仿真实验

一、课程基本信息

课程名称	生猪产业链虚拟经营决策仿真实验（企业经营模拟实训）
课程负责人	任金政
开课单位	中国农业大学经济管理学院
课程类别	虚拟仿真实验教学一流课程
课程性质	必修
开课年级	本科二年级
面向专业	农林经济管理、工商管理、会计学、电子商务、金融学、国际经济与贸易
学　　时	2
学　　分	2
主要教材	自编教材

二、课程团队

任金政教授，负责课程设计及教学，主持校级及以上教改项目 7 项，多次发表教学论文和出版专著，获得校级及以上教育教学奖 13 项。

郑小平副教授，负责课程资源开发及教学，主持或参与校级及以上教改项目 4 项；作为副主编出版北京市精品教材 1 部，获得校级及以上教育教学奖 6 项。

李晓红副教授，负责课程教学，主持或参与校级教改项目 7 项，发表教学论文 4 篇，主编参编教材 3 部，获得校级及以上教育教学奖 11 项。

谷征，高级实验师，负责课程教学，指导国家创业训练项目 3 项，获得校级及以上教育教学奖 2 项，发表教学案例 14 个。

张希玲教授，负责课程教学，主持或参与校级教改项目 17 项，获得校级及以上教育教学奖 5 项。

祝淼祺实验员，负责课程教学，参与教改项目 5 项，获得北京市教育教学奖 1 项。

三、课程目标

课程基于“厚中博外、知理践行、立德育才、济农泽业”的育人理念，以培养“涉农拔尖创新人才和行业领军人才”为目标，从知识、能力、素质方面提升学生综合素养。

1. 知识目标：融合建构完整知识体系。通过模拟企业经营，将国家政策、产业发展、企业经营决策等知识融为一体，促使学生碎片知识体系化，巩固和拓展学生基础和专业知识。

2. 能力目标：训练提升多重能力结构。通过企业角色扮演，训练提升学生在行业认知、决策分析、协同合作、应急规划、创新创业等方面的综合实践能力。

3. 素质目标：强化提高“知农爱农”情怀。通过生猪产业链经营仿真，增强学生农业现代化责任意识，提高学生管人悟道、肩负社会责任的企业家精神及“知农爱农”的家国情怀。

四、课程建设及应用情况

（一）课程发展历程

依托“生猪产业链虚拟经营决策仿真实验”平台的“企业经营模拟实训”课程经历了购买“通用软件”到“自主设计具有农业特色的实训平台”的过程，完成了从“流程式”“验证型”到“推演性”的教学理念转变。

（二）课程要解决的重点问题

1. 依托实训平台，解决学习体验感差及实习困境

课程将生猪产业链的养殖、屠宰加工、销售环节及相关外围单位虚拟仿真到实验平台，既能 3D 漫游业务场景，又可选用 VR 设备进行沉浸式体验，基于业务流程与知识点和决策点的对应关系，引导学生开展团队间的多周期竞争合作博弈，有效解决学生学习体验感差的问题及涉农实习困境。

2. 多途径提升仿真度，解决虚实结合难题

课程基于虚拟现实、多媒体、人机交互等技术手段，构建高仿真生猪产业链实验环境，并在建模中采用真实数据，让系统从架构、环境、数据等方面还原生猪产业链现实状况，避免仿真实验出现虚实脱节问题。

3. 基于“两性一度”进行教学设计，优化学生知识及能力结构

课程依托实验系统，融入企业选址与投资、招聘与采购、运营管理、销售管理、财务管理 5 大知识体系，体现了知识系统性、高阶性；基于学生在“合纵连横”中的创新性实

现价值联动与增值，同时叠加外部随机事件，增强挑战度，优化学生知识及能力结构。

4. 多阶段螺旋上升式教学，促进理论和实践融合

课程通过知识学习、业务体验、自主测试、团队竞争、复盘反馈、总结反思等阶段，开展“从理论到实践”多轮闭环螺旋上升式教学，提升学生综合运用知识解决复杂问题的能力。

（三）课程资源建设及应用情况

课程教学团队具有丰富的教学经验及很强的探究精神，教学成果突出；自主开发了“生猪产业链虚拟经营决策仿真实验”系统，积累了育人大纲、教学指导书等丰富的教学资源；与课程业务合作伙伴北京农信互联公司、技术支持鑫锐诚毅公司和用友新道科技公司建立了良好合作关系。

课程实验系统于 2019 年 7 月上线学校网站，目前已累计为 1 000 多名本院学生完成实训课程；本校其他学院超过 500 名学生参加过依托该实验系统开展的“猪顶红”杯商业挑战赛；实验系统自 2021 年 9 月份上线“实验空间—国家虚拟仿真实验教学课程共享平台”以来，累计 1 万余人次访问，其中 1 110 人次进行了实验，好评率为 4.9 分（满分 5 分）。

（四）课程教学内容及组织实施情况

课程教学内容包括 5 大模块，分别是“知识学习（理论）—业务体验（实践）—自主测试与团队组建（理论 + 实践）—团队竞争及复盘反馈（实践 + 理论）—总结反思（理论）”。

（五）课程成绩评定方式

课程成绩评定兼顾了学生个体性和团队性，注重了学习态度、经营绩效、总结反思，并在教师主导下，让团队 CEO 有“权”，学生有“感”。

学生最终成绩由个人成绩（40%）和团队成绩（60%）构成。个人成绩包括出勤率（个人打卡）、角色表现（团队 CEO 打分）、知识测试（系统测试打分）、个人总结报告（教师评分）等；团队成绩即学生所在团队得分，包括团队材料展示（同学互评）、团队经营绩效（以净资产插值赋分）、团队总结报告（教师评分）等。

（六）课程评价及改革成效等情况

1. 教学育人效果好。从学生座谈及个人报告看，课程极大地提升了学生学习积极性，巩固了学生理论知识、提升了学生解决复杂问题能力，且可节省实习经费 50 余万元/年，有效降低学生赴外实习风险。

2. 扩大了学院影响力。“猪顶红”商业挑战赛吸引了全校 16 个学院 40 多个本科专业及部分硕士生和博士生参与，获得一致好评，还被校外融媒体予以转载报道，引起广泛关注。

3. 获得同行好评。实验系统在 6 所农业兄弟院校测试和共享，获得了师生和学员高

度评价；教学团队还积极参加虚仿教学研讨交流会，并邀请相关专家到校进行成果交流，均得到专家肯定。

五、课程特色与创新

（一）课程特色

课程强调多学科知识综合运用，以提升高阶性、强化产业链价值联动及提高创新性，辅以突发事件以制造挑战度，高标准实现育人目标。

实验设计：联三产、汇四链。实验情景取自实际生猪产业链，业务逻辑、数据模型源于大型农牧集团，联结第一、第二、第三产业，汇通产业链、供应链、价值链、数据链。

教学方法：三互动、四融合。课程以“人机+团队+师生”三互动，“虚实+线上线下+理实+体验交互”四融合等方法开展个人及团队实训。

评价体系：多维度、重探究。采用主客观、多主体方式考核学生个人及团队成绩，注重探究式、推演式评价。

（二）课程创新

教学理念新。课程将现实生猪产业链抽象为实验系统，实现“玩中学”和“学中玩”的教学理念；仿真外部突发事件对产业链影响，让学生在“体验”与“游戏”中完成知识重构与能力提升。

技术支撑新。课程为学生提供 B/S、C/S 两种架构学习途径。前者使用 Maya 和 3DMax 技术建模，可在线学习；后者采用 UE4 引擎开发基于虚拟仿真、定位互动传感器等先进技术手段的联网客户端，可本地学习。

教学模式新。逼真可视化的实验系统，使学生在开放、自主、交互的虚拟环境下开展高效安全且经济的实验，达到现实中不具备或难以实现的教学效果，实现知识巩固、能力提升和素质育人目标。

（撰稿人：李晓红、郑小平、任金政；审核人：曹志军）

北京林业大学国家级一流课程建设案例

燕山运动典型地质地貌演变过程虚拟仿真实验

一、课程基本信息

课程名称	燕山运动典型地质地貌演变过程虚拟仿真实验
课程负责人	王云琦、程一本
开课单位	北京林业大学水土保持学院
课程类别	虚拟仿真实验教学一流课程
课程性质	必修
开课年级	本科一年级
面向专业	水土保持与荒漠化防治、自然地理与资源环境、林学、野生动物与自然保护区管理
学　　时	40
学　　分	2.5
主要教材	《地质地貌学》

二、课程团队

团队积极贯彻习近平生态文明思想，落实立德树人根本任务，是北京高校优秀本科育人团队，北京市课程思政教学团队。开设本科必修课程“燕山运动典型地质地貌演变过程虚拟仿真实验”及“地质地貌学”线上线下混合课程，累计 70 学时。团队成员主讲的线上慕课“地质地貌学”已完成 8 期 MOOC 教学，参与学生约 50 000 余人。团队成员对标一流课程标准，建设国家级虚拟仿真实验平台，“燕山运动典型流域地质地貌演变过程虚拟仿真实验”参与学生 24 000 余人；承担暑期国际课程 Changing Multi-hazard Risk Assessment 等 48 学时。团队成立以来，累计承担本科生教学任务 2 400 余学时，主持教学研究项目 15 项，建设慕课 2 门；承担虚拟仿真课程 2 门，其中国家级 1 门，获北京市教学成果奖 3 项。

三、课程目标

课程旨在通过解析北京地区独特的燕山运动地质遗迹，构建课程教学和虚拟平台，激发学生探索精神，了解地球地质变化过程和自然资源，进而引导学生系统全面地掌握地质地貌学的基础知识、基本理论和研究方法，掌握坡地重力地貌、流水地貌、岩溶地貌、黄土地貌、荒漠地貌、冻土地貌等的形态特征、成因、分布及其演变规律，培养学生地学思维能力以及地质和地貌方面基本调查技能。课程可以通过虚拟实验平台解决科研实践与理论结合问题，通过多渠道反馈改进课程教学，通过教师引领和学生自主创新来实现高质量的学习目标，培养学生地学思维能力和现代地球科学观，培养学生“替山河妆成锦绣，把国土绘成丹青”的专业素养。

四、课程建设及应用情况

（一）课程建设

以国家需求为导向，以生态文明建设为契机，以山水林田湖草生命共同体为理念，结合行业客观需求，对标相关国际一流课程教学模式，将思政知识和家国情怀融入其中，选用北京地区典型的燕山运动时期地质地貌遗迹为蓝本，构建具有北京特色的燕山运动虚拟仿真实验平台，从而培养具有家国情怀和时代使命感、显著国际影响力和竞争力的拔尖创新型人才，建设一流“地质地貌学”课程。

（二）应用情况

1. 本课程的建设发展历程：该虚拟仿真课程基于本科必修课程“地质地貌学”建立。2020 年初新冠肺炎疫情暴发，团队快速构建了虚拟仿真实验平台，配合线上教学工作。100%的学生认为达到和超过课程学习预期，督导给予“非常满意”好评，慕课参与学生人数超过 25 000 人，被评为北京市优质本科课程、北京林业大学“好评课堂”。团队成员在 2018—2023 年间指导本科毕业论文 40 余篇，其中 49%与本课程相关；指导大学生创新项目 30 余项，其中 80%与本课程相关。课程思政与知识体系的同行，提升了学生的专业素养和美学情怀，100%的学生认为提高了专业认可度。近 5 年来，本专业深造率持续达到 80%，覆盖科学研究和工程技术单位。

2. 课程与教学改革要解决的重点问题：该课程授课对象为水土保持与荒漠化防治专业和地理科学专业一年级学生。学生报考该专业的一志愿率虽低，但本专业深造率高和本行业就业率高。本课程基于 OBE 理论开展教学实践，在实践中发现教师授课与学生汲取知识方面存在以下典型问题：① 如何实现以本为本，服务专业人才培养目标？② 如何构建新型课程体系，提升学生学习兴趣和能力？③ 如何解决学时有限与教学实际相矛盾的问题，提升教学效果？④ 如何全方位、全过程掌握学生学习效果？

3. 课程内容及资源建设及应用情况：课程根据生学习情况和专业育人目标，将课程

42 个知识点系统化、网络化、具象化，实现线上线下混合式教学，明确各知识点知识、能力和情意 3 个层次的学习目标。每个知识点设计融入水土保持专业相关 4 个结合点，即科研结合、专业结合、思政结合、美学结合，从而实现课程的高阶性。

4. 教学组织与实施：融合信息技术的实践型智慧教学。针对学生数量较多的特点，课程引入新媒体技术，使用雨课堂掌握课堂数据，使用 MOOC 让学生进行知识点预知和复习，使用 VR 虚拟与仿真实验平台让学生运用理论进行实践。课程创新教学组织形式，使用头脑风暴法、4F 引导法、情境教学法、同伴学习法、翻转课堂等方式开展以学生为中心的教学活动，增加科研案例的教学分析、组织学生研讨，增强了学生学习主动性和学习兴趣。

5. 课程成绩评定方式：课程从多维度、多角度进行教学评价，力求做到尊重多元化的学生，并给予公正的评价。遵循科教融合，“专业—学科—学院”共同发展共同监督的模式，建立“3－3－3”教学考核评价体系，实行开放性评价机制。

6. 改革成效情况：团队通过研究实践，对创新实践成效开展基于证据的有效分析与总结，形成具有较强辐射推广价值的教学新方法、新模式、新体验。燕山运动典型地质地貌演变过程虚拟仿真实验平台获评“国家级虚拟仿真实验”称号，教学成效突出。具体表现为：教学满意度提高。100%的学生认为超过和达到课程学习预期，督导给予“非常满意”好评，参与学生人数超过 25 000 人。五育并举，素养提升。课程有效实现科教融合，指导大学生创新项目 30 余项，其中 80%与本课程相关。100%的学生认为提高了专业认可度，近 5 年来，本专业深造率持续达到 80%，就业单位覆盖了中央单位和基层组织。育人模式推广。“破—引—立”地学模块课程育人模式，在全国高校教师发展 CHED 年会、全国高校教师网络培训中面向全国高校进行分享，目前该成果已被全国 22 所高校应用。

五、课程特色与创新

课程以服务国家生态文明建设、推动绿色发展为目标导向，实现思政教育、应用技术与示范推广融合。课程提取地貌景观、地质环境等知识，蕴藏着丰富的中华文化价值，在教学中有意识地对这些价值进行深度挖掘，提高本课程的教学质量，进一步实现育人价值。

（一）坚定科教融合目标

利用虚拟平台，增加学生参与科学研究的可能性，打破条件限制。

（二）创设一流教学环境

将慕课、虚拟实验室、现代虚拟场景技术和遍布全国的实践基地相结合，课程通过对祖国大好河山及各类地质地貌知识的学习，培养学生知山知水的科学精神、治山治水的工匠精神、建设美丽中国的专业美学情怀，发扬“把精彩论文写在大地上”的光荣传统。

（三）开展教学实验研究

采用“教师讲授—师生研讨—学生探究”的三步推进研究性教学模式，在本科阶段直接培养学生的实践能力、跨界能力、创新能力等“通用能力”，提升教学效果和学习质量。

（四）引入科学与美育观念

课程顺应科学与美育相融合的潮流，在科学与美学、科学与艺术之间架起相互沟通的桥梁，从耕读教育和劳动教育到美感、美育，进而推动科学与美育的融合。

（撰稿人：程一本、王云琦；审核人：徐迎寿）

北京中医药大学国家级一流课程建设案例

中药学

一、课程基本信息

课程名称	中药学
课程负责人	张冰
开课单位	北京中医药大学中药学院
课程类别	线下一流课程
课程性质	必修
开课年级	本科一年级
面向专业	中药学、中药制药、药学
学　　时	72
学　　分	4
主要教材	《临床中药学》

二、课程团队

课程负责人：张冰教授是国家级中药学教学团队带头人，教育部中药学教指委中药学课程联盟理事长，“万人计划”教学名师、全国中医药高等教育教学名师。张冰教授从教40年，提出“培根—铸魂—启智”的教学理念，主讲中药学、中药治疗学等课程8门，主持教育部课程思政示范课、国家一流课程及各级各类教学课题等近30项；近年主编国家及行业规划教材、北京市精品教材等7部，获各级教学奖励20项，其中北京市教学成果奖一等奖2项、二等奖1项。

课程团队：本课程团队具有老中青结合、学缘交叉、教学经历丰富、敬业严谨、务实创新的特点，是国家级中药学教学团队、教育部中药学课程思政示范团队、北京市优秀教学团队、北京市教育先锋先进集体、北京市高水平中药学继教团队。拥有国家级教学名师、全国高等中医药教学名师、北京市教学名师、北京市青年教学名师、中国大学MOOC优秀教师等优秀教师。

近5年来，团队承担“中药学”“中药不良反应与警戒概论”“中药治疗学”“临床中药学”“中药学简史”“临床中药创业理论与实践”等课程10余门，年均授课1 300余学时；团队教师主持教育部产学合作协同育人项目、国家中医药管理局中医药教育“大学习深调研细落实”研究项目等10余个项目。获“万人计划”教学名师、北京市教育教学成果一等奖、二等奖；中华医学会医学教育技术成果奖三等奖；北京市青年教学名师奖等教学奖励10余项。

三、课程目标

依据我校研究型大学办学定位和中药学一流学科人才培养要求，以培养岗位胜任力为出发点，培育中药基础理论扎实、厚德精业、守正创新的中药人才，促进中药研发与药学服务创新发展。课程目标包括以下3个方面。

知识目标：通过中药药性理论及中药功效应用等教学，构建学生中药学基本理论知识体系，奠定守正创新中药学基础，夯实中药专业基石。

能力目标：结合实训教学，培养学生中药思维、科学思维，提升学生应用中药并解决问题的能力，使之具有中药行业全链条的岗位胜任力。

素质目标：通过育人与中药教学的熔融，培育学生热爱中药专业，坚定专业自信，具有仁心仁术的职业素养与道德情操。

四、课程建设及应用情况

（一）建设发展历程

建设历程悠久：我校“中药学“课程建于1958年，是新中国首批创建的中药高等教育主干课。65年来为国医大师颜正华教授所开创，以国家级教学名师张冰教授为引领，提出“培中药学术之根、铸专业自信之魂、启中药创新之智”的教学理念，并坚持践行之。

课程建设优质：教师教学设计精良，重组并拓展“中药学”课程教学内容，创新教学手段，研制优质教材及视听教学资源。课程获评教育部线上精品课程、课程思政示范课及国家“线下”“线上”“线上线下混合”一流课程等，培育数以万计的高水平中药学人才。

团队教学能力强：课程团队是国家级中药学教学团队、北京市优秀中药学教学团队，近 5 年获评北京市高水平继续教育团队、教育部课程思政示范团队、北京中医药大学黄大年式教师团队、教育部虚拟教研室等荣誉。

（二）课程与教学改革要解决的重点问题

课程组针对一年级学生中药学专业思想不稳固、缺乏专业自信、学习内驱力弱、医风医德修养不足等问题，强调“中药学”作为专业主干课的基础地位，构建“三大模块”的教学内容，即中药基本理论、中药功效分类应用与技能实训，创新教学方法，旨在为学生夯实中药基础，培养学生解决临床复杂问题能力以及专业自信、传承创新精神，体现一流课程建设的“创新性、高阶性、挑战度”。

（三）课程内容与资源建设及应用情况

1. 建设优质教材

所用教材《临床中药学》（张冰教授为第二主编），是卫健委“十二五”“十三五”“十四五”规划教材；教参选用颜正华教授主编、张冰教授副主编的《中药学（第 2 版）》；拓展教材《中药安全与合理应用导论》《中药不良反应与警戒概论》分别是北京市优质本科教材、北京市精品教材。

2. 创建网络学习资源

创建超星慕课、BB 平台中药学课程，自建教学资源 200 余件。注重引入临床研究成果、编制情景案例作为补充，以线上视频、文本等学习资源辅助线下课堂教学。创制《前置审核 • 性命攸关》《中西药安全合理应用》等多个教学影片，获中华医学会教育技术成果一等奖、三等奖。既帮助学生追踪中药学临床热点，更好地理解中药功用，又提供多途径互动平台，开展科普宣传。仅疫情期间，张冰教授主讲的超星慕课“中药学”点击学习逾 37.6 万人次。

3. 开拓实践教学资源

本课程一贯强调理论与实践相结合。

（1）创建临床中药学（师）实训教学中心。建立模拟医院药学部、临床中药服务等实训平台，用于中药学专业学生中药调剂、处方点评、用药咨询等实训教学，实现基于实际工作的校内实训，增强岗位胜任力。

（2）拓展临床中药实习基地。与北京市 25 家三级医院协作，建立中药学实习基地，开展临床中药学服务的医院实习，学生药学服务能力提升显著，为开展以临床实际问题为导向的创新研究提供思路。

（四）课程教学内容及组织实施情况

1. 课程教学内容

根据中药学专业的培养目标以及健康中国战略需求，将中药学内容重组形成“三大模块”。

（1）中药基本理论模块：在讲授中药学术渊源、中药药性理论等内容的基础上，“创新性”地引入药性研究新成果。

（2）中药功效分类应用模块：重点讲授临床常用中药的性效、临床应用特点。结合临床用药需要，引导学生“挑战”中药的综合应用。

（3）技能实训模块：理论与实训结合，增强中药思维与科学思维，激发学生产业研发与临床中药学服务潜能，提升学生解决实际问题的高阶能力。体现了一流课程建设的“创新性、高阶性、挑战度”。

2. 组织实施情况

本课程 90 学时，在传统课堂教学的基础上，通过带入式、项目式、探究式、沉浸式等教学手段为学生构建中医药知识理论框架，多样化教学法提高学生学习兴趣，实现“被动输入”向“主动学习”的转化。

（1）“带入式”教学：课程组切入中药应用，将学生带入临床常见中药问题，引发学生思考，促进理解，增强记忆。如引入急救常用中药及疑难病常用中药，启发思考中药“性—效—用”之间的关系。

（2）“项目式”教学：创建“专题教学五步法”，即针对中药热点难点，设立专题项目，引导同学组队研讨、展示、答辩、集体评议，培养学生发现规律的高阶思维，提升解决问题、沟通协作能力。

（3）“探究式”教学：追踪学术前沿，引入“973”、科技支撑计划等研究成果反哺教学，引导、鼓励、激发学生的创新思维。

（4）“药历沉浸式”教学：建立药历情境教学素材，采用情景模拟、角色互换、案例实训、师生翻转课堂等方式，培养学生交流沟通和解决中药临床复杂问题的能力。

通过教学改革，使学生夯实中药理论根基，也培养了临床中药学服务与创新能力，实现理论与实践相结合，体现中药学教学的“两性一度”。

3. 课程教学保障

在完备的课程设计、丰富的教学资源支撑下，课程依托国家级教学团队以及临床中药实训中心，保障了中药学课程教学顺利进行。

（五）课程成绩评定方式

形成了“动态—全程—综合”考核模式，包括课堂成绩、思政评价、能力评价 3 部分，各部分分值比例为 7:1:2。经教学实践，同学们适应性良好，反馈满意。详细课程成绩评定如下：课堂成绩包括基本理论、知识点等考核；思政评价主要考查学生中药学术自信、专业素养等；能力评价包括中药学应用能力及创新创业参与度考核等。

1. 课程评价

学生评价为最受欢迎课程，“中药学”课程学生评教优秀，历年评教结果学院排名前三，授课教师获评最受欢迎的教师、优秀课程主讲等。同行认为课程优秀。校内、外同行以及课程联盟单位对课程内容学术性、教学手段先进性、思政教学融入性等方面都给予充分肯定，认为本课程为学生奠定扎实的中药学基础，培养了中药思维，在全国中药学教学中起到了良好的示范作用。获教育部精品课程及课程思政示范课等荣誉。

2. 改革成效

① 引领全国中药教学。课程被评为教育部精品课程、课程思政示范课，教学成果与教学经验在教指委全国中药学课程联盟 46 所院校推广应用。② 提升中药专业自信。在校生调研显示，经过课程学习，学生对中药专业学习的热情从入学时 50%提升到 94%，参与创新创业热情提升到 80%，显示了良好的中药专业自信、文化自信与职业信仰。③ 提高学生中药学创新能力。获北京市大学生创新创业大赛、药苑杯、杏林杯等奖 16 项。经调研，300 多名毕业生已成为中药领域骨干人才，98 名已成为我国临床中药师规培带教老师，成为行业的中流砥柱。④ 成果得到广泛认可。教学改革成效获北京市教育教学成果一等奖、中华医学会教育技术一等奖等，推广至河南、广西、云南、陕西、河北等中医药院校，形成示范效应。

五、课程特色与创新

本课程具有“久一优一强”特色，是一门历程悠久，课程内容与教学资源优质、团队教学力强的优秀课程。近年来在教学改革中不断创新完善，展现了课程教学优势。

（一）积淀深厚，示范全国中药学课程联盟

65 年来，我校中药学课程一直是中药学高等教育的典范，积累了深厚的教学经验。课程负责人张冰教授作为国家级教学名师、教育部中药学类中药学课程联盟理事长，带领国家级中药学教学团队深入教学改革与创新。近 5 年来主编规划教材、精品教材 7 部，建设国家级一流课程“中药学”、教育部课程思政示范课、教育部首批虚拟教研室，培育数以万计的高等中药人才。成果获北京市教学成果一等奖 2 项、二等奖 2 项，中华医学会教育技术一等奖、三等奖等，并向全国中药学课程联盟近 40 所院校推广教学经验，示范引领中药学教学改革与发展。

（二）科研反哺，深化教学创新，培养高阶思维

主持国家科技部“重大新药创制”、国家“973 计划”、科技支撑计划、国家中医药管理局科研创新等各级课题 30 余项，将药性理论、药物警戒理论等创新研究成果及时转化、引入课堂，动态扩充中药学教学内容与资源。

鼓励学生追踪前沿，将中药学思维与现代科学思维有机地结合，开展基于中药学理论知识与技能实践的创新创业探索。如开发合理用药软件、香囊文创、茶饮等，获北京市大学生创新创业大赛、药苑杯、杏林杯等奖 16 项。

（三）创建课程资源，以新技术拓展教学空间

依托中国大学MOOC、超星慕课、BB平台等，采用新技术，创建200余件音视频教学素材；视听教材《前置审核·性命攸关》等分别获中华医学教育技术奖一等奖、三等奖。

创建临床中药实训中心、临床实习基地，理论与实践结合，拓展“实践—实训—实战”教学空间，培养创新能力与高阶思维。

本课程组还将继续开展课程建设与完善，保持“中药学”教学的领先地位，将本课程先进理念、模式，推广到兄弟院校，起到全国教指委中药学课程联盟理事长单位的示范作用。

（撰稿人：张冰、林志健、张晓朦；审核人：闫永红）

中国传媒大学国家级一流课程建设案例

基于 XR 技术的影视与演播空间设计虚拟仿真实验

一、课程基本信息

课程名称	基于 XR 技术的影视与演播空间设计虚拟仿真实验
课程负责人	朱峰
开课单位	中国传媒大学戏剧影视学院
课程类别	虚拟仿真实验教学一流课程
课程性质	必修
开课年级	本科三年级
面向专业	戏剧影视美术设计
学　　时	3
学　　分	5.5
主要教材	无

二、课程团队

课程团队以虚拟仿真实验为联动平台，在课程中承担教学任务，教学覆盖影视美术、摄影、影视编导、影视文学等专业。摄影系虚拟影像制作方向的孙斌副教授负责 XR 虚拟创作教学，实验中心主任高帅老师负责实践环节的教学运行，美术系主任李楠教授负责专业课程建设联动教学实施与管理，戏剧影视学院院长关玲教授负责专业间教学联动及教学指导。团队成员获 2020 年全国高校混合式教学创新设计大赛三等奖、2019 年北京市教学创新大赛二等奖、北京市青年教学名师等成果。

课程负责人朱峰为实验所在课程“视觉特效”的主讲教师，从事专业教学 10 年。近 5 年来，课程负责人积极探索创新影视专业实践教学，主讲课程获国家级一流课程称号、北京高校第十二届青教赛教育教学法论文优秀奖、2021 年校级教学改革创新优秀奖。指导学生课程成果获国家级、省部级赛事一二三等奖共 9 项。2019 年获校级实践创新突出贡献奖。

三、课程目标

实验所在课程“视觉特效”是戏剧影视美术设计专业三年级的核心专业课程。课程定位数字影视美术创作，培养学生掌握新时代影视美术创作的观念与方法。基于 XR 技术的影视与演播空间设计虚拟仿真实验是本课程的知识章节。学习后，学生应该在知识、能力、价值方面获得提升。

知识目标：获得数字影视美术设计理论知识与高阶知识，提升前沿专业理论水平。

能力目标：在传统影视美术技术基础上，提升前沿技能，培养创新思维与批判思维，提升设计能力、造型能力与审美能力。通过社会考察实践环节提升执行能力、团队精神，培养人际沟通、项目管理与综合创作等社会职业能力。意在培养学生成为具有前沿艺术观念、高水平专业能力的展演美术高水平创作人才。

价值目标：培养学生新时代文艺创作的思想品格，守正创新的创作意识，以及能够彰显自我价值与社会价值的创作价值。

四、课程建设及应用情况

（一）建设发展历程

在国家促进文化和科技深度融合，推进全面提升文化科技创新能力的新时代背景下，实验所在课程“视觉特效”同步增设 XR 等前沿技术与理论方法。

在实验平台建设前的教学阶段，由于无法开展实体实验，导致学生的实验实践能力无法提升。本实验以项目为主线，实现美术专业与摄影、编剧、灯光等专业的团队式创作，补足了学生无法进行实体实验而缺失的能力培养环节。

（二）解决的重点问题

1.“润物无声”的课程思政建设。通过创作题材、内容的引导与植入，解决课程思政教学改革路径问题。

2.“前沿仿真”的教学模式创新。在前沿技术实践教学环境缺失、资源不足、时空受限的情况下，解决“一学就会、一用就废”的理论与实践脱节问题。

3.“竞优拔高”的能力培养模式。因材施教，在保证基础能力培养的同时，解决学生个体差异问题，学生根据自身情况自主挑战高阶目标。

4.“多维评价”的评价体系优化。解决课程评价方式单一的问题。

（三）应用情况

课程自 2020 年上线以来，将线上平台与线下教学有机融合，努力发挥虚拟仿真在培养学生实践能力上的优势。目前，除本校相关专业进行实验，已面向社会提供服务。

实验平台于 2020 年上线，目前累计实验人次 635 人。实验人员分布以校内专业学生为主，社会服务为持续建设方向。

（四）实验教学过程

1. 教学融入“四有”好老师

项目有信念，预置公共项目“火星计划”，通过展现世界引领性、尖端的科技成果，树立学生的强国意识，增强“四个自信”。创作有情操，通过仿真中国火星栖息舱等空间元素使学生身临其境地对社会主义核心价值观产生共鸣。实践出真知，云晚会“青春跟党走”利用学院真实科研项目联动各专业课程，包括文编专业“文艺编导创作”、美术专业“视觉特效”、摄影专业“摄影创作”，搭建“科研—项目—教学”的桥梁，让学生在创作中增长见识，激发创新创作欲望。过程有温度，教学设计体现出对学生的关爱：过程考核，通过过程互评，了解各步骤的优秀标准，督促学生自我完善；过程引导，每一步均有教学引导提示，告知实验内容、实验目标、评分标准，使系统有温度；项目可选，学生可根据兴趣选择参与或自创项目，尊重学生的自主性；在线服务，实验平台配套在线教学服务团队，可通过电话、邮件、公众号在线沟通等方式为学生提供技术服务。

2. 实验环节自主、进阶

系统按照学习分类理论依次设计了原理认知（认知）、实景考察（见识）、技术搭建（运用）、艺术创作（综合）、资源库建设（评价）5 个模块，由浅入深，层层递进。

核心实验模块：虚拟艺术创作要求学生从项目选题、设计方案，到制作元素、自由搭建，再到验证修改、自我分析，遵循完整、自主的创作流程，引导学生掌握、探索 XR 前沿技术。

3. 培养处理复杂问题的综合能力

实验从课程“视觉特效”选取知识点，实验过程涉及 6 门空间类课程的创作原理及方法，培养学生综合掌握专业知识及处理复杂问题的综合创作能力。

4. 科研项目合理转化实践教学

预置项目将最新科研成果设为选题，优先适于实践教学的场景段落，将教学内容从“研究型”转化为“实践型”，通过“动手做”促进学生实践能力培养。

5. 设计认知与验证环节

关于虚拟艺术创作实验中的虚景空间搭建、实景空间搭建、虚景实景结合 3 个交互步骤中艺术处理前后的影像，在虚景实景结合步骤中的空间拟合效果会暴露前两步空间搭建在透视、构图、层次方面的问题，由此可验证前序步骤的合理性与艺术效果，从而引导学生提升设计方案，进行实验的自我纠正与提升。学生依据自己对获得结果的满意度可不断提出优化方案。

6. 多维度评价体系

实验评价由生生互评、机评、教师评价组成，解决艺术作品评价单一、不客观的问题。评价体系的突出特色为：

生生互评的评价贯穿设计方案、自由搭建、总结报告的实验全过程。

被引用与得分挂钩，激发同学的学习主动性与积极性。

上传方案、创作作品加分，促进学生成为实验平台建设者，保证实验系统持续性。

7. 课程、专业、学科多维交叉融合

以课程间融合为主。实验过程以“视觉特效”为主线，串联起戏剧影视美术设计专业“影视概念设计”“影视分镜头设计”“电影美术设计”等前序课程。实验所属“视觉特效”是戏剧影视美术设计专业三年级下半学期的核心课程。完成该实验，学生需预先学习“影视概念设计”“影视分镜头设计”“电影美术设计”等课程。通过实验可有效融合以上课程知识与能力，为接下来四年级的毕业实习与毕业设计（联合毕业作业）做好预备。

以专业间融合为辅。实验项目可联合多专业共同参与，电影文学专业在系统提交剧本，戏剧影视美术设计专业的学生研读剧本并设计分镜头与概念图，电影摄影与制作专业的学生在仿真摄影棚设计拍摄方案等，各专业同学共同开会，线上线下讨论后将讨论互动上传系统。实验系统成为专业融合、课程互补、各系互联的浮桥。

以学科融合为持续建设方向。首先，XR 本身就是新兴科技加持下的艺术创作新方法。实验意在促进学生成为技术与艺术兼备的复合型高端人才。其次，本实验中的虚拟元素制作环节，需要“三维制作”“虚拟艺术创作”等课程的支撑，此系列课程未在戏剧影视美术设计专业开设，因此需要与设计学数字媒体专业进行交叉融合。

（五）改革成效等情况。

1. 实现思政引领专业课程学习，实现学生思想品德与专业能力的融合提升。
2. 实现对戏剧影视美术设计专业学生实验实践能力的补足，促进全面能力提升。
3. 实现优秀人才培养与选拔，为国家高端专业人才输送奠定基础。
4. 实现课程学习评价的立体化与客观化。

五、课程特色与创新

（一）实验环节自主、进阶

系统按照学习分类理论依次设计了原理认知（认知）、实景考察（见识）、技术搭建（运用）、艺术创作（综合）、资源库建设（评价）5 个模块，由浅入深，层层递进。

（二）培养处理复杂问题的综合能力

实验从课程“视觉特效”选取知识点，实验过程涉及 6 门空间类课程的创作原理及方法，培养学生综合掌握专业知识及处理复杂问题的综合创作能力。

（三）科研项目合理转化实践教学

预置项目将最新科研成果设为选题，优选适于实践教学的场景段落，将教学内容从“研究型”转化为“实践型”，通过“动手做”促进学生实践能力培养。

（四）设计认知与验证环节

虚拟艺术创作实验中交互步骤前后影响，在虚景实景结合步骤中的空间拟合效果会暴露前序问题，由此验证其合理性与艺术效果，从而引导学生改进设计方案，进行实验的自我纠正与提升。

（五）多维度评价体系

实验评价由生生互评、机评、教师评价组成，解决艺术作品评价单一、不客观的问题。

（六）课程、专业、学科多维交叉融合

课程间融合为主，专业间融合为辅。实验促成专业融合、课程互补、各系互联。以学科融合为持续建设方向。

（撰稿人：朱峰；审核人：王晓红）

中央美术学院国家级一流课程建设案例

虚拟策展实验项目

一、课程基本信息

课程名称	虚拟策展实验项目
课程负责人	余丁
课程核心团队	康俐、范迪安、张子康
开课单位	中央美术学院艺术管理与教育学院
课程类别	虚拟仿真实验教学一流课程
课程性质	必修
开课年级	本科二、三年级，部分专业方向硕士研究生
面向专业	艺术管理
学　　时	36
学　　分	1
主要教材	《策展实践》

二、课程团队

“虚拟策展实验项目”由中央美术学院艺术管理与教育学院院长、美术博物馆虚拟策展与美育课程虚拟教研室主任余丁担任项目负责人；艺术管理与教育学院党总支副书记、虚拟教研室副主任康俐，中国美术家协会主席、中央美术学院前院长范迪安，中央美术学院美术馆馆长张子康组成核心团队；中央美术学院副院长邱志杰，设计学院院长宋协伟，知名策展人侯瀚如，广州美术学院美术馆馆长王璜生组成专家团队。该项目汇集卓越的师资力量与技术团队倾力研发，2019 年，项目一经推出便在校内外引起热烈反响，并于同年获评北京市虚拟仿真实验教学项目，2020 年获评国家级虚拟仿真实验教学一流课程，2022 年获评教育部首批虚拟教研室建设试点。

三、课程目标

2018年，习近平总书记给中央美术学院老教授回信，就做好美育工作，弘扬中华美育精神提出殷切希望。中央美术学院贯彻落实回信精神，努力探索艺术人才培养模式，进一步加强审美教育，为推动社会美育做出贡献。虚拟策展实验项目以此为出发点，一方面提供数字资源与虚拟策展课程，提高学生的展览策划能力，另一方面立足于策展在中国语境中的文化坐标，更鲜明地建立“中国策展学”，形成更有目标的学术发展，带动行业进步。

针对传统策展教学与实践中存在的实践成本高、艺术品与文物运输风险大、优质实习资源稀缺等局限，本项目通过虚拟仿真技术，将文案撰写、作品选择、空间规划、展陈设计、动线规划等多个真实策展环节进行有效还原，让学生对抽象的艺术与策展理论具有具象的认识，对繁琐且专业度极高的策展过程有直观的练习，进而积累经验、提高实践能力。

四、课程建设及应用情况

中央美术学院是第一个获批艺术管理本科专业的院校，展览策划是其中重要的专业方向。艺术管理与教育学院在多年的教学实践中践行前沿的教学模式，逐步推动虚拟仿真课程的研发，坚持理论与实践相结合，将策展实践环节融入多门专业必修课程中。虚拟策展实验项目以虚拟仿真与数字互动技术为载体，聚焦美术博物馆展览研究与策划，旨在通过还原度高、操作性强的虚拟策展实验教学系统，为学生提供感性认知艺术作品和策展理论的机会，搭建有效训练策展过程的平台。

为响应国家号召，解决西部地区艺术院校教学资源匮乏、专业起步较晚、优秀教师人才稀缺等困境，“虚拟策展实验项目”于2019年6月经校内师生试用且运行稳定后，率先向新疆艺术学院与大理大学两所对口帮扶高校的相关专业开放全部线上教学资源，获得两校师生的一致好评。2019年10月，作为“2019年国家级虚拟仿真实验教学项目”申报项目，“虚拟策展实验项目”在国家虚拟仿真实验教学项目共享平台对全国公众开放使用，加速了项目在更多合作院校与行业机构中进行教学应用与推广，有效提升了项目的共享力度。

2020年春季学期，中央美术学院积极响应教育部“停课不停学”的号召，所有课程皆转为线上教学。因此，多门课程借助“虚拟策展实验项目”辅助教学，通过系统精确还原国内外艺术机构展览空间、常用展具、灯具及大量馆藏艺术品资源，使学生能够轻松使用日常实践中无法触及的异地空间与珍贵艺术品进行策展训练，极大增加了线上教学期间网络授课的趣味性。在使用“虚拟策展实验项目”过程中，学生可在专注展览理念表达与空间呈现的同时，进一步体会和理解展览空间规划、照明设计、空间色彩使用规范、艺术品陈列规范等布展专业知识，提升了展览项目执行的统筹协调能力。

为激发艺术创新动力，推动艺术成果传播，中央美术学院自2022年起策划举办“大学生虚拟策展大赛”品牌赛事，虚拟策展实验教学系统为大赛的官方策展平台。大赛以“以策展助力美育，为美育而策展”为宗旨，意在鼓励大学生们将人文艺术、前沿技术与美育传播有机结合，通过还原度高、操作性强的虚拟策展实验平台，创作出优质的虚拟展览方案，将成果推向公众，延伸出社会美育的多重可能。两届赛事共计参赛人数 1 854 人，来自全球 340 所高校，提交虚拟展览方案 803 组，在全球高校中反响热烈。为落实和推动“以赛促教、以赛促学、以赛促用、以赛促新”，大赛在征稿期间同步举办系列讲座，邀请行业专家、学者、从业者进行分享与交流，以跨学科的视野拓宽策展的话题与维度。两届大赛共举办系列讲座 16 场，累计获得近 7 万人次线上收看。

大赛走到第二届，增添了全新亮点，首次增加线下工作坊，赛事与阿里大文娱和网龙进行校企合作，实现从线上到线下的飞跃，让大学生策展人的创想从虚拟走进现实。2023 年 7 月 18 日至 27 日，“央美 × 网龙：交互策展工作坊”于福建省福州市数字教育小镇成功开展。工作坊旨在培养创新型艺术人才，将传统教育与创新教育、理论知识与实践技能、科学技术与人文艺术有机结合。本次工作坊按比赛排名择优邀请各赛道优胜队伍参加，并开设一系列实验性课程，提供全方位的跨学科学习内容，激发不同专业背景的青年人才的创新潜力，为面向未来的文化艺术行业带来卓越的新生力量。本次“央美 × 网龙：交互策展工作坊”作为一次史无前例的创新探索，第一次系统地将线上虚拟展览和游戏化的交互相结合，在实践中探索和讨论展览交互的可能性与边界。

在课程面向公众开放的 5 年以来，项目团队在不断优化系统功能、开展不同范围的教学研究活动的同时，始终大力推动数字策展资源的共建与共享。截至目前，课程所依托的教研室平台已与 30 余家国内外重要艺术机构达成战略合作，1∶1 还原建设专业美术馆展厅 55 个，积累展览模型数据 100 余件、虚拟展览案例 3 000 余份、艺术品数据达 19 万件，平台用户六千余人，系统用户已覆盖（不完全统计）国内外 340 所高等院校。教研室专家成员单位均积极参与教研室成果的推广与应用，进一步加强了教研资源对中西部地区院校的覆盖力度。

五、课程特色与创新

1. 专业引领

中央美术学院艺术管理专业自建立起始终是国内领跑者。2017 年成功获批“艺术管理”本科新专业，拓展了教育部学科专业目录中艺术学理论类新专业。2019 年，中央美术学院视觉艺术管理学科入围北京市教委“北京高校高精尖学科建设名单”，成为建设名单中唯一一所视觉艺术管理学科立项单位。

2. 资源独特

作为首个在艺术策展与美育领域开展虚拟仿真实验教学的教研机构，积极开创新型产、学、研模式。结合课程特色开拓艺术机构合作模式与合作规模，与全国各省市艺术机构签订战略合作协议，共建共享展览资源，以期将策展资源转化为美育资源，为高校及社会进行美育传播。此外，项目资源不仅服务高校，还对接行业，极大增加行业的成果共享性，规范行业策展流程与呈现标准。

3. 成果共享性

项目利用虚拟仿真的便捷性，突破时空限制，致力于搭建全球艺术社群，无偿分享示范课程、科研成果和教学方法，为中西部地区师生带来了不可比拟的教学资源。同时，教研室加快推进了数字化美育资源向三、四线城市覆盖，构建“智能+”时代下美育为青少年服务的共享平台。

（撰稿人：余丁、康俐；审核人：郝凝辉）

华北电力大学国家级一流课程建设案例

电网运行操作和故障处理虚拟仿真实验

一、课程基本信息

课程名称	电网运行操作和故障处理虚拟仿真实验
课程负责人	张东英
开课单位	华北电力大学电气与电子工程学院
课程类别	虚拟仿真实验教学一流课程
课程性质	必修
开课年级	本科三年级、四年级
面向专业	电气工程及其自动化、智能电网信息工程
学　　时	16
学　　分	2
主要教材	自编

二、课程团队

课程团队每年承担“认识实习”“发电厂电气部分”“毕业实习”的教学任务，每年更新教学内容、课件、习题和考核方式；制作慕课 1 门，主编教材 2 部，主持省部级教改项目 4 项。

自 1993 年来，团队研发变电站和电网仿真培训系统；自 1997 年来，团队将该科研成果应用于本科实习、实验环节，进行了 4 次软件升级，编写中英文实验指导书 5 次，开发 4 个讲解和考核软件。

2020 年，“发电厂电气部分”被评为“北京高等学校优质本科课程”，张东英被授予“北京高等学校优秀专业课（公共课）主讲教师”称号。

2022 年，在“面向新工科战略的全景式电气工程专业课实践课协同教学模式的改革和实践”中，获校级教学成果一等奖。

2001 年，“变电站计算机仿真实习与实验教学系统”获国家级教学成果二等奖。

三、课程目标

我校作为电力特色高校，学生主要在电力行业内从事工程技术和科研工作，要求能解决复杂电力工程实际问题。本课程目标是：

1. 掌握电网核心设备、开关设备的作用和配置，在切除、隔离和检修设备时，能使用合适的开关设备；

2. 掌握电网接线分析和开关等值原则，能画简化接线图；

3. 掌握核心设备和断路器的运行方式调度术语（运行、热备、冷备、检修），能根据设备运行方式的文字描述，明确对应的开关设备状态；

4. 掌握核心设备和断路器在不同主接线中的倒闸操作原则，能拟定调度操作票和厂站操作票；

5. 掌握核心设备和断路器的保护配置和动作逻辑，能进行电网故障预想和电网故障诊断；掌握电网故障恢复处理原则，能进行电网故障恢复处理。

四、课程建设及应用情况

（一）课程的建设发展历程

电力系统不允许随意进行操作，又很少发生事故，学生不能在运行的系统上进行实际操作、试验、设置事故，在电力系统的正常操作和事故处理中，难以得到充分训练。

传统方法是通过书本讲授、图板模拟操作，虽有一定作用，但缺乏真实感，学习效果不佳。一旦事故来临，常常因处理不当，造成事故扩大。

自 1993 年开始，研发“电网/集控站/变电站仿真培训系统”，采用计算机模拟实际变电站、调度自动化系统的运行工况，是培训电网运行人员的强有力工具。自 1997 年开始，将多个科研项目用于本科的实习和实验教学，开发了相应的教学资源，并推广到燕山大学、北方工业大学等学校使用。

2017 年，投入使用的“电网和变电站仿真培训系统”，具备三维变电站虚拟仿真场景、地调和省调大电网仿真功能。

2018 年开始，研发基于互联网技术的电网运行操作和故障处理虚拟仿真实验，与实验室原有的线下大电网仿真实验，共同构成线上线下混合教学模式。

与本实验相关的专业课程有“发电厂电气部分”“电力系统分析”“继电保护原理”“电力系统自动化”，是应用这些专业课程知识的综合实验。

（二）课程与教学改革要解决的重点问题

1. 教学内容设计，应按照循序渐进的原则，分解为核心、必要的知识点，不但辅助理论课程的知识点教学，而且为线下大电网培训进行知识铺垫。

将电网运行的工作内容，分解为以下核心知识：

（1）倒闸操作是由调度和厂站运行人员协作完成，核心内容是编写调度操作票和厂站操作票。

（2）倒闸操作是将电网从一种运行方式转换到另一种运行方式，要准确使用各种调度术语描述其运行方式。

（3）电网发生故障后，需要反复进行事故预想推演、判断故障设备，进行相关故障处理。

（4）在电网正常运行、检修、故障过程中、故障后，需要根据当前运行方式进行接线分析，画出简化电网图，再分析正常和短路电流情况。

2. 使用的电网模型应足够简单、便于教学，但又要求能反映工程实际情况。设计了 5 种典型局部电网模型（链式、环网、辐射网、电磁环网、特高压接入网）。

3. 应具有讲、做、考全教学环节，每个环节尽量用智能教学模式进行，适应线上教学时空灵活性的要求。讲，学生通过课件和视频资料自学；做，学生自己做实验，系统跟踪指导；考，系统自动评判。

（三）课程内容与资源建设及应用情况

本实验用于电网运行、操作和故障处理知识学习。按照电网的知识层次，设计了 6 个实验。

基于 5 种典型局部电网模型，提供丰富的实验题目。

实验前有知识讲解和示范教学视频；实验过程中能对每步操作跟踪指导和评价，给出整体评分；实验后有测试题目，自动评分。在教学全过程，由机器代替老师讲解、实验指导和考核。

从 2019 年开始列入本科教学计划，每年使用 3 次，每次 2–3 周，每次学生人数 500 多人。此外，还推广到外校学生（黑龙江大学）和企业培训人员中使用。截至 2023 年 6 月，总浏览量 7 万多，总使用量近 5 万。

（四）课程教学内容及组织实施情况

本实验课程按照以下先后顺序开展教学：

1. 电网设备和接线认知（没有实验，只有讲解和测试）；
2. 电网接线分析；
3. 电网运行方式；
4. 调度操作票和厂站操作票；

5. 电网故障预想；
6. 电网故障诊断；
7. 电网故障恢复处理。

每个实验内容，由线上和线下实验组成，先实施线上，再实施线下：

（1）线上的虚拟仿真实验，在认识实习中实施 1、2，在发电厂电气部分中实施 3、4，在毕业实习中实施 5、6、7；

（2）线下的大电网仿真实验，在认识实习中实施 1，其他在毕业实习中实施。

（五）课程成绩评定方式

每个实验成绩由以下部分按比例组成：

1. 实验中成绩，取多个题目的平均分；每个题目分数，取该实验时间段内的最高分；
2. 实验后测试成绩；
3. 实验报告。

（六）课程评价及改革成效等情况

1. 设计了线上实验模式，为学生自主学习、远程学习提供了有力的技术手段，不但在疫情期间发挥了重要作用，而且成了常态化的教学方式；
2. 大幅提高了理论课程中相关知识点的平均分和达成度，受到学生欢迎。

五、课程特色与创新

（一）高阶性

1. 在认识实习、发电厂电气部分、毕业实习这三个必修课程中，循序渐进地逐次开展 6 个系列实验；
2. 设计了 5 种典型电网模型，涵盖大部分实际电网配置；
3. 培养学生运用多门核心专业课程的理论知识和解决上述实际复杂问题的综合能力和高级思维，体现课程的高阶性。

（二）创新性

1. 电网运行方式调度术语的通用表述、倒闸操作的规则校验和故障推演过程，来自最新科研成果，体现了教学内容的前沿性；
2. 线上的虚拟仿真实验用于学生自主实验，分层次、分难度、循序渐进地演练应用知识；实验室原有的线下大电网仿真实验用于学习体验实际工作环境和内容流程。线上实验与线下实验相结合，体现了教学形式的创新性；

3. 设计的实验内容改变了只有文本资料、只进行口头交流而没有动手操作的现状；实验过程中能对每步操作跟踪指导和评价、给出整体评分，体现了教学形式的互动性和智能性；

4. 基于 5 个典型电网模型，设计了丰富的实验题目，使每个学生题目不同，学习结果个性化；

5. 允许学生进行各种尝试，允许与标准答案不同，体现了实验具有较强的探究性的特征。

（三）挑战度

1. 实验前有知识讲解和示范教学视频，实验后有测试题目，对学生主动学习能力和学习质量要求高；

2. 要求老师具有丰富的实际工程经验和深厚的理论基础。

（撰稿人：张东英；审核人：刘崇茹）

中国矿业大学（北京）国家级一流课程建设案例

煤矿典型事故防治与应急救援虚拟仿真实验

一、课程基本信息

课程名称	煤矿典型事故防治与应急救援虚拟仿真实验
课程负责人	佟瑞鹏
开课单位	中国矿业大学（北京）应急管理与安全工程学院
课程类别	虚拟仿真实验教学一流课程
课程性质	必修
开课年级	本科三年级
面向专业	安全工程、消防工程、应急技术与管理
学　　时	36
学　　分	2
主要教材	无

二、课程团队

课程团队为“煤矿典型事故防治与应急救援虚拟仿真实验教学与科研团队”，目前拥有教师十二名、工程师两名，主要从事煤矿事故灾害致因及防治、应急救援及处置等方面的教学与科研。团队先后承担“十三五”国家重点研发计划、国家自然科学基金面上项目、北京市自然科学基金面上项目、北京市青年英才计划、中国工程院重点咨询项目、教育部人文社会科学研究基金、中央高校基本科研业务费基金及企业合作等多个重大项目，获省部级以上科技奖一等奖十余项，二等奖二十余项。团队成员担任国务院事故调查专家组成员、北京市应急管理学科带头人、国内外著名期刊编委及各项学术兼职等，曾获全国煤炭青年五四奖章、煤炭青年科技奖和越崎杰出学者等荣誉。

三、课程目标

课程以符合国家安全生产重大需求为导向，秉持安全科学基础理论与安全工程技术相结合的理念，着眼于安全理论及原理、矿井通风、瓦斯防治、煤矿防灭火、应急救援等煤矿安全领域的核心内容，紧跟时代形势，补齐教学短板，以煤矿典型事故为切入点，依托虚拟仿真等技术使学生在高度仿真化的事故场景中进行深入探究学习。在增强学生对煤矿典型事故防治及应急救援相关原理认识的基础上，弥补了传统学习中看多动少、无法实景体验的不足，使学生将理论学习与实践操作相结合，不仅深化了学生对煤矿安全核心要素的理解，还提升了学生解决复杂问题的综合能力和创造性思维，能够培养适应新时代安全生产形势的综合型人才。

四、课程建设及应用情况

（一）建设背景

煤炭是我国的基础能源，其开采和利用对我国经济社会发展具有重要意义，但近年来高频率的煤矿安全事故已成为阻碍我国经济社会良性发展的一个顽疾。实现煤矿安全的关键是掌握事故防治与应急救援技术，但由于井下生产环境恶劣、灾害危险性大等原因，导致煤矿安全类专业的师生往往无法在现实环境中教学和学习，理论与实践得不到很好的结合。因此，通过虚拟仿真等技术，深度还原矿井、事故等场景，对于提高此类专业的教学和学习质量显得尤为重要和迫切。

（二）课程内容

1. 内容架构

本课程整体分为事故预防、事故分析、灾害治理、应急救援四大模块，下设 15 个实验项目以重现事故发生前、发生时、发生后的现场，实验原理和知识点覆盖了“安全管理学”“矿山安全工程”“矿井瓦斯防治”“矿井火灾防治”“应急救援基础”等多门本科生课程，任课教师通过专业课程要求引导学生选择对应模块的实验内容进行实验。

2. 实验方法

各个试验项目依据其内容特点，选取行业认可且科学的实验方法，结合虚拟仿真等技术以最佳的方式呈现，以期给学生带来最直观、有效的学习体验。例如，“煤矿安全常识认知”实验项目，因常识类内容的宽泛性、枯燥性，又因传统的课堂讲授无法克服理论与实际联系的难题，所以采用“实景体验”法，运用虚拟技术对井下场景进行还原，学生以第一视角体验下井流程，身临其境地了解井下基本安全条例、规范等知识，大幅提高了学生的学习兴趣及效率。

3. 操作流程

实验分为学习模式和考核模式。学生应先在学习模式进行实验内容初次学习，仅完成学习模式即可得满分；待学习模式结束后再进行考核模式，考核模式用于学生多次学习实验、温习实验内容；考核模式结束后提交分数并上传系统。“煤矿安全常识认知”和“事故应急处理”两个实验项目考核模式后附加试题，需完成学习和考核两个模式才能得到完整分数，其余模块内容一致。整体实验流程为：登录系统开始实验；选择学习模式/考核模式；选择对应课程实验模块；进行个性化/探究式学习；生成实验结论；填写并上传实验报告；教师批阅实验报告；教师发布成绩；实验结束。

各个实验项目都将核心内容与模拟场景深度融合，学生应按照系统提示的步骤进行每个环节的理论学习与动手操作，且伴随相应的赋分，在建议的时间范围内完成所有步骤即可顺利完成实验项目。

（三）教学过程

本课程教学过程是以问题引导和驱动下的探究式教学模式为基础设计的，整体过程为：

1. 课前自主学习

实验前，学生通过教材、实验指导书等资源自主学习，根据实验目的和要探究的问题，设计实验方案步骤、整理实验方案。

2. 课上研究交流

教师从课程需求出发，提出理论与技术问题，引导学生进行研究交流，比较各自的理解并形成共识，明确实验方法和操作步骤。

3. 应用尝试与评价

学生按照先前确定的方法和步骤进行操作探究，系统在线输出测试结果及其定量评价结果。若学生的实验设计合理，可得到较为正确的结果。对此，教师可以设置一定的与应用有关的约束条件，引导学生思考更加深入的问题；若实验结果不合理，可引导学生发现问题，思考产生问题的原因以及如何改进。

4. 实验探究改进

针对实验尝试中暴露的问题或者由实验尝试引发的深度问题，学生要结合实验目的以及要探究的问题要求，进行自主的探究性实验。

5. 提交实验报告

当学生认识并掌握相关知识并完成相关实验内容后，可将阵列参数设计与输出测试结果整理出来，在线撰写实验报告，提交至虚拟仿真实验项目平台保存。

（四）应用情况

课程自建设完成并投入使用以来，服务了广大本校学生、外校学生、社会学习人员等不同群体，不仅满足了新时代煤矿安全生产形势对实验教学的要求，还改善了传统实验教学脱离实际、效果不佳的困境，形成了良好的示范效应，可为同类别课程的改革及创新提供参考借鉴。

五、课程特色与创新

（一）实验设计

依托虚拟现实、互联网等现代高新技术，为学生打造“沉浸式”实时设计与探究式学习互动的虚拟仿真实验平台，在设置的节点时间可与校内外教学互助单位导师进行交叉互动，极大地提升了教学和学习的效率。

（二）教学方法

“以虚补实、以虚促实、虚实结合”教学：以煤矿典型事故为切入点，通过采用3D建模、动画、语音识别、视频漫游、人机交互等技术，创建了虚拟环境，深度还原了实际矿井环境，突破了传统实验教学的时空界限，让学生身临其境地学习。

“问题导向—探究式”实验教学：充分激发学生的自主性与创造性，构建覆盖全实验过程的引导式、启发式教学方法，学生在整个实验中自主设计、互动交流、思考改进，极大地改善了传统实验教学模式下学生被动接受而积极性不足的教学困境。

（三）评价体系

对参加实验的学生进行全过程记录，系统分为课前预习、实验、课后练习、全景漫游4个板块，通过对学生的练习情况、实验过程、实验报告等进行综合评价，对参加实验的学生在各方面的建议、评价与反馈信息进行全面系统地统计分析，为指导教师改进和完善实验提供参考，从而提高教学质量。

（撰稿人：佟瑞鹏；审核人：郭东明）

中国石油大学（北京）国家级一流课程建设案例

海底油气管道输送系统流动保障虚拟仿真实验

一、课程基本信息

课程名称	海底油气管道输送系统流动保障虚拟仿真实验
课程负责人	梁永图
开课单位	中国石油大学（北京）机械与储运工程学院
课程类别	虚拟仿真实验教学一流课程
课程性质	必修
开课年级	本科三年级
面向专业	油气储运工程
学　　时	4
学　　分	0.25
主要教材	《油气集输与矿场加工》

二、课程团队

课程负责人梁永图，带领团队青年骨干教师王艺、史博会、刘啸奔、苏怀，共同研发的“海底油气管道输送系统流动保障虚拟仿真实验”，有力地支撑了团队成员所承担的“油气集输”“海洋油气集输”“油气田地面工程概论”“天然气水合物处理”“油气储运设施强度设计与安全管理”等理论课程的实践教学，是“油气储运工程仿真实训”的重要组成。在本虚拟仿真实验教学一流课程的建设与支撑下，团队近五年来承担了省部级教改项目 6 项，“油气集输”获批为第二批国家级线下一流课程，团队荣获北京市教育教学成果二等奖 1 项以及校级教育教学成果一等奖 1 项，获北京高等教育“本科教学改革创新项目”1 项，获北京高校“优质本科教案”1 项。

三、课程目标

坚持立德树人，遵循我校“厚基础、宽专业、强能力、高素质”的人才培养理念，依托石油与天然气工程国家级一流学科，本课程“四位一体”的目标是：

（一）扎牢基础知识的认知：熟悉海底管道输送系统中的各种仪器设备及其运行流程。

（二）掌握事故的辨识能力：能够通过运行参数的变化，准确快速辨识海底管道的屈曲、共振、水合物冻堵、段塞流等事故工况。

（三）培养设计与应急素养：掌握管道防屈曲与防共振设计、水合物防控、段塞流消除、事故管段应急维抢修的原理和基本流程，能根据出现的状况及时采取相应措施。

（四）塑造良好从业观：理解大数据等新技术在行业发展中的作用，塑造学生以融合多学科知识，创造性解决工程复杂问题为己任的从业观。

四、课程建设及应用情况

（一）本课程建设发展历程

本课程涉及的海底油气管道是海洋油气储运安全生产的“生命线”，但其复杂性和高危性使得实物教学和现场实操受到极大限制。通过本课程建设，解决了教学实践中真实实验系统难以搭建，且实际操作危险性高的问题，调动了学生实验积极性，培养了锻炼学生掌握海底油气管道流动保障问题解决的综合能力。本课程于 2019 年被评为北京市虚拟仿真一流实验教学项目（金课），2020 年获批第一批国家级虚拟仿真实验教学一流课程。

（二）课程与教学改革要解决的重点问题

1. 如何深化与拓展课程内容，进而高效支撑相关理论课程教学环节。
2. 如何强化课程组织与实施，进而全面提升学生解决问题的创新力。
3. 如何加强课程分享与推广，进而有力增大优质课程资源的共享面。

（三）课程内容与资源建设及应用情况

团队积极深化与拓展课程内容，完善课程资源建设，实现了对相关理论课程教学环节的有效支撑，出版了系列教材，具体如下：

1. 本课程“海底油气管道段塞流数据分析”，是“油气集输”“南海 LW 海底立管严重段塞流控制”教学模块的实践拓展。储运 16 级至 20 级累计 490 人，通过交互操作实践，掌握了大数据驱动下严重段塞流的预判与防控方法。

2. 本课程“海底管道设计—防屈曲设计、防涡激振动设计”，是“油气设施强度设计与安全管理”中“管道强度设计”教学模块的理论延伸。储运 19 级至 21 级累计 294 人，通过交互操作实践，掌握了不同载荷作用下海底管道的结构完整性和失效行为分析防治方法。

3. 本课程“海底管道运行—水合物生成与消除”，是“天然气水合物处理技术”中“水合物堵塞移除技术及应用”教学单元的实践。储运 16 级至 20 级累计 490 人，通过交互操作实践，掌握了水合物生成机理及注醇抑制消除水合物操作流程。

（四）课程教学内容及组织实施情况

课程教学内容，围绕海底管道流动保障的问题，设计了包括海底管道设计、运行、维抢修三个模块中的四个高仿真度场景。

团队积极强化课程组织与实施，将石油精神融入教学中，全面提升学生解决问题的创新能力，具体情况如下：

1. 课内外相结合：理论课课内扎牢基础理论，实验课课内集中讲授实验流程，课内外助教、线上、线下多渠道答疑指导。

2. 自学与协作提升：独立自主学习与团队协作合作研讨相结合，提出质疑，激发学生创新解决海底管道安全运维管理问题的方法。

3. 竞赛实训实战：引导学生积极参加各类行业认可度高的学科大赛，将在本课程实践中获得的综合创新能力，应用到学科竞赛实训实战中，培养能解决真问题的综合型人才。

（五）课程成绩评定方式

本实验项目采用多维度、多元化的考核方法对学生进行全方位、系统的考核与评价：海底管道设计 ×35%+ 海底管道运行 ×30%+ 海底管道维抢修 ×25%+ 实验报告成绩 ×10%。

（六）课程评价及改革成效

团队有步骤、有计划地向国内 70 所储运兄弟院校实施教学推广，并做好面向高校的教学保障工作，向数百个相关企业推广本课程，以便增大国家级一流虚拟仿真课程资源的共享面，进而惠及更多高校的学生和企业工程技术人员。值得一提的是，团队在 2020 年疫情突发的学期支持了本校和 27 所其他高校共计 742 名师生在线学习。目前，累计 3 291 人次实验、浏览量达 12 万次，受到广泛好评，系统评价得分为 4.8 分（满分 5 分）。受益于本课程的创新实践，近 5 年来，本校学生参加各类国家级、省部级大赛共计 70 人次，教学团队荣获省部级教育教学类荣誉 3 项。

五、课程特色与创新

（一）课程特色

1. 课程内容的前沿性与时代性：与行业企业对接，将企业案例和实际操作经验融入虚拟仿真实验，结合教学的内容，将行业企业生产操作规范转化为教学案例。

2. 教学形式的先进性和互动性：综合运用互联网、大数据、虚拟仿真、人工智能等先进技术服务教学，可实现课内课外、线上线下多维互动。

3. 学习结果的探究性和个性化：不是简单告诉学生对错，而是培养学生运用专业知识去探究，能够发挥学生的个性特点。

（二）课程教学改革创新点

1. 以高水平科研成果延伸实验深度，以重大工程实际拓展实验广度，基于“海底管道屈曲和涡激振动”“水合物生成和防控”“段塞流数据分析”“维抢修”四大高仿真度场景，强化学生对相关理论的理解和综合应用，深化与拓展了理论与实践课程内容对接，以实践支持理论课程教学与教材建设。

2. 以“课内外相结合、自学与协作提升、竞赛实训实战”强化课程组织与实施，构建综合性、研究性仿真问题情境，通过互动研讨式讲授、自主探究式学习，全面提升了学生解决问题的创新能力。

3. “有步骤、有计划地分享与推广”，面向高校、相关企业、社会开放，提供在线教学服务，引领油气储运工程领域虚拟仿真教学实验与工程实训平台建设，实现优质课程资源共享与推广应用。

（撰稿人：梁永图；审核人：张永学）

中国地质大学（北京）国家级一流课程建设案例

复杂模型三维地震勘探数据采集虚拟仿真实验

一、课程基本信息

课程名称	复杂模型三维地震勘探数据采集虚拟仿真实验
课程负责人	钱荣毅
开课单位	中国地质大学（北京）地球物理与信息技术学院
课程类别	虚拟仿真实验教学一流课程
课程性质	必修
开课年级	本科三年级
面向专业	地球物理学、勘查技术与工程、资源勘查工程
学　　时	48
学　　分	3
主要教材	《地震勘探原理（第三版）》

二、课程团队

目前，课程团队共 7 人，其中包括 4 名教授、2 名副教授和 1 名讲师。近五年来，主要承担地震勘探实验课、地震勘探野外实践教学和环境地球物理实验课等课程。钱荣毅教授主讲本科生专业主干课 5 门，研究生课程 2 门。组织编写了国内地球物理创新实践教学系列教材（7 本）。长期开展创新人才选拔培养模式、研讨式教学、自主式学习和基于 OBE 的教学方法改革。组织建设了秦皇岛柳江野外实习基地等实践教学基地 6 个，发表教学类论文 6 篇。负责校级重点教改项目 2 个，北京市高教实培项目 3 项，获北京市教学类奖 4 项，2018 年获北京市优秀毕业论文指导教师。2022 年获北京市教学成果二等奖。

三、课程目标

地球物理学专业面向地球物理学领域发展需求，坚持立德树人、以人为本，依托地球物理学国家一流专业建设，发挥我校地球物理专业方向齐全的特色与优势，培养德、智、体、美、劳全面发展，掌握扎实的数理基础和地球物理专业知识，具有出色的实践能力、自主学习能力和一定国际交流能力的专业人才。

本课程通过仿真操作，模拟在不同地表条件下，针对不同地下地质目标体的三维地震野外采集工作。让学生通过自主设计实验流程，独立操作实验步骤，对比分析实验结果等，让学生深刻理解三维地震勘探野外数据采集的关键技术，掌握三维地震数据采集的关键参数的实验方法和实验数据的分析评价技术。

四、课程建设及应用情况

（一）发展历程

2020 年年初，虚拟仿真实验课程经过前期的精心准备与策划，正式进入建设环节。受疫情影响，学院与软件开发公司召开线上会议，确定虚实结合的课程内容、实验脚本和建设框架。

2020 年 6 月 1 日，第一版虚拟仿真课程线上平台通过开发公司内部服务器正式上线。

2020 年 6 月 23 日，学院与开发公司召开线上会议，针对第一版线上课程存在的问题进行集中解决。

2021 年 5 月，申请软件著作权，并于 7 月 2 日获批。

2021 年 6 月，办理信息安全等级保护备案二级系统（简称二级等保），于 7 月 6 日获批。

2021 年 7 月，自购网络服务器，放置在网络中心机房。线上课程移植到校内服务器。

2021 年 7 月 13 日，线上提交申报书。

2021 年 8 月，获得网络安全等级保护实验系统等级测评报告。

2023 年 4 月，结果公示，获批第二批国家级一流本科课程。

（二）解决的重点问题

地震勘探野外数据采集实验是“地震勘探”课程的重要内容。为了帮助学生深入理解课堂所学理论知识，掌握野外数据采集的工作过程，教学上通常安排 2～4 学时的二维地震采集实验。三维地震勘探是当今的主要发展方向，但由于三维地震勘探的成本高、耗时长、设计复杂，特别是在特殊浅表和深层地震地质条件下，很难进行三维地震野外采集实验，使得学生不能真正体会数据采集的复杂性以及认识真实的波场特征。为此，结合课堂教学内容，设计此虚拟仿真实验，锻炼学生动手、动脑能力，真正掌握三维地震野外数据采集的关键因素和数据分析方法，实质性提升实践教学质量。

（三）课程内容

在实验中，主要考虑野外场景中的平原地形。该野外场景有助于增强学生的感受，通过屏幕即可观察野外地质特征设计的地层模型，包括简单的层状模型和复杂的三维地层模型，即由简单到复杂，不仅考查学生对基本知识的掌握程度，而且拓展学生处理复杂地层的能力。

整个实验主要包括三个部分：观测系统设计、震源激发参数实验和检波点信号接收方式实验（含地震记录分析）。首先，根据不同场景的地质条件和覆盖次数要求，自行设计三维观测系统（炮点和检波点）；然后，通过激发不同的震源，观察、分析地震波在地层内的传播过程以及检波点的变化；最后，根据实验结果，总结编写实验报告。据此判定学生实验操作成绩。

（四）组织实施情况

虚仿实验平台采用 Java 等主流互联网技术开发，只需要使用浏览器而无需安装任何插件或第三方软件即可进行实验课程教学。不仅便于平台维护，而且方便用户跨操作系统使用。

后台维护由开发公司和校内人员共同负责，实时关注选课人员的留言，并及时在线答复。定期导出选课人员的成绩进行分析。对实验中存在的问题及时解决，确保在线平台的稳定运行。

（五）课程评定和评价

在虚拟仿真实验结束后，学生在虚仿平台上完成小测验，系统自动生成学习报告，以供学生掌握自己的实验情况。操作过程得分（80%）和最终答题得分（20%）合计达标，评定为整个虚拟仿真实验合格。

（六）课程改革成效

1. 以人为本，搭建三维地震勘探虚拟仿真平台，提升学生的创新能力。三维地震勘探涉及的野外观测参数较多，不易通过静态的幻灯片进行展示讲解。为此开发的虚拟仿真实验课，紧密围绕人才培养的需求，让学生通过可视化的方式深入浅出地掌握三维地震勘探中野外采集数据的重要技能，通过自学和自我摸索，真正提高学生的创新能力。

2. 以问题为导向，虚实结合，培养学生的动手实践能力。将复杂的三维地震勘探采集系统分解成不同的任务，每一个任务中设置不同的问题，通过虚拟仿真平台，在学生寻找答案过程中，潜移默化地掌握知识，并且学以致用，尝试总结不同参数对采集结果的影响，学会分析问题并解决问题，培养学生的动手实践能力。

五、课程特色与创新

本课程通过仿真操作，模拟在不同地表条件下，针对不同地下地质目标体的三维地震野外采集工作，让学生通过自主设计实验流程，依照现实的实验流程，独立操作实验步骤，完成对比分析实验，使学生深刻理解复杂三维地震勘探野外数据采集的关键技术，掌握三维地震数据采集的关键参数的实验方法和实验数据的分析评价技术，取得显著的虚仿效果。

（撰稿人：钱荣毅；审核人：高志前）

北京航空航天大学国家级一流课程建设案例

飞行器环境控制虚拟仿真实验

一、课程基本信息

课程名称	飞行器环境控制虚拟仿真实验
课程负责人	林贵平
开课单位	北京航空航天大学航空科学与工程学院
课程类别	虚拟仿真实验教学一流课程
课程性质	必修
开课年级	本科
面向专业	飞行器环境与生命保障工程、飞行器设计与工程专业、航空航天工程、飞行技术专业、交通运输（民航机务工程）
学　　时	2
学　　分	1
主要教材	《飞行器环境控制》

二、课程团队

课程负责人林贵平教授，北京市教学名师（2020）、教育部新世纪人才（2005），人机工效与环境控制重点学科实验室主任、飞行器环境与生命保障国家一流本科专业负责人（2020），北京市优质本科课程（热工基础）负责人（2022），“飞行器环境控制系统虚拟仿真实验”国家一流本科课程负责人（2023）。出版国防科工委“十五”规划教材和工信部“十二五”规划教材各 1 部、获北京市教学成果一等奖一项（第一完成人）。2022 年获北京航空航天大学“立德树人”卓越奖，担任北京市高等学校优秀专业课（公共课）主讲教师，2023 年获首都劳动奖章。主要从事飞行器环境控制、飞机防除冰技术、高效传热等方面的研究工作。

团队成员获国家级科技进步二等奖一项，省部级奖励两项，校级教学奖励 6 项。

三、课程目标

飞行器环境控制系统的功能是负责维持飞机驾驶舱与座舱内安全舒适的压力和温度等环境参数，保障飞行员与乘客的身体健康，包括压力调节系统和制冷系统等。飞行器环境控制虚拟仿真实验课程的目标为：

1. 通过三维形象化显示，使学生能够直观了解环控系统的组成、机上布局和工作原理等基础知识。

2. 通过压力调节系统虚仿实验，使学生了解飞机座舱压力调节系统的功能、组成与工作原理，实验获得飞行过程中飞机座舱内的压力及其变化率，学生可自主调节影响座舱压力变化的主要参数，掌握控制规律。

3. 通过空气循环制冷系统虚仿实验，使学生了解飞机空气循环制冷系统的功能、组成与工作原理，掌握主要参数对空气循环制冷系统出口温度的影响规律。

4. 通过认识实验与研究型实验逐层进阶，满足“两性一度”要求，使学生具有抽象思维、模型凝练、自主学习、应用实践和探索创新能力，以及解决综合性实际工程问题的能力。

四、课程建设及应用情况

飞行器环境控制系统直接影响飞行器的舒适性、安全性和经济性，飞行器环境控制系统复杂，在地面开展系统级的实验存在以下问题：

1. 开展实物实验涉及高温、高压气体、高速旋转部件等，实验存在较大风险。

2. 实验需要配置大型真空系统、大功率加热装置，系统能耗大、实验成本高。

3. 由于系统组成复杂、机上布局分散，真实实验对实验室的硬件条件要求高，实验准备时间长。

因此，有必要开发一套虚拟仿真系统，解决系统及教学实验条件和手段缺乏的问题，使学生更好掌握飞机环境控制系统工作原理和特性。实验建设及应用情况如下：

（一）总体方案

遵循从简单到复杂、从部件到系统、从静态到动态的认知规律。分别以“环控系统组成”“压力调节规律”“制冷部件关键参数设计分析”为实验对象，通过对虚拟仿真每个模块的操作，直接观察到实验各个环节，掌握专业课程的关键知识点。

（二）认知实验

在本实验的认知实验部分，提供了形象化的 3D 手段，以某型旅客机为例，采用虚拟

3D 技术，实现了由发动机引气、环境控制系统及座舱空气分配系统的机载布局的生动展示，学生可以通过网络在电脑终端操作实验。

（三）压力调节系统实验

在体积固定的座舱内，压力的变化主要与进出座舱的净流量相关。座舱的进气流量来自发动机引气，出气流量是在座舱与飞行高度环境之间的压差下流经排气活门的流量。座舱压力调节系统按照座舱压力反馈，通过调节排气活门的流通面积来改变出气量，进而控制座舱压力及其变化率，实现座舱压力制度。基于座舱压力调节系统的工作原理和过程，设计的仿真实验内容包括：① 模拟三种典型的压力制度。② 通过仿真模拟座舱体积、进气流量、排气活门最大流通面积等系统参数对压力调节效果的影响。③ 通过仿真模拟不同 PID 控制参数对压力调节效果的影响。

（四）空气循环制冷系统实验

飞机空气循环制冷系统实验基于三轮升压式空气循环系统，参考某型飞机环控系统实物图，搭建仿真模型。将实验测得的部件参数输入到仿真模型中，运行系统仿真后获得实验结果。在实验操作过程中，学生能够直观看到从发动机引气到座舱空调喷口的完整气体流动过程，也可通过手动设置引气参数、换热器面积和涡轮效率，研究其对涡轮出口温度的影响。

（五）网站建设

教学系统可通过“飞行器环境控制系统虚拟仿真实验”网络管理平台中的“实验中心”进入。管理平台包含首页、实验简介、新闻公告、课程中心、报告中心、有问必答、经验分享、资料中心、个人中心 9 个模块。网站开通建设以来，注册访问总人数已超过 2 000 人。

（六）应用情况

主要应用情况如下：

1. 在航空科学与工程学院主要服务的课程有“飞行器环境控制”“飞机总体设计”“热工基础”等，选课学生专业包括飞行器环境与生命保障工程、飞行器设计与工程、飞行器控制与信息工程等。丰富了“飞机环境控制”实验项目。由于环控系统设计、验证的复杂性，通过虚拟仿真实验，为学生提供了合适的实验平台，对环控系统有更直观深入的了解，有助于学生提升专业综合思考能力。

2. 陆续为中法工程师学院/国际通用工程师学院、国际学院、飞行学院学生服务，相关的课程包括“航空飞行器总体设计（英文）”“航空科学大观”“飞机构造与系统”等课程，丰富了中英双语教学实验项目，为学生提供了合适的实验平台，选课人数逐年提高，促进了国际合作与学术交流。

3. 推广至校外院校，教学实施过程充分利用网络平台，上课有保障，建立课程知识点与网站各环节的对应关系，不受场地限制。目前，应用到了沈阳航空航天大学、郑州航空工业管理大学、荷兰某航空公司等多家单位。

课程教学系统建立了完整的记录、评价环节，通过学生交互性操作步骤，记录操作过程、实验计算结果、互动得分情况等模式获得成绩。从认知、体验、探索、分析、设计等多个维度对学生进行了考察，尽量客观地对学生的自主学习和实验能力进行了评价。提高了课程实验教学的效率，同时实验人数由人机工效与环境控制实验室的现场学习 30 人提升至在线数百人。网站开通建设以来，注册访问总人数已超过 2 000 人。

五、课程特色与创新

（一）实验方案设计

结合“两性一度”新要求，以学生为中心，面向航空航天国家重大工程的迫切需求，以国产大飞机为模型，将“思政元素”有机融入课程建设方案设计，增加学生民族自信心。设计了“1 套系统、2 个层次、3 个实验”的教学方案，即一套可进行多终端运行的虚拟仿真系统，认知探究、设计分析两个层次，包括认知实验、压力调节、空气循环制冷实验三个实验。不仅培养学生在专业上学业精深，还使其具有虚拟现实、人工智能等“学科交叉融合”的特征。培养学生有能力学习新知识、新技术去解决未来发展出现的问题。

（二）教学方法创新

探索了自主式学习模式，通过设置知识点学习、测试评分、交互性设计等仿真模块，提高了学生自主学习的兴趣。采用了互动式教学方式，教学系统中提供了“有问必答”及“经验分享”等模块，帮助老师和学生实现在线答疑、讨论与学术交流，并与平时成绩关联，有效提高了师生互动的效果。

（三）评价体系创新

完整的记录、评价环节，通过学生交互性操作步骤，记录操作过程、实验计算结果、互动得分情况等模式获得成绩。从认知、体验、探索、分析、设计等多个维度对学生进行了考察，尽量客观地对学生的自主学习和实验能力进行评价。

（撰稿人：林贵平、李可；审核人：钱政）

北京理工大学国家级一流课程建设案例

预警机载相控阵雷达目标精确探测虚拟仿真实验

一、课程基本信息

课程名称	预警机载相控阵雷达目标精确探测虚拟仿真实验
课程负责人	宋巍
开课单位	北京理工大学集成电路与电子学院
课程类别	虚拟仿真实验教学一流课程
课程性质	必修
开课年级	本科三年级
面向专业	电子信息类徐特立英才班
学　　时	8
学　　分	0.5
主要教材	《电磁理论、计算、应用》

二、课程团队

近 5 年来，课程负责人和团队主讲本科生专业课 9 门，合计 1 520 学时。研究生课 7 门。其中“电磁理论、计算、应用 I”“电磁场与电磁波”等六门课程都采用了本门虚拟仿真实验教学课程，进行线上线下混合式教学，实现了对学习动机、专业知识、实验技能、沟通与表达能力、分析设计能力等多维度的培养与训练，并实现了“科技报国”价值观的塑造。

结合本门课程，课程团队形成了以科研、思政、课堂、实践融合的“大育人”聚能辐射育人特色，公开发表教研论文 2 篇，主持省部级教改项目 7 项，校级教改项目 8 项，获“北京市高等学校青年教学名师”等省部级奖 5 项，“北京理工大学优秀教育教学成果奖”等校级奖 10 项。

三、课程目标

北京理工大学是中国共产党创建的第一所理工科大学，以红色基因传承，致力于培养“德、才、能”全面发展的科技创新型人才为宗旨。本课程学生主体来自徐特立学院电子信息类英才班，部分来自信息与电子学院、集成电路与电子学院的电子信息类专业。通过本实验，学生应能达到以下教学目标：

1. 在知识层面，内构对于雷达探测、雷达相控阵辐射特性的系统性深入认知。

2. 在能力层面，掌握雷达探测的标准流程；能综合运用电磁和力学知识，完成对实验方案的设计、评估、选择；完成对雷达目标信息的测算；分析复杂环境对相控阵天线辐射的影响；评估不同实验方案和参数对雷达探测的影响。

3. 在价值层面，塑造“面向国家重大需求，求真求实科技报国”的价值观。

四、课程建设及应用情况

（一）课程建设发展历程

2010 年，“电磁场理论”作为本硕博贯通培养改革试点课程，被评为教育部“双语教学示范课”。2013 年，团队为徐特立学院开设了“电磁理论、计算、应用”贯通专业课程，培养“胸怀壮志、明德精工、创新包容、时代担当”的领军领导人才。为配套电磁贯通课的教学，实现“实践育人”“思政育人”，课程团队建设了“预警机载相控阵雷达目标精确探测”虚拟仿真实验。

2019 年，本虚拟仿真课程获评北京理工大学教务部虚拟仿真实验重点建设项目；2020 年，获评北京理工大学信息与电子学院重点教学改革项目，得到了持续建设。

（二）课程与教学改革要解决的重点问题

1. 原有课程知识体系的重要综合性实验配套问题

在传统电磁教学中，由于涉及成本、安全性等问题，机载雷达目标探测的重要综合性工程实验无法开展。

2. 原课程体系如何有机融合知识传授、能力训练、价值塑造的问题

如何在课程中把电磁理论系统化，并与实际的应用技术结合，同时有机融合学生的实验操作能力训练、研究能力训练，激发学生“服务国家重大需求”的价值观，是本课程要解决的问题。

（三）课程内容与资源建设

课程内容包含**线下引导课程**和**在线虚拟仿真教学系统实验操作**。

1. 线下引导课程内容

（1）预警机知识介绍（含我国自主研发预警机科技史）；

（2）预警机载雷达目标精确探测实验原理讲授；
（3）在线实验操作引导与作业布置。
2. 在线虚拟仿真教学实验系统含 3 大模块，10 个操作环节，23 个用户交互步骤。

（四）课程应用情况

自课程 2019 年在学校上线以来，已服务“电磁理论、计算、应用 I”“电磁理论、计算、应用 II”“电磁场与电磁波”“电磁仿真课程设计”等 6 门本科生课程及 1 门研究生课程，累计服务校内外学生 500 余人。

本虚仿实验课程作为员工培训项目，服务中电科海洋信息技术研究院，累计 31 人次，自发布在国家虚拟仿真实验共享平台（ilab-x.com）以来，浏览量达到 6 546 次，服务社会人士进行实验达 527 人次。

（五）课程教学内容及组织实施情况

本实验教学的过程包含线下引导、线上实验、学生总结三个环节。

1. 线下引导：教师串讲电磁波的辐射、传播、散射的理论知识在雷达探测中的综合应用，讲授我国自主研发预警机的科技史，激发学生“精工报国”的爱国热情。

2. 线上实验：学生在手册引导和教师辅助指导下，独立探索，学习“实验预备知识”模块，在“仿真实验操作”模块中，学生完成对预警机天线馈电、雷达目标探测等环节的探究性学习。最后，学生在“数据统计分析”模块，查看实验数据，分析自己在实验中的表现，总结收获。

3. 学生总结：学生依据实验数据，总结实验结论，总结在知识、技能和情感上的收获，完成实验报告。

（六）课程成绩评定方式

本课程采取过程性自动评价和结果性教师评价结合的方式。学生在实验过程中，程序系统自动评分（满分 100 分），评估学生在实验原理理解、运用和操作过程等环节的完成度。教师对学生撰写的实验报告评分（满分 100 分），以评价学生的创新性探究完成度和学生在实验过程中的自我提升及思政建设效果。系统评分加权 70%与教师评分加权 30%相加后得到学生的最终实验成绩。

（七）课程评价及改革成效

课程收到了国家虚拟仿真实验共享平台用户的五星好评，收到了北京理工大学学生好评，学生反映“对电磁波有了更深的理解”“进行实验锻炼了动手能力，不只要进行理论研究，更要符合实际，避免了理论研究中可能出现的一些不符合实际的错误”。

专业教学督导专家给予了课程“虚拟仿真实验整体界面设计合理且动画效果很好，理论联系实际，有一定的难度、深度和广度”的评价。

近三年来，课程培养的学生以第一作者的身份在电子信息领域顶级期刊发表高水平论文 10 余篇。教师团队获得北京理工大学“优秀教育教学成果奖”。

五、课程特色与创新

（一）课程特色

1. 需求牵引，理论落地

预警机雷达探测是国防中重要的应用，过程复杂，为实现对目标的精确探测，需要学生灵活运用电磁等多学科核心知识，综合解决问题。

2. 重构教学，重塑流程

实验借助虚拟仿真技术，解决了成本和安全性的问题，补充了电磁教学中重要的综合性雷达探测实验，培训了雷达探测标准实验流程，从而对传统偏于理论的电磁教学作了有力的实验补充。

3. 科研支撑，高度还原

实验结合项目团队在相关科研课题方向的多年积累，利用大型数值计算平台计算得到的高保真数据为项目提供支撑。

4. 反复探索，构建真知

在交互式实验中，学生可反复探索实验各环节、各参数对实际探测的影响，总结规律，综合数据，评估方案，实现对电磁知识的大幅拓展和内化构建，提升研究能力。

5. 精选题材，精神感召

本实验选题，借助于我国科学家突破“卡脖子”技术的科研实践案例，润物无声地构建理工科学生“精工报国”的价值观。

6. 人机结合，科学评价

本项目采取过程性自动评价和结果性教师评价结合的方式，兼顾评价的效率、公平和全面性。

（二）课程的教学改革创新点

1. 实现电磁教学重构

本课程作为重要综合性电磁应用实验，重构了电磁教学结构，对传统偏于理论的电磁教学作了有力的实践环节训练补充。

2. 探究打造高阶学习

学生可反复探索实验方案、总结规律、综合数据、评估方案，实现高阶学习，提升研究能力。

3. 科研保障数据来源

课程以团队的高保真科研数据为支撑，保障数据的高度还原性。

4. 杰出校友精神感召

课程以北京理工大学杰出校友王小谟院士为我国自主研发的预警机为背景，润物无声地构建理工科学生“精工报国”的价值观。

（撰稿人：宋巍；审核人：薛正辉）

中央民族大学国家级一流课程建设案例

延安文艺情境实践虚拟仿真实验

一、课程基本信息

课程名称	延安文艺情境实践虚拟仿真实验
课程负责人	杨天舒
开课单位	中央民族大学文学院
课程类别	虚拟仿真实验教学一流课程
课程性质	必修
开课年级	本科一年级
面向专业	汉语言文学
学　　时	72
学　　分	4
主要教材	《中国现代文学史 1915—2016（上）》

二、课程团队

“延安文艺情境实践虚拟仿真实验”与文学院汉语言文学专业必修课“中国现代文学史”同步开设，课程负责人及教学团队共 5 位教师自 2019 年 9 月至今承担 4 个年级共 11 个教学班“中国现代文学史”及本实验课程教学任务。

团队成员主讲课程“中国现代文学史”2015 年获批中央民族大学精品课程，2019 年获批中央民族大学一流课程，2020 年获中央民族大学课程思政教学设计一等奖，2021 年获批第一批国家级课程思政示范课。同年，教学团队获评教育部课程思政教学团队和教学名师 5 人。近年来承担“问题意识培养与文学专业课程考试考核改革”等校级教学改革项目，发表《中文学科虚拟仿真实验教学改革的探索》《赓续红色基因 创新思政教育模式》等教学研究论文多篇。

三、课程目标

中央民族大学是国家双一流建设高校，汉语言文学专业是国家级一流本科专业建设点。结合学校服务于国家战略和民族团结进步事业、培养高水平人才的办学定位，本实验课程教学目标如下。

知识目标：掌握《在延安文艺座谈会上的讲话》等文艺理论和延安人文地理、木刻、摄影、音乐、文学作品等相关知识点，掌握创作信天游的文体知识。

能力目标：提高探究式自主学习能力和跨学科综合实践能力，提高对延安文艺理论与文艺实践、民族团结事业的理解和阐释能力，初步掌握信天游创作的能力。

素养目标：通过各族人民在延安共同参加革命的史料辨识与宣传布展，铸牢中华民族共同体意识；通过体验内化为情感结构中的“延安经验”，牢记革命初心，升华理想信念。

四、课程建设及应用情况

（一）课程建设与发展历程

延安文艺情境实践虚拟仿真实验由文学院中国现当代文学创新教学团队于 2019 年开发建设，主要分为“适应延安学员生活—获得学员奖章”“文艺理论学习与文艺实践—获得文艺工作者奖章”“解救白毛女基层工作实践—获得基层工作者奖章”三个实验阶段，共 17 个交互实验步骤。2019 年 9 月，实验在校内上线运行，与文学院汉语言文学专业必修课“中国现代文学史”同步开设，共计 6 个实验学时，获得良好教学效果。

教学团队根据教学反馈，对实验项目进一步完善，并于 2021 年 5 月上线国家虚拟仿真实验课程共享平台（www.ilab-x.com）。课程在国家共享平台上线 2 年，浏览量近 2 万人次，总计实验数量 2 213 人次。2023 年 5 月，获批国家级一流课程。

（二）课程解决的重点问题

“延安文艺”是汉语言文学专业必修课“中国现代文学史”课程的重要教学内容，其教学难点，一是《在延安文艺座谈会上的讲话》以及大量群众性文艺运动、文学实践等内容，涵盖文学、历史学、艺术学、社会学、人文地理学等多个学科方向，不适于一般文学经典的文本细读教学法，也不易建立起整体性的知识框架；二是学生对政治、革命与文学之间关系的理解容易流于概念化和表面化，难以跨越时空界限获得关于中国革命文艺的“内在经验”。传统课堂教学、讨论课和博物馆式的参观体验，都不能很好解决这些问题。

本实验课程即针对这一教学难点进行设计，抓住深入理解延安文艺并将其内化于情感结构中的关键环节，将分散、抽象的理论与跨学科知识要点具象化、情境化、逻辑化，通过情境化的学习和实验操作，模拟延安革命青年的学习和成长过程，凸显虚拟仿真实验的优势，解决实验要素繁多、历史情境不可逆、情感迁移困难等教学难题。

（三）课程教学内容及组织实施

本实验课程利用仿真技术虚拟了 20 世纪 40 年代青年们在延安适应环境、理论学习、文艺实践与革命人格养成的真实过程，融入延安文艺的 17 个重要教学知识点和相关前沿研究成果的自由探究环节，实现不同难度和挑战度的教学，完成延安文艺理论与文艺实践的综合性学习与训练。

本课程的具体教学过程为：

1. 课前预习。布置包括教材、阅读文献、慕课、微课等延安文艺的相关理论与文学史知识的自主学习，以及本课程的实验指导书、操作步骤、注意事项等。

2. 课上引导。教师在课堂上针对性地讲解相关文学史知识和本实验的重点难点，提示学生带着问题进入实验环节，启发其自主探究意识。

3. 探究学习。教师指导学生进行实验，学生依次完成学习任务和交互实验步骤，教师在此过程中只做必要的操作提示和技术答疑，不干涉学生的自主探究活动。

4. 成绩评定。实验结束后，学生自动获得实验报告，详细了解每个实验步骤的客观成绩。以此为基础，教师在课堂上进行实验总结。第一，由学生进行个人总结，教师重点在引导学生思考自己在实验过程中主要收获了哪些知识、之前的问题是否解决、是否又发现了新的问题、对哪些内容还想获得进一步的深入了解等等；第二，由学生展示和朗诵创作的信天游并进行互评，由学生展示写作的民族团结宣传稿并交流实践心得，由教师有针对性地加以讲评，并结合学生互评、朗诵等情况进行主观题评分。实验成绩在“中国现代文学史”课程总成绩中占比 20%（其中主观题占 30%+客观题占 70%）。

（四）课程评价及成效

课程在国家共享平台上线 2 年，实际服务 2 213 人次，完成率 85%，优秀率约 50%，达标率约 30%，不达标率约 20%，人均用时约 45 分钟，是汉语言文学专业类虚拟仿真实验中服务人数较多、实验数据有效、评价反馈较好的课程。

在课程建设和运行过程中，教学团队成员多次参加虚拟仿真实验相关教学研讨会，学习、共享实验教学与实验设计经验，发表相关教学研究论文 2 篇，将实验线下推广至 3 所高校的汉语言文学等专业供学生使用，获得专业同行和校内外师生的较高评价。

五、课程特色与创新

（一）课程设计：课程教学与 VR 叙事相结合

本实验以一名当代大学生穿越到抗战时期，在延安进行文艺学习与实践的经历为情节线索，将延安文艺知识学习和 17 个实验步骤植入虚拟叙事模型中，将相对枯燥的“文艺理论与文艺运动”转化为情境化的学习探究，并复现延安革命青年人格养成的全过程，有效解决专业学习、能力训练的问题和人格培养的深层问题，达到较高思政目标，体现人文学科实验特色。

（二）教学方法：新文科背景下的沉浸感、交互式学习

本实验将中文专业教育、现代信息技术与课程思政元素相融合，采用线下与线上结合的方式，突破固定时空和有限教学资源的限制，体现了新文科背景下具有沉浸感、交互性与实践性的中文教育创新模式，一站式完成专业知识学习、实践能力提高、思想信念熔铸、创新素质训练多方面的教学任务。

（三）评价体系：非标准化实验评价探索

本实验在相应非标准化实验环节中，系统根据不同操作，给予不同结果反馈。例如，对如何使用学员津贴的不同选择，发放不同的学员奖章；对如何惩办黄世仁的不同做法，获得代表不同基层工作经验的金质、银质、铜质“基层工作者奖章”。以人格养成和高阶闯关等环节的非标准化设置，实现多次实验不同结果的非标准化和个性化评价。

（撰稿人：杨天舒；审核人：冯金朝）

北京工业大学国家级一流课程建设案例

工业互联网漏洞攻防虚拟仿真实验

一、课程基本信息

课程名称	工业互联网漏洞攻防虚拟仿真实验
课程负责人	杨震、蒋宗礼、涂山山、刘静、庄俊玺
开课单位	北京工业大学信息学部
课程类别	虚拟仿真实验教学一流课程
课程性质	选修
开课年级	本科三年级
面向专业	信息安全
学　　时	32
学　　分	2
主要教材	《计算机病毒与防范技术（第 2 版）》《工业控制系统信息安全》

二、课程团队

课程教学团队经过多年不懈地探索、创新、完善、提升，打造出一支水平一流、教学经验丰富的教学队伍。课程教学团队由杨震教授担任带头人，成员还包括蒋宗礼、涂山山、刘静、庄俊玺、李童、陈渝文、于海阳等多位优秀教师。团队成员涵盖了国家级教学名师、长期从事一线教学的老师、互联网头部企业的一线工程师等不同背景和领域的专家，构建了面向网络空间安全人才培养以实为基、虚实结合的教研联合体。教研联合体利用网络平台组成跨地域、跨时空、跨领域的教研团队，突破传统教学理念范畴，拓展现有教学方法边界，构建新型教与学生态系统，营造教师发展共同体，助推学科交叉和网络空间安全实践创新人才培养。

三、课程目标

面向国家网络空间安全战略需求，以实践教学为突破口，培养具有专业胜任能力和社会适应能力的创新型网络安全人才为目标。针对国家关键信息基础设施的工业互联网安全场景，课程遵循“虚实结合、以虚补实”的原则，以建立工业互联网安全实践教学平台为纽带，实施教学资源的整合和优化，实现教学技术的提升和教学内涵的延拓。利用 3D 建模、动画、人机交互等技术，通过虚拟仿真技术模拟真实工业环境的网络、主机、流量和威胁，旨在解决现实中工业行业所面临的网络安全问题，从而增强学生解决工业互联网中存在的复杂网络安全工程问题的能力。

四、课程建设及应用情况

习近平总书记曾多次强调网络安全的重要性，明确指出，没有网络安全就没有国家安全，就没有经济社会稳定运行，广大人民群众利益也难以得到保障。特别是工业互联网作为新一代信息技术与工业经济深度融合的产物，面临着更加复杂的网络安全威胁，为网络安全带来了新的挑战和机遇。为此，培养建立一支规模宏大、结构优化、素质优良的网络安全人才队伍，成了维护国家网络安全、建设网络强国的核心需求。课程组面向国家网络空间安全战略需求，依托信息安全国家级一流专业，以实践教学为突破口，针对“网络攻击与防护”“网络安全综合课程设计”“移动互联网应用安全”等系列课程的门槛高、入门难问题，建设虚拟仿真实验平台。平台按照“虚实结合、以虚补实”的原则，面向国家关键信息基础设施中的工业互联网安全场景，采用 3D 建模、动画、人机交互等技术，模拟真实工业环境的网络、主机、流量和威胁，建设安全仿真和集成系统。将深奥而难以可视化的攻击和防御过程以图形和应用场景直观呈现，解决了实际实验难以组织实施、大批量学生同时实验无法承受的难题。有效地拓展了实验内容的深度和广度，降低了学习难度，实践了“学生中心、问题导向、学科融合、创新实践”的实验教学理念，提高实验教学质量。

首先，构建面向网络空间安全人才培养的以实为基，虚实结合的教研联合体，实现教学和科研相互促进的良性循环，实现产学研深度融合。针对产学研深度融合的教研联合体建设“易虚难实”的困难，依托智能感知与自主控制教育部工程研究中心，联合百度在线网络技术（北京）有限责任公司、小米科技有限责任公司、绿盟科技、中国电子技术标准化研究院等国家级科技创新和实践平台，实现教学和科研相互促进的良性循环，促进产学研深度融合，构建面向网络空间安全人才培养教研联合体。一方面，教研联合体可以通过各实体原有机制进行人才培养，例如，通过小米工作坊、百度松果人才培养菁英班已为我校培养了多期学员。另一方面，为了收到 $1+1>2$ 的效果，形成了“服务平台共享模式”的产学研深度融合模式。依托我校优势学科资源，以虚拟仿真实践平台等为代表的一大批公共服务平台为纽带，形成“高校（人才培养）⇄公共服务平台⇄企业（资源共享）”双向奔赴的产学研融合模式。在这种模式下，学校以较强的科研技术能力、先进的技术设备、高素质人才队伍吸引企事业单位参与合作；企事业单位以较高的行业影响力、丰富的技术经验、真实的市场需求吸引高校参与合作。通过同时满足高校人才培养与企业资源共享需求，实现各方深度绑定，实现教学和科研相互促进的良性循环，促进产学研深度融合。

其次，建设面向国家关键信息基础设施的虚拟仿真实验平台，实现“虚实结合、以虚补实”，避免实践教学内容建设与实际脱节。针对安全实验对实际系统的破坏性，构建实际环境的“高成本”“高难度”，没有“相应的场景”又无法“感受”、无法学到位导致效果不显的现实。建设虚拟仿真实验平台，按照“虚实结合、以虚补实”的原则，面向国家关键信息基础设施中的工业互联网安全场景，采用3D建模、动画、人机交互等技术，模拟真实工业环境的网络、主机、流量和威胁，极大降低了学习难度，实践了“学生中心、问题导向、学科融合、创新实践”的实验教学理念，提高实验教学质量。平台通过虚拟仿真技术模拟真实工业环境的网络、主机、流量和威胁，建设安全仿真和集成系统。这些基础设施是经济社会运行的神经中枢，是网络安全的重中之重，也是可能遭到重点攻击的目标。一旦被攻击就可能导致经济紊乱、重点制造业生产中断等问题，具有很大的破坏性和杀伤力。项目针对工业制造业的关键信息基础设施进行攻击和防御实验，将深奥而难以可视化的攻击和防御过程以图形和应用场景直观呈现，极具可观性和吸引力。解决了实装实验难以组织实施，也无法承受大批量的学生同时实验的难题。有效地拓展了实验内容的深度和广度，提升了工业互联网部分的学习效果，凸显了虚拟仿真实验的优势。既能培养学生解决复杂工程问题能力，又不会对真实场景造成安全隐患。

最后，注意科教融汇突出实践教学平台的先进性，将国际最新研究成果融入课程教学和实践平台建设中。注重将团队科研成果融入课程教学和实践平台构建中，使得平台的学术性和创新性十分突出。在教材编写、课程教学、平台建设中，将教学团队的最新科研成果融入教学系统中，特别是将申请团队主编研制的系列国际/国家标准《网络空间安全－工业互联网平台安全参考模型（ISO/IEC 24392）》《信息安全技术 物联网数据传输安全技术要求（GB/T 37025—2018）》融入了工业互联网安全协议实验，让学生编写该协议中的部分核心代码，促进学生掌握协议工作原理，让学生零时差接触国际最新研究成果，突出实践教学平台的先进性，将国际最新研究成果融入课程教学和实践平台建设中。

五、课程特色与创新

以面向国家关键信息基础设施的工业互联网安全场景为关键抓手，按照“虚实结合、以虚补实”的原则，以建立工业互联网安全实践教学平台为纽带，实施网络空间安全教学资源的整合和优化，实现教学技术的提升和教学内涵的延拓。

首先，针对产学研深度融合的虚拟教研联合体建设“易虚难实”的困难，联合互联网头部企业等国家级科技创新和实践平台，实现教学和科研相互促进的良性循环，促进产学研深度融合，构建面向网络空间安全人才培养虚拟教研联合体。通过同时满足高校人才培养与企业资源的共享需求，实现各方深度绑定，实现教学和科研相互促进的良性循环，促进产学研深度融合。

其次，针对实践教学内容建设易与实际脱节而导致效果不显的现实，建设虚拟仿真实验平台，按照“虚实结合、以虚补实”的原则，针对国家关键信息基础设施中的工业互联网安全场景，使用三维建模和可视化、虚拟现实技术、现场仿真技术等技术，来模拟真实的工业环境，包括网络、主机、流量和威胁等。这样可以更好地了解工业互联网安全场景，从而更好地保障工业互联网安全。极大降低了学习难度，实践了“学生中心、问题导向、学科融合、创新实践”的实验教学理念，提高实验教学质量。

最后，注重将团队科研成果融入课程教学和实践平台构建中，突出课程的学术性和创新性。在教材编写、课程教学、平台建设中，将教学团队的最新科研成果，包括国际、国家标准、科研论文、原型系统融入教学系统中，让学生零时差接触国际最新研究成果，突出实践教学平台的先进性，将国际最新研究成果融入课程教学和实践平台建设中。

（撰稿人：杨震；审核人：张利国）

北京印刷学院国家级一流课程建设案例

平版胶印工艺虚拟仿真实验

一、课程基本信息

课程名称	平版胶印工艺虚拟仿真实验
课程负责人	杨永刚
开课单位	北京印刷学院印刷与包装工程学院
课程类别	虚拟仿真实验教学一流课程
课程性质	必修
开课年级	本科三年级
面向专业	印刷工程、包装工程、信息安全、机械工程、物流工程、智能科学与技术
学　　时	72
学　　分	2.5
主要教材	《印刷综合实训教程》《印刷工程专业实验指导书》

二、课程团队

（一）团队近 5 年来承担该实验教学任务情况

团队主要成员自 2019 年秋季学期以来，分别承担“印刷专业实习”“包装印刷技能实习”“印刷工艺实习”等课程及其包含的“平版胶印工艺虚拟仿真实验”教学任务，开展了 8 轮次虚拟仿真实验课程，共有 6 个专业共计 1 300 余名本科生参与。

（二）团队教学研究与奖励

负责人主持 2022 年教育部产学合作协同育人项目 1 项，主持和主要参与 2019 年、2020 年北京高等教育“本科教学改革创新项目”，发表教学改革与研究类论文 23 篇。负责人获得校级 2019 年青年教学名师奖、2020 年本科教学工作审核评估先进个人、2021 年本科教学优质课堂奖；团队成员共同获评校级 2020 年优秀本科育人团队、2016 年第五届教学成果特等奖、2021 年第八届教学成果一等奖、2023 年优秀本科育人团队。

三、课程目标

（一）知识水平目标

3D 虚拟仿真印刷系统提供了材料准备、参数设置、上版操作、墨量调整、正式印刷等全套印刷操作训练模块，可有效提升学生对印刷生产全工艺的系统掌握与融会贯通，再结合在真实印刷机上的实践教学活动，提高学生对胶印润湿、水墨平衡、胶印压力、油墨转移、叠印及套准等原理性专业知识的认知度。

（二）能力水平目标

通过虚拟环境下的工单阅读及参数设置，使学生掌握如何根据订单要求进行材料选择、工艺设计、印刷压力调节等工艺问题，并对专业理论知识有更直观的理解和认识；通过墨量设置模块多套印版的练习，更牢固地掌握颜色复制方法、水墨平衡与四色叠印控制等关键环节，提升学生独立分析与解决复杂工程问题的能力，以及综合实践能力。

四、课程建设及应用情况

（一）本课程的建设发展历程

在 2005 年修订版培养方案中，首次开设集中实践环节必修课程：“印刷专业实习”“包装印刷技能实习”“印刷工艺实习”。2017 年，依托中央财政支持地方高校发展专项经费资助，团队开始设计开发“平版胶印工艺虚拟仿真实验”，并于 2019 年 9 月在校内上线测试，首次服务于 2017 级印刷工程全体学生。2020 年 1 月，因新冠疫情影响，该虚拟仿真课程利用远端接口登录的方式，使学生居家线上完成了实践课程学习任务。疫情后，这三门课程实习大纲明确规定，课程内容由平版胶印虚拟仿真实验、实习工厂分模块训练等两大部分组成，较好地体现出实践课程理论联系实际、虚实结合的特征。

（二）课程与教学改革要解决的重点问题

1. 学校实习工厂（工程训练中心）只有一台海德堡四色胶印机，实习设备匮乏，学生能动手操作训练的机会较少；

2. 真实印刷机开机需要消耗大量印刷耗材和人力、电力等资源，运行成本较高；

3. 胶印机操作复杂，对机台人员的技术性、熟练度和安全意识要求较高，不熟练的操作易造成设备精度下降甚至损坏，维修成本增加。

（三）课程内容与资源建设及应用情况

平版胶印虚拟仿真实验课程包含 17 个理论与工程训练模块，还开发出书刊装订虚拟仿真系统，与平版胶印工艺系统实现了有机衔接，学生能较好地掌握胶印品全流程生产过程与关键环节。目前，团队主导的“柔印工艺虚拟仿真实验”也已完成开发任务的 80%，还有考试模块亟待完善，有望在下学期期末鉴定后用于实习课线上测试。

该虚拟仿真课程自 2019 年上线后，已支持从 2017 级～2022 级 6 个年级不同专业共 1 300 余名本科生在线上完成了实习课程，充分激发了学生们的学习兴趣，其参与专业学习的热情得到提高。老师们在虚拟仿真与实操训练相结合的课程教学中，把加强专业发展前沿、新技术应用、科技自立自强等知识和理念传达给学生，让学生们感受到现代科技在专业课教学中的应用，感受到“乐学”的魅力，强化了学生对专业的热爱与投入，将课程思政元素潜移默化地融入其中。

（四）课程教学内容及组织实施情况

该虚拟仿真课程的教学内容包括 8 个理论课知识点和 9 个工程训练知识点。理论课知识点为润湿、油墨转移、印刷压力、水墨平衡、套准控制、色序与叠印、颜色分解与合成、数字化工作流程；工程训练知识点为安全检查、参数设置、打孔和弯版、墨量调节、装卸印版、走纸、套准的调节、正式印刷、洗车与关机等。然后依据“课程自主学习→学习模式学习→考核模式考核→考核结果分析”流程来组织实施实验教学过程。

（五）课程成绩评定方式

实习课程由平版胶印虚拟仿真实验、实习工厂分模块训练等两部分组成，包括了虚拟仿真成绩（40%）、工厂实习成绩（40%）、报告成绩（20%），虚拟仿真成绩由系统给出，报告成绩由指导教师评定，实习成绩由工厂相关负责人根据学生平时训练、日志记录、上机实操等主要环节来综合评定。

（六）课程评价及改革成效

北京印刷学院印刷工程专业是教育部“卓越工程师教育培养计划”试点专业、“双万计划”国家级一流本科专业、工程教育认证专业。专业教学改革与课程建设项目在全国兄弟高校同类专业中具有示范引领和推广价值。本虚拟仿真实验课程在开发测试与优化完善的过程中，受到校内外师生及教指委或同行专家的高度认可，他们认为实验系统通过虚拟和实操相结合的学习方式，使学生（包括企业的学员）能快速掌握胶印生产流程与加工要领以及胶印质量控制方法。系统具有良好的开放共享性，可达到随时随地、百人并发地访问与训练的目的，强化了系统的广泛使用与交流性。自从采用虚拟仿真系统以来，模块化训练与闯关式考核极大地调动了学生参与实习课程的积极主动性，学习效果显著增强。课程团队推行“以学生为中心”的因材施教模式，结合不同的学生，设置安排个性化的学习任务和考核目标，提高了学生的自主学习能力，实现了个体分类成长。

五、课程特色与创新

（一）本课程的特色

1. 实验设计

通过三维仿真技术，本实验系统在 360 度全景拍摄的基础上创建了真实的平版胶印印刷车间的虚拟场景，再现了海德堡四色胶印机生产操作全过程。还设置了多个交互环节，通过设置不同参数，让学生看到印刷后的不同效果，即“所见即所得”。学生学习本课程，不仅对胶印工艺的过程有全面的了解和掌握，而且还能较熟练地掌握操作平版胶印机的要领。

2. 教学方法

实验系统以学生为中心，让学生直观感受印刷车间场景并掌握印刷机的结构与工作特点，启发学生创新意识，培养学生发现和解决问题的能力，调动学生学习积极性。实验系统还设置了学习模式和考核模式，学生上机前先根据学习模式中的操作提醒，自行完成印刷机参数设置和基本操作练习，再通过考核模式进行分模块化考试。每个模块都设置有多套不同的目标印件任务，充分挖掘学生的创造潜能，引导学生解决实际问题，激发学生对专业学习的兴趣。

（二）教学改革创新点

实验系统对所有学生训练全过程进行记录，并能够随时进行实验指导，还对考核完成情况有公正的评价标准。平台建有完善的反馈机制，对参加实验的学生有各方面的建议、评价与反馈信息，并进行全面系统地统计分析，为指导教师改进实验提供参考，从而提高教学质量。

（撰稿人：杨永刚；审核人：李桐）

北京石油化工学院国家级一流课程建设案例

SBS 聚合工艺虚拟仿真实践教学

一、课程基本信息

课程名称	SBS 聚合工艺虚拟仿真实践教学
课程负责人	戴玉华
开课单位	北京石油化工学院 新材料与化工学院
课程类别	虚拟仿真实验教学一流课程
课程性质	必修
开课年级	本科三年级、四年级
面向专业	高分子材料与工程
学　　时	96
学　　分	4
主要教材	自编讲义

二、课程团队

近五年来，团队成员每年秋季学期承担该实践项目，带领大三、大四年级高分子专业的学生进行实验教学、实习教学和仿真操作。

开展教学研究及获奖情况：

课程负责人带领教学团队一直积极参与并进行高分子材料与工程专业的教育教学改革。通过卓越计划、工程教育专业认证、新工科等项目，加强高分子专业的建设工作。团队成员主持市级教改项目 2 项，校级 8 项，发表教改论文 15 篇。团队获北京市高等学校教育教学成果一等奖 2 项、二等奖 1 项，获中国石油和化工联合会教育教学成果二等奖、三等奖各 1 项。高分子专业两次通过国家工程教育专业认证，成功入选首批国家级一流本科专业建设点。“聚合物制备工程”获评北京市优质课程（重点）、课程思政示范课程。

三、课程目标

根据学校高素质应用型人才培养目标，结合社会需求和学生发展需求，专业聚焦培养高分子材料的设计、制备、成型加工及应用等方面的人才。本课程的课程目标主要支撑问题分析、设计方案、使用现代工具及工程与社会等毕业要求，具体如下：

1. 熟悉 SBS 三嵌段共聚物生产工艺过程，掌握 SBS 生产工艺原理。

2. 了解 SBS 生产工艺仿真系统，掌握温度、压力、流量、液位等操作参数的调节方法。

3. 内外操人员配合，熟练进行原料准备、SBS 聚合工序、浓缩工序操作，培养学生动手操作能力、解决复杂工程问题能力及团队合作能力。

4. 熟悉化工生产过程突发情况预警机制及紧急刹车操作，培养学生应对突发情况处置能力及安全生产意识，提高工程素养。

四、课程建设及应用情况

（一）建设发展历程

本项目支持专业实习、聚合物制备工程、高分子化学等专业核心必修课的建设，是以上课程的主要内容之一。高分子化学中强调聚合反应基本原理的学习，聚合制备工程中着重对 SBS 工艺的介绍，以仿真流程加强对工艺的理解；在专业实习中，在现场参观学习的同时进行仿真操作。其中，聚合物制备工程在整个专业课程体系中具有承前启后的作用。它进一步延续高分子化学理论知识，融入更多的生产工艺，更贴近工厂生产实际情况，真正做到理论联系实际。另一方面，它又为学生生产实习、聚合物合成工艺设计等课程打下了坚实基础。该课程历史可追溯至我校建校时期。我校高分子专业始于 1978 年建校时的化学工程高分子专门化，本课程的前身“高分子合成工艺学”在当时就已开设。

（二）课程与教学改革要解决的重点问题

实习实训是高分子材料与工程专业人才培养的重要环节，是培养学生工程实践能力和解决复杂工程问题能力的重要过程。但聚合物的生产制备为化工类行业，生产环境涉及高温高压、易燃易爆，具有生产周期长、容错率低的特点，大多相关企业对接受学生进厂实习积极性不高。且即使学生进入工厂，实习过程也仅限于安全线外的参观，由工程师进行简单讲解，内容较单一且无实操过程，实习效果与预期目标差别较大。针对以上问题，北京石油化工学院高分子专业以 SBS 的实际生产工艺为蓝本，通过虚拟仿真技术，构建、开发了智能仿真工厂，以提高实习效果。

（三）课程内容与资源建设及应用情况

SBS 聚合属于无链转移、无终止的阴离子活性聚合，其特点包括：聚合物的分子量随反应时间的延长呈线性增长，直至单体完全转化，聚合物链一直保持着活性；所得聚合物的分子量分布约为 1。针对以上原理，本仿真项目包含 9 个知识点，分别为：① 活化剂系统；② 引发剂系统；③ 偶联剂系统；④ 防老剂系统；⑤ 溶剂系统；⑥ 聚合系统；⑦ 浓缩系统；⑧ 填充油系统；⑨ 撤热水系统。

同时项目设计了四大模块，分别为安全知识模块、SBS 3D 仿真模块、SBS VR 系统模块和化工基本知识模块。即除 SBS 系统相关内容外，还涉及化工安全生产基本知识内容及化工操作基本知识，便于学生对 SBS 化工生产进行全面了解。

（四）课程教学内容及组织实施情况

教学过程中通过理论学习、分布演练、实操练习、考核测试等组织学生进行学习。

1. 实验理论学习，夯实基础

首先对阴离子聚合原理进行学习，教师授课，学习理解阴离子聚合的快引发、慢增长、无终止的聚合特点，理解阴离子聚合聚合度和聚合速率的影响因素。理解阴离子聚合过程中加入的四氢呋喃的作用。通过理论课的学习，为下一步的实验操作奠定基础。

2. 实验分步骤详解，分步演练

该 3D 虚拟仿真软件分成 9 个系统，针对每个系统，教师带领学生在机房进行分步操作，引导学生分析每个步骤可能出现的故障以及提出解决方法。掌握温度、压力、流量、液位等操作参数的调节方法，理解反应各参数对产物的影响。

3. 学生实操练习，考核测试

学生分团队进行实操练习，包括内操外操岗位，团队配合进行演练，演练阶段完成之后，进行一次完整的计量开车操作，记录成绩。

（五）课程成绩评定方式

本项目构建了基于目标导向的过程考核体系，主要包括工况练习、工况开车、问题解决方案和题库考核四部分。

工况练习以学生平时流程学习和练习的记录作为评价依据，占比 10%；工况开车以学生在规定时间内的开车情况作为评价依据，占比 50%；问题解决方案以学生的答辩情况为评价依据，占比 30%；题库考核包括工艺、安全、设备、控制等方面的知识点，占比 10%。

（六）课程评价及改革成效

本项目自 2019 年 7 月上线以来，已为 500 多校内外学生服务，得到了学生的好评。项目建设有利于支撑高分子材料与工程专业对学生工程实践能力的培养。北京化工大学材料科学与工程学院的同行也给予了肯定评价。

五、课程特色与创新

该课程秉持以学生为中心的教学理念，采用课内外学习相结合的教学方法，以虚补实、以虚拓实，主要有以下三个特点：

1. 课上课下相结合，充分调动学生的自主学习意识，培养学生的自主学习能力。在该仿真工艺中，对每个知识点、操作都设有学习讲解视频，更多时间由学生自主掌握与安排。学生可按学习的总目标和时间要求，按自己的学习习惯，自主设计学习进程，特别是在线的课后学习将更为灵活。

2. 问题导向学习，培养学生解决工程实际问题的能力。在该工艺的学习过程中，学生除需要打通 SBS 工艺从进料到聚合的工序外，还要对一些工厂生产中可能出现的问题进行分组讨论，并提出解决方案，并通过答辩的方式来讲解自己的解决方案，培养学生的创新能力和解决实际工程问题的能力。

3. 全流程设计，培养了学生的大工程观和团队协作能力。该仿真工艺既包含聚合、终止两大主要工序，也包含引发剂、活化剂、溶剂、偶联剂等原料的准备工序，使学生全面了解以聚合为中心的上下游工况，建立系统性思维和大工程观。

（撰稿人：戴玉华；审核人：王腾）

北京信息科技大学国家级一流课程建设案例

光刻工艺虚拟仿真实验

一、课程基本信息

课程名称	光刻工艺虚拟仿真实验
课程负责人	董明利
开课单位	北京信息科技大学
课程类别	虚拟仿真实验教学一流课程
课程性质	必修
开课年级	本科四年级
面向专业	测控技术及仪器、智能感知工程
学　　时	4
学　　分	虚仿实验为课内实验环节，不单独设学分
主要教材	《微纳米加工技术及其应用（第四版）》

二、课程团队

项目负责人董明利教授为“测控技术与仪器专业”优秀教学团队带头人、北京市属高校首批一流专业负责人。近 5 年来，主持教育部仪器类教学指导委员会新工科项目、北京市高等学校教育教学改革项目等多项教改项目，获得北京市高等教育教学成果奖一等奖 1 项（排名 1），中国仪器仪表学会高等教育教学成果奖一等奖 3 项（排名 1、3、5），北京信息科技大学教学成果奖 1 等奖 1 项（排名 1），获北京高校优秀共产党员称号。主持及作为主要完成人承担国家自然科学基金、国家 863 重大课题、国家重大科学仪器设备开发专项等国家级和省部级项目 20 余项，获国家科技进步二等奖 1 项、北京市科学技术二等奖 1 项。

项目负责人及团队面向国家与北京市发展战略需要，在组织申报并获批新增仪器类“智能感知工程”专业的基础上，主导建设了以本项目为代表的一系列优质教学资源。

三、课程目标

以服务国家和北京市人才战略为导向，着力培养具有较强实践能力、创新意识与国际化意识的高素质应用型创新人才。光刻工艺是制备先进传感器、精密光电子器件的基础工艺。为培养能够应用光刻工艺开展器件设计、研发、生产的人才，开展了本课程的建设。

通过本虚拟仿真实验课程的学习，学生将达到如下目标：

1. 能够理解并解释光刻工艺的加工原理和基本流程；
2. 能够按照设计需求，合理设计光刻工艺方案和关键参数；
3. 能够在超净间使用光刻机、匀胶机、热板等主要实验设备开展实验；
4. 针对工艺中出现的问题，能够分析可能的原因，并设计实验进行研究，优化工艺参数；
5. 通过实验培养严谨的科学精神，提升安全、环保意识，树立科技报国之志。

四、课程建设及应用情况

（一）课程建设发展历程

本实验项目于2018年在项目负责人的策划和设计下开始建设，2019年首次投入使用，团队主要成员依托专业核心课程、本科生开放性实验等教学环节，开展了多轮教学探索。依据各轮次实验教学的效果及学生的反馈，团队持续改进实验软件，特别是在虚拟仿真实验创新联盟发布《虚拟仿真实验教学课程建设与共享应用规范》后，课程团队对考核环节进行了深入思考，优化了赋分模型，进一步提高了实验的挑战度。2021年，光刻虚拟仿真实验在国家级虚拟仿真实验共享平台“实验空间”上线，2023年，课程获批第二批国家级一流本科课程。

（二）课程拟解决的重点问题

在本科阶段开展光刻工艺的实际实践教学存在以下瓶颈：

第一，实验设备价格高昂，台套数少。

接触式光刻机价格通常在几十万元至几百万元，台套数难以满足实验需要。除了设备本身成本较高外，耗材成本同样较高且种类复杂，难以面向所有本科生开展实操实验。

第二，实验环境要求高，存在安全风险。

光刻工艺通常要求在百级超净间中进行，即使有资源安排学生开展实操实验，大量学生带来的灰尘和扰动可能会对实验室的超净环境带来一定的负面影响。微纳加工实验室通常有氯气等有毒工艺气体和挥发性溶剂，实验教学存在一定的安全风险。

第三，实验操作步骤多，耗时长。

光刻基本工艺流程耗时较长（进入超净间2小时以上），且实验环节中存在较多等待时间（如软烘过程）。

（三）课程内容与资源建设情况

课程团队开发了基于 VR 设备和 PC 的两套软件，由基础到高阶的四个教学环节，通过新手教学、光刻工艺概述微课教学导入、参与光刻工艺的虚拟仿真实验操作、在考核模式下进行实操考核等步骤，保证学生学习目标的达成。

光刻的主要步骤包括：涂胶、软烘、对准、曝光、后烘、显影、坚膜、检查。关键工艺参数包括涂胶转速、软烘时间、曝光时间、显影时间等十余个。为了促进教学目标达成，采用任务驱动型的教学模式，在实验初期即给出已有的掩膜版参数和光刻工艺的具体需求，引导学生根据工艺需求和光刻胶说明书，逐步开展关键参数的设计计算，进而操作虚拟设备开展光刻实验。

考核模式含 15 个考核点，完成考核后，虚拟仿真实验项目软件可以自动根据学生实际操作给出加工结果，告知学生实验结果是否满足加工需求，并给出该学生采取工艺参数下的光刻胶结构效果图。

（四）课程应用情况

课程目前已在“实验空间”向全社会开放使用。同时，课程也作为研究生 SUSS 接触式光刻机的基本培训教程使用，极大地提升了光刻机培训的效率。实验首次通过率约为 60%～70%，说明实验设计具有一定的挑战度，符合金课“两性一度”的标准。利用实验评价报告，教学团队分析了学生实验教学目标的达成情况，使用虚拟仿真实验项目的达成情况明显优于传统理论教学方法。对于部分得分率低于教师预期的考核环节，可通过改进课堂教学方法等手段有针对性地开展持续改进。

（五）课程成绩评定方式

课程团队建立了光刻胶工艺参数与加工结果的关系模型，设计了单值、多值、函数等多种达成度赋分模型。学生改变光刻胶类型、掩膜版设计、匀胶速度、软烘温度和时间、曝光时间、显影时间等参数，均会导致得出不同的实验结果，保证了仿真实验结果的准确性。考核环节中依据学生的实际操作和输入参数，按照依据光刻工艺原理设计的赋分模型，进行量化考核评价。

成绩由系统自动评定，并生成报告总结学生各工艺环节的得分、失分情况。实验项目扩展了单纯笔试的传统考核方式，以实操考核、工艺方案设计考核为主，以习题考核为辅，重点考查学生的实验操作能力、方案设计能力、分析问题能力、研究能力，也考察学生在公共安全、环境保护、社会责任方面的工程素养。

五、课程特色与创新

针对光刻工艺教学实验中设备成本高、环境要求高、实验时间长的痛点，本课程借助虚拟仿真技术，使学生能够近乎真实地在超净间操作光刻机等高端设备，开展光刻加工实验。课程打破了传统演示参观等粗浅的体验方式，解决了在光刻实验教学时学生无法身临其境的难题，实现了由集体观摩到自主操作的转变。

课程紧密结合智能传感器、集成电路及相关行业发展需求，以学科科研成果反哺本科教学，以满足仪器科学与技术学科在微纳传感器件领域迫切的人才培养需求。

实验教学采用了任务驱动法、问题探究法和自主学习法，促进教学目标的达成。结合BOPPPS 教学模式，给学生以具体的工艺需求作为任务，当加工结果不满足工艺要求时，学生需要针对具体问题开展自主学习，通过控制变量的实验方法进行工艺问题探究。

实验考核与实验教学目标相对应，考核内容和方法设计以提高实验挑战度为原则，依据学生的实际操作和工艺参数进行以客观评价为主的考核评价，能够根据学生不同的工艺方案给出不同的加工结果，考核环节的区分度较好，能够客观评价学生在工程知识、专业能力以及职业素养方面的学习成果。

课程将枯燥抽象的理论教学转变为体验式的探究过程，改变了学生被动接受知识的现状，打造了一个能够激发学生自主学习的实验平台。

（撰稿人：张帆；审核人：米洁）

北京大学国家级一流课程建设案例

思想政治实践

一、课程基本信息

课程名称	思想政治实践
课程负责人	陈宝剑
开课单位	北京大学马院、习研院、教务部、校团委等
课程类别	社会实践一流课程
课程性质	必修
开课年级	本科一年级
面向专业	全校本科生专业
学　　时	20
学　　分	1
主要教材	无

二、课程团队

思政课是落实立德树人根本任务的关键课程，为深入落实习近平总书记在学校思想政治理论课教师座谈会上的重要讲话精神，陈宝剑同志主持并指导马院、习研院、教务部、校团委等部门共同开设北京大学“思想政治实践”必修课，至今已创建300余个思政实践课教育基地。2022年暑假思政实践，由154名院系党委书记、院长带队，378名思政课教师、专业教师参与授课，400名学生党员担任助教，带领250余支课程团队开展，得到央视新闻等媒体报道。

北京大学精心遴选一流师资力量，建设高质量课程团队，为实践育人保驾护航。按照教师与选课学生人数以1∶20的比例，配强配优指导教师，院系党政领导、一线教师、班主任、第二班主任、助教等教师队伍全员、全方位、全过程参与课程建设，邀请院士、长江学者等知名教授全流程指导，以“带队老师+指导教师+校外导师”的精、全、细的团队建设打出课程建设的高质量组合拳，党政领导把控、教授教学、助教协同、学生自主的课程团队鲜活呈现了北京大学思政育人的生动实践。

三、课程目标

该课程是学校党委以习近平新时代中国特色社会主义思想为指引，推进思政理论课程体系改革的重要成果。以全面贯彻党的教育方针为根本，通过建设“学分化、规范化、立体化”的思政实践教学体系，北京大学思政实践课程致力于回答并解决“培养什么人、怎样培养人、为谁培养人”这一根本问题，努力成为全国高校思政实践课程的领头羊和开拓者，从而为大学生思政实践工作做出建设性探索。

在理论传授与实践课程的同频共振下，在小课堂与大课堂的融合统一中，北大思政实践课程旨在积极引导学生深刻认识与祖国同命运，与人民同奋斗的北大传统，进一步坚定理想信念，热爱人民，奉献国家。引领学生正确认识马克思主义在当代中国的发展，在实践中更好地了解中国的过去、现在和未来，实现理论与实践的有机结合。鼓励学生到人民群众中去，厚植家国情怀，树立远大理想，融入社会、融入国家、融入时代主流，努力成长为担当民族复兴大任的新时代青年。

四、课程建设及应用情况

（一）思政实践课程建设发展历程

2019 年 3 月 18 日，习近平总书记在学校思想政治理论课教师座谈会上发表重要讲话，强调思政课教学要坚持理论性和实践性相统一，把思政小课堂同社会大课堂相结合。为全面贯彻落实习近平总书记的重要讲话精神，进一步用习近平新时代中国特色社会主义思想铸魂育人，2019 年，北京大学党委决定组织建设北京大学思想政治实践课程，由党委书记、校长牵头成立思政实践课程建设领导小组，思政实践正式成为全校本科生必修思政课。四年来，北大思政实践课程逐渐形成“学分化、规范化、立体化”的教学体系，截至目前，已有 300 个基地在 30 个省市区建设完毕。四年来，逾万名北大本科学生选修思想政治实践课程，超 1.2 万名北大师生奔赴祖国万里疆域，越来越多的知名教授、专家学者为 1 学分的北大思政实践必修课注入强大力量，思政实践课程已经成为每年暑假北大学子最向往的社会大课堂，成为燕园夏天最火热的青春力量。

（二）课程与教学改革要解决的重点问题

在课程与教学改革中有如下重点问题需要进一步解决并落实：第一，如何形成协同高效的运行机制，确保课程开展得有序顺畅、落地生根？第二，如何丰富实践基地的多样性，广泛拓展育人载体？第三，如何有效调动优质师资力量，为课程高质量建设保驾护航？第四，如何破除思政课讲完就走、雨湿地皮的现象，深入推进教学入脑入心见于行，增强思政课育人的浸润度？第五，如何更为紧密地结合实际，走出一条有中国特色、北大特点的实践之路？第六，如何延长“大思政”育人时效，推进思政教育常态化长效化，形成时时讲思政、处处有思政的“大氛围”？总之，思政实践课程始终需要结合时代大局，让思政课“有知有味”，让老师想教，让学生想学，对社会有益。

（三）课程内容与资源建设及应用情况

1. 全力动员各级资源，精心配强配优课程团队

马院、习研院、教务部、团委等协调落实课程组织和实践环节，指导并依托各院系开展思政实践课程，各院系在学校领导小组指导下，成立相应的思想政治实践课程，建设领导小组和工作组，作为组织实施思想政治实践课程的依托主体。相关职能部门配套完成了政策、资金、人员等保障措施，学校每年划拨 878 万元课程专项经费支持课程建设和实施；各院系党政切实把思政实践课作为核心思政课程。

全校动员，充分凝聚育人合力。在师资建设上，学校党委贯彻落实习近平总书记提出的“政治要强、情怀要深、思维要新、视野要广、自律要严、人格要正”标准，真正把信仰坚定、学识渊博、理论功底深厚的教师吸纳到思政实践课讲台上来，按照教师与学生人数 1∶20 的比例，配强配优指导教师。马院、习研院精干教师、助教团队指导各院系确定思想政治实践方案，落实实践计划。各院系遴选专业突出、学生喜爱的教师担任思想政治实践课程任课教师，邀请院士、长江学者等知名教授、专家学者，到基层一线，围绕经济发展、社会治理、生态环保等领域建言献策，打通思政小课堂和社会大课堂的界限。在制度建设上，加强对教师队伍的保障和激励，带队指导并考核合格的任课教师，按照 16 学时的教学时长计入当年的教学工作量。在宣传资源上，为推动建设思政教育的大氛围，北大思政实践重视宣传总结工作，在校级宣传平台、社会主流官方媒体（人民日报、新华社等）上打出北大思政实践的好品牌，不断提高北大思想政治实践课程的社会影响力和育人广度。

2. 重视基地建设联系，拓展社会课堂广度

将思政小课堂与社会大课堂有机结合，是开展实践类课程的重要基础，而思政基地则是思政实践课程最重要的育人载体之一。北大强化思政课校地协同发展，积极拓展实践活动合作资源。各院系紧密结合自身专业特色，自主与社会单位签署合作协议，不断开拓新的实践项目，实现校地深度联动合作，达到协同育人目的。

截至目前，已有 300 个基地在 30 个省市区落地生根。其中，服务保障国家重大区域战略、重大工程、重大项目、重点任务、聚力脱贫攻坚的地区或相关单位的基地占 32%；具有光荣革命传统的革命老区或爱国主义教育基地占 20%；展现新时代我国经济和社会发展重大成就的改革前沿的基地占 14%；蕴含中华民族优秀传统文化的基地占 18%；落实创新驱动发展战略、深化科技创新发展的企业、科研院所或相关领域单位的基地占 16%。这些基地为思想政治实践课提供了广阔的育人载体，为青年学生实现梦想提供了广阔的人生舞台。

（四）课程评价及改革成效情况

课程设计专家领导督导制度，引入教学评估机制，对课程评价进行调研。从课程实施效果来看，2019 年思想政治实践课程就已取得初步成效，在对部分院系调研过程中发现，学生对思想政治实践课程的认可度较高，认为课程帮助他们更全面地看待社会问题，加深了他们对基层实际情况的了解和对中国共产党带领人民实现中华民族伟大复兴的深刻认同，一支课程团队的 13 名同学中有 9 名在课程结束后提交了入党申请书。

思政实践的丰富成果也被组织编撰成实践报告三册（上、中、下）成果文集，思政实践成果大型展览分享会、思政实践宣讲团、挑战杯等学术研讨比赛等系列活动也继续巩固落实思政实践的育人成效。2022 年暑假思政实践工作，由 32 个开课院系的 154 人次院系党委书记、院长带队，378 名思政课教师、专业教师参与授课，400 名学生党员担任助教，带领 250 余支课程团队、4 100 余名本科生，奔赴 25 个省市自治区开展工作，新建 70 余个思政实践基地。得到央视新闻、新华社、《人民日报》等国家级主流媒体总计报道 1 000 余次，登上微博热搜第一名，阅读量超亿次，凝聚成 500 余万字的思政实践成长日记、调研报告，切实引领北大青年深刻地学思践悟行走在中国大地上的“大思政课”，引领北大青年深刻领悟“中国共产党为什么能”“马克思主义为什么行”“中国特色社会主义为什么好”。该课程于 2023 年 3 月份，成为 2023 年度全国高校思想政治工作精品项目。思政实践课程吸引力、感染力不断增强，更多的院长、书记走到田间地头、来到学生身边，实地开展授课。学生谈到：“以前总觉得思政课严肃、实践团随意，但思政实践课很不一样，每晚评议会上，爱国情感讲出来，实践过程中老师同学们一起来！政治课原来可以这么上，社会实践可以这么走心，中国的实际让我们如此自信，爱国的情感可以这么生动具体！”通过这门课，学生的主体性作用得到充分发挥，点赞率高，获得感强，真正实现了知行合一、以知促行、以行求知。

五、课程特色与创新

（一）牢牢把握新时代教育根本，书写实践育人新篇章

紧紧围绕立德树人根本任务，突出了思政课的思想性、理论性和亲和力。在思政课改革过程中，探索增强思政课实践性的新路径。根据国家民族发展需要，在保证课程专业性的同时进一步增强实践育人作用，为大思政课改革探索出新方向。从行前策划、行中实践，到行后总结，师生坚持不走过场、不凑学分，在田间地头的社会“大课堂”中，真正读懂“国情书”“基层书”“群众书”，答好“使命卷”，“把对祖国血浓于水、与人民同呼吸共命运的情感贯穿学业全过程、融汇在事业追求中”。

（二）发挥平台优势和机遇优势，建设北大特色的育人之路

汇聚“大”的合力，搭建综合性培养平台。北京大学思政实践与“五育并举”“三全

育人”工作相融合，让思政育人“炫”起来，让求真力行“潮”起来。增设劳动实践等品牌育人项目、举办“力行计划”暑期社会实践等专属项目和活动、打造三大思政品牌，通过青年喜闻乐见的方式，潜移默化激励青年立大志、明大德、成大才、担大任。

抓住“大”的机遇，服务重量级家国要事。北京大学充分挖掘党和人民奋斗历程中宝贵的“大思政课”的资源蕴藏，课程领导小组每年根据重大事件、重要纪念日，专门设计思政性、实践性、专业性相统一的思想政治实践课程组织方案。引领青年自觉贴近爱党爱国“主线”、主动靠近家国大事“前线”、挺膺担当紧要时刻“阵线”。

（三）课程师资力量雄厚，组织上贯通“学校—院系”机制

把信仰坚定、学识渊博、理论功底深厚的教师吸纳到思政实践课的讲台上来，行前由马克思主义学院选派精干教师、助教团队指导各院系确定思想政治实践方案。各院系遴选专业突出、学生喜爱的教师担任任课教师，打通思政小课堂和社会大课堂的界限，在空间维度上实现“课堂—校园—社会—网络”四位一体全覆盖，形成纵向到底、横向到边、全面覆盖的工作合力和育人格局。教师在传授知识时给学生创造独立思考、发挥拓展能力的空间，鼓励学生尝试新方法、新思路，融会贯通，把专业理论知识灵活运用于思政类课程实践中去。

（四）思政教育常态化长效化，形成处处有思政的校园氛围

以思政实践课堂为根，讲好新时代的“大思政课”，要抢抓新媒体技术改革机遇，让思想政治教育联网上线。北京大学把握思政实践课实践模块收官时间节点，各院系积极推选优秀实践团队、实践项目和个人，在学校、院系各级各类媒体上广泛宣传报道。将思想政治实践的育人成果落在实处，形成文集、论文报告，做实做深做长远，真正使学生有所学、有所思、有所悟。

（撰稿人：户国栋、徐国旺；审核人：傅绥燕）

中国人民大学国家级一流课程建设案例

诊所式法律教育（环境公益诉讼）

一、课程基本信息

课程名称	诊所式法律教育（环境公益诉讼）
课程负责人	竺效
开课单位	中国人民大学法学院
课程类别	社会实践一流课程
课程性质	选修
开课年级	本科三年级、四年级
面向专业	法学
学　　时	68
学　　分	4
主要教材	《环境公益诉讼实案释法》

二、课程团队

竺效，法学院教授、博导，环境学院副院长，2009—2022 年兼职律师，主讲该课程近 5 年，主持教育部主题案例征集和校级教改项目，获评宝钢优秀教师特等奖提名奖、校级教学标兵、2020 年法律硕士视频案例大赛一等奖、第六届中国法学教育研究成果奖二等奖、全国优秀法律诊所教师、全国法律诊所教育优秀教材奖等。

李修棋，法学院教师，法学博士，获法律职业资格，主讲该课程近 4 年，主持校级教改项目，全国优秀法律诊所教师。

曹炜，法学院副教授，获法律职业资格，主讲该课程近 5 年，主持校级教改项目，获全国诊所教师新秀奖。

丁霖，环境学院讲师，获律师执业证，主讲该课程近 3 年，参与教育部主题案例和校级教改项目，2020 年法律硕士视频案例大赛一等奖获得者之一。

三、课程目标

课程旨在帮助学生构建涵盖环境公益诉讼理论和司法实务的复合知识体系。通过理论知识讲授，使学生掌握环境公益诉讼的基础知识及实体、程序规则。通过实践经验讲授，使学生了解环境公益诉讼司法实践中的案件筛选、信息公开申请、起诉、审判等实践性知识。

课程贯彻实践育人要求，以育人于行的理念着力推动实践育人模式创新，坚持理论知识学习、创新思维方式和社会实践活动相统一，以增强学生服务国家、服务人民、服务社会、服务公益的责任感，形成敢于探索的创新精神和善于解决问题的实践能力。

课程以社会主义生态文明观为指导性价值理念，通过大量环境公益诉讼案件讲解和场景实训，塑造学生保护环境、关怀弱势群体的正面价值观。

四、课程建设及应用情况

（一）课程建设发展历程

本课程于 2010 年创办，每学年至少开设一期。课程前期主要围绕环境侵权民事诉讼法律实务展开诊所式教学和训练。近年来，随着环境公益诉讼实践如火如荼地开展，从 2017 年开始，教学团队将课程主题调整为“环境公益诉讼法律实务”，主要围绕环境公益诉讼展开理论讲授和实践训练。

教学团队积极探索课程改革，与我国知名环保公益组织“自然之友”建立稳定合作关系，聘请环保公益人士和公益律师担任实践导师，探索和应用“双师同堂”、课下实习、情境模拟、MOOC 和微信辅助教学等多种新型教学方式，获得了学生的广泛欢迎和好评。为促进环境法律诊所实践教学经验的分享，课程负责人还于 2018 年 11 月发起“环境法教学与人才培养研讨会”，与各大高校教师分享交流，取得了良好的同行反响。

（二）课程与教学改革要解决的重点问题

如何有效开展环境司法实务技能的训练，并在课程教学中培育学生环境保护和公益维护的价值观和实践能力，是本课程与教学改革拟解决的重点问题。为了解决这一问题，课程与环保组织“自然之友”建立深度合作，带领同学参与环保和公益司法实践，还聘请了环境公益诉讼实务领域的资深法官、检察官、公益人士、公益律师和知名学者进行课堂讲授和课下指导，并对学生分组以真实案源训练或复盘模拟信息公开申请、取证、诉讼文书撰写、法庭辩论等实务技能。

（三）课程内容与资源建设及应用情况

经过多年探索，本课程已经具备体系科学、内容充实的教学内容。目前，本课程已经确定了“理论讲授”“实践技能训练”“实践经验交流”和“情境模拟”四大教学板块，并辅助以 MOOC 自学和公益诉讼实践等丰富的课下教学内容，充分实现本课程的教学目标。首先，本课程人力资源丰富，理论实务双师同堂，教学团队负责人由万人哲社领军人才、青年长江学者竺效担任，并吸收了曹炜副教授、李修棋博士、丁霖博士加入，每期均由刘金梅、葛枫、何艺妮等 3 名以上的环保公益律师参与教学，还邀请著名法官、检察官客座讲授。其次，本课程线上线下教学资源丰富，竺效组织编写了《环境法入门笔记》《环境公益诉讼实案释法》《环境公益诉讼案例精编》等教辅用书，开发了 MOOC 环境公益诉讼的理论与实案解析，2020 年在中国大学慕课上线，并入选"学习强国"视频课，供学生免费使用。再次，本课程实践平台稳定，"自然之友"法律部提供日常实践实习专人辅导，每期课程为每组学生提供真实案源，供学生在教学全过程追踪和训练。

（四）课程教学内容及组织实施情况

课程紧密围绕环境公益诉讼实践展开教学设计。课程教学素材为真实发生的环境公益诉讼案件。课程社会实践环节的动手训练内容以组织学生围绕环境公益诉讼案件线索展开诉讼前准备工作和诉讼全过程模拟为主。具体内容包括：围绕线索申请信息公开、收集证据；围绕案件进行模拟调解活动，探寻非诉解决方案；围绕相关案例研究撰写环境公益诉讼简报；围绕收集证据资料举办选案会，并根据点评研讨撰写起诉状；组织进行模拟庭审。

（五）课程成绩评定方式

采用综合学生的参与表现和最终产出的综合评价评定法，总成绩 100 分（4 个学分），包含课堂出勤（20%）；选案会、模拟谈判、模拟审判等全程互动参与情况综合评估（30%）；起诉状和公益诉讼简报质量（30%）；慕课学习情况（20%）四个部分。

（六）课程评价及改革成效

课程受到了知名学者和诊所同行、实务专家及学生的一致好评。课程改革贯彻了三全育人精神，以系统化教材、教辅书、入库案例、慕课等教学资料的运用，极大地丰富了课程内容、强化了课程特色，使教学效果有较大提升。

五、课程特色与创新

（一）三层教材体系

自主研发教材体系。《环境法入门笔记》为学生提供理论知识基础；"实案释法"系列教材侧重技能分解训练；"案例精编"系列教材则服务于实务技能的融会贯通。

（二）双师同堂教学

贯彻"双师同堂"的理念，邀请法官、检察官、公益律师同堂授课。在技能课开展实务知识的分解训练；课后实践中，由双师合作指导学生在实案中训练各项实务技能。

（三）量身定制方案

经多轮探索改进，确定了4学分课程的合理教学目标——完成一个真实案件的全套起诉文书准备工作，并开展模拟审判。既确保真案用于教学，又避免案件审理时长无法匹配学期制教学。

（四）公益组织支撑

知名环保组织“自然之友”合作参与，提供稳定实践平台，他们既参与部分课堂授课，又为每组学生配备固定实践导师，悉心指导。以公益精神进行引领，案源丰富，环保法律团队提供专业、稳定、及时的实务指导。

（五）立体案例建设

教学团队已主持教育部主题案例征集、本科教改、教学案例支持计划等项目。已获中国专业学位教学案例中心案例入库3件（其中视频案例1件），中国人民大学中国社会科学案例中心入库4件，并获首届全国法律硕士案例视频大赛一等奖。

（撰稿人：竺效；审核人：张龑）

北京邮电大学国家级一流课程建设案例

创新创业实践课

一、课程基本信息

课程名称	创新创业实践课
课程负责人	戴志涛
开课单位	北京邮电大学计算机学院（国家示范性软件学院）
课程类别	社会实践一流课程
课程性质	选修
开课年级	本科一年级
面向专业	计算机科学与技术；网络工程； 数据科学与大数据；软件工程
学　　时	32
学　　分	1.5
主要教材	《创新创业实践课》

二、课程团队

课程团队由专业课教师、学院党委副书记、实践指导教师等组成。专业教师负责理论授课和课程实践设计，学院党委副书记负责社会实践规划指导，实践指导教师参与具体实践指导工作。

课程负责人戴志涛教授为实验中心主任，嵌入式系统与智能硬件创新实践基地主任，北京市高等学校教学名师，北京高校优秀德育工作者，北京市教育系统教书育人先锋，教育部“计算机组成与社会实践课程群虚拟教研室”牵头人，教育部—华为“智能基座”优秀教师；“全国脱贫攻坚先进集体”科技扶贫团队带头人；2005 年、2022 年获国家级教学成果奖 2 项，2004 年、2008 年、2012 年和 2022 年获北京市教学成果奖 6 项；2020 年获得北京邮电大学“烛光奖”。

三、课程目标

北邮是以信息科技为特色、工管文理协调发展的多科性、研究型大学，创新创业教育是其人才培养特色，并注重与社会需求相结合。学生通过动手实践培养创新创业兴趣，掌握创新方法，并将创新成果应用于社会，培养自身的社会责任感。在掌握人工智能、大数据等热点方向基本技能的基础上，通过实践训练、自主创新和社会实践环节，发掘自学潜能，使学生具备创新创业意识，并实践创新方法。优秀学生在创新实践团队中将专业技能与社会需求相结合，深入基层投身乡村振兴、青年红色筑梦之旅、“互联网＋”等社会实践活动，建立将专业理论与实际应用场景有机结合、实现专创融合的思维方式，具备通过创新服务社会的理想信念，并在入学伊始就准备好职业规划和人生规划。

四、课程建设及应用情况

（一）本课程的建设发展历程

以培养方案重构为契机，2017 年 9 月起，面向计算机学院本科入学新生开设。

坚持“创新、整合、实践”的价值取向，经历了从单一课程内容到多学科内容整合，从以知识为中心到以解决复杂社会问题为中心的方向转变，从统一教学模式到分层教学模式改革，面向青年红色筑梦之旅、乡村振兴等应用场景，通过 STEAM＋培养模式构建学生解决复杂实际问题的复合能力。

2019 年起，从选修课程学生中选拔优秀人才，组建了“蓝图工作室”学生公益创新组织，打通课内课外，构筑了以“公益、创新、实践”为宗旨的科创实践育人平台。

（二）课程与教学改革要解决的重点问题

1. 思政教育与双创教育融合

将社会责任感、服务社会意识和创新实践能力培养相结合，以社会实践带动专业学习和创新创业活动。

2. 打造高技术含量的社会实践形式，形成以创新创业为特色的社会实践教学模式

打破传统灌输式教学模式和走马观花式的社会实践形式。鼓励学生从解决实际问题入手，通过社会实践发现问题，通过动手实践带动专业学习，通过实践成果解决实际问题，通过服务社会的成就感鼓舞学生进一步提升专业能力。

3. 提升学生综合素养和解决实际问题的技术与思想水平，构建多维度融合的教学体系

打破理论教学、实践教学、双创项目、竞赛和社会实践等环节的界限，提供从专业技能训练，到创新意识启蒙和服务社会意识培养，再到综合素质提升，直至实际应用场景能力锻炼的多维度教学体系。从以知识传播为中心的方式转变到以应用场景为中心，以解决复杂问题为导向的教学方式。

（三）课程内容与资源建设及应用情况

结合北邮的信息科技特色，通过智能机器人、智能小车、移动应用、大数据分析、机器学习等五个专题的实践训练让学生感性认知专业背景，通过专业方向的宏观知识体系的初步感知和方法训练带动实践并锻炼创新思维方式，注重与社会需求相结合。

创新创业能力训练资源：智能硬件教学套件，大数据教学平台，5 个专题的理论及实践讲义、教学实验案例、实验指导书等，于 2017 年开始应用；5 个创新训练方向的慕课视频，于 2019 年录制并试用；“从零开始学习智能车”，物联网应用、机器人实验、“编程之美”自主实验等若干个性化培养方案，于 2018 年开始实施并逐年改进。

（四）课程教学内容及组织实施情况

根据学生知识背景和兴趣，针对大一新生采取分层、分方向的个性化教学模式，重点以“聚焦科技扶贫、助力乡村振兴”这一国家发展战略为主题。

引导学生建立创新思维和服务社会意识。介绍双创项目、“互联网＋”等双创竞赛、“青年红色筑梦之旅”等社会实践相关活动的整体概况，以竞赛成果为实例，通过图片、视频、沙盘、虚拟现实等手段让学生对创新活动建立感性认识，体验创新创业和科技扶贫社会实践成果，消除畏难情绪（课堂讲座式教学＋实例展示引导式教学＋参观＋实景体验＋动手尝试）。

提升专业认知水平和创新创业能力。基于自身兴趣和能力从 5 个专题中选择若干进行实践训练，允许有基础的学生直接参加个性化课程方案或自主实验（讨论＋动手实践；团队协作式＋线上线下混合）。

社会实践团队组织与实施。以贵州长顺对口扶贫县实际场景为例，通过往届学生社会实践项目作品展示再现实际应用场景，触发学生讨论并提出社会实践调研方案，选拔学生社会实践团队深入社会实践基地进行现场考察、需求调研、集体讨论和分析，掌握社会发展脉络，并提出可以通过专业技能解决的实际问题及方案。通过创新项目双选会、项目孵化器、双创学堂等机制鼓励并支持学生立项。

实践成果落地。组建以“创新、公益、实践”为主题的“蓝图创新工作室”科创社团，选择优秀方案实施“助顺有我”科技扶贫项目，学生自主参与，成果切实在当地落地，有效支持了脱贫攻坚任务的完成，获得广泛关注和好评。

项目成果总结升华。整合项目成果参加“互联网＋”“挑战杯”等竞赛，获取了若干奖项，并申请多项专利和软件著作权，学生获得了社会实践的成就感，提升了回报社会的自觉性。形成了创新创业与社会实践相结合的可持续的良性循环。

5 年间，学生团队赴长顺开展实地调研、扶贫项目对接、现场测试、项目落地等一系列社会实践活动。完成“智慧神泉”旅游导览系统、农产品产销对接系统、脱贫攻坚可视化数据库等 6 个长顺科技扶贫项目，为长顺县 3 000 万农产品订单搭建产销对接平台，实现 1 468 个村组共计 8 万村民各类信息的云端存储，导览系统运行两个月即累计接待游客 50 余万人次。学生获“互联网＋”创新创业大赛、“挑战杯”等精神奖励 50 余项，申请专利 8 项、软著 3 项，学生志愿服务总时长达 7 730 小时，人均获得创新实践学分超过 10 分。

（五）课程成绩评定及评价

根据学生选择的课程方案的难度确定基准成绩，根据学生成果采取教师验收、作品评判打分、双创成果加分等方式评价学生成果。

打通课程成绩和创新创业学分、学生志愿时长等评价指标，根据学生课内、课外实践活动成果综合评定学生成绩。优秀学生给予加入创新团队深度参与社会实践的机会。

（六）课程评价及改革成效情况

1. 将以学生为中心的专创融合教学理念和课程、项目、竞赛、实践一体化的课内外融合教学方式结合，形成了完整的教学模式。

2. 构建了完整的课程内容体系，形成了一批教学资源。包含课程大纲、教学安排、教学内容、组织方式、评价体系、课件、MOOC 视频、实验案例、实验指导书、实验教学设施和社会实践基地。

3. 组织了长期运行的可持续的学生创新创业实践团队，为学生成长锻炼提供了广阔舞台。

4. 取得可观的科技扶贫社会效益和经济效益，为长顺县全面脱贫攻坚和乡村振兴贡献了力量。

学生科技扶贫成就被《北京晚报》、国务院《扶贫信息》、教育部门户网站、“学习强国”App、人民网、中国教育电视台等报道 80 余次。课程成果丰富，效果显著，课程获评创新创业精品课程。教学模式获邀在“北京高校创新创业教育师资专项培训班”、“双师型”教师专业技能培训班、“以打造高校双创金课为中心的教师教学能力提升专题研修活动”等项目和平台中宣讲推广 20 余次。

五、课程特色与创新

（一）专业教育与思政教育紧密结合

在教授专业知识的同时，加强思政教育，将专业教育与社会服务紧密结合，鼓励学生应用专业知识去满足社会需求，以“青年红色筑梦之旅”活动为牵引，申请大学生创新创业训练计划红旅专项，全面提升学生认识社会、研究社会问题、理解社会需求、以技术服务社会的意识和能力。

（二）专创融合，提升社会实践活动质量

有效改变了以往社会实践活动只动眼不动手、走马观花、简单劳动的模式，把创新创业与社会实践相结合。

（三）面向真实应用场景的可持续的创新创业实践环节及可持续运行的社会服务创新团队

整合外部资源，引入真实应用场景，让学生多次深入定点扶贫县进行实地调研，发掘问题，梳理需求，分析问题，解决问题。自主研发可以切实落地的软硬件系统，提高创新实践环节的社会效益和经济效益。把科技扶贫团队扩展为一个长期运行的可持续、跨专业、跨年级、聚焦社会服务和技术创新的学生实践社团“蓝图创新工作室”，形成滚动发展的良性循环，构造出可持续的实践育人机制。

（四）打通课内课外，触发以兴趣为导向的学习

将传统理论课程教学、实践课程教学、创新创业项目、学科竞赛和社会实践等教学方式相结合，建立了“课项赛实”结合的多维度教学体系。

（撰稿人：戴志涛；审核人：卞佳丽）

中国农业大学国家级一流课程建设案例

乡村振兴与国际发展社会实践

一、课程基本信息

课程名称	乡村振兴与国际发展社会实践
课程负责人	唐丽霞
开课单位	中国农业大学人文与发展学院
课程类别	社会实践一流课程
课程性质	必修
开课年级	本科三年级、四年级
面向专业	农村区域发展专业
学　　时	128
学　　分	4
主要教材	《社会研究方法教程（重排本）》，以及《中国农村观察》《中国农村经济》《西亚非洲》《农业经济问题》《中国行政管理》《公共管理学报》等历年学生实践的代表性报告

二、课程团队

负责人唐丽霞承担社会实践体系的设计，教学内容、方法与效果的监测，研究成果转化为教学内容的研讨。团队教师负责基地建设与学生社会实践、学位论文的指导。团队教师均为专业骨干，承担本科生“农村发展政策”“国际发展援助”“普通发展学”“管理学概论”“国际经济与贸易”“发展经济学”等课程。

坦桑尼亚海外实习实践基地与昆明市实践基地均为中国农业大学校级社会实践基地。基于海外基地的“南南发展合作本科人才培养体系创新”，曾获2017年北京市高等教育教学成果一等奖，昆明实践基地成为培养学生厚植爱农情怀，练就兴农本领的重要平台，被云南省认定为省校合作实践基地及党员干部乡村振兴培训基地。相关毕业论文多次获评北京市优秀毕业论文。

三、课程目标

以价值观引领为先，以学生发展为中心，激发学生理解乡村治理与发展的多个要素，做到理论联系实践，加强分析问题和解决问题的能力和素质，达成农村区域发展专业人才培养目标。一是国际视野，了解专业和相关领域最新动态、发展趋势及全球发展面临的挑战和关键主题。二是问题意识，培养学生探究式、实践式发问本领，在深入交流中强化实践的目的性及知识储备。三是自主学习能力，培养学生主动获取知识、解决专业实际问题的能力，以及知识融合和知识自主构建的能力。四是沟通能力，培养学生团结协作精神，能够和不同社会文化背景的人进行有效沟通。

四、课程建设及应用情况

（一）课程建设的发展历程

乡村振兴与国际发展社会实践是面向管理类本科生的实践课程，专任教师在实践基地与学生进行小班式社会调研、论文写作和展示交流，引导学生关心国情、民情、社情；培养学生逻辑思维能力，增强运用专业知识与方法分析问题，创新创业能力。自 2013 年以来，课程累计组织 9 个批次学生到坦桑尼亚实践基地学习，且每年组织学生赴云南、宁夏、河北开展社会实践。

（二）课程与教学改革拟解决的重点问题

探索人才综合能力提升与高质量培养的实践路径，搭建从研究到教学到实践再到传播的发展人才培养体系，创新改革集参与式、体验式的海内外实习基地深入课堂的科学方案，形成“课堂发展理论学习＋海内外综合发展社会实践”的教师教学范式和学生学习模式。

（三）课程内容与资源建设及应用情况

课程内容建设方面，聚焦南南发展合作和乡村振兴议题，让学生深入理解人类命运共同体及“一带一路”倡议提出的现实背景和中国乡村发展政策与行动，引导学生完成“一项深入调查、一个系统研究、一个原创成果”。

资源建设及应用方面，形成海内外具有重要影响的实习实践基地。在国外，课程团队自 2013 年开始，依托国家、部委、中国农业大学等平台机制，与坦桑尼亚莫罗戈罗省及当地苏科因农业大学合作，建立第一个中国农业大学本科生海外实践基地。在国内，课程团队自 2015 年以来，在云南省勐腊县建立“深度贫困与乡村振兴社会实践基地”，在昆明市建立“都市驱动型乡村振兴社会实践基地”，在宁夏盐池县建立“农牧交错地带乡村振兴社会实践基地”，在河北易县建立“小农户联结市场乡村振兴社会实践基地”。同时，课程教研团队聘请实践基地的相关人员担任基地导师，与校内导师一起指导学生，为学生提供来自一线的经验和知识。

（四）课程教学内容及组织实施情况

课程融合理论学习与社会实践优势，激发学生在全球治理、南南发展合作、乡村振兴方面的综合创新能力。教师对学生社会实践选题、调研技能、安全事项等要求集中授课培训，并在实践中全过程跟队指导，引导学生将实践问题转向理论思考。调研后，组织学生分享交流社会实践论文，邀请导师和实践基地导师进行点评。随后评选优秀社会实践论文，并通过公众号等方式予以传播，激发学生学习热情。

课程实践训练系统科学。多元化的国际交流经历拓宽学生国际视野，为理解人类命运共同体与“一带一路”倡议提供现实途径，让学生对中国在非洲的发展合作有真实感知。丰富的国内实习实践强化学生问题意识，厚植爱农情怀，为国家培养急需的应用型人才。同时，秉持“解民生之多艰，育天下之英才”校训。校内外“双导师制”指导学生实践调研，鼓励学生和当地政府官员、大学及社区村民互动，将课堂搬入实地，理解中国乡村发展政策与行动，思考乡村振兴实践与路径。

在实践中，针对学生研究主题，给予针对性指导。在云南昆明市、宁夏盐池县实践基地，学生驻村与村民一同建设乡村，为当地带来新技术、新视角和新故事，获得村委会干部和村民一致好评。在坦桑尼亚海外实习基地，学生深入千户万亩玉米增产项目村，深度访谈当地官员、农业推广员、贫困户等主体，形成多主题报告。

（五）课程考核、评价及改革成效

课程以调研报告为考核评价的重要依据，从选题立意与实际社会需求、问题发现与原因分析、问题解决方案等方面重点评判学生实习实践成绩。

学生在老师指导下完成的实践报告得到多方好评。2019 年《坦桑尼亚可持续发展的多样化综合报告》获得时任中国驻坦大使王克女士的高度评价。

课程创新搭建从研究到教学到实践再到传播的人才培养体系，将参与式、体验式的海内外实习基地搬进课堂，广泛传播研究成果，使学生把握新阶段、贯彻新理念，拓宽国际视野，增进问题意识，提升爱农为农情怀，为国家高质量新发展格局下培养急需应用型人才。

五、课程特色与创新

课程特色与创新主要体现在以下五点：

一是理论知识与实践技能培养相结合。整个社会实践过程更加注重参与式、互动式教学方式的运用，将理论知识和实践技能有机融合，强调学生的主动性、参与性和创造性。

二是校内导师和基地导师相结合。除建设基地外，团队聘请基地相关人员担任基地导师，和校内指导老师一起指导学生的社会实践，为学生提供来自一线的经验和知识。

三是多学科背景和不同层级学生相结合。该实践课程同时还邀请来自不同学科背景的本科生、硕士研究生和博士研究生一起参加，组成多学科多层次的社会实践小队，促进不同学科背景学生之间相互交流和合作，拓宽学生的实践视野。

四是政产学研的融合与协作，服务地方发展。经过多年的实践，教学团队与坦桑尼亚莫罗戈罗省政府、坦桑尼亚苏科因农业大学、昆明市政府、宁夏东方惠民小额贷款股份有限公司建立了友好而长久的合作关系，助力地方发展，为扶贫改革试验区建设、乡村振兴战略的全面推进、集体产权制度改革和土地利用空间规划等工作提供智力支持。

五是国内发展实践和国际发展情怀相结合。通过海外实践基地的建设，形成了立足“三农”与放眼“国际”相融合的特色。

（撰稿人：唐丽霞；审核人：曹志军）

北京师范大学国家级一流课程建设案例

社会实践与志愿服务

一、课程基本信息

课程名称	社会实践与志愿服务
课程负责人	林丹华
开课单位	北京师范大学心理学部
课程类别	社会实践一流课程
课程性质	必修
开课年级	本科四年级
面向专业	心理学
学　　时	32
学　　分	1
主要教材	无

二、课程团队

负责人林丹华教授曾任心理学部教学副部长，近年来积极推进教学改革，在深入调研世界一流大学人才培养方案的基础上，完成了本研培养方案的修订工作，构建了本研一体化的心理学创新型人才分类培养模式，在全国起到了示范引领作用；主持北京市高等学校教育教学改革项目以及国家社科基金重大项目等；承担的“社会实践与志愿服务”“健康心理学”等课程，深受学生好评。

团队主要成员有学部党委副书记王瑞敏，主管学生工作，负责学生实习实践活动的统筹规划；部长助理胡思源，负责学部资源的协调；团委书记曹昌健，负责学生活动的组织实施；姚梅林教授，教育心理学专家，教授“教育心理学”“学习心理学”等本科生课程，负责学生活动的理论指导。

三、课程目标

心理学部结合学校“综合性、研究型、教师教育领先”的办学定位，基于心理学科自然属性与社会属性兼具的学科特点，面向“世界一流”和“国家急需”的发展需要，旨在培养既有扎实的心理学专业基础，又有强烈的社会责任感的优秀人才。“社会实践与志愿服务”这门课程以“服务性学习”理论为指导，旨在促进学生应用专业知识服务于社会，在“知识学习—实践体验—反思提升”的“教”与“学”的系列环节中，提升学生将理论知识转化为解决实践问题的能力，并在实践和志愿服务中锻造甘于奉献、勇于创新、团队合作、问题解决的精神品质和综合能力，使其逐步成长为能够满足社会需要的德才兼备、知行合一、有责任有担当的创新型优秀人才。

四、课程建设及应用情况

（一）课程建设发展历程

北师大心理学部多年来积极组织学生开展社会实践，已在全国推广的“5·25”大学生心理健康节就是其中的代表性成果。为更好地提升育人效果，2015 年将“社会实践与志愿服务”作为必修课程纳入本科生人才培养方案，逐步建立了规范的指导、评估和保障体系，使实践育人的长效机制日趋完善。

（二）课程要解决的重点问题

本课程着力破解三大难题，包括专业知识“学”与“用”脱节的难题、实践课程怎么“教”与“学”的难题、实践课程如何评价与保障的难题等。课程将课堂理论学习、自主探究与社会实践有机结合，根据不同社会需求开拓宽广的实践路径，充分尊重学生的兴趣、能力和发展需要，形成了以学生为主体、实践形式多样化、指导反思贯穿始终的独具特色的创新实践课程模式。

（三）课程内容与资源建设

课程形式多样化。一是基于专业教学的社会实践，如结合老年心理学课程的社区老年人心理健康服务、结合阅读障碍课程的学困儿童阅读能力测评；二是寒暑期社会实践，利用寒暑假，组织学生前往内蒙古、青海等老少边穷地区开展心理健康支教与调研；三是日常志愿服务，组织学生走进学校、社区、福利机构，为老年人、流动儿童等提供心理健康讲座、素质拓展等。

实践基地多元化。一是老少边穷地区的中小学校，如新疆马兰小学、云南省塘子村小学等，特别是汶川地震后在四川建立了多个基地，十余年来为当地师生的灾后心理重建做出了独特的贡献；二是街道社区，如北京市学院路街道、团结湖社区等；三是社会公益项目，如关爱流动儿童的音画梦想项目、关注科技助老的夕阳再晨项目等。

课程资源建设系统化。注重积累历年实践成果，建立了丰富的课程资源库，包括 449 份支教教案、231 份授课课件、30 余万字实践报告、68 个优秀微课视频。通过网络平台展示课程成果，有效扩大了课程影响。

（四）教学内容及组织实施

教学内容体系化。本课程以“服务性学习”理论为指导，结合社会实践的特点，将“做中学”与“做中教”相结合，形成了集“理论学习—实践体验—反思提升”于一体的教学方法：实践前，基于培训体系开展理论教学，包括实践安全、授课技巧、调研方法等内容，近两年组织开展了 17 场培训，覆盖 1 000 多人次；实践中，基于指导工具开展体验教学，指导工具包含“听课反馈”“结构化日志”等，促进实践过程中的反思与问题解决；实践后，基于总结分享开展反思提升，指导学生撰写专业应用反思报告，从而更好地巩固教学成果。

组织实施规范化。规范课程实施的工作流程，围绕课程内容介绍、实施开展、反思总结及经验分享等各环节，制定了规范化的年度工作日程安排，以保证实践的顺利开展；规范实践学分的认定工作，自主开发了线上实践学分认定系统，便于高效便捷地收集繁多的实践过程资料。

（五）课程成绩评定方式

构建了多维度、多主体、重过程的评价体系。收集学生的团队总结、个人总结、获奖证明等材料，综合考察实践质量、团队贡献、社会影响、应用反思等多个维度；收集来自服务对象、指导教师、团队负责人、学生个体等多主体的评价；重点考察实践的过程性资料，突出过程性评价的作用，综合考察后课程成绩，按照五个等级进行评定。

（六）课程评价及改革成效

学生反馈获得丰富收获。学生体验到专业知识在服务社会中的价值与力量，也增加了为社会做贡献的信心与责任意识。

服务对象给予高度认可。近两年对所有实践地的电话回访表明，实践服务对象对我部学生提供的志愿服务满意度高达 100%。

实践成果获得重要奖项。依托实践成果获评全国社会实践优秀单位，获得了中国青年志愿服务项目大赛银奖、北京市金奖，获评首都暑期社会实践百强团队及优秀团队；“京师筑心—贫困山区儿童‘扶贫扶心’计划”获得第五届“互联网+”大学生创新创业大赛北京赛区一等奖。

五、课程特色与创新

一是教学设计强调学以致用，解决了“学”与“用”脱节的难题。实践课程对接社会需求，精心选择适合学生专业特点与能力水平的实践项目，弥补了知识学习与社会应用之间的鸿沟；同时将知识教育与人格教育相结合，指导学生在服务社会中增长才干、锤炼品格，有助于知行合一、德才兼备培养目标的顺利实现。

二是教学方法强调实践反思，解决了“教”与“学”衔接的难题。为了解决实践课程中“教”与“学”的难题，课程以“服务性学习”理论为指导，结合社会实践的实际特点，将“做中学”与“做中教”相结合，建立了全过程的指导体系，形成了集“理论学习—实践体验—反思提升”于一体的教学方法，突出了学生的主体地位，提高了教学的针对性。

三是探索建立了完整的课程评价与保障体系。基于实践课程的实际特点，创新评价方式，构建了多维度、多主体、重过程的课程评价体系，建立了一批类型多样、供需匹配的实践基地，制定了完善的实践教学相关的管理制度，全方位地保障了实践课程的有效运转与实施。

（撰稿人：林丹华；审核人：汪明）

中国传媒大学国家级一流课程建设案例

实践：联合创作

一、课程基本信息

课程名称	实践：联合创作
课程负责人	孙国玉
开课单位	中国传媒大学动画与数字艺术学院
课程类别	社会实践一流课程
课程性质	选修
开课年级	本科二年级
面向专业	数字媒体艺术
学　　时	160
学　　分	4
主要教材	无

二、课程团队

课程教学团队的成员结构突出了科学与艺术学科融合的特点，除了国博的专家团队以外，团队中有偏向于交互设计的教学老师和擅长创意策划、美术设计的设计老师，以及在创作理论方面研究成果丰硕的专家进行指导，从而保证了产品的思想深度、创意与科技的可融合性。

教学团队成员介绍如下：

孙国玉，副教授，教学任务：自然交互与虚拟现实。

贾秀清，教授，教学任务：创作理论指导。

高金燕，讲师，教学任务：美术设计。

陈文娟，副教授，教学任务：智能产品交互。

张梦雨，讲师，教学任务：产品创意策划。

团队所获相关教学奖励：

2021 年，“数字创意人才培养模式探索与创新”被评为中国传媒大学校级教学成果一等奖。

2022 年，获评北京市优秀本科育人团队。

三、课程目标

面对万物皆媒的智媒时代的媒介变革趋势，数字媒体艺术专业在课程建设方面一直紧扣时代脉搏，力求在课程内容上把科技、文化、艺术进行深度融合，让学生的综合创作能力得到提升。

知识目标：

课程以“自然交互技术为用、文博艺术为法、中华民族文化为体”的课程理念，聚焦于智能媒体设计前沿领域，帮助学生深入了解智能交互技术的实际应用场景，掌握新媒体产品（交互装置、游戏、主题漫画等形式任选其一）从创意到实现、从作业到作品的设计创新流程。

能力目标：

旨在培养学生掌握跨媒介内容设计与创作实践的能力，通过运用所学技能解决传统文化、数字文博设计等相关行业实践问题。

价值目标：

课程将作品思政、民族文化认同以及专业技能提升无缝融汇于整个实践课程过程之中，通过课程学习，引导学生以创作对国家和民族有价值的作品为己任，成长为有责任、有担当的未来艺术创作者。

四、课程建设及应用情况

（一）课程建设发展历程

该课程作为数字媒体艺术专业实践课程，作为帮助学生完成从创意到实现、从作业到作品的跨越的“高产”课程，一直深受学生好评，其每年的线上、线下创作成果展示皆在社会上取得了良好的反响，成为各高校同类专业实践课程的学习典范。

该课程始终强调技术为艺术服务，其技术支撑始终与行业发展趋势保持紧密连接，课程先后和阿里巴巴、创新工场、腾讯等团队搭建了用于创作的前沿新媒体技术实践平台，该平台后来成为北京市科委推荐的实践教学示范平台。

此外，课程一直秉承服务于社会的创作理念，先后服务过北京市禁毒教育基地、国家网信办网络诚信大会、北京儿童医院等，并创作了大量有口皆碑的作品。

2018 年起，在保留已有合作的基础上，为了进一步贯彻“艺术服务社会”的创作理念，拓展学生创作视野，弘扬中华民族优秀文化，课程和国家博物馆合作建立实践创作基地，在国博专家专业指导下，学生运用所学的技能服务于数字文博设计行业，从而帮助学生从当代社会、民族文化与行业细节等多元视角中对本专业形成全局性理解与深度认知，使其成为具有把握新媒体领域发展趋势以及掌握产品设计创新能力的人才。

（二）课程的教学内容与教学资源建设

1. 教学内容：课程主要是锻炼学生综合运用专业技能服务于数字文博行业的能力，理论部分主要是讲授传统文化知识和基于智能交互技术的创作方案，实践教学则是引导学生如何融合二者，设计出有创新性的新媒体产品。

2. 教学资源建设：该课程与国博专家、业界都形成了良好的交流互动机制。一方面与科技团队构建了服务于艺术创作的新媒体技术实践平台。另一方面，拥有由国博文物专家、史学学者组成的专家授课团队，为新媒体创作提供了正确的指引、全新的视角和强大的文化知识支持。

3. 课程教学活动的设计：课程以设计思维方法为基础，包括传统文化认同、发现创作目标、作品初步构想、作品原型和作品测试等五个阶段，通过理论讲授和实践创作两种教学方式相结合来完成每个阶段的目标。

（1）优秀传统文化知识、交互技术相关知识讲授、体验

重点内容：初步了解与文物相关的背景知识，智能交互技术以及创作方案，引导学生从传统文化的视角理解文物的内涵，发现设计目标。学生以分组的形式，和国博专家进行针对性学习，深入了解创作目标的相关历史。

（2）完成针对某个国博文物和相关历史的作品创意设计，完成作品原型

重点内容：小组通过词语、空间、形态、用途等联想方法进行创意设计，利用 SCAMPER 法，从替代、合并、改造、调整、其他、去除、反转等七个方向的思考，进行创意修正。

（3）在国博实践基地完成作品的多次迭代过程

根据作品原型，实现多次从“探究”到“设计”和从“再设计”到“再探究”的循环迭代过程，对作品进行动态更新，从而提高产品的可用性和完整性。

4. 课程考核方式：课程总成绩包含：开题创意（10%）、出勤率（10%）、中期考核（20%）、创作成果专业评分（40%），成果展览现场效果评分（20%）等五个部分，其中，评分团队是由专业指导老师和国博学者共同组成。优秀作品将由国博提供资金进行孵化。

5. 改革成效分析：本课程自教学改革以来，以传统文化为题材的创作方式极大地点燃了学生的创作激情。每年都会完成 25～30 部作品，其中，2019 年，在传媒大学举办了以“我和国博有个约会”为主题，推动中华优秀传统文化创新性发展、交互设计体验项目成果展，参观人数达 3 000 之多，搜狐网、澎湃新闻、中国传媒大学校报都对项目进行了相关报道。2019—2023 年，成果分别在中国国际大学生动画节、中国大学生原创动漫大赛、北京市大学生数字媒体设计大赛上都斩获了各项大奖，成绩斐然。

五、课程特色与创新

（一）课程特色

课程以“自然交互技术为用、文博艺术为法、中华民族文化为体”的课程理念，聚焦于智能媒体设计前沿领域，帮助学生深入了解智能交互技术，并运用所学的技能服务于数字文博设计等复杂的行业，使其成为具有把握智能媒体领域发展趋势以及具备相应的产品设计创新能力的人才。

（二）课程改革创新点

1. 内容创新：课程将民族文化认同、课程思政以及专业技能提升无缝融汇于整个实践过程之中，不仅让学生充分学习如何利用先进技术去和机器对话，也创新性地实践了如何基于智能交互方式去展现中国传统文化。

2. 模式创新：课程通过与国博合作，采用校企合作育人的模式，充分发挥了跨专业协同授课的教育优势，创立“跨学科师资联合授课、相关学科联合指导”的协同授课新模式；坚持小组式实践教学指导模式，在教师中推行“以学生为中心”和“提升学生自主学习能力”的教育方式，注重培养学生的批判性思维和终身学习能力。

3. 思政创新：课程在以“优秀传统文化创新性发展”为主题的引领下，引导学生从当代社会、民族文化与行业细节等多元视角中形成对本专业全局性的理解与深度认知，并以创作对国家和民族有价值的作品为己任，成长为有责任有担当的未来艺术创作者。

（撰稿人：孙国玉；审核人：王晓红）

中央美术学院国家级一流课程建设案例

中国传统雕塑考察

一、课程基本信息

课程名称	中国传统雕塑考察
课程负责人	张伟
开课单位	中央美术学院
课程类别	社会实践一流课程
课程性质	必修
开课年级	本科二年级、三年级、四年级
面向专业	雕塑
学　　时	960
学　　分	26
主要教材	《中国美术全集》《中国雕塑史》

二、课程团队

本课程是中央美术学院雕塑系第六工作室自2009年在国内高等美术学院第一个明确以“中国传统雕塑造型”为研究方向的专业工作室成立后推出的第一套贯穿三年的基础主干必修课程。该课程的创建者为首任工作室主任张伟教授，现已任雕塑系主任，他作为团队带头人，荣获了教育部第二批“全国高校黄大年式教师团队”荣誉称号。

张伟教授经过长达20年对中国古代造型艺术遗存的反复而全面地考察、梳理与研究，形成了完备的课程理念，使中国古代造型艺术首次正式纳入高校美术教学课程体系，在多年的教学实践过程中，该课程体系已经对全国各大美术学院产生了引领和示范作用。

“中国传统雕塑考察”课程的核心教学团队成员还有杨靖教授（中央美院雕塑系第六工作室现任主任）及年轻教师杨昆，还有中央美术学院其他学科的教授。杨靖教授以多年的考察活动，积累了大量的实践经验，他在课程具体实操过程中，不断与张伟教授优化课程编排，点对点解决实际问题。杨昆老师作为本工作室培养的新一代年轻教员，他对网络时代丰富的线上资源的进一步整合与拓展起到了推动作用。其他各个专业的教师、教员也对课程起到了优势互补的作用，提供了更加宏观、更加全面的专业佐证，整个课程团队新老结合，各有专长。

三、课程目标

通过3年6个部分的系列课程，学生们能在脑海里形成一个横向有比较，纵向有先后的立体框架，这个框架可谓是一部可以现场直观体验到的、立体的“中国古典传统造型艺术史”。心中有了这个框架，才能打破以往以固化的西方造型审美为优劣评判标准的价值观，建立自己的审美观。读懂传统造型语言，进入中国传统造型的语境中，做到懂得匠心，真正客观地审视传统造型艺术。

课程具体目标如下：

针对我国现存的古代雕塑进行深入考察和整理，首先培养出同学们对传统美学的兴趣和热爱，通过大量的阅读，建立学术框架，总结造型规律。

该课程作为工作室的基础必修课，建立的审美基础和思维方式成为支撑其他课程开展的基础，本课程作为主干课程的目标不动摇。

在同学们日后的创作过程中，真正读懂传统造型语言，力求做到推陈出新；效法传统，但又要超越传统；结合当代，创作出有创造性、突破性的传世之作。

四、课程建设及应用情况

通过多年的教学实践，我们认识到，我们缺失的不是传统工艺的技术断代，也不是材料的改变或古物的损毁，而是传统创造语境的缺失。因此，一个“强势”的课程让学生能彻底放下固有的概念与思路，全身心投入中国自己传统的语境中来，成为我们设置“传统雕塑考察课”的核心出发点。

想全身心沉浸到中国传统造型语境中，读懂传统造型艺术，按照传统考察课的传统思路开展课程是行不通的，比如到文物考察点去画画、临摹，回到学校后再创作作品，最后挪移嫁接，使得作品更加没有主心骨，收效甚微。

多年的教学实践经验告诉我们，学习传统没有捷径。海量的考察，类似文物普查式的实地阅读，虽然辛苦万分，耗时耗力，但这是成效最好的路径。因此我们的课程安排与以往的美院（包括其他国内任何一所美术学院）所采用的下乡考察都不一样。

只有通过这种密集的实物阅读，才能对传统造型语言形成横向有类型的比较，纵向有历史先后的大框架。如躬亲实践式地翻阅了一部由实物组成的《中国古典传统造型艺术史》，这本实物《造型艺术史》让我们的本科学生从二年级进工作室一直读到毕业，正好是3年6次，按这个时间线安排，正好把全国重要的与雕塑相关的文物遗存与博物馆走了一遍。6 次中，分别有 3 次长线和 3 次短线。

长线：春季（约四周）。3 次的安排有：（1）中原线。以山东、河南为主的中原核心文化区域，约七十处考察点。（2）山西线。以山西为主的地面寺庙建筑彩塑文化区域，约八十处考察点。（3）西北线。以甘肃、陕西为主的中东亚交流文化区域，约五十处考察点。

短线：秋季（约两周）。3 次的安排有：（1）北方线。河北地区北朝石刻艺术，约六十五处考察点。（2）西南线。重庆大足、四川安岳地区唐宋石刻艺术，约三十五处考察点。（3）东南线。南京地区六朝石刻艺术，约四十五处考察点。

对于考察课的考核，比起学生在现场的临摹复制，我们更加强调学生路上不断动脑思考、系统搭建的过程。所以与美术学院其他专业的校外实践课的作业要求不同，我们是用一篇总结性的文章来呈现学生在每次考察过程中的所见所闻及所思所想。

如今，这部由实物组成的《中国古典传统造型艺术史》已经被同学们翻阅了十余遍，每次都有新发现，每次都有新感受，线路年年在优化，课程内容也逐年在丰富。传统造型语言从一开始的听得懂，到听得顺，再到读得通，最后是学以致用、为我所用。

十余年的授课、考察、创作经历，使得我们对传统造型美术独特的发现与见解逐步得到了社科文史、美术创作等各个领域的认可与学习。起初，我们编写了雕塑系第六工作室《器物造型》教材以及第六工作室教学成果总结《器象万千》《华彩之塑》等书籍画册，后又在《美术评论》《雕塑杂志》《人民日报》等核心期刊、核心媒体上发表相关文章，教学成果获得了进一步认可。

而今，由课程负责人主编、课程成员参与编纂的《中国传统造型艺术考察手册（全六册）》即将出版，我们将课程中提到的“由实物组成的《中国古典传统造型艺术史》”，由一个理想变成实实在在的书籍。该书籍的出版，不仅是对课程核心精神的普及推广，更是对传统造型语言全面、权威的解读，让专业学者、社会大众全面受益，读懂传统造型语言，进入传统造型语境中来，感受学习传统造型美学的魅力。

五、课程特色与创新

关于传统美学、雕塑造型艺术的研究，大部分出自文史系统，学者多沿着历史发展的脉络，以人文历史为主线对中国传统造型美学进行研究。“学究”思维缺乏躬亲实践和对现场的实地感知，往往会自觉或不自觉地回避了造型和审美所取得的成就。仅仅是现象的研究总结，无法从根源以及本质上确立审美和评价的标准，而这一点的缺失，恰恰损伤了传统造型艺术最有价值、最有生命力的部分。

本课程十余年间不断开设、完善，已经培养了一大批有动手经验的人，能够从专业雕塑家的视角，从创作者的角度，对中国传统雕塑、传统造型美术进行深入的研究。这些同学可以做到清晰地洞察内在的造型规律，品味暗含其中的学术价值、艺术价值，利用传统造型语言去解锁古代艺术品中隐藏最深的秘密。

本考察课有大量的阅读和积累要求，一方面侧重于总结归纳，另一方面侧重于激发学生动手能力和创造力。本工作室毕业生区别于文博系统的“学究”和工美系统的“学徒”，这也是本课程最大的创新所在。这些毕业生到了工作岗位以后，或从事科研，或从事教育，或参与国家重点项目及工程建设，因为其既具备了高素质的美学修养，又有极强的动手能力，甚至拥有在长期考察课中养成的协调组织能力，因此在各个岗位中都充当着重要角色，发挥重要的作用。

值得一提的是，艺术考察类型的实践课在中央美术学院及其他美术院校也有开设，但是该类型的实践课程一般都作为辅助课程开设，对于我们来说，传统造型艺术考察课是作为主干课程开设的，主干课程的地位是强势有力的，这一点逐步得到其他兄弟院校的积极认可，并逐步借鉴、推广。

（撰稿人：张伟；审核人：郝凝辉）

中国政法大学国家级一流课程建设案例

刑事法与刑事科学法律诊所

一、课程基本信息

课程名称	刑事法与刑事科学法律诊所
课程负责人	肖承海
开课单位	中国政法大学刑事司法学院
课程类别	社会实践一流课程
课程性质	选修
开课年级	本科三年级
面向专业	法学及侦查学专业
学　　时	80
学　　分	5
主要教材	《法律诊所（第二版）》

二、课程团队

课程负责人及团队成员近五年在承担“刑事法与刑事科学法律诊所”课程的过程中，积极改进教学方法，强调以学生为中心的教育理念，将理论与实践深度融合，教学效果良好，学生评教成绩均在98分以上。

课程负责人及团队成员近五年主持多项学校教改项目，如“侦查学专业（网络犯罪侦查方向）本科生课程体系与教学方法改革研究”（1401/08111560）、“侦查学方向硕士研究生课程体系与教学方法改革研究”（YJLX1709）等；同时积极参加产学合作项目，主持教育部高等教育司产学合作协同育人项目（北京永信至诚科技股份有限公司）“软件安全实验室建设”（201801076053）等。

课程负责人及团队成员多次获评校优秀教学奖和优秀教学特别奖，侦查学教学团队荣获评2022年度“北京高校优秀本科育人团队”。

三、课程目标

设立“刑事法与刑事科学法律诊所”课程，旨在通过全新的互动式和实践式教学方式达到以下目标：实现刑事法、刑事科学理论知识与现实应用之间的有效对接，弥补传统刑事法与刑事科学教育以单向传授基本理论知识为主的缺陷；促使法科学生将理论知识应用于刑事法与刑事科学实践，培养学生的法律职业技能、理论创新精神、创造性思维能力、协同工作能力以及职业道德素养；缩小法科学生与未来从事的法律职业之间的差距，缩小社会需求同刑事法与刑事科学教育间的距离，为培养具有厚基础、宽口径、高素质、强能力的复合型、应用型、创新型高级法律职业人才奠定坚实基础。

四、课程建设及应用情况

（一）课程的建设发展历程

“刑事法与刑事科学法律诊所”课程（以下简称诊所课程）为中国政法大学实践类专业选修课，于 2010 年开始设置，面向法学专业和侦查学专业大三本科学生，总计 5 学分 80 学时。目前已经开设完成 26 期诊所课程，每学期学生规模由最初的 50 余人增长至现在的 90 余人。

（二）课程与教学改革解决的重点问题

1. 解决理论教学与实践教学的脱节问题。传统法学教育偏向于以教师单向的课堂讲授基础理论知识为主，缺少互动性和实践性，理论与实践相对脱节。诊所课程力图通过知识教学与实践教学的“同步”，提升学生运用理论知识解决实际问题的能力，满足社会对刑事法与刑事科学人才的高标准需求。

2. 促进学生由被动学习向主动学习转变。诊所课程努力改变过去以教师为中心的教育偏向，转向以学生发展为中心，通过多样化的教学模式和教学方法，引导学生自我管理，主动学习，激发学生求知欲望，提高学习效率，提升自主学习能力。

3. 实现知识教育与思政教育深度融合。诊所课程努力转变传统法学教育“重专业知识、轻综合素质”的倾向，坚持以文化人、以德育人，不断提高学生的思想水平、政治觉悟、道德品质、文化素养和法治精神。

（三）课程内容与资源建设

诊所课程的内容主要涵盖以下模块：法律执业者的职业道德与执业纪律；提供法律咨询和法律援助的基本规范与技巧；诉讼技能与诉讼策略；法律文书写作；科学证据及其审查评断等。

课程资源建设情况：诊所课程充分利用学校的智慧教室和刑事案件卷宗副本进行案例教学、互动式交流；充分利用学校的模拟法庭、模拟公安局、模拟检察院、模拟律师事务所进行法律模拟教学；充分利用侦查学实验中心的仪器设备和图书资料为诊所咨询提供便利；设置有接待当事人咨询的值班室和固定电话、复印机、照相机等硬件设施；制定有轮流值班制度、日志记录制度、指导监督制度、文件归档制度、保密制度等诊所运行制度；与法院、检察院、监察委、律师事务所、鉴定机构等实务部门合作建立近 20 家实践教学基地；聘请多名实务部门的专家作为诊所课程的实践指导教师。

（四）课程教学内容及组织实施

诊所课程的教学强调互动性和实践性，以学生为主体，由学生自主地发现问题和解决问题，教师主要发挥启发和引导作用，采取课堂教学、法律咨询、实务部门实践、现场观摩互动等多种方式相结合的立体化教学模式。课堂教学采取角色扮演、小组讨论和聘请实务部门专家开展专题指导等形式进行。法律咨询由诊所学生利用课堂教学之外的时间，在固定场所值班，接受电话咨询、线上咨询或者现场咨询，向符合帮助条件的当事人提供免费的义务法律援助。实务部门实践是诊所教师针对学生的不同实践需求，介绍或带领学生到实务部门参与法律实践。现场观摩主要是教师带领学生到实践基地进行现场参观、旁听、阅卷和互动交流。

（五）课程考核评价方式

课程成绩根据学生表现采取综合评定，充分体现过程性评价，包括平时作业、课堂讨论、实际办案情形等。课程评估共分为三个部分，即：上课的出勤情况及课堂的表现（30 分）、在诊所中的工作表现和评价（50 分）及相关的报告和总结（20 分）。

第一部分评估内容：出勤登记表（10 分），课堂表现评分表，由各组指导教师打分（20 分）；第二部分评估内容：出勤登记表（10 分），有关法律文件的书写情况（10 分），参与案件的表现和尽责程度（30 分）；第三部分评估内容：结案报告或诊所随想（10 分），调研文章或诊所总结（10 分）。

（六）课程评价及改革成效

诊所课程以互动式、实践式的教学方式促使学生在实践中学习，学以致用；激发了学生做事的主动性和积极性，培育了学生的法律职业技能、职业道德和法治信仰；通过在指导教师的帮助下为弱势群体提供法律服务，使学生的人文关怀精神和法律素养得到了有效提高，受到学生和同行专家的一致好评。学生评教满意率平均在 98%以上，同行专家评教优秀率 100%。经过诊所课程学习的学生在全国高校模拟法庭竞赛、全国电子取证大赛等各类比赛中成绩优异，并在就业招聘中表现突出，就业率达到 100%。

五、课程特色与创新

“刑事法与刑事科学法律诊所”课程的特色主要体现在强化以学生为中心的教育理念，通过互动式和实践式教学形式弥补了传统教学在理论和实践上的脱节问题，使法科学生在校期间就能够通过接触和处理真实的案件而进一步掌握所学的法律专业知识，锻炼学生协同工作的能力和相应的基本职业技能，加强对职业责任和职业道德的理解和学习，为培养合格的法律人才奠定基础。

课程教学改革的创新点主要体现在以下四个方面：

（一）教学主体多样性

除了专任教师外，通过与实务部门的良好合作，一批具有丰富法律实践经验和热心法学教育的侦查员、检察官、法官、鉴定人、律师等实务型专家以不同形式对诊所课程的学生进行指导，从而形成了颇具特色的“专任教师”与“兼任教师”协同育人的诊所课程师资团队。

（二）实践教学同步性

无论是课堂教学还是法律咨询，无论是实务部门实践还是现场观摩互动，诊所课程的教学方式在体现多样化特点的同时，实现了知识教学与实践教学的有机统一，使学生在校期间就能够通过多维度的法律实践活动，使自己的职业技能和综合素质得到有效提高。

（三）课程思政贯穿性

诊所课程不仅仅是职业技能的培训，还强调社会主义法治观念的养成、职业道德的培养、对社会弱势群体的帮助等思政内容。在诊所学习和实践的各个环节，通过指导教师的言传身教，对学生进行社会主义核心价值观的教育和熏陶。

（四）考核方式过程性

在诊所课程结束时要求每个学生都必须写出书面的诊所学习报告，系统地总结自己在诊所学习中的收获、诊所教学的成功与不足之处。学生在诊所学习中的具体表现，学生参与案件的质量（而不是结果）、学生从自身经历中思考学习的能力、学生的自我评价等都是诊所教师评定学生学习成绩的依据。

（撰稿人：肖承海；审核人：汪海燕）

中国矿业大学（北京）国家级一流课程建设案例

思想政治理论社会实践

一、课程基本信息

课程名称	思想政治理论社会实践
课程负责人	盖逸馨
开课单位	中国矿业大学（北京）马克思主义学院
课程类别	社会实践一流课程
课程性质	必修
开课年级	本科一年级、二年级
面向专业	全校所有本科专业
学　　时	64
学　　分	2
主要教材	《大学生社会实践教育理论与方法》

二、课程团队

第一，注重打造特色教师团队。课程由多名青年骨干教师联袂授课，资深教授指导确定实践教学方案，青年教师参与、辅助、组织学生进行实践活动，形成一支职称、年龄、知识结构合理的教学团队。教学团队致力于不同阶段教育的结合，撰写的报告获北京高校青年教师社会调研二等奖。

第二，擅于探索教学创新路径。教学团队参与学校教师宣讲团、马克思主义青年读书会等品牌活动，着力于马克思主义大讲堂建设，强调理论知识的实践运用和实践过程的理论认知，做到传授理论知识和增长学生本领相统一，全面提升教师队伍育人水平。

第三，聚焦推进教学成果转化。课程负责人带领教学团队获评北京市首批学校思想政治理论课“青年教学名师工作室”，持续深入开展教学研究和教学改革，出版教学著作 3 部，发表教学论文 30 余篇，其中 CSSCI 来源期刊 14 篇。

三、课程目标

课程旨在着力彰显高校立德树人的主渠道作用，促进“大思政”格局持续优化，注重在育人育才过程中坚持“四个结合”。一是坚持传授科学文化知识与思想政治教育相结合。既传授知识又加强教育引导，把教书和育人、智育和德育有机统一于教育教学过程中。二是坚持知识引导与人格熏陶相结合。以学识水平赢得学生尊重，以师德师风和人格品质对学生产生潜移默化影响，发挥育人功能。三是坚持系统性与针对性相结合。既要系统传授理论知识，又要结合实践进行思想政治教育，面对重大理论与重大现实问题、学生深层次思想认识问题给予针对性回应。四是坚持理论武装与实践育人相结合。既注重课堂教育，又注重社会实践，使理论武装与实践育人相互补充、相得益彰。

四、课程建设及应用情况

“思想政治理论社会实践”获评首批国家级一流本科课程，已有 11 年的建设基础与教学成果，是中国矿业大学（北京）本科教学健全工作机制，整合教学资源，创新评价考核，加强大学生思想政治教育顶层设计，着力构建中国矿业大学（北京）“5+1+X”思想政治理论课特色课程体系中的“1”，即一门促使思政课程与日常思想政治教育有效结合，实现高校思想政治教育主渠道与主阵地双向促进的社会实践类特色课程。

课程教学方法不断优化，教师团队不断创新。课程教学面向全校本科一、二年级，创新“自主•学习•分享”教学模式。强化师生二元主体互动，综合运用访谈式、研讨式、案例式、情景式等教学方法。从“课堂聚焦什么？”“授课目标是什么？”“学生收获什么？”入手，增强教学亲和力和实效性，课程获全国高校思想政治理论课实践教学方案一等奖，努力实现思政课“大合唱”。

课程教学体系形式开放，评价体系科学有效。教学体系以开展社会实践为主要内容，以志愿北京服务平台为依托，以实地参加志愿服务活动以及撰写实践报告的形式作为课程建设标准，学生自主选择合适、有兴趣的志愿活动参与。课程以提交“志愿北京”志愿服务时长证明与实践报告作为课程成绩评价内容，突破“唯分数论”模式，通过对学生实践报告内容的评阅，选出内容详实、生动深刻的实践报告作为优秀实践报告，推荐参加省部级竞赛，指导学生获“青创北京”2023 年“挑战杯”首都大学生课外学术科技作品竞赛二等奖。

课程坚持学生主体地位，实现从学理认知到信念生成的转化。充分发挥学生的能动性，不断提升新时代大学生对思想政治理论课的参与感和获得感，切实增强思想政治理论课的说服力和影响力。课程充分调动学生积极性和主动性，提高学生思想认识，在由表及里、抽丝剥茧的过程中进行理论熏陶和价值引导，留下有情怀、有温度的“矿大记忆”。“给十年后的自己写封信”，从学生理想且坚定的笔触中看到他们的抱负与对直面未来的勇气。

排演思政主题小组合作情景话剧，切实提升学生主动参与课堂活动的积极性。指导学生进行科研选题、大学生创新性训练，启迪他们从更专业的角度思考问题。带领学生参加北京市高校大学生讲思政课公开课活动，深化对思政课教学内容的认识和思考，展现新时代大学生马克思主义理论素养和精神风貌，获第五届全国高校大学生讲思政课公开课活动北京赛区二等奖、三等奖。

课程坚持深化社会实践，实现从理论知识到实践能力的转化。社会实践有助于扎根中国大地，讲好中国故事，面向社会现实，针对性厘清学生思想难题。教学团队在课余时间组织多支学生团队开展实践，2019 年有 10 支暑期社会实践团队，从于都到雄安，从煤矿到首都，从山区到城市，从历史到现实，充分展现了矿大学子的家国情怀，感人至深、催人奋进。指导学生获首都高校思想政治理论课学生社会实践论文一等奖、二等奖，生动诠释思想政治理论课教学成果。引导大学生在实践过程中深刻领会社会主义核心价值观的历史底蕴、现实基础、道义力量，努力成为社会主义核心价值观的坚定信仰者、积极传播者、模范践行者。将价值塑造、知识传授与能力培养三者融于一体，实现从“坐中学”到“做中学”转变，在理论知识传授中强调价值引领。

在推进课程教学体系的过程当中，第一，注重理论和实践相融合，理论贴近专业、贴近学习、贴近生活。第二，注重教师引导教育和学生自我教育相结合，增进教学效果。第三，注重教学和科研相结合，用高水平的科研成果指导教学。第四，坚持结果评价和过程评价相融合，注重学、思、行，综合运用教师评价和学生互评。第五，注重教学目标的分层设计和教学方法的综合运用相结合，形成中国矿业大学（北京）“5+1+X”思想政治理论课特色课程群之间的教学合力。

五、课程特色与创新

第一，深化理念创新，实施“自主·学习·分享”教学模式。以育人为基本职责，以课程为核心，深化教育教学改革，积极探索发挥思想政治教育功能的途径与方式，坚持“学生为主体，教师为主导”教学理念，依托教育部项目广泛开展探究式、个性化、参与式教学，针对学生所关心、社会所关注的问题发出理论和时代声音，赋予高校思想政治理论课针对性和亲和力。

第二，夯实理论深度，实施思政课“1+2+3+4”实践教学模式。课程以马克思主义青年读书会、教师宣讲团为实践教学突破口，创新运用“1+2+3+4 模式”展开教学，进一步促进思想政治理论社会实践与思政课理论教学、网络教学紧密结合，把实践教学成果融入理论教学，引导学生把理性思考和感性体验相结合，将课程所学、所思、所想、所得落实到日常的生活和专业课的学习中。

第三，深化校本课程改革，打造“5+1+X”思政课特色教学体系。课程坚持以习近平新时代中国特色社会主义思想铸魂育人，以构建通识教育为基础的宽口径、个性化专业培养知识体系为指向，实施“5+1+X”思想政治理论课教学体系，教育部网站、光明日报、中国教育报、现代教育报等主流媒体报道刊登候选人全方位引领学生思想典型做法。

课程依托结合学校行业特色，创新人才培养，从理论性、创新性、实践性和责任感等方面着重加强人才培养，同时贯穿于思想政治理论课社会实践中，成为从书本到实践、从帮助他人到自我教育的重要抓手，让学生在接触社会、奉献社会的过程中深刻理解和践行社会主义核心价值观，推动学生真正做到知行合一。

（撰稿人：盖逸馨；审核人：郭东明）

北京理工大学国家级一流课程建设案例

科学研究综合训练

一、课程基本信息

课程名称	科学研究综合训练
课程负责人	陈煜
开课单位	北京理工大学材料学院
课程类别	社会实践一流课程
课程性质	必修
开课年级	本科三年级
面向专业	高分子材料与工程
学　　时	总学时 64，其中理论课学时 12，实践学时 52
学　　分	2
主要教材	《创新创业概论》

二、课程团队

课程负责人：陈煜，教授，博士生导师，北京市青年教学名师，曾获首届全国化工类教师课程思政教学能力大赛特等奖等荣誉，入选北京市“青年英才”计划。主讲的“先进复合材料”课程被评为北京市优质本科课程，获省部级教学成果一等奖 1 项，出版中英文教材 4 部，发表教改论文 11 篇，承担国家、省部级教改项目 6 项。在本课程中承担科学研究训练方法的理论教学与实践指导工作，负责社会实践基地的建设与维护，带领学生结合研究成果参加各级创新创业大赛。

课程教学团队包括负责本课程资源协调与教学工作的李晓萌副教授、庞思平教授，负责开展课程管理与教学工作的王建全、陈攀副教授等。此外，课程的教学获得了高分子材料系教学科研岗教师的支持与参与。

三、课程目标

课程贯彻北京理工大学“价值塑造、知识养成、实践能力”三位一体育人理念，主要面向三年级本科生，通过渐进式教学，打通学生从专业学习、学术研究、社会实践到创新创业的科学研究综合实践全流程。课程在知识、能力、素质方面希望学生达到如下目标。

知识目标：引导学生明确科学研究的价值观及重要性，结合专业知识系统地开展实践调研，凝练问题开展科学研究，利用研究成果开展创新创业、服务社会的技能。

能力目标：培养学生全面解决本专业复杂工程问题的能力，突出的、基于实践的创新创业能力，优秀的团队协作与项目管理能力。

素质目标：培养具有崇高的家国情怀，远大的“以材报国”的职业理想，昂扬的攻坚克难精神，拔尖的实践创新创业能力的一流本科生。

四、课程建设及应用情况

（一）课程建设发展历程

本课程始创于2002年。近年来，开展了深入的课程改革，指导学生通过实践调研、了解行业发展需求并凝练科学问题，以科学研究探索问题解决途径并开展创新创业，在服务社会的同时培养学子“以材报国”的使命与担当。

（二）课程与教学改革解决的重点问题

高分子材料与工程专业在本科生培养中，存在能力素养培育中“三难”的突出问题：

1. 课程教学主要教授成熟理论知识，实践环节多为巩固验证型，与产业实践结合难；

2. 简单说教式思政教育，难以使学生真正树立正确的科研价值观和“以材报国”的职业理想；

3. 高分子材料科学问题研究周期长，条件要求高，本科生独立开展科研难，将专业知识转化为创新创业成果并服务社会存在困难。

（三）课程内容与资源建设及应用情况

1. 课程内容建设

充分利用小学期连续3周的课内集中学时，提升学生科学研究和实践技能。利用12个理论学时，引导学生明确本专业科学研究的价值观及重要性，引导学生掌握实践、研究、安全、双创技能，带领学生了解课程师资、设施、研究方向。

通过52学时的实践环节，组织学生深入实践基地开展与专业深度结合的实践活动，了解行业所需与卡脖子问题，凝练科学问题带回校内研究，形成深度有特色的科研和实践成果，借专业知识献计产业发展，培养学子“以材报国”的使命与担当。

将课内短期科研实践和课后长期科研与双创结合，充分扩展课程内容、时间、空间，鼓励学生深入开展学术研究与创新创业。凝练学术成果，参加国内外学术会议，发表高水平学术论文，参与研究进展型文章撰写；鼓励与指导学生开展创新创业，促进成果落地，深度服务国家需求；参加高层次双创比赛，以赛促教，促进成果凝练与推广，形成引领效应。

2. 资源建设及应用

充分利用校内优质资源。结合国家一流学科、一流本科专业的优势，利用 6 个国家和省部级教学科研一体化平台，积极鼓励优质师资参与学生科研指导，实现了本校一流资源在课程教学中的最大化利用。

积极扩展课程实践基地。近 5 年来，建立学生社会实践基地 8 个，建设国家级“应用型军工人才培养与创新实践基地”，聘请企业实践导师 28 人，年接待学生 50 余人次，开展各类实践与创新创业活动。

充分利用学生科创比赛机会。借“互联网＋”“挑战杯”“创青春”“三下乡”等国家、省部级创新创业实践比赛，带领学生凝练双创成果，积极参赛，取得突出成绩，形成引领效应。

（四）课程教学内容及组织实施情况

课程理论教学内容共分为 7 节 12 学时，通过教学带领学生了解科学研究特点和规律，熟悉课程设施、师资，树立安全研究观念。

在实践环节，带领学生深入实践基地，开展实践调研并挖掘研究需解决的关键科学问题，带回校内开展结合专业的实验研究，形成有实用价值的研究成果。

（五）课程学业考评方式

在课程授课期间，每位学生形成科学研究实践报告 1 份并进行学术汇报，由课程组教师集体打分给予成绩评定。

在授课期后，通过组队与选题的优化，进一步开展深入的创新创业活动，对优秀成果给予学术发表，参加会议、比赛等奖励。

（六）课程评价及改革成效

本课程作为本专业最受学生喜爱课程，获得专家高度认可，有效支撑了工程教育专业认证。课程建设成果发表教改论文 3 篇，承担省部级、校级教改项目 4 项。建设成效被《学习强国》《中国青年报》等媒体广泛报道。

近 5 年来，参与本科生以第一作者身份在顶级期刊发表高水平 SCI 论文 16 篇，出版英文专著章节 12 章，申请发明专利 8 项，在国际、国内学术会议做学术报告 6 次。“甄材实学”实践团 2019 年被评为团中央“三下乡”优秀团队；课程参与学生双创项目在“互联网＋”“挑战杯”“创青春”等具有影响力的竞赛中获得国家、省部级奖励 17 项；教师

6 次获得国家、省部级优秀指导教师称号。

五、课程特色与创新

课程探索了将科研实践与创新创业结合，专业知识与服务社会结合，实践教学与课程思政结合的教学模式。创新点如下：

实现了专业教育与思政、实践、双创教育的融合。指导学生通过实践调研了解行业发展需求，以专业知识开展创新创业，将实践与双创成果用于服务社会，解决了本专业理论与实践教学脱节的问题。

将课程成功建设为本专业学生学习关键节点课程，成为学生最喜爱的课程。学生通过本课程明确了专业学习的目的、意义和价值，培养了结合专业开展社会实践的能力，以专业知识和研究技能解决问题的能力，找到了开展创新创业的途径，感受到专业学习的成就感，受到了生动鲜活的课程思政教育，将“以材报国”的职业理想根植于内心。

探索了时间、空间、团队三维扩展，深入系统地科学研究综合训练模式。通过有针对性的教学设计，成功将短期社会实践、科研创新与长期科研、双创紧密结合，教学空间从教室、实验室向企业、研究所、比赛场扩展，充分利用专业导师、实践导师、创业导师资源开展协同育人，形成了全方位立体化实践育人新模式。解决了本专业科学问题研究周期长，条件要求高，本科生独立开展科研难，将专业知识转化为创新创业成果与服务社会的能力不足的问题。

（撰稿人：陈煜；审核人：薛正辉）

北京协和医学院国家级一流课程建设案例

全科医学—社区早接触

一、课程基本信息

课程名称	全科医学—社区早接触
课程负责人	沙悦
开课单位	北京协和医学院北京协和医院
课程类别	社会实践一流课程
课程性质	必修
开课年级	本科四年级
面向专业	临床医学八年制
学　　时	24
学　　分	1
主要教材	《全科医学概论》

二、课程团队

课程负责人沙悦，在内科学、全科医学“五生”教学方面具有丰富经验，擅长课堂互动式教学、病房教学和门诊督导式教学，2020 年承担北京协和医学院教改立项项目“建立以胜任力为导向的八年制医学生全科医学见实习体系”，2022 年参与北京市住培质量提升项目“全科医学住院医生外科技能标准化培训体系的建立与效果评价”，近年来参与中华医学会系列基层指南及《全科医学高级教程》《全科医学概论》等教材编写。

课程教学团队成员近年来主持翻译了美国内科学会（ACP）的系列临床教学丛书作为师资培训参考书，主要成员具有担任诊断学、内科学、全科医学等课程教师的经验，同时合作开展多项社区相关教学研究，曾学军教授于 2022 年获评北京市优秀教师。

三、课程目标

为培养高级医学人才，将本课程作为临床医学八年制医学生全科医学连续性课程的第一部分，要求医学生通过本课程学习，理解医生应具备的职业精神，树立医疗工作中的安全与质量意识、在系统内工作的规则意识以及团队合作意识，为规范医疗行为打下基础；理解分级诊疗制度的概念与意义，了解社区卫生服务机构的基本医疗和基本公共卫生服务功能，了解分级诊疗制度下家庭医生签约和双向转诊的现状，理解全科与专科、医院与社区卫生服务机构之间的衔接合作；熟悉家庭医生的工作环境与职责，在教师督导下初步学习全科医学临床实践；学习理论联系实际的方法，树立终身学习的观念，体会在实践中学习的方式，会观察、思考、提问，会倾听、反馈，会总结和展示。

四、课程建设及应用情况

（一）历史积淀与发展历程

北京协和医学院、北京协和医院在开展基层医疗、公共卫生服务方面有着优良的传统。1925 年在北京东城区建立了“第一卫生事务所”，不仅为社区居民提供基本医疗卫生服务，而且成为北京协和医学院的医学生和护理生的实习基地。1929 年，在河北省定县建立“农村卫生试验示范区”。1994 年，北京协和医学院在继承传统的基础上做创新，设立了早期接触临床课程，并先后和东城区、朝阳区社区卫生服务中心合作。2014 年，全科医学系成立，依托《国家基本公共卫生服务规范》，开始整合和规范社区早接触课程。2021 年，早期接触临床的社区卫生实践部分成为全科医学系列课程之一——“全科医学—社区早接触”。

（二）课程重点与改革方向

课程建设的重点是基层教学基地的建设，不断提高社区医师的带教能力和医学生的学习体验。通过师资带教能力的提高，逐渐扩大“全科医学—社区早接触”的实践教学的内容，形成临床前医学教育的有机整合，包括关注弱势群体、平等对待原则、安全/规范医疗行为等职业精神熏陶；全人照护理念、以病人为中心的接诊、Murtagh 诊断策略等职业能力的体验式教学；动机访谈、假设演绎式问诊、RICE 问诊策略等职业技能展示。打造特色的社区和门诊教学单元，增加临床医学生思政教学机会。引导医学生从了解国家基本医疗服务，到积极思考如何为健康中国建设添砖加瓦。

（三）课程内容与资源建设、应用

课程重点关注全科医学思维和全科医学实践方法的学习，采用模块化教学，包括以下部分。

1. 必修课程模块

（1）全科诊疗，熟悉全科诊疗服务流程及工作内容。

（2）家庭医生签约服务，了解家庭医生签约服务的含义、签约服务包括哪些内容以及家庭医生能带来哪些便利等。

（3）中医药健康管理。

（4）预防保健：熟悉儿童系统管理方法，妇女孕期饮食、营养及保健等健康宣教知识，熟悉重性精神病患者健康管理服务内容及工作流程等，熟悉计划免疫，熟悉社区传染病防控。

（5）健康档案管理、慢病管理、老年人健康管理。6.健康教育。

2. 选修课程模块

（1）社区康复，进行一次完整的康复服务。包括询问病史、体格检查、康复训练及指导等。

（2）出诊/入户访视，了解出诊/入户访视的服务内容及工作流程，体验一次出诊/入户服务。

特色教学由各培训基地结合必修或选修培训模块内容形成，充分发挥各培训基地的优势服务项目，有针对性地进行重点教学。

（四）课堂教学与组织实施

课程设置在临床医学八年制医学生四年级下学期，连续 6 周，每周一次 4 学时。首次授课采用集中授课与讨论相结合的方式，介绍全科医学与社区卫生工作并明确课程要求。之后学生分组进入不同社区卫生服务中心进行 4 次实践，期间有严格的考勤制度，课程督导巡视各个培训基地，每日课程结束后带教老师组织学生进行反馈和建议，督促见习学生及时完成《北京协和医学院实践手册》并签字。末次课，学生以小组为单位进行多种形式的展示汇报，包括制作幻灯片、自编自演情景剧等，由全科学系教师打分并进行现场反馈，鼓励学生在医患和师生交流的基础上深入思考、展现所思与所得，强调团队合作，体现课程思政教育。

（五）成绩评定方式

课程目前为考察课，成绩由形成性成绩和课堂展示成绩两部分组成，收集学生课后总结和感想，并给予针对性反馈。

（六）课程评价与改革成效

通过课程建设，教学基地软硬件设施、社区师资队伍和课程总体效果均得到不断提高。自 2016 年至今，先后有 60 余名师资经规范化培训成为社区骨干教师。设立教学总干事 1 名，各培训基地均设教学干事 1 名，细化了实习方案、带教老师考核制度、学生考勤制度、效果评价制度等。除学校通用课程评价外，我们对临床医学八年制学生的问卷调查显示，学生对社区卫生实践和全科医学有较强的学习意愿，经过社区早接触课程的学习，学生对社区卫生服务有了较为全面的了解，对医患沟通能力的培养亦有较大帮助。

五、课程特色与创新

本课程以有机整合、不断创新为特色，以学生为中心，对教学质量精益求精。经过近10年的努力，不仅形成了规范的教学内容和实践管理方式，而且保持开放性与灵活性，从促进学科建设的高度进行课程建设，推动公共卫生与临床教育相结合。

1. 坚持完善制度、提升师资水平。建立了集体备课制度、社区实践课程基地负责人和见习小组导师制度、社区带教老师考评和激励制度、教师反馈总结制度等，通过持续合作促进社区基地建设与师资成长，强基层、创精品、回馈医学教学。

2. 坚持高水平专家参与指导。历年来邀请中华医学会全科医学分会、中国社区卫生协会、北京协和医学院及东城社区卫生服务管理中心等的主要领导和各专科全科医学师资参与授课和学生总结汇报的点评，保障课程的质量和学术水平。

3. 灵活运用多种教学方法。重视以学生为中心，因地制宜，灵活运用小组讨论、翻转课堂等形式，调动医学生自主学习能力。

4. 高包容性和扩展性。大学、医院牵手社区卫生服务机构做全科医学教学，密切联系，促进医教研管全面合作，互利共赢，教学相长，促进社区卫生工作全面进步，以师资培养促进课程教学质量提升，不断丰富社区实践内容，以课程建设促进学科建设，具有非常好的示范性。

（撰稿人：沙悦；审核人：马超）

中国人民公安大学国家级一流课程建设案例

公安执法综合实践

一、课程基本信息

课程名称	公安执法综合实践
课程负责人	李春华
开课单位	中国人民公安大学治安学院、警体战训学院等
课程类别	社会实践
课程性质	必修
开课年级	本科三年级
面向专业	治安学专业（逐步适用所有专业）
学　　时	32
学　　分	2
主要教材	无

二、课程团队

（一）教学任务

总计 522 学时。

（二）教学研究

李春华主持完成北京高校教改项目“公安大学实训卷宗库建设与实训教学改革”；李春华主编出版《治安案件查处教程（第三版）》；翟金鹏主持完成北京高校教改项目“公安执法实验教学中心转型建设研究”；翟金鹏主持校项目“公安刑事执法实训（实践）课程建设”；翟金鹏等文章《公安院校警务实训课在线教学模式研究》，载《公安研究》。

（三）教学奖励

李春华主编教材获评北京高校“优质本科教材”；李春华、翟金鹏作为主要参加人的教学成果，获公安部公安高等教育教学成果一等奖；李春华主持的教学成果获北京高等教育教学成果二等奖；张学永文章《三位一体法在执法实训教学中的应用》获北京高校青年教师论文比赛优秀奖。

三、课程目标

中国人民公安大学是公安行业综合性、应用型大学，学校坚持“十六个字”总要求和“四个铁一般”公安铁军标准，积极推进公安教育现代化建设，大力研发“公安执法综合实践”课程，以公安实践为导向，打破专业限制，培养学生公安执法综合实践能力，主要有公安执法理念及法律运用能力，执法语言运用能力，强制手段使用能力，询问/讯问能力，法律文书制作能力，矛盾纠纷化解能力，群众工作能力，舆情应对能力等，锤炼学生警务实战能力，实现专业教育与公安实践“零距离”和“无缝衔接”，强化学生“专业化＋职业化”素质，提升学生公安执法意识及其创新精神，塑造“忠诚可靠、专业精通、文武兼备、作风顽强”的应用型、复合型卓越警务人才。

四、课程建设及应用情况

（一）建设发展历程

公安执法综合实践课历经十年、三个发展阶段，具体如下：

第一阶段试点摸索，2012—2014 年，创建以校内公安执法综合实训课程为主的实训（实践）课程，这是公安执法综合实践课程前身。

第二阶段转型探索，2014—2018 年，从校内向校外教学实践基地转型，构建以校外教学实践基地为主的课程建设，实验开展公安执法综合实践课程。

第三阶段全面实践，2019 年春，全面开展实践基地“公安执法综合实践”教学。

第一，打破学校学科、专业界限，以公安执法核心工作为导向建设课程内容；第二，建立“双导师制”，校内教师与实践基地“警师”联合建设；第三，运行多维度执法综合实践机制，充分利用实践基地红色教育资源、公安执法训练系统、实践基地现场教学模式、“警师”临战指导等多维度实践教学。

2020—2022 年，构建线上线下相结合的“公安执法综合实践”课程。

（二）课程与教学改革要解决的重点问题

通过与公安工作零距离接触，使学生深刻领悟坚持公安执法为民以及公安执法规范化建设的理念，坚持执法形式与执法目的相统一，切实发挥社会实践课程对学生潜移默化的教育功能，使得学生在实践感性认知活动中逐渐形成公安执法理论自觉、法治自觉与忠诚自觉。

（三）课程内容与资源建设及应用情况

1. 课程内容

包括基本的八大专题，并随着公安工作的调整而调整规范。

第一专题：公安执法理念及法律运用。法律法规综合学习、运用。

第二专题：执法语言运用。法言法语运用。

第三专题：强制手段使用。依法使用强制手段基本程序、条件，强制程度升降级规范运用。

第四专题：询问/讯问。基本程序、基本要求、基本技巧运用。

第五专题：法律文书制作。各种办案笔录等常见法律文书制作程序、技巧等运用。

第六专题：矛盾纠纷化解。运用情、理、法妥善化解纠纷能力。

第七专题：群众工作。实践中发现群众工作规律，掌握群众工作的政策、思路、理念与方法。

第八专题：舆情应对。文明规范的镜头前执法、现场舆论引导等。

2. 资源建设及应用情况

嘉兴市公安局实践基地有丰富教学资源。一是嘉兴市公安局是浙江省名列前茅的公安执法规范化建设示范单位；二是“红船精神”传承及其现场教学；三是嘉兴警校警师（教官）走进派出所的“嵌入式”教学；四是嘉兴市公安局研发浙江省首家专项训练“规范警务执法训练系统”；五是有完整充足的“警师”队伍，共有 70 余名警师临战指导学生公安实践。

学校组建了专门教学团队，与警师（教官）形成“双师型”联动教学机制。

（四）课程教学内容及组织实施情况

目前，本课程设置 32 学时，其中 4 学时为理论学习课，由校内教师授课；28 学时为实践课，由嘉兴市公安局实践基地“警师临战指导+校内教师跟导”学生完成。

实践做法案例，如下：

1. 通过巡逻、盘查，检查场所等日常警务工作，实践执法语言运用、强制手段使用、矛盾纠纷化解、群众工作等能力；

2. 通过参与办理治安、刑事案件，实践询问/讯问、法律文书制作等能力；

3. 针对电信诈骗高发的形势，课程内容加强群众工作中的反诈宣传，实践群众工作、舆情应对等能力。

（五）课程成绩评定方式，课程评价及改革成效等情况

1. 课程成绩评定方式。公安执法综合实践课采用独立考评方式。采用过程性考核，重在实践效果，由学生自我评价、警师评价、学生典型案例分析和实践报告评价四部分

组成。

2. 课程评价及改革成效。课程评价坚持实用实效导向，课程评价组通过面对面访谈，就课程内容设计、实践教学环节、考评等问题进行分级评定、评估，根据评估结果评价课程教学内容、教学模式及其教学效果。

课程评价改革成效良好，实践教学基地反馈、学生体验、自评以及教师、警师（教官）评价良好，达到了课程建设目标，实现了培养高素质、应用型警务人才的目的，学生法治意识、执法能力及创新精神提升效果明显。

五、课程特色与创新

（一）课程特色

1. 课程内容设计完全依托公安实战总结提炼，打破学科、专业界限，以公安执法实践为导向，整合校内不同学科专业碎片化知识，以提升学生执法意识为核心和提高学生综合执法能力。

2. 依托实践教学基地丰富资源，如嘉兴“红船精神”“规范执法警务训练系统”等全力支撑课程建设。

3. “双师型”教师队伍，由校内教师与基地“警师”联动，将理论讲解与公安执法现场实践有机结合。

4. 课程教学实现从静态知识传授到动态多维度实践能力的综合训练。

5. 实现公安特色同质化到业务需求差异化，满足学生基本能力需求和个体特色化需求。

（二）教学改革创新

1. 系统整合公安执法相关专业知识和技能。本课程注重对学生综合执法意识与能力的培养，从碎片化到集成化、从单一化到综合化发展。

2. 学生学习从被动性到主动性转变。在实践中有目的地实战化引导教学，激发学生潜力，发挥学生主观能动性。

3. 教学方式从封闭到开放。教学设计具有开放性的特点，课程内容均在实践基地完成，并随着公安工作现实需求及时调整。

4. 考核方式体系化、特色化。考核由四部分组成，覆盖全过程，突出增加学生自我评价，并与警师评价对照，分析学生成长过程，形成合理考核评价体系。

（撰稿人：李春华等；审核人：杨南应）

北京体育大学国家级一流课程建设案例

体育赛事传播

一、课程基本信息

课程名称	体育赛事传播
课程负责人	李岭涛
开课单位	北京体育大学新闻与传播学院
课程类别	社会实践一流课程
课程性质	选修
开课年级	本科三年级
面向专业	新闻学、网络与新媒体
学　时	48
学　分	3
主要教材	《媒体产品设计与创作》

二、课程团队

课程负责人李岭涛负责课程的整体设计、教学方案的审定和理论部分的教学等工作。课程负责人曾承担教育部新文科研究与改革实践项目 1 项（在 2023 年教育部组织的中期检查中被学校推荐为“优秀”）和北京市“本科教学改革创新项目”1 项，被评为北京高校课程思政教学名师、全国广播电视和网络视听行业领军人才。

团队其他主要成员依托本课程积极进行教学研究，推动教学改革，承担教育部产学合作协同育人项目 2 项、北京市“本科教学改革创新项目”1 项，获北京高校教师教学创新大赛二等奖、北京市“为党育人、为国育才”先进育人故事二等奖，教学案例《5G＋8K 大型用户视听体验调查活动报告》2021 年被评为全国新闻与传播专业学位优秀教学案例三等奖，教材《媒体产品设计与创作》在中国高校影视学会 2021 年学术成果（教材）推优活动中获三等奖。1 人被评为中宣部教育部高校与新闻单位互聘交流“千人计划”，1

人被评为校级最美教师，1 人获学校五四青年奖章，团队获学校五四青年奖章。

三、课程目标

通过真正实战，即让学生参加真正的赛事转播实践演练，提升其“脚力、眼力、脑力、笔力”，做到用体育赛事传播其所蕴含的德智体美劳价值立德树人。

（一）获取知识

第一，熟悉体育赛事传播的规则、流程和要求。
第二，熟悉体育赛事传播所需的新技术新设备。
第三，了解相关领域的新规律、新理念和新案例。

（二）培养能力

第一，把握相关领域发展新趋势的能力。
第二，适应新型体育赛事传播模式的能力。
第三，发现新技术新设备并应用于体育赛事传播的能力。

（三）塑造价值

让学生通过实战，提高自己感悟和传播更高、更快、更强的体育精神的能力，增强贯彻落实习近平总书记“使命在肩、奋斗有我”和“为建设体育强国多作贡献，为社会传递更多正能量”要求的自觉性。

四、课程建设及应用情况

（一）课程建设与发展

本课程经历了不断地调整和优化的过程。

原有的体育赛事制作类课程经过了 2013 年和 2018 年两次培养方案和教学大纲修订，形成了完整的新闻学专业体育视听传播模块系列课程。

2018 年又开始组建“体育赛事制作人才培养实验班”和“体育赛事解说人才培养实验班”，制定了以体育赛事传播为核心的课程体系。

2019 年确定了媒介、体育与科技融合的专业发展定位，并正式开设“体育赛事传播”社会实践课程。

2019 年形成了覆盖国内外知名转播公司、智能转播技术公司、赛事运营机构、IP 赛事版权方、转播标准制定机构等体育赛事转播整个产业链的复合型社会实践基地矩阵。

通过对 2017、2018、2019、2020 和 2021 年级学生的检验，本课程达到了培养目标的要求。

（二）课程与教学改革要解决的重点问题

国内体育新闻传播学科独立发展的时间不长，社会实践类课程还处于边缘、封闭状态，导致很多制约其发展的问题出现。

第一是重理论，学生普遍缺少实践机会。

第二是实践课程普遍处于模拟演练状态，与实战脱节。

第三是实践课程对学生的技术素养培育不足。

本课程有的放矢，有针对性地研发有效措施和机制，着力解决这些问题。

（三）课程内容与资源建设及应用情况

1. 课程内容

本课程包括一个理论教学模块（8 学时）和五个实践教学模块（每个模块 20 学时）。实践教学模块由低到高按层次分别是：校内赛事转播模块、校外一般赛事转播模块、国内外大型赛事转播模块、新技术新设备实验模块和新型赛事转播模式研发模块。

2. 资源建设

本课程依托学院、学校专门为体育新闻传播学科发展设立的 5G 高新视频体育融合创新应用国家广播电视总局实验室和体育融合出版可视化技术国家新闻出版署重点实验室、北体传媒（学校全资市场化平台，也是国内首个 4K 标准融媒体平台，做到了全网分发、全媒体覆盖），建立了“四位一体”产学研用一体化协同创新平台，该平台成为本课程对接、导入和整合市场资源的关键桥梁和纽带。依托该平台形成了以体奥动力（北京）体育传播有限公司、夏普超高清产业研究院等机构为代表的核心层，以咪咕、快手、中国联通等单位为代表的紧密层和其他单位组成的松散层三个层次的复合型社会实践基地矩阵，建立了体育赛事转播、体育赛事转播技术应用和体育赛事转播模式研发等主题型实践基地。

3. 应用情况

利用实践基地矩阵，本课程开展了一系列卓有成效的活动。

第一，2019 年在国内首次利用 5G+8K+5.1 环绕声进行了赛事直播暨国内首次 5G+8K 大型用户视听体验活动。

第二，2020 年疫情防控期间为国家射击队研发了远程、异地和多点网络视频对抗赛比赛新模式，该模式经国家体育总局向各个项目国家队推广。

第三，2020 年研发了网络线上大型群众参与性活动举办新模式，该模式经国家体育总局向全国推广。

第四，与咪咕体育共建，承担了东京奥运会共计 9 个项目 96 场赛事解说工作，承担了北京冬奥会共计 6 个项目 66 场赛事解说工作。

第五，与中央广播电视总台共建，承担了 2020 东京奥运会 11 期节目直播与解说工作，承担了 2022 北京冬奥会 17 期节目直播与解说工作。

第六，承办了 2022 北京冬奥会 10 多个项目的全流程全要素测试工作。

第七，承担了“首都高校第 61 届学生田径运动会”全流程信号制作与解说工作。

第八，承办了国家体育总局“中华体育精神颂”活动。

第九，承担 2023 年大运会、亚运会赛事传播等相关工作。

（四）课程教学内容及组织实施情况

1. 课程教学内容

理论学习内容突出前沿性、交叉性、开放性和国际化，以本课程所强调的真正实战需要为出发点，重点讲授体育赛事传播领域的最新理论成果、最新发展趋势，力争使学生在本课程形成理论与实践互动的习惯和能力，避免理论与实践两张皮问题的出现。

实践学习内容涵盖体育赛事传播的整个流程。

第一，训练学生感悟和传播更高、更快、更强的体育精神的能力。

第二，训练学生制定体育赛事转播、媒体推广方案的能力。

第三，训练学生转播信号测试、现场机位设置和媒体推广稿件制作撰写的能力。

第四，训练学生转播信号采集、传输和新媒体分发的能力。

第五，训练学生进行赛事转播效果评价的能力。

第六，训练学生利用新技术新设备进行赛事转播实验的能力。

第七，训练学生研发新转播方式、传播模式的能力。

2. 课程教学内容的组织实施情况

第一，建立了教学改革的定期理论研讨制度，持续对最新教学改革实践进行理论提升和总结。

第二，与 20 多家单位建立了紧密型合作关系，为课程提供了充足的、个性化的实践资源支持。

第三，建立了由人民日报社、新华社、中央广播电视总台、爱奇艺等权威媒体近 30 多名专家组成的业界导师队伍。这些专家专业水平高、影响力大、资源整合能力强，为课程提供了有力支撑。

第四，建立了校级虚拟教研室——体育赛事传播虚拟教研室，该教研室已经申报北京市虚拟教研室。

第五，与咪咕共建校级产学研深度协同育人平台，该平台已经申报北京市级平台。

（五）课程成绩评定方式

理论教学模块是必修模块，实践教学模块是选修模块。学生修完理论教学模块后，再修完两个实践教学模块，即可获得 3 学分。学生课程分数由实践基地指导教师按实践期间态度表现（20%）+实践期间能力体现（50%）+实践期间团队精神（10%）+实践后总结提炼（20%）的标准给出，学生课程结束后需提交不低于 3 000 字的总结提炼报告。

（六）课程评价及改革成效

本课程着力改变传统人才培养效果评价单纯从教学角度出发、主观色彩浓厚的弊端，确立了用实战锻炼学生、靠实战检验效果的全新思路，引入市场评价，把赛事转播的市场效果、新技术新设备实验的社会反映作为课程评价主要指标，把客观评价、市场评价贯穿人才培养的全过程，既突出了人才培养的国家重大战略导向，又让学生直接感受到了市场竞争的压力，感受到了一线实践的实时变化。

第一，学生初步具备了体育赛事转播、新技术新设备实验、新型赛事转播模式研发所需的能力。

第二，学生切身感受到了更高、更快、更强的体育精神，强化了积极向上、努力拼搏的心态。

第三，学生开始树立“为建设体育强国多作贡献，为社会传递更多正能量”的责任感和使命感。

专业能力、市场适应能力和思想境界的提高让学生未毕业即被用人单位“预订”。学习强国、新华社和《人民日报》等权威媒体 20 多次报道本课程的教学改革成果。

五、课程特色与创新

（一）注重真正实战

本课程让学生用专业的标准、真正的赛事技术设备转播真正的赛事，通过真正的媒体平台实现播出。在实际的而非模拟的市场竞争、一线实践中亲身获取直接经验、实践能力，让学生的社会实践直接接受市场检验。在北京高等学校第 61 届田径运动会转播实践中，7 家主流媒体账号和商业平台共同完成了四天直播，观看人数突破 1 100 万。

（二）注重体现新文科建设和人才培养的跨界思维

本课程充分利用校内外、行业内外、国内外的资源、要素和优势，实现文科与理工科的融合、理论与实践的互动、学界与业界的共促。尤其重视人才技术基因的培育，下大力气解决长期以来制约体育赛事传播人才发展的技术素养不高问题。

（三）注重对符合专业和学科特点的德智体美劳育人之路的探索

体育赛事传播人才培养要求与德智体美劳育人目标重合度很高，本课程注重探索学生专业能力训练、专业素养提升与培养学生德智体美劳全面发展，彰显课程特点，发挥课程优势，提高人才培养的效率。

（四）注重实践基地建设的多维度、矩阵化

课程从市场对人才素质的多维度要求出发，针对每个维度要求设立实践基地，形成复合型的实践基地矩阵，让学生能力多维度、多角度、多层次得到训练、锻炼和提升。

（撰稿人：李岭涛；审核人：章潮晖）

中央民族大学国家级一流课程建设案例

边疆史地调查与研究

一、课程基本信息

课程名称	边疆史地调查与研究
课程负责人	彭勇
开课单位	中央民族大学历史文化学院
课程类别	社会实践一流课程
课程性质	必修
开课年级	本科二年级
面向专业	国家文科基础学科人才培养和科学研究基地（历史学） 中国与周边国家关系史实验班（历史学）
学　时	36
学　分	2
主要教材	无

二、课程团队

负责人彭勇是历史文化学院院长、北京市教学名师、国家民委教学名师、宝钢优秀教师、学院本科教学十佳教师。指导本科生科研作品入选全国大学生创新创业年会，获北京市“挑战杯”等奖项 3 次，作为主持人获教育部本科教学成果二等奖、北京市优秀教学成果一等奖、国家民委教学成果一等奖，其他省部级教学成果二等奖 2 次。

成员丁慧倩承担理论教学、实践指导，负责“田野历史调查方法研习营”等。陈鹏承担理论教学、实践指导、虚拟仿真实验教学和慕课建设。赵桅、魏建东承担理论教学、实践指导。团队指导的大学生实践项目 3 次入围全国大学生创新创业年会，获得全国史学新秀奖、全国“互联网＋”大学生创新创业大赛、“挑战杯”、北京市人文知识竞赛等奖励。

三、课程目标

中央民族大学的办学定位是立足于服务国家战略、服务民族团结进步事业，建设特色鲜明的世界一流大学。历史学专业旨在培养史学研究（特别是边疆史地研究）的拔尖人才，学生普遍具有扎实的史学功底，通过边疆史地调查与研究课程，能够获得多维度的提升。

1. 知识层面：掌握边疆史地研究理论及人类学、民族学等多学科田野调查方法，了解各类官方与民间文献（含民族文献）的检索与分析方法。

2. 能力层面：具备将边疆史地和田野调查的理论、方法运用到史学研究实践的能力，提升历史时空体验和文本解读能力，增强人际交往和团队协作能力。

3. 价值层面：深刻理解中国边疆的历史与现实，树立正确的国家观、民族观和历史观，铸牢中华民族共同体意识。

四、课程建设及应用情况

（一）本课程的建设发展历程

20 世纪 50 年代起，历史学专业师生参加中央组织的民族社会历史调查和民族识别，著名学者费孝通、潘光旦参与其中，奠定了本专业重视田野历史调查和服务国家战略的教学传统。

2008 年，本专业获批“历史学国家级创新人才培养实验区”，彭勇教授开设“边疆史地调查与研究”社会实践必修课。十余年来，教学团队在东北、华北、西北、青藏高原和西南、中东南地区建立实践基地，组织学生深入内陆边疆调研，这一培养方式先后在 2012、2019 年分别获评北京市、国家民委教学成果一等奖。2019 年列入中央民族大学“一流课程”建设计划，课程体系更趋完善。

（二）课程与教学改革要解决的重点问题

1. 如何打破专业壁垒，形成多学科融合的边疆史地研究理论教学体系，改变学生知识结构单一、历史分析工具匮乏的缺陷。

2. 如何修正知行断裂，重构边疆史地理论学习与实践运用深度融通的教学体系，改变教学方式单一、重知识讲授轻实践运用的缺陷。

3. 如何沟通历史与现实，形成专业教育、思政教育与社会服务有机融合的教学体系，改变历史学专业教学厚古薄今、缺乏现实关怀的缺陷。

（三）课程内容与资源建设及应用情况

课程深入发掘中华民族交往交流交融史的元素，深化学生对中华民族共同体形成史的理解，形成以“铸牢中华民族共同体意识”为引领，理论与知识相结合、课堂与社会相结合、历史与现实相结合的“一引领、三结合”实践育人模式，实现“全过程”

育人。

1. 理论教学，9 学时，占 25%。包括课堂教学、田野历史调查研习营、“中华民族历史”MOOC 和虚拟仿真实验室等理论学习。掌握边疆史地调研的基本知识、文献研读和调查方法等，达到“理论与知识相结合”，体现本课程的“高阶性”。

2. 实地调研：25 学时，占 70%。依托不同调研项目，组织学生赴实践基地调查，形成调研报告，实现“课堂与社会相结合”，提高教学的“挑战度”。

3. 交流评审：2 学时，占 5%。各团队交流成果，教师做专业点评，引导学生参加各类学科竞赛，体现课程的“创新性”。

（四）课程教学内容及组织实施情况

理论学习侧重学习社会实践所需的历史学、民族学、人类学、档案学等学科理论与方法，以及实践操作流程和注意事项。

实践环节的训练内容包括：档案文献、民间文书、民族语言文献的搜集与解读；历史口述资料的访谈；历史遗址考察；项目的实施和调研报告的书写。

（五）课程学业考评方式

实行全过程评价。每一教学环节都设置相应考核：知识学习 20%，社会实践 60%，交流汇报 20%。

实行多元化评价。考核方式包括调研报告、微视频、微电影、学术论文、调研地的宣传报告。

（六）课程评价

学生和学校教学督导认为，通过课程的学习和训练，掌握了历史学田野调查的方法，夯实了专业基础，提高了解决问题的能力，触摸到了史学研究的门径。

课程受到实践基地的充分肯定。如西江苗寨调查项目，学生的调研报告和数据被该基地吸纳进其研究成果之中，并获得 2020 年贵州省人文社科一等奖。

（七）改革成效

1. 学生科研能力显著提升。4 次入选全国大学生创新创业年会，在中国国际“互联网＋”大学生创新创业大赛、“挑战杯”首都大学生校外学术科技作品竞赛获奖。学院本科生深造率超过 60%，涌现出一批边疆史地研究型人才。

2. 社会服务成效显著。不少学生坚定了到民族地区去工作的强烈意愿，如张小娟，毕业后放弃在北京的工作机会，到甘肃舟曲，为脱贫攻坚事业献出了年轻的生命，被中共中央追授为“全国优秀共产党员”“全国脱贫攻坚楷模”。

3. 教学相长，锻炼和提升了教师团队。团队成员获评省部级教学名师和科研标兵等荣誉。在团队成员的支持下，“中华民族共同体历史教育”获批教育部虚拟教研室。2021 年“一引领、三结合：历史学一流专业实践育人体系的创新与实践”获得中央民族大学教育教学成果一等奖。

五、课程特色与创新

（一）形成了“一引领、三结合”的实践育人模式

课程以“铸牢中华民族共同体意识”为引领，打造理论与知识相结合、课堂与社会相结合、历史与现实相结合的“一引领、三结合”实践育人模式，使学生实现从文献到田野、从田野回归文献的多维化、系统性的学术训练，达到“了解国家、懂得边疆、会做研究”的历史学创新拔尖人才培养的目标。

（二）找到了以“项目制”为抓手的教学实践途径

依托学院多个国家级和省部级科研平台，由学生组成项目团队，教师具体指导，锻炼学生的实践、协作、沟通等多种能力。实践活动有稳定的政策保障，学校每个项目资助5 000～10 000元，学院每年共投入30万元。有稳定的实践基地，完成了300多个团队项目，调查点分布全国各地，集中于边疆地区，探索出一条“高阶性、创新性与挑战性”相统一的实践教学途径。

（三）探索出以“边疆史地”为特色的教学研究领域

历史学专业创办之初，师生广泛参与到民族社会历史大调查之中，实践传统延续至今，培养了学生强烈的社会责任感。本专业40%的学生来自边疆民族地区，学术传承和生源特点铸就了本课程边疆史地研究的底色，社会实践主题和调查地域集中在边疆地区，服务国家“一带一路”倡议，振兴边疆民族地区，构成本专业师生的爱国情怀和不变的追求。

（撰稿人：丁慧倩；审核人：冯金朝）

中华女子学院国家级一流课程建设案例

社区工作

一、课程基本信息

课程名称	社区工作
课程负责人	李敏
开课单位	中华女子学院 社会工作学院
课程类别	社会实践一流课程
课程性质	必修课程
开课年级	本科二年级
面向专业	社会工作专业
学　　时	48
学　　分	2.5
主要教材	《社区工作（第 3 版）》

二、课程团队

李敏从事课程教学 12 年，2017 年课程考核方式改革的研究成果获校高等教育教学成果一等奖。2019 年课程被评为北京高校“优质本科课程”。2020 年依托课程实践开发的 3 个案例出版；2021 年获批教育部课程思政示范课程，《课程思政建设：“社区工作”的教学实践创新》研究成果获校高等教育教学成果特等奖；2022 年按照教育部高教司要求，承担课程的数字化转化工作，完成教学设计、教学视频、教学案例、说课视频、教学课件等，教学资源已上线全国高校教师网络培训中心平台。2023 年获批国家一流课程。

课程团队获教育部课程思政优秀教学团队。郝彩虹承担课程教学；陈伟杰、刘焱承担指导学生社区实践。课程团队定期开展课程研讨，参加教学培训，与同行交流，提升教学水平。

三、课程目标

为实现中华女子学院培养知性高雅的应用型女性人才目标，顺应新时代基层社会治理需要、社会工作专业发展规律以及中华女子学院学情特点，课程团队确立了如下课程教学目标。

知识层面：了解社区工作在西方和我国的历史沿革，掌握社区工作的基本理论、过程、方法及主要模式等专业知识；

能力层面：将课程知识运用于本土社区工作实践，具备从事社区工作专业服务能力；

价值层面：知识传授与品德教育相结合，突出社会主义核心价值观教育（富强、民主、文明、和谐、自由、平等、公正、法治、爱国、敬业、诚信、友善）、家国情怀教育、人文关怀教育、职业道德教育，坚定文化自信，牢记专业使命。

四、课程建设及应用情况

（一）建设发展历程

中华女子学院社会工作专业于 1997 年开设“社区工作”课程，经过 26 年的建设，已成为专业的品牌课程。

2012—2014 年，依托社工实验室开展案例教学和现场模拟教学；2014 年，学院与大屯街道建立校外实践教育基地，开展现场实践教学模式探索；2020 年，立足社会工作专业始终突出课程思政的核心地位，积极发挥课程的价值渗透与价值引领作用。

（二）要解决的重点问题

1. 突出价值观引领

深入挖掘课程思政元素，促使知识模块价值重组、广度延伸、深度解读，以“潜移默化”的方式将专业知识和育人巧妙结合。

2. 体现学生主体性

打破课堂沉默，焕发课堂生机活力，充分发挥学生在教学中的主体性。

3. 提升学生实务能力

学生对理论的理解程度、对工作技巧的运用能力、专业价值伦理的内化程度需通过社区实践检验。

4. 强化学生专业认同

教学的重要内容是强化学生的专业认同感，包括专业认知、专业情感、专业理念价值、专业行为、专业选择等。

5. 培养学生反思能力

为更好地认识理论与实践、西方与本土差距，要启发学生的批判意识和反思能力，在社区实践中实现专业知识的改进与再造。

6. 确保教学内容的实践相关性

社区工作模式是西方通用模式，结合我国社区治理内涵，吸收本土社区工作经验，提炼本土社区工作实务模式。

（三）课程内容与资源建设及应用情况

为实现课程目标，确保课堂教学及社区实践质量，开展线上线下资源建设。

1. 线下资源

校内资源：利用社工实验室，争取校院经费支持，参加学术会议、培训、基地挂职锻炼、指导实践教学、机构督导等构建“双师型”课程团队。

校外资源：发挥校外实践基地作用。

2. 线上资源

开发“社区工作模式在清河实验中的实践”线上课程。发掘网络视频资源，丰富学生对课程内容的认知，深化、内化专业知识。

（四）课程教学内容及组织实施情况

课程以项目式教学贯穿始终，遵循“以学生为中心，以学情分析为基、课程思政为本、知识架构为纲、情境创设为媒、社区实践为术”。课程教学围绕理论学习、社区实践、汇报交流三个环节展开。

1. 理论学习

采用案例教学、邀请一线社工讲座、参观展览馆及典型社区、学习线上课程、阅读经典等方式，夯实学生的理论基础。

2. 社区实践

以小组为单位，开展社区漫步、社区探访、社区调查、社区服务。

社区漫步：通过绘制社区结构图、访谈社区居民，了解社区概况，撰写社区观察报告。

社区探访：探访社区居委会工作人员，了解各类社区组织的基本架构、工作职责及工作开展情况。

社区调查：讨论确定调查问题，设计调查方案，开展实地调查，撰写社区需求评估报告。

社区服务：设计服务方案，招募服务对象，确定时间场地，开展社区服务并进行评估。

3. 汇报交流

小组以 PPT 形式汇报项目成果、社会影响、专业反思及个人成长等，由师生评审小组进行现场评审。

（五）课程成绩评定方式

课程构建了德业兼顾的学习考评机制，将学生对课程知识技能掌握与思政素质提升相结合。过程性考核（50%），包括学生的精神面貌、言行举止、课堂参与、出勤率、合作配合及社区实践表现。终结性考核（50%）：提交社区实践报告，包括社区观察/探访报告、社区问题和需求调查报告、社区服务方案设计、服务实施及评估报告、社区实践中的专业反思、个人成长、对社区工作实务操作本土化思考。

（六）课程评价及改革成效

近5年来，学生网上匿名评教全部为“优秀”。

1. 学生成长

学生掌握了专业理论知识，具备了专业服务能力。同时，将所学知识转化为素质或能力。

2. 社区服务

推动校—社合作及居民参与，改善社区关系与居民福祉，提升专业影响力。

3. 师生科研

依托社区实践，教师开展课题研究。指导学生完成大创、科研训练项目，撰写毕业论文，实现教学科研有机结合。

4. 课程成果

出版《实践中成长 反思中前行》和《家教家风》画册，丰富教学案例资源，增强学生的专业自信与职业认同。

五、课程特色与创新

（一）课程特色

改革传统教学方式，以学生的实务能力培养为主线，实施项目式教学，将课堂教学延伸到实际服务领域，激发学生学习兴趣，提高实务能力、学习能力、批判意识和反思能力等，最终实现培养满足新时代社区治理创新需要的应用型女性人才目标。

（二）教学改革创新点

1. 实施项目教学，突出学生主体

课程教学围绕理论学习、社区实践、汇报交流三个环节展开，以参与式教学理念为主线，寓教于乐、寓学于趣、寓教于道，使学生由被动式学习转变为自主式、探究式学习，提升学生的学习动力、探究热情和吸收效果。

2. 注重实践教学，发挥育人功能

师生共同参与社区实践，了解国情和社会，从中磨砺意志，升华思想，树立正确的人生观和价值观；培养基层社区感情及对社区居民（尤其是弱势群体）的人文关怀意识；在实践中传播践行社会主义核心价值观，提高社会责任感，最终形成“知行合一、德性立人”的思维和行动趋向。

3. 关注现实焦点，实现价值引领

注重理论阐释与现实焦点问题分析结合，提升课程的思想性、理论性、针对性和亲和力。

4. 探索本土经验，明确专业使命

注重从中国现实情况出发，选择性引入西方社区工作模式，探索社区工作实务本土化模式，明确专业使命。

（撰稿人：李敏；审核人：丁占罡）

中国劳动关系学院国家级一流课程建设案例

与劳动模范、大国工匠面对面

一、课程基本信息

课程名称	与劳动模范、大国工匠面对面
课程负责人	刘玉方
开课单位	中国劳动关系学院马克思主义学院
课程类别	社会实践一流课程
课程性质	选修
开课年级	本科三年级、四年级
面向专业	所有专业
学　　时	32
学　　分	2
主要教材	《深入学习贯彻习近平总书记关于工人阶级和工会工作的重要论述》《劳模学概论》《中国劳模史（1932—1979）》

二、课程团队

课程团队拥有享受国务院政府特殊津贴专家 2 人，中共十八大代表 1 人，“民盟双百人才” 1 人，北京市高校教学名师 1 人，北京市高校青年教学名师 1 人，北京高校优秀德育工作者 1 人，全国三八红旗手 1 人，中工学者 2 人，普通高等教育“十一五”“十三五”国家级规划教材主编、副主编 1 人，国家一级学会著作、论文奖 2 人。教育部“劳动教育与劳动实践课程”虚拟教研室 1 个，北京市思政优秀教学团队 1 个，北京市精品教材团队 1 个。

课程团队每年承担“毛泽东思想与中国特色社会主义理论体系概论”“习近平新时代中国特色社会主义理论与实践”“习近平新时代中国特色社会主义思想概论”等课程。负责人主持多项教育部本科工程项目、北京市与中央高校共建项目，在《思想理论教育导刊》《科教导刊》《北京教育》等发表论文。

三、课程目标

课程聚焦担当民族复兴大任的合格劳动者的培养，发挥我校劳动模范、大国工匠在校园的特色劳动教育资源优势，致力于用劳动教育筑牢立德树人基石，培养“政治素质过硬、劳动情怀深厚、专业功底扎实、实践能力突出”的高素质应用型人才。课程建设以社会主义核心价值观为引领，引导学生落实“四个正确认识”，坚定“四个自信”；引导学生树立马克思主义劳动观和幸福观，涵养劳动情怀，厚植劳动精神，确立劳动最光荣、劳动最美丽的价值认同；培育学生知行合一，脚踏实地的实践精神；引导学生坚定理想信念在成长成才中的意义，培育创新精神；提高学生服务国家、服务人民的社会责任感，激发学生锻造服务社会能力和追求向上向善价值的活力。

四、课程建设及应用情况

（一）发展历程

本课程是2018年在北京校区面向全校学生开设的具有校本特色的课程思政公选课。本课程在全国首创由思政课教师与劳动模范、大国工匠同台授课模式，探索构建高校思想政治教育协同机制，构建实践育人共同体，创建“大国工匠面对面”志愿服务项目。2019年，本课程更新部分课堂教学内容，并将理论教学部分摄制视频公开课，探索了“思政课教师+劳动模范大国工匠+学生”共上一堂课的模式，并在学校教学平台上线。2020年开始，本课程不断扩展教学师资队伍和资源，先后邀请来自钢铁制造、公共交通、高铁制造、公安警务、生态牧业、民间艺术等多个领域的20多位校内外全国劳模、大国工匠、高技能人才走进课堂。

（二）聚焦问题

本课程建设遵循习近平总书记在学校思想政治理论课教师座谈会上提出的“八个相统一”，聚焦提高教学实效性中两大核心问题，即：学生个体发展需要与国家建设需求的融通，学生的生活世界与书本的意义世界的融通。

1. 如何为学生坚定“四个自信”夯实基础；
2. 如何让拥有强烈个人意识的学生将民族复兴视为己任；
3. 如何让衣食无忧中长大的学生具有艰苦奋斗的劳动精神；
4. 如何推进知、情、意、行的统一。

（三）建设内容

1. 课程内容由理论与实践两部分组成

（1）国情教育：讲清中国特色社会主义的历史发展逻辑和取得的伟大成就，为学生夯实“四个自信”的基础。

（2）劳动教育：劳动创造了历史的辉煌，使我们拥有今天的成就。讲透劳动精神、劳模精神，培育崇尚劳动风尚。

（3）理想信念教育：以杰出劳动者的现身说法，激励学生自觉把个人的理想追求融入国家民族的共同理想。

（4）创新创业教育：讲透中国特色社会主义的人性光辉，为学生提供搏击青春的正能量。让学生参加一次志愿者服务、经历一次社会实践、完成一篇调研报告。依托学校思想政治教育联动机制建成实践育人协同体系，在北京和涿州周边建立十个实习实训基地。打通专业实习、大学生社会实践活动与思想政治理论综合实践课，集中组织与分散进行相结合。深化学生以假期为重点的调查研究。

2. 课程以三个“面对面”构建教学内容

（1）与行业、区域、领域发展面对面：以行业、区域、领域“亮眼”成就领略国家发展的巨大成就和光辉历程；

（2）与杰出劳动者面对面：感悟坚守与创新，把远大抱负融于脚踏实地；

（3）与基层实践面对面：在志愿服务、社会实践中锻炼意志，体味荣誉感和归属感，获得自信心；在学以致用中强化公民意识和社会责任感。

（四）考核评定

课程强化过程性考核与对学生综合素质的提升。理论课占 50%，实践课占 50%。理论课成绩：每个专题学习体会各占 10%。

（五）成效与评价

学生给老师留言说：“这是大学四年中对我心灵触动最深的课。”

《光明日报》于 2018 年、2019 年分别刊发《用劳动教育筑牢立德树人基石》《让思政课活起来强起来实起来》，文中对本课程予以充分肯定。

基于课程实践调研形成的报告，在 2018 年北京高校思想政治理论课学生社会实践优秀论文评选中获二等奖；在 2019 年“第八届应急管理科学家论坛暨金融风险管理论坛”上，获优秀论文竞赛二等奖；“大国工匠面对面”系列志愿服务项目入选 2019 年大学生志愿服务社区示范项目名单，并成功入选全国青年志愿服务优秀项目库；2020 年“与劳动模范 大国工匠面对面”获批教育首批国家级一流本科课程、2021 年获评北京市课程思政示范课程项目、2022 年获评教育部第二批虚拟教研室建设试点。

五、课程特色与创新

本课程抓住课程思政建设的关键要素、关键环节，着力于整体课程思政教学设计创新，兼顾教学方法改革，把深刻的道理通过鲜活的教育载体与表现形式讲清楚、讲透彻，增强思想政治教育的时代感和吸引力，让学生觉得有意义、有意思。

以复合型课程对接应用型人才培养需要。课程具有思想政治教育、劳动教育、创新创业教育、社会实践教育相互融合的特点。

以三个“面对面”创新教学内容。构建“国情＋劳动精神、劳模精神、工匠精神＋理想信念”，涵盖宏观、中观、微观的多层次教学内容。

依托思想政治教育组织体系研究，探索理论与实践一体化教学，构建实践育人机制。

首创思政课教师与劳动模范大国工匠同台授课模式，采用由“2 个授课教师＋1 个主题＋1 个领域”组成的“211”授课模式，是推进劳动教育和思想政治理论课教育的创新之举。

强化课堂实践体验环节，创新教学情境。劳模（工匠）课堂展示、教授技艺；在品尝新品种红薯中感受新时代的农业与新型农民。让学生心动且行动，行动促脑动，体验促思考。

完备教学过程，发挥各环节效能。课程微信公众平台在课前宣传、课后总结报道。

（撰稿人：刘玉方；审核人：贺严）

北京工业大学国家级一流课程建设案例

城乡综合社会调查

一、课程基本信息

课程名称	城乡综合社会调查
课程负责人	熊文
开课单位	北京工业大学城市建设学部
课程类别	社会实践一流课程
课程性质	必修
开课年级	本科三年级
面向专业	城乡规划学
学　　时	16
学　　分	1
主要教材	无

二、课程团队

“城乡综合社会调查”课程建设由熊文负责，张建、赵之枫、于昭、惠晓曦等长期参与。2016 年依托国家社科基金重点项目“中国式街道的人本观测与治理研究”，建立大栅栏人本街道实验室，将教室与实验室搬进了胡同、大杂院、老旧小区。课程团队强调以人的活动与人地关系作为核心调查对象，连续开展人本观测、公众参与、行为实验，指导本科生获得全国高校城乡规划学科城乡综合实践调研报告评优一等奖 2 次，二、三等奖与佳作奖十余次。团队教师获得全国多媒体课件大赛优秀奖，全国高校城乡规划专指委优秀教学论文奖、发言论文奖，2018—2022 年度北京市优秀责任规划师等称号。北工大师生社会实践获得中央电视台、北京电视台、《北京晚报》等媒体长期报道。

三、课程目标

党的十九大以来，首都城乡规划更强调以人民为中心，更重视历史文化保护，更要求精细治理。根据本专业植根北京、育人为先，教师为基、学生为本的发展理念及培养创新型复合人才的培养定位，确定了课程建设目标。

（一）知识目标

围绕北京新总规及控规实施、国际和谐宜居之都建设与城市更新需要，培养学生掌握城乡人本调查方法与前沿技术，了解世界城市调查最新趋势。

（二）素质目标

扎根首都大栅栏实践基地，培养学生观察民生、倾听民意、跨界创新的能力，特别是以人民为中心的执业理念与规划师的家国情怀。

（三）能力目标

聚焦城乡规划领域重点与焦点问题，培养学生人本化、数据化的思维习惯，与不同人群沟通的共情能力，探索城市前沿问题的创新能力。

四、课程建设及应用情况

（一）建设发展历程

北工大城乡规划专业于2006年开始本科招生，2014年本科与研究生教育首次通过专业评估，2017年获得全国城乡规划学唯一新增博士授权点。“城乡综合社会调查”是本专业核心骨干课程与服务首都的教学科研名片。课程具备高阶性、创新性和挑战度，荣获全国城乡规划专指委各类作业评优一等奖两次，二、三等奖及佳作奖近二十次。依托国家社科基金重点项目与责任规划师咨询工作，已为七届逾两百位同学提供了调研实践机会。

（二）课程与教学改革要解决的重点问题

1. 解决学生没有综合调查观念的问题

本课程聚焦具体民生需求，帮助学生建立城乡调查“综合”观念，深刻认识到城乡规划目标是以人为本而非空间本身，理解群众急难愁盼问题。

2. 减少学生理论学习与社会实践脱节

本课程聚焦于1.26平方公里的首都核心街区，引导学生认识街道、深入街道、理解街道、服务街道，调查研究更加接地气并实践立德树人。

3. 切实提高学生动手能力与创新能力

本课程聚焦两性一度提高，依托人本街道实验室自主研发人本调查技术并提供实验平台，通过不断创新持续培养学生的创造力与研究能力。

（三）课程内容与资源建设及应用情况

1. 课程建设方面

重点是首都城乡规划问题解析，世界城市经典案例分析，城乡调查理论与方法前沿，人本街道实验室自主研发人本观测技术和公众参与方法等。

2. 师资建设方面

课程负责人担任大栅栏街道领衔责任规划师，组建了规划、建筑、交通、市政、园林、防灾等多专业的责师团队，为学生提供跨界实践平台。

3. 基地建设方面

大栅栏街道是离天安门最近、保存最完好、规模最大的北京首批历史文化街区，基础设施薄弱，老旧平房众多，弱势群体多、人口密度高、居住环境差、安全隐患大。依托人本街道实验室建设形成了杨梅竹斜街、大栅栏商业街、观音寺片区、厂甸小区等多个城市更新调查实践基地。

4. 硬件建设方面

人本街道实验室已购置研发各类人本调查设备近百万元，自主研发街巷院屋全景检测设备与可视化平台，硬件平台全部向本科生免费开放。

（四）课程教学内容及组织实施情况

顺应新总规、名城保护、城市更新等时代主题，理论教学包括讲授、讨论、综述、答疑、汇报等方法。聚焦民生问题，社会实践包括拍摄、观察、检测、访谈、座谈、虚拟仿真等技术。

人本街道实验室是本课程促进教学理论指导调查实践的重要研发平台。为了培养学生观察民生、倾听民意、合作创新能力，相继研究推出了人本速写技术（2016）、人流多数据融合监测技术（2017）、街巷院屋全景扫描技术（2018）、四全公众参与法（2019）、人行道与自行车道评估方法（2020）、胡同智慧监测（2021）、街区慢行指数（2022）等城乡社会调查新技术与方法。

课程团队带领本科生在北京采集了几十万人次行人速写照片，做出长期需求分析，建立了中国式交叉口、广场、校前等空间中人的活动分析模型。针对城乡规划中市民参与度低、理解性差等问题，研发了全样本、全流程、全社会、全系统参与的四全公众参与方法，提出了扑克调查法等教学实践任务。荣获北京规自委相关活动最佳组织奖、特别贡献奖、最佳概念奖等。

（五）课程成绩评定方式

课程考核包括平时成绩（20%），如出勤率、表现度、参与度、换位思考程度等；作业成绩（80%），如文本、PPT、作业、作品、展览、论文等。分年度设置小组答辩环节，鼓励组间互评并邀请居民商户与社区干部参与。

（六）课程评价及改革成效等情况

本课程实现了立德树人、社会实践、校企合作、服务社会的大贯通。获得各级领导的高度肯定、居民朋友的宝贵信任及其十余届本科生的广泛好评。

学生团队获得全国城市规划专指委作业评优一等奖 2 项与其他奖励数十项。师生团队获得全国优秀城市规划设计奖一等奖。人本街道实验室项目被提名参评 2021 年度联合国教科文组织举办的日本可持续发展教育奖。

五、课程特色与创新

课程以学生发展为中心，针对人民群众最关心的现实问题，将课堂与实验室移至胡同杂院，开展空间调研、民生访谈与实践创新，形成四点特色。

（一）党建合作创新

由于本课程的开展，大栅栏街道工委与城建学部党委连年签署党建合作协议，结合全国经济普查、人口普查等统计结果为本科生提供实践岗位。零零后大学生们又为老字号、老街区带来了年轻的视角与创新的动力。

（二）人本调查创新

有别于欧美传统公共空间研究 PSPL（Public Space，Public Life）调查方法，结合中国式街区特点提出了 SPPS（Seeing People，People Saying）人本观测技术和公众参与方法。已传授十届本科生，取得了很好的反响。

（三）教学基地创新

依托党建与责师工作，为本科生提供杨梅竹斜街智慧人本街道实验室、观音寺片区城市生活体验馆、施家胡同大家客厅、厂甸小区党群欢乐之家、大栅栏街道胡同实验室等数百平方米活动空间。辖区内多个老旧小区、几十家老字号、数百条胡同，数千个四合院与大杂院落成为学生实践重要场所。

（四）育人模式创新

本课程不仅铸才，更强调育心，鼓励学生将论文写于街头巷尾、居民身边，强调身至，更强调心至，鼓励学生更接地气、更有人情味，培育认识街道、研究街道、理解街道、服务街道的意识与换位思考的共情能力。

（撰稿人：熊文；审核人：张建伟）

首都师范大学国家级一流课程建设案例

社区实践

一、课程基本信息

课程名称	社区实践
课程负责人	胡卓玮
开课单位	首都师范大学燕都学院
课程类别	社会实践一流课程
课程性质	必修
开课年级	本科二年级
面向专业	汉语言文学、历史学、世界史、数学与应用数学、统计学、生物科学
学　　时	32
学　　分	1
主要教材	《新时代大学生社会实践教程》《大学生社会实践》

二、课程团队

课程负责人胡卓玮，博士、教授、博士生导师，北京市高等学校青年教学名师，入选“全国万名优秀创新创业导师人才库”，获评“北京高等教育教材工作先进个人”“首都师范大学师德先进个人”等称号，指导学生获“创青春”首都大学生创业大赛金奖、团中央暑期社会实践优秀团队等。近 5 年来，本团队一直承担本课程的教学任务，开展了“社区实践”课程思政示范课程建设等 8 项教学研究项目，获得如下主要教学奖励：

1. 国家级教学成果二等奖，2014 年。
2. 北京市高等教育教学成果一等奖，2018、2022 年。
3. 北京高校优质本科教材课件（重点），2021 年。
4. 北京市高等学校青年教学名师，2022 年。
5. 全国高校教师教学创新大赛二等奖，2022 年。

三、课程目标

首都师范大学面向区域基础教育发展，以立德树人为根本，坚持师范特色，培养优秀人才。燕都学院是学校的人才培养模式综合改革试验区，依托优质专业形成的复合优势实施拔尖人才培养计划，通过交叉、综合、特色化教育教学途径，培养学生形成优良道德品质、强烈社会责任感和突出实践创新能力。

基于此开设“社区实践”课程，系统地组织学生开展志愿服务、支教服务和社会调研，使学生在劳动中感受社会发展成就，厚植爱国情怀，坚定“四个自信”；在奉献中增强责任感、使命感，锤炼吃苦耐劳品格，践行社会主义核心价值观，提升师范素养；在问题分析研究中，理论联系实际，交叉运用专业知识和技能，发挥学术训练优势，实现由学业拔尖向德智体美劳全面发展。

四、课程建设及应用情况

燕都学院在 2014 年建院时就将“社区实践”纳入必修课程体系。课程已连续高质量运行 8 个教学周期，形成了稳定的校内外导师队伍。课程以教学组织形式提升并固化社会实践的育人功能，在人才培养中实现“社会实践—思政教育—专业教育”多极延伸，充分发挥学校小课堂、社会大课堂、实践大教材的育人合力，助力优秀本科生由学业拔尖向德智体美劳全面发展。

课程建立了规范的教学大纲、教学计划，形成了支教服务案例集、社会调研选题集，制定了行前教育标准、实践安全手册；建设了开放、多元、稳定的社会实践教学资源，如可持续发展的实践基地群，包括首都师范大学社区、国家博物馆等；以各类大型活动为支撑的志愿服务平台；位于云贵川贫困山区可持续开展支教实践的服务点等。教学团队对课程进行了在线化建设，根据需要实现了课程教学内容、资源库的线上教学管理和运行。

本课程是鲜活生动的思政课堂、交叉融合的专业课堂、素质提升的发展课堂，它从综合实践入手，以专业教育延伸为支撑，以思政教育拓展为导向，以课程思政要求为指导，以“青年红色筑梦之旅”“青年服务国家”等活动为依托，以社会基层实践为落脚点，建立了以“四个三”为特点的内容组织和教学实施结构，即三模块、三定位、三阶段、三维度。第一，学生围绕志愿服务、支教服务和社会调研三个模块开展实践：志愿服务和支教服务可以二选一（时长不少于 30 小时），分组开展社会调研，完成调研报告。第二，明确三个模块的定位：志愿服务引导学生深入社区参与劳动，服务于公益活动；支教服务引导学生赴贫困边远地区面向留守儿童开展教学；社会调研引导学生以专业知识为基础调查分析社会问题。第三，采用三阶段进阶式教学形式，大一时主要学习相关理论知识，观摩高年级总结汇报；大二时开始参加志愿服务；大三时须完成社会调研任务，同时经选拔参加支教服务。第四，采用三维评价考核方式，包括志愿服务时长、实践单位评分、实践总结。

课程组织规范，已经形成了系列规章制度。燕都学院还结合学生、导师、基地的反馈开展教学反思，形成持续改进机制。

课程依据《社区实践课程学分管理实施细则》开展考核，学生成绩由志愿服务时长（30%）、基地评价（50%）和实践总结（20%）组成，以实践过程为主，引导学生最终完成从理论到实践、再到反思的完整学习认知过程。

课程取得了显著的教学和育人成效：

第一，厚植爱国情怀，坚定理想信念，实现“三全”育人。通过课程学习，学生的社会责任感、奉献意识得到加强，他们主动组织募捐，分享感悟，鼓励更多学生参与志愿服务；学院学生 100%参加志愿服务，多人入选国庆 70 周年和冬奥会志愿活动，50 多人获评市级或校级优秀志愿者；学生们获得北京市或校级优秀团支部等荣誉称号 70 余次。这些成绩是科学化、系统性人才培养的必然产出，是社区实践课程为支撑的“三全”育人机制的积极推动结果。

第二，专业教育与实践教育深度融合，助力学生取得丰富成果。以“水族文化调查及传承价值研究”为例，来自多个专业的学生围绕马尾绣文字文化、历史渊源、遗产保护等进行调研，提出文化传承建议，既强化了专业知识的理解应用，还寻找到了文化自信的根基，坚定了文化保护与传承的责任感。课程形成各类总结报告系列成果。近 5 年来，支教服务实践获得 3 项国家级和 6 项北京市表彰。

第三，课程育人成果产生了积极广泛的辐射效应。云贵川边远地区支教服务成为社会实践品牌，多家媒体广泛报道；学院每年都有学生因实践能力突出而获得支教保研资格；课程学习激励更多学生做到品学兼优，前 5 届毕业生平均深造率达到 80%左右，30%赴牛津大学等世界名校深造。课程既为学生申请学校提供了强有力的支撑，还激励他们将优秀文化传播到境外和其他学生群体中。

五、课程特色与创新

以立德树人为根本，以实践育人为指向，为“行走的思政课”探索了可持续实施路径。率先将社会实践纳入必修课程体系，借助系统性教学组织，构建稳定社会实践基地群和导师队伍作为课程运行保障。基于面向发展的课程目标、标准规范的组织流程、科学有效的考核制度，超越社会实践的“活动”属性，保证可持续性，形成了以“行走的思政课”为依托的全方位育人机制。

以学生发展为中心，实现了社会实践与专业综合教育深度结合。课程在实现社会实践之思政教育功能的基础上，拓展专业教学空间，打造“交叉融合”的专业课堂。课程通过跨专业选题和团队协作，引导学生以学科交叉思维解决实际问题，发挥汉语言文学专业学生的材料搜集、文本组织学习优势，历史类专业学生的文献分析、文化挖掘知识积累，数学类专业学生的数据整理、统计分析特色能力，生物科学专业学生的实验设计、逻辑分析技术特长，实现专业教育与社会实践的深度结合。

以人才培养为核心，以思政、专业、实践互通为目标，组织形成了“三全”育人合力。通过有效组织，课程实现了“学院+学生处+团委”的育人合力，吸引各类社会资源全方位支持高校育人工作，助力学生养成长期参加实践活动的习惯，实现全过程育人。

（撰稿人：胡卓玮；审核人：孙士聪）

北京联合大学国家级一流课程建设案例

互联网创业

一、课程基本信息

课程名称	互联网创业
课程负责人	盛晓娟
开课单位	北京联合大学管理学院
课程类别	社会实践一流课程
课程性质	必修
开课年级	本科二年级
面向专业	电子商务
学　　时	32
学　　分	2
主要教材	《大学生创新创业教育：基于互联网+视角》

二、课程团队

课程团队成员作为电子商务国家级一流本科专业建设点骨干教师，近5年连续承担“互联网创业”课程教学，教学评价多次为“优秀”。在教学研究方面，主持并完成北京市教育科学“十三五”规划课题在内的5项教研项目；完成《互联网思维与创业》等2部教材出版；发表含北大核心期刊在内的9篇教研论文。在教学奖励方面，课程团队获批北京市优秀本科育人团队，获评全国高校电子商务类优秀课程思政示范课；课程负责人获评北京市高等学校第四届青年教学名师，获得第十一届全国百篇优秀管理案例奖，指导学生获批北京市优秀大学生创业团队4支，孵化国家高新技术企业1家、新三板上市企业1家；获得“互联网+”“挑战杯”等各类创新创业大赛含全国特等奖在内的国家级奖励15项、省部级奖励30余项。

三、课程目标

“互联网创业”课程是落实教育部“专创融合”指导意见，贯彻北京联合大学“坚持立德树人，促进学生全面发展”的基本原则，执行电子商务国家级一流本科专业培养具备互联网思维、商业洞察力、实践能力的高素质复合型、应用型人才目标所开设的创新创业必修课。课程内容涵盖互联网创业全流程知识、工具和技能。在知识方面，学生能够界定创新及创业的相关概念及内涵，比较互联网行业现有商业模式的不同类型，寻找并识别创业机会。在能力方面，学生能够组建创业团队，进行产品设计、开发及验证，整合创业资源。在价值塑造方面，学生通过实践项目聚焦真实社会问题，树立用商业手段解决社会问题的责任意识，培养企业家精神，兼具家国情怀和国际视野。

四、课程建设及应用情况

（一）课程建设的发展历程

2015 年，国家提出“大众创业，万众创新”双创战略，学校即开设“互联网商业模式创新”课程；2017 年，高校“双创”教育不断深化，课程实现从商业模式创新的平面教学向互联网创业全流程的立体型课程教学转化；2019 年，“互联网＋”大赛推动创业实践教育发展，课程实现从单纯的理论教学向运用创业知识、技能解决社会问题的实践教学转化；2021 年，“互联网＋”大赛红旅赛道聚焦公益创业，进行互联网公益创业理论与实践结合，申报获批全校公选课程“公益创业”。

（二）课程与教学改革要解决的重点问题

1. 通过建立创新创业校外实践基地，解决创新创业项目缺乏执行载体、难以落地、创业活动持续性差的问题。

2. 通过志愿服务、机会发现、方案提出、产品验证的创业实践，解决大学生创业项目纸上谈兵的问题。

3. 通过创业实践的课堂内外、专业内外和校园内外的场景融通，解决创新创业教育资源分散、创业教育与专业教育“两张皮”“难聚合”的问题。

（三）课程内容与资源建设及应用情况

1. 课程内容：围绕互联网创业的全流程展开，理论教学涵盖创业机会发现、产品设计及开发、商业模式设计等内容；实践教学探索“志愿服务—项目选择—项目运营—项目参赛—复盘提升”新路径。

2. 资源建设：建立北京市房山区清风社工事务所、北京柏康公益基金会等校外实践基地；开发涵盖理论和实践教学的立体化教学课件库；编写“互联网＋社会问题解决方案”的教学案例库；制作课程微视频库，搭建和运营课程微信公众号。

3. 资源应用：选用浙江大学“创新管理”、湖南大学“互联网＋时代的颠覆与创新”、北京科技大学“商业计划书撰写”等国家级精品 MOOC，开展翻转课堂教学，利用云班课完成 4 轮（120 人）教学。

（四）课程教学内容及组织实施情况

1. 理论教学组织实施

讲授创业机会、商业模式等理论知识；通过获奖案例的分享，提升学生对现实问题的分析解决能力；引入中国大学 MOOC 的优质课程，开展翻转课堂教学，促进学生吸收掌握互联网创业所需的工具和方法；通过商业计划书撰写及创业竞赛复盘，检验学生理论知识的学习效果。

2. 实践教学组织实施

根据理论知识设计实践内容，例如“创业机会发现”的实践教学设计如下。

实践目标：从现实需求出发，发现创业机会。

实践内容：将学生分为养老、助残、环保等小组，每组配备一名指导教师，要求每组学生完成相关领域 10 小时志愿服务后，提出 1～2 个亟待解决的现实问题，并在教师的带领下识别创业机会，完成需求调查。

实践地点：校外实践基地。

知识准备：创业机会的识别方法。

（五）课程成绩评定方式

课程为考查课，考核方式包括过程性考核和终结性考核，前者包括出勤、云班课自主学习、社会实践参与等，构成平时成绩，占总评成绩的 70%；后者包括商业计划书及路演考核，从社会问题发现和洞察、创新工具和方法的应用、专业知识与创新创业知识的融合、团队合作及个人成长等进行综合评价，构成期末成绩，占总评成绩的 30%。

（六）课程评价及改革成效

1. 课程评价

课程学生评教均为 90 分以上，课程负责人成为全校学生票选的“吾爱吾师——我心目中最敬爱的老师”。学校教学督导专家多轮听课，评分均在 90 分以上，评价该课程“内容讲授深入浅出，与学生互动效果好，能激发学生学习热情”。课程多次被校内外青年教师观摩，起到示范效果，引起较大反响。

2. 改革成效

首先，学生服务社会能力显著提升。学生服务社会、担当使命的事迹多次获得新华网、人民网、千龙网、搜狐、网易等主流媒体报道，并获得北京市残疾人联合会的关注。北京市团市委书记李军会对“听障大学生无障碍直播间”项目高度肯定，并指出“此项目充分体现了当代大学生的使命担当”。

其次，师资建设卓有成效。2020 年依托该课程，课程负责人获得“北京市第四届高等学校青年教学名师”称号；课程团队通过创新创业培训、创新创业企业实践及学生创新创业竞赛指导，均获评双创导师、中国电子商务创业导师。

最后，行业影响力不断扩大。课程团队围绕“互联网+双创教育”主题，在上海交通大学、北京交通大学、北京工业大学、北京工商大学、首都经济贸易大学、兰州理工大学等高校进行经验介绍。课程负责人担任全国大学生电子商务“三创”赛北京赛区竞组委副秘书长。

五、课程特色与创新

（一）融入企业家精神等思政元素，聚焦社会问题

课程融入思政元素，注重学生企业家精神培养和社会责任承担，将学生创业实践的内容聚焦于未解决的社会问题和未满足的社会需求。在理论和实践教学过程中重塑学生价值，使其在创业实践的过程中直面社会需求、承担责任使命，以社会价值创造为目标。

（二）理论实践互融互通，志愿服务有效承载

课程采取由学生主导、教师引导的方式，以创新创业理论为基础，社会创业项目为主线，志愿服务为载体，综合应用课堂理论教学、实践教学及第二课堂三种模式。探索“理论讲授—志愿服务—项目选择—项目运营—项目参赛—复盘提升”的创业教育理论与实践交互融通新路径。

1. 理论教学围绕“创业机会识别”“商业模式设计”“创业项目运营”等创业要素展开。

2. 社会实践中，学生深入企业、社会组织、社区、学校进行需求调查、志愿服务、资源对接、项目验证测试。

3. 第二课堂，辅导学生进行产品设计和开发、商业计划书撰写等。

（三）朋辈带动引领，项目传承创新

1. 依托学生社团，实现志愿服务有效传承，学生积极参加校外实践，进行创业项目迭代创新。

2. 邀请有获奖经验的学生参与产品开发、商业计划书撰写及路演活动辅导，从朋辈视角分享其参赛及创业的宝贵经验。

（撰稿人：盛晓娟；审核人：齐再前）

北京城市学院国家级一流课程建设案例

城乡认识调查研究

一、课程基本信息

课程名称	城乡认识调查研究
课程负责人	刘蕊
开课单位	北京城市学院城市建设学部
课程类别	社会实践一流课程
课程性质	选修
开课年级	本科二年级
面向专业	城乡规划
学　　时	22
学　　分	2
主要教材	《城乡认识调查研究实训指导书》

二、课程团队

课程构建核心教学团队和校内外一体的支持团队。核心教学团队成员包括刘蕊、李云青、陈琳、王丽明、黄艳超 5 位教师。支持团队含校内城乡规划教研室教师，校外清华同衡规划设计研究院、中国城市发展研究院、北京建筑设计研究院有限公司、中国建筑设计研究院北京分院等企事业单位人员，为课程建设提供丰富的案例和实践资源等支持。

课程团队积极探索基于认识调查研究的人才培养研究、遗产保护规划研究、责任规划师社会服务研究等内容，主持或参与北京高等教育本科教学改革创新项目等省部级以上项目 20 余项，并获 2021 年北京高校“双百行动计划”优秀示范项目、北京市青年教师社会调查优秀项目奖；多名成员获北京市 2020—2022 年度“优秀责任规划师”称号；教研室获评 2019 年北京高校青年教师创新教研工作室。

三、课程目标

基于国内外对于城乡规划专业人才的要求和需求，结合我校城乡规划专业应用型人才培养目标定位，落实立德树人，坚持以学生为中心，将专业教育与思想政治教育、社会服务相结合，确定本课程教学目标为认识城市空间、认识乡村空间、收集空间数字信息、思考城乡关系、思考我国城乡地域空间差异。对不同地域条件下的城乡功能布局、城乡功能与形态、城乡道路与交通、城乡公共服务设施、城乡绿化体系“五大知识模块”内容进行理论和实践融合梳理，提升认识城市、综合思维、公正处理、专业分析、共识建构、扎根基层、前瞻预测的专业实践能力和认识社会、研究社会、理解社会、服务社会的创新能力，养成实事求是、严谨求真的科学态度，为成为有素养的城乡规划设计师奠定基础。

四、课程建设及应用情况

（一）课程建设发展历程

2010—2015 年，课程以“京津冀”规划为基础，以“长三角地区”为辅助，开展调查研究。2016—2023 年以“国家发展为引领”开展课程建设，在前期建立的实践基地基础上，拓展“粤港澳地区”基地，将规划院规划、建设、实施的项目引入课程，邀请项目主管政府部门人员和设计院的工程师加入课程教学团队，共同与项目所在居民进行交流，“产学研政民一体”共同探索城乡发展的本质和城乡空间发展规律。

（二）课程与教学改革解决的重点问题

课程在教学过程中注重培养学生能力，带领学生调研我国重要城乡发展地区的情况。因此，课程重点要解决的问题有：其一，确保实践基地要有多样性和差异性，从而引发对比和思考。其二，确保实践教学基地项目的典型性和可参与性，能够代表国内主要城乡问题，能够让学生参与其中。课程结合我国城乡发展确定实践地点，并构建了“产教”平台，即校外产教实践基地平台和校内产教实践基地平台。

（三）课程内容与资源建设及应用情况

基于多层次城乡认识调查，课程内容包括城乡功能布局、城乡功能与形态、城乡道路与交通、城乡公共服务设施、城乡绿化体系五个知识模块，通过十多年的调查积累，已经形成了我国重点地区的现状情况和规划设计资料库。课程融合校内外优势，形成校内外、宏微观、现实与虚拟的良好教学基础和环境资源。校外产教实践基地平台以多学科协同创新为引领，以“4+N”合作单位为实践基地保障，“4”是指清华同衡规划设计研究院支持、中国城市发展研究院、北京建筑设计研究院有限公司支持、中国建筑设计研究院北京分院四个单位为稳定的合作单位；“N”是其他单位、高校等作为辅助合作的 10 余家单位；以校内产教实践基地平台为基础，进行 VR 和 AR 虚拟现实分析数字城市。

（四）课程教学内容及组织实施情况

课程依托优慕课平台，以实践项目任务为主线，校内校外导师共同参与，形成线上线下结合的“三段六步”式教学。

课前任务认领。教师线上发布调查任务要求，预习公告，提供预习材料，学生线上学习并讨论。

课程调查实施。包括参观考察、数据采集与建模、项目调研与规划建议提出、分析思考与规划方案提出。学生首先在校内外指导教师的带领下参观“城市大脑”，然后应用数字城市技术进行空间数据采集和数字城市建模，接着跟随合作单位项目参观、参与、问卷调研，给予规划建议，最后开展城乡空间分析和思考，提出规划方案。在此期间如有疑问，可随时通过线上进行交流、讨论。

课后报告撰写。课后学生依据项目抄绘图、分析图、规划图、空间模型，撰写调查报告，并通过线上提交。

课程在实践项目调研中除应用小组教学法、情境法、访谈法、问卷法、讨论法等多种教学方法之外，还结合实际，采用“数字技术调研法”“智慧足迹记录法”“实践任务教学法”等方法。“数字城市调研法”结合了无人机、单反相机、全景相机，由学生记录了各个城市的风貌，如古城的质朴、新城的繁华、乡村的秀美。“智慧足迹记录法”应用手机App的GIS定位功能，进行调研照片收录和本地历史文化、人文社会资料的收集。“实践任务教学法”，以调研任务为驱动，在城乡规划专业合作单位支持下，带领学生参与社区交流、调研、改造设计等工作，将调研内容转换成规划成果，服务于城乡居民。

（五）课程成绩评定方式

考核注重过程与成果、实践项目分析与思考、线上与线下相结合，课前项目资料收集占10%，课中项目调查实施涵盖参观考察、数据采集与建模、项目调研与规划建议提出、分析思考与规划方案提出四部分，分别为10%，共占40%，课后期末成绩包括调查分析报告和项目规划图，二者分别为25%，共占50%。过程成绩占50%。实践项目参与内容，占90%（课中+课后），这些成果均会反馈给规划设计院，融入项目中。

（六）课程评价及改革成效等情况

通过课程改革后，学习质量提高效果明显。学生基于课程获得各级各类竞赛奖项、大学生创新创业训练计划项目、北京高校优秀本科毕业设计（论文）共计30余项。学生基于课程调研内容，发表专业文章10余篇。

五、课程特色与创新

（一）课程特色

课程形成一个中心，三个特色，五大知识模块的“1+3+5”教学设计结构。

“一个中心”，以学生为中心；关注学生在实践学习中的收获。

“三个特色”首先以国家发展为引领，选择实践基地。其次，以数字城市技术为支撑，结合了无人机、单反相机、全景相机三类设备，共同进行拍摄记录；最后，以实践基地为平台。依托规划院校外产教实践基地平台和校内智慧城市虚拟现实实验室平台，形成校内外、宏微观、现实与虚拟的良好教学环境。

“五大知识模块” 城市镇乡村多层次城乡认识调查，将城乡规划原理、城乡总体规划等先修课程理论融入实践教学。

（二）教学改革创新点

一是从参观到参与的调查体验。实践单位基于实际项目带领学生认识项目基地，跟居民进行交流，倾听居民心声，了解城乡文化、社会文化，了解空间诉求，通过切身参与思考，提出解决问题的方法或方案，思考我国城市地域空间差异。

二是从人的视角到天空视角的调查方法，学生分小组自己进行数字化城市调研工作，通过人的视角及天空视角，思考城市宏观和微观的空间关系，认识城乡空间，思考城乡关系。

三是从城乡影像到城乡数字化模型的调查成果，学生不仅获取城乡影像，还收集空间数字信息，建立城乡空间现状模型，并逆向重建城乡空间模型，进行深层次的空间思考。

六、总结

课程在近十年的教学过程中，形成了独具应用型高校特色的实践项目教学模式。在横向空间尺度上，以京津冀地区为中心发展到长三角地区、珠三角地区；在纵向深度上，从基于观察认知调查到前期规划方案、规划建设过程、规划设计实施三个层次延伸认知。在调查技术方面，从传统观察和拍照摄影收集材料调研到全景调查和无人机调查。在教学方法上，从传统的专业教师团队教学，到专业教师、行业教师、规划分局和街道专家，乃至市民共同讲授和交流。形成“产学研政民一体”，共同开展城乡规划专业人才培养模式。

（撰稿人：刘蕊；审核人：尉捷）

对外经济贸易大学是教育部直属的全国重点大学，首批“211 工程”和首批“双一流”建设高校。学校创建于 1951 年，是新中国第一所培养对外贸易专门人才的高等学府，是一所多科性的财经外语类大学。2010 年教育部与商务部共建对外经济贸易大学。

学校坚持国际化办学特色，致力于培养具有国际视野、通晓国际规则、能够参与国际事务和国际竞争的国际化精英人才。建校 70 余年来为国家经济建设输送了 30 万毕业生，活跃在各大领域。世界上凡是有经贸往来的地方，就有贸大毕业生的身影。

学校围绕“外语 + 财经”等复合型人才培养特色，开设 57 个本科专业，其中国家级一流本科专业 28 个，北京市级一流本科专业 17 个，北京市重点建设一流专业 2 个，涵盖经、管、文、法、理、工六大学科门类，包含国际经济与贸易、法学（国际经济法）、金融学、工商管理、商务外语等特色专业。近几年还相继开设了精算学、统计学、数据科学等理学专业，以及大数据、人工智能等工学专业。

对外经济贸易大学始终承载着推动国家对外开放事业发展的使命，因贸易强国而生，因改革开放而兴，因新时代高水平开放伟业而盛。新时代的贸大追梦人，勇做经贸先锋，从惠园扬帆，在五洲远航！